Lebensbedingungen von Frauen und Kindern um die Wende zum 20. Jahrhundert

MENSCHEN UND STRUKTUREN

HISTORISCH-SOZIALWISSENSCHAFTLICHE STUDIEN

Herausgegeben von Heiko Haumann

BAND 23

PETER LANG
EDITION

Olesya Meskina

Lebensbedingungen von Frauen und Kindern um die Wende zum 20. Jahrhundert

Untersucht am Beispiel der Schweiz (Kantone Basel) und Russlands (Region Woronesch)

PETER LANG
EDITION

Bibliografische Information der Deutschen Nationalbibliothek
Die Deutsche Nationalbibliothek verzeichnet diese Publikation in der Deutschen Nationalbibliografie; detaillierte bibliografische Daten sind im Internet über http://dnb.d-nb.de abrufbar.

ISSN 0179-3705
ISBN 978-3-631-67641-7 (Print)
E-ISBN 978-3-653-07023-1 (E-PDF)
E-ISBN 978-3-631-69567-8 (EPUB)
E-ISBN 978-3-631-69568-5 (MOBI)
DOI 10.3726/978-3-653-07023-1

Peter Lang Edition ist ein Imprint der Peter Lang GmbH.

Peter Lang – Frankfurt am Main · Bern · Bruxelles · New York · Oxford · Warszawa · Wien

Diese Publikation wurde begutachtet.

www.peterlang.com

Inhaltsverzeichnis

Dank

Ich danke meinem Doktorvater Professor Heiko Haumann, der es mir ermöglichte, vorliegende Forschung unter seiner Betreuung durchzuführen. Er stand mir stets mit seinem Fachwissen zur Seite, opferte viel Zeit für mich und ist mir durch unsere zahlreichen Gesprächen sowie seine konstruktive Kritik meiner Doktorarbeit zu einem wertvollen Wegbegleiter geworden.

Einen besonderen Dank möchte ich Professor Regina Wecker aussprechen, die sich als Korreferentin meiner Doktorarbeit angenommen hat. Sie hat mir in zahlreichen Vorlesungen und Seminaren viel Wissenswertes beigebracht und mich mit wichtiger Kritik unterstützt.

Ich danke meiner Familie, meiner Mutter, die in jeglicher Hinsicht die Grundsteine für meinen Weg gelegt haben.

Einleitung

1. Thema und Fragestellung

Die Forschungen zur Geschichte der Frau lassen sich nicht auf einen eindeutigen Schwerpunkt festlegen, mit dem Terminus „Frauengeschichte" ist vielmehr ein Spektrum von verschiedenen Untersuchungsansätzen gemeint.[1] In Arbeiten zum Thema Frauengeschichte wird die Kategorie „Frau" zu historischen Analysen herangezogen.

Das Ziel vieler Forschungsansätze, in denen mit dieser Kategorie gearbeitet wird, ist es, die Frauen historisch sichtbar zu machen und ihnen eine Vergangenheit zu geben.[2] In der Geschichtsforschung sind die Frauen von den beschriebenen historischen Ereignissen, politischen Strukturen und sozialen Entwicklungen betroffen. Wenn man aber die Rolle der Frauen und bestimmte Auswirkungen auf das Leben der Frauen einbezieht, erfahren diese historischen Abläufe und diese politischen und sozialen Strukturen eine andere Wertung. Frauengeschichte soll also die weibliche historische Identität vermitteln, indem man „durch Gegenüberstellung historischer und gegenwärtiger Quellen die Vergangenheit zu erschliessen sucht und die Augen für gegenwärtige Probleme und ihre historischen Wurzeln öffnet."[3] Eine grundlegende Rolle spielt in dieser Arbeit die Kategorie „Geschlecht", die in der Geschlechtergeschichte im Mittelpunkt der Forschung steht.[4] Die Berücksichtigung der Kategorie „Geschlecht" eröffnet eine wichtige

1 Burghartz, Susanne/ Ryther, Annamarie: Anmerkungen zur historischen Frauenforschung in der Schweiz. In: Ryter Annamarie; Wecker, Regina/ Burghartz, Susanne (Hrsg.): Auf den Spuren weiblicher Vergangenheit. Serientitel: Itinera, Fasc. 2/3. Konferenz: Schweizerisches Historikerinnentreffen 2, 1984, Basel 1985, S. 2.

2 Vgl. Frevert, Ute: „Mann und Weib, und Weib und Mann": Geschlechter-Differenzen in der Moderne, München 1995.

3 Wecker, Regina: Frauen in der Schweiz Von den Problemen einer Mehrheit. 2 Bände, Zug 1983, S. 65.

4 Vgl. Schnegg, Kordula: Geschlechtervorstellungen und soziale Differenzierung bei Appian aus Alexandrien (Philippika. Marburger altertumskundliche Abhandlungen 33), Wiesbaden 2010, S. 13.

historische Dimension in der Geschichtsforschung.[5] Es handelt sich um die Kernkategorie der Frauengeschichte. „Mit dem Anspruch, Frauen in die Geschichte zurückzubringen und den Frauen ihre Geschichte zurückzugeben, wurde das Konzept von Geschlecht als sozialer, kultureller und historischer Analysekategorie entwickelt.“[6] Im englischen Sprachgebrauch entsprechen dem deutschen Wort „Geschlecht“ zwei Begriffe: „Sex“ und „Gender“.

Das biologische Geschlecht, das auch als Körpergeschlecht (Sex) angesehen wird, wird von der Frauenforschung so definiert, dass die Frauen zur Geburt von Kindern fähig sind.[7] Das männlich dominierte Gesellschaftssystem hat daraus ein ganzes System von Rollenzuschreibungen abgleitet

Das soziale Geschlecht (Gender) ist an die „Geschlechterrolle“ geknüpft. Die Geschlechtergeschichte versucht die Rollenvorstellungen zu verändern, dabei betrachtet man die Geschichte und Politik nicht mehr als einen besonders männlich geprägten Lebensbereich. Was Geschlecht bedeutet ist – wie Regina Wecker in ihrem Aufsatz ausführt – vielmehr abhängig vom sozialen und kulturellen Kontext.[8] Mehrere Aufsätze erklären „Gender“ zum Synonym für die Begriffe „Frauen“ und „Frauengeschichte“. Doch sollte man zur Kenntnis nehmen, dass die Welt der Frauen implizit auch jene der Männer ist und sich diese gegenseitig beeinflussen und dass auch Männer als Geschlechtswesen sozialisiert werden. Das Geschlecht bestimmt auch die sozialen Beziehungen zwischen den Geschlechtern. Mit der Verwendung dieses Begriffs richtet man sich ausdrücklich gegen biologische Erklärungen, die mit den verschiedensten Formen der weiblichen Unterordnung verbunden sind. So wird etwa betont, dass die Frauen die Fähigkeit zu gebären haben und Männer über die grössere Muskelkraft verfügen. In der kritischen Geschlechterforschung wird Geschlecht vielmehr als ein Konstrukt gedacht. Joan Scott definiert „Gender“ als „kulturelle Konstruktionen“, das heisst als die soziale Gestaltung von Vorstellungen über geeignete Rollen

5 Vgl. Wecker, Frauen in der Schweiz (oben Anm. 3), S. 65.
6 Wecker, Regina: Frauengeschichte – Geschlechtergeschichte. In: Schweizerische Zeitschrift für Geschichte, Vol. 41, Basel 1991, S. 316.
7 Piel, Manuela: Frauen in der Geschichte – Möglichkeiten und Schwierigkeiten für den Geschichtsunterricht, München 2007.
8 Wecker, Frauengeschichte – Geschlechtergeschichte (oben Anm. 6), S. 317.

von Frauen und Männern. „Gender“ bezieht sich folglich sowohl auf die weibliche als auch auf die männliche Identität.[9]

Als konstruiert gelten die soziokulturellen, politischen, ökonomischen Attribute des Geschlechtes und auch dessen „biologisches Substrat“.[10] Gisela Bock definiert Gründe, die das Geschlecht als soziale, kulturelle und historische Kategorie rechtfertigen.[11] „Weiblichkeit“ und „Männlichkeit“ seien keine Universalien. Alle Gesellschaften nähmen eine Geschlechterdifferenzierung vor. Die geschlechterspezifische Differenzierung und die geschlechterspezifische Hierarchie seien nicht zwangsläufig miteinander verbunden oder identisch. Darüber hinaus sei die Geschlechterwahrnehmung, die von der jeweiligen Gesellschaft geprägt ist, für jede Forschung einzigartig.

Erving Goffman definiert das Geschlecht als soziale Kategorie. Das Geschlecht einer Person habe damit in allen Gesellschaften die Funktion eines „Codes“, auf dessen Grundlage gesellschaftliche Strukturen aufgebaut würden.[12] Dieser Code präge die Vorstellungen und Erwartungen der Menschen von ihrer grundlegenden Natur. Das Geschlecht habe damit eine ähnliche Bedeutung wie die soziale Klasse, wozu ein Mensch gehört, und bestimme sich letztlich durch ein „erlerntes, soziales Rollenverhalten“.[13]

Die Geschlechtergeschichte stellt sowohl die weibliche als auch die männliche Geschichtssicht dar und zeigt nicht nur weibliche, sondern auch männliche Rollenzuschreibungen auf.[14] „Weiblichkeit kann nur in Auseinandersetzung mit Männlichkeit verstanden werden.“[15] Geschlechtergeschichte beschäftigt sich daher mit Männern und Frauen, die in der

---

9 Scott, Joan W.: Gender: A Useful Category of Historical Analysis, The American Historical Review. Vol. 91, No. 5 (Dec. 1986), S. 1056.

10 Frevert, „Mann und Weib, und Weib und Mann“ (oben Anm. 2), S. 14.

11 Bock, Gisela: Geschichte, Frauengeschichte, Geschlechtergeschichte. In: Geschichte und Gesellschaft 14. Jahrg., H. 3, Sozialgeschichte in der Erweiterung 1988, S. 364–391 hier S. 372.

12 Goffman, Erving: Das Arrangement der Geschlechter, In: Goffman, Erving / Knoblauch, Hubert (Hrsg.): Interaktion und Geschlecht, Frankfurt am Main 1994, S. 105.

13 Ebd.

14 Piel, Frauen in der Geschichte (oben Anm. 7), S. 4.

15 Schnegg, Geschlechtervorstellungen und soziale Differenzierung (oben Anm. 4), S. 11.

Geschichte die verschiedenen Ereignisse immer unterschiedlich erlebt und verarbeitet haben, sowie mit deren Beziehung zueinander. Dabei sollte der Ansatz der Frauengeschichte aber bestehen bleiben, weil die Aufarbeitung der weiblichen Geschichte noch grosse Lücken aufweist und nicht in den Hintergrund gerückt werden sollte.

Dieser Satz soll nun die Disziplin der Geschlechtergeschichte näher vorstellen. Die deutsche Sozialhistorikerin Bock legt in ihrem Artikel prägnant dar, dass sich die historische Frauenforschung auf alle Bereiche von Geschichte und Gesellschaft bezieht, und zwar besonders auf solche, in denen Frauen vorkommen oder in denen sie in der Überzahl sind.[16] Dazu gehören: Frauenorganisationen, Frauenkultur, Hausarbeit, Armenfürsorge. Untersucht werden jedoch auch jene Bereiche, in denen Frauen im Vergleich zu Männern in der Minderheit sind (Fabrikarbeit, Prostitution, Geschichtsschreibung) und solche, wo sie abwesend sind (Frauenwahlrecht).

Im Aufsatz von Sonja Düring „Wilde und andere Mädchen" kommen zwei Kategorien zusammen. Erstens geht sie der geschlechtsspezifischen Frage nach, „was es Frauen möglich macht, aus der traditionellen Frauenrolle auszubrechen und sich zu den herkömmlichen Geschlechter- und Machtverhältnissen quer zu stellen."[17] Zweitens diskutiert sie insbesondere weibliche Adoleszenzprozesse, die auch noch unter die Kategorie „Kindheit" fallen. Dabei richtet sie ihr Augenmerk auf die Konfliktsituationen, die Frauen in der Lebensphase zwischen Kindheit und Erwachsenenalter in den vom Patriarchat geprägten Gesellschaften treffen.

Die Kindheit wird als Lebensphase definiert, die sich bis zum 18. Lebensjahr bzw. der zivilrechtlichen Volljährigkeit erstreckt.[18] Sie ist gekennzeichnet durch Status (rechtliche Minderjährigkeit, privates Kindesverhältnis und Abhängigkeit von der elterlichen Sorge) und durch Entwicklung (Prozess der körperlichen, kognitiven, affektiven und sozialen Entwicklung hin zur Autonomie des Erwachsenenalters).

---

16 Bock, Geschichte, Frauengeschichte, Geschlechtergeschichte (oben Anm. 11), S. 369.

17 Düring, Sonja: Wilde und andere Mädchen. Die Pubertät, Freiburg 1993, S. 9.

18 Wörterbuch für Sozialpolitik, http://www.socialinfo.ch/cgi-bin/dicopossode/show.cfm?id=337

Die Begriffe Kindheit und Jugend aber können nicht vollständig gegeneinander abgegrenzt werden. Der Übergang in das Jugendalter ist von der individuellen Entwicklung sowie dem kulturellen Umfeld eines Menschen abhängig. Die UN-Generalversammlung (UNO 2007) definiert Jugendliche als Personen, die zwischen 15 und 24 Jahre alt sind. Die neue soziologische Kindheitsforschung erlaubt es, den Begriff „Jugend" synonym für „Kindheit" zu verwenden.[19]

Ein wesentliches Problem der kulturgeschichtlichen Forschungen ist die Frage, ob die Kategorie „Kindheit" in der modernen Zeit eingeführt wurde oder bereits im Mittelalter bestand. Der französischen Mediävist und Historiker Philippe Ariès war der erste Autor, der sich mit dem Thema der Kindheit ausführlich auseinandersetze. So wurde sein 1960 veröffentlichtes Buch „L'enfant et la vie familiale sous l'Ancien Régime" (im Deutschen erst 1975 erschienen als „Die Geschichte der Kindheit"[20]) zur Grundlage der weiteren Kindheitsforschung und Ausgangspunkt einer regen Debatte. Ariès erforschte Kunst des Mittelalters bzw. Gemälde (Ikonografie) und vertritt in seinem Werk die These, die Gesellschaft des Mittelalters habe keine Vorstellung von Kindheit gehabt. Laut Philippe Ariès stammen die Vorstellungen von Kindheit nämlich aus dem 18. Jahrhundert. Bis dahin seien Kindheit und Erwachsensein nicht voneinander getrennt gewesen. Bis zur Zeit der Französischen Revolution etwa lebten Kinder in Europa in einem Lehrlingsverhältnis mit Erwachsenen, was Weltkenntnis, Religion, Sprache, Sitte, Handwerk betraf. Die Kinder trugen die gleichen Kleider, spielten die gleichen Spiele, verrichteten die gleichen Arbeiten wie die Erwachsenen. Familie, so Ariès, sei nur für Vererbung von Gut und Namen zuständig gewesen. Erst im 17. Jahrhundert, mit der Entwicklung der pädagogischen Ideen, wurden Kinder als unschuldig, verderblich, des Schutzes und der Erziehung bedürftig wahrgenommen. Die Familie wurde zur moralischen Anstalt und zusammen mit der Schule wirkten sie bei der Entfernung des Kindes aus den Bereichen des Erwachsenenlebens mit.

19 Vgl. Krüger, Heinz-Herman/ Grunert, Cathleen (Hrsg): Handbuch Kindheits- und Jugendforschung, Opladen 2002.

20 Ariès, Philippe: Die Geschichte der Kindheit, München 1975.

Der Begriff „Kindheit“ umfasst verschiedene Aspekte. Zur Klärung des Begriffs „Kindheit“ lassen sich anthropologische, sozialwissenschaftliche, geschichtliche, ethnologische und psychologische Ansätze finden.

In der Anthropologie ist Kindheit als naturgegebenes biologisches Phänomen bekannt, das an Altersphasen gekoppelt, die individuell und entwicklungsgerecht durchlaufen werden müssen. Frank Robert Vivelo ordnet in seinem Handbuch die Kindheit in den gesellschaftlich universalen Lebenszyklus von Geburt, Geschlechtsreife, Reproduktion und Tod ein.[21] Zudem fokussiert er sich auf Übergangsriten. Dieses ethnologische Konzept wurde vom französischen Ethnologen Arnold van Gennep (1909) eingeführt.[22] Er beschreibt, wie in vielen traditionellen Gesellschaften das Problem der Übertragung der Verantwortung wie ein Erwachsener und der Selbständigkeit durch die Herausbildung von Ritualen – „ Übergangsriten“ – bewältigt worden ist. Dazu zählt er Orts- und Statuswechsel, Erwachsen- und Älterwerden, Geburt und Tod. Eindeutiger dagegen ist der von Stanley Hall (1907) eingeführte Begriff der Adoleszenz als gesonderte Entwicklungsphase um die Pubertät. Soziologisch gesehen ist Adoleszenz (lat. „Jugend“) die Übergangsperiode vom Jugendalter zum Erwachsenenalter, die durch physische und psychische Entwicklungsprozesse bedingt wird.[23]

Die Ansätze und Konzepte der neuen sozialwissenschaftlichen Kindheitsforschung haben einen entscheidenden gemeinsamen Bezugspunkt in der Auffassung, dass Kindheit nicht nur eine biologische Tatsache ist, sondern vielmehr durch gesellschaftliche Prozesse sozial konstruiert wird. Kinder betrachtet man nicht nur als zukünftige Erwachsene, sondern als besondere Mitglieder der Gesellschaft.

Michael Sebastian Honig definiert Kindheit als eine Institution, „die nicht Inbegriff von Entwicklungs- und Sozialisationsprozessen, sondern

---

21 Vivelo, Frank Robert: Handbuch der Kulturanthropologie: eine grundlegende Einführung, Stuttgart 1995, S. 164.

22 Vgl.van Gennep, Arnold: Übergangsriten (Les rites de passage), Frankfurt/Main; [u.a.] 2005.

23 Vgl. Kerstin Konrad, Christine Firk, Peter J. Uhlhaas: Hirnentwicklung in der Adoleszenz: Neurowissenschaftliche Befunde zum Verständnis dieser Entwicklungsphase. In: Deutsches Ärzteblatt International. (Dtsch Arztebl Int) 2013; 110 (25), S. 425–31. Gudemann,W.-E: Bertelsmann Universal Lexikon, Gütersloh 1987, S. 69.

selektiver Kontext und sozialer Code (ist), der Entwicklungsprozesse normiert und den Kinder ihrerseits strukturieren, interpretativ reproduzieren.[24]" Die schwedische Wissenschaftlerin Leena Alanen fasst Kinder nicht nur als Forschungsobjekte, sondern als sprachbegabte Subjekte mit eigenen Erfahrungen und Wissensformen auf: Dabei wird Kindheit nicht als natürliche biologische Tatsache, sondern als soziales Phänomen gefasst. Das Phänomen „Kindheit" betrachten Marie-José van de Loo und Margarete Reinhart als Lernprozess, dessen „Endpunkt" bekannt ist, und es bleibt nur herauszufinden, wie das Kind diesen erreicht: Mehrere Beiträge ihres Sammelbandes illustrieren das Verständnis der Kindheit in der Ethnologie, bzw., wie es zu dem Erwachsenen mit seinen Werten, Einstellungen und Verhaltensweisen kommt.[25]

In den Siebzigerjahren des letzten Jahrhunderts formulierte der amerikanische Psychologe Lloyd de Mause die psychologischen Prinzipien der Geschichte der Kindheit.[26] Seine psychogenetische Theorie erklärt die Entwicklung der Geschichte durch die Evolution der Eltern-Kind-Beziehungen und den damit verbundenen Wandel der Kindheitserfahrungen. Der russische Soziologe Igor Kon unterstützte diese Theorie als einer der ehrgeizigsten des Kindheitskonzepts.[27] Aus geschichtlicher Perspektive gewinnt der von de Mause dargestellte methodische und theoretische Zugang immer mehr an Bedeutung. Er zeigt, wie sich die Vorstellungen über Kindheit und ihre Wahrnehmungen mit der Zeit änderten. Die Kindheit ohne ihre Geschichte zu erforschen, ist undenkbar.

Lloyd de Mause geht davon aus, dass die Kindheitserfahrungen eines Menschen in hohem Masse seinen Charakter und somit auch seine Handlungsmöglichkeiten beeinflussen. So kann gewalttätiges Verhalten kaum vererbt sein, sondern wird in der Kindheit erlernt. Somit verändert Kindheit

---

24 Honig, Michael-Sebastian: Entwurf einer Theorie der Kindheit, Frankfurt am Main 1999, S. 84.

25 Loo, J.-M. Reinhart, M. (Hrsg): Kinder. Ethnologische Forschungen in fünf Kontinenten, München 1993.

26 de Mause, Lloyd: Evolution der Kindheit. In: Lloyd de Mause (Hg.). Hört ihr die Kinder weinen: eine psychogenetische Geschichte der Kindheit. (6. Aufl.), Frankfurt am Main 1989, S. 12–111.

27 Кон И. С.: Ребенок и общество, Москва 1988.

sich selbst historisch.[28] Er unterscheidet 6 Formen der Kindererziehung, die nacheinander vorherrschend in ihrer jeweiligen Zeit existierten. Die zeitlichen Angaben beziehen sich auf das westliche Europa, wo die Geschichte der Kindheit bisher am besten untersucht ist.

1. Kindstötung (Vorzeit bis Antike 4. Jahrhundert n. Chr.):
In dieser Zeit stellte der Kindsmord ein übliches Mittel der Familienplanung dar und war sogar gesellschaftlich allgemein akzeptiert. Bei den überlebenden Kindern, die den Mord mit ansehen mussten und dazu noch schlecht behandelt und missbraucht wurden, hinterliessen entsprechende Erlebnisse schwere seelische Verletzungen.

2. Weggabe (4. – 13. Jahrhundert):
Mit dem Beginn der christlichen Ära wurde unter die Praxis des Kindesmordes in der Gesellschaft langsam zurückgedrängt. Historische Manifestationen sind die Weggabe zu Ammen. Die Kinder wurden in Klöster gegeben oder kamen als Diener in fremde Haushalte. Der Kindesmord und nach wie vor Missbrauch waren die Merkmale dieser Zeit.

3. Ambivalenz (beginnt mit dem 12. Jahrhundert, vorherrschend 13.-17. Jahrhundert):
Die Erwachsenen wiesen dem Kind gegenüber eine gespaltene Persönlichkeit auf: Parallel zu der Entwicklung des elterlichen Liebes, brachten ihre eigene Kindererfahrungen sie dazu immer noch das vermeintlich Böse im Kinde zu bekämpfen.

4. „Intrusion" also Eindringen am Werk (beginnt mit dem späten 16. Jahrhundert, vorherrschend 17.-19. Jahrhundert):
Die Entwicklung der Medizin und Hygiene führte zu einem deutlichen Rückgang der Kindersterblichkeit. Zwar bekommen Kinder mehr elterliche Liebe und Zuneigung, wurden aber vielmehr psychisch kontrolliert, um sie zu absolutem Gehorsam zu erziehen. Die erziehenden Personen beanspruchen das Eindringen in das Innenleben des Kindes, um dessen Bedürfnisse und Willen unter Kontrolle zu bringen. Die insgesamt verbesserte Behandlung in der Kindheit prägte die verbesserte Persönlichkeitsstruktur

28 Vgl. Honig, Entwurf einer Theorie der Kindheit, S 81.

der Erwachsenen, indem sie ein unterwürfiges und selbstbestrafendes Gefühl vernichtete.

5. Sozialisation (beginnt mit dem späten 18. Jahrhundert vorherrschend 19. – 21. Jahrhundert):
Diese Erziehungsform ist immer noch aktuell. Im Vordergrund steht die Anpassung des Kindes an die gesellschaftlichen Normen durch die Ausbildung und Erziehung.

6. Unterstützung (Beginn Mitte 20. Jahrhundert):
Der zentrale Unterschied zur Sozialisation besteht in der elterlichen Vorstellung, dass „das Kind besser als seine Eltern weiss, was es in jedem Stadium seines Lebens braucht."[29]

Die kulturvergleichenden Kindheitsforschungen trotz eines steigenden Bedarfs an grenzüberschreitenden Projekten jedoch immer noch am Anfang. Sozialwissenschaftler Peter Büchner und Heinz-Hermann Krüger rekonstruieren die Veränderungen der kindlichen Lebensbedingungen im Bereich von Familie, vorschulischen und schulischen öffentlichen Institutionen sowie von Kindermarkt und Kinderkultur in Deutschland und Niederlanden.[30] Dabei lassen sie Kinder als soziale Akteure selbst zu Wort kommen und ihre Wahrnehmungen dokumentieren. Theoretisch ist diese Forschung an zivilisationstheoretischen Bezug geknüpft. Methodisch wurde zunächst qualitative Studie zum Kinderleben in Ost-und Westdeutschland unter Einbeziehung eines interkulturellen Vergleichs mit den Gegebenheiten in den Niederlanden durchgeführt. Kulturtheoretische und kulturvergleichende Ansätze von Ethnopädagoge Erich Renner stellten Besonderheiten von Kindsein und Kindheit in den einzelnen Kulturen heraus [31] Er geht davon aus, dass die Lebenswelt von Menschen durch kulturelle Deutungen und gesellschaftliche Sozialstruktur geprägt wurde.

Einen besonderen Stellenwert nimmt für die vorliegende Arbeit die sozialisationstheoretische Fragestellung im Zusammenhang der Forschung

29 de Mause, Evolution der Kindheit, S. 84.
30 Bois-Reymond, M. du/Büchner, P./Krüger, H.-H. u.a.: Kinderleben. Modernisierung von Kindheit im interkulturellen Vergleich, Opladen 1994.
31 Renner, Erich: Kulturtheoretische und kulturvergleichende Ansätze. In: Krüger, Heinz-Hermann; Grunert, Cathleen (Hrsg.): Handbuch Kindheits- und Jugendforschung, Opladen 2002; S. 165–186.

über Kindheit. Menschen, die in verschiedenen Gesellschaften und Kulturen aufgewachsen sind, unterscheiden sich voneinander hinsichtlich ihrer Denkweisen und Wertvorstellungen. Diese Unterschiede hängen mit bestimmten Erfahrungen in der Kindheit zusammen. Zwar verfügen Kinder über andere Deutungsmuster der Welt als Erwachsene; dennoch ist das Verhalten der Erwachsenen durch diese Muster bedingt.[32]

Diese Arbeit geht der Frage nach, welche sozialökonomische Stellung Frauen und Kinder in der patriarchalisch geprägten Ständeordnung in Russland und in der traditionell geprägten schweizerischen Gesellschaft am Ende des 19. und zu Beginn des 20. Jahrhunderts innehatten und wie die Beziehungen zwischen Mann und Frau sowie den Kindern und der Frau aussahen. In den folgenden Ausführungen werden das Alltagsleben der Frauen auf dem Land und in der Stadt analysiert und die Wahrnehmung und Bedeutung der Frau in der russischen und schweizerischen Geschichtsschreibung verglichen.

In diesem Kontext werden die folgenden Bereiche des Lebens von Frauen verglichen: geschlechtsspezifische Normen in der Ehe und der Öffentlichkeit, Frauenbilder, Frauenarbeit, Geburt (Hebammen, Abtreibung, Kindsmord), Kindererziehung, Kindersterblichkeit und Kinderpflege.

Die vorstehende Fragestellung soll damit unter verschiedenen Aspekten beleuchtet werden. Dabei stehen die Bereiche Ehe, Arbeit und Kindererziehung im Vordergrund, weil dadurch die sozialen Erwartungen an die Frau am besten aufgezeigt werden können. Es gilt herauszufinden, wie man in der damaligen ländlichen Gesellschaft in der Schweiz und in Russland mit dem Leid der Kinder umging und ob deren hohe Sterblichkeit als Fatalismus wahrgenommen wurde.

Die Auswirkungen von Gesetzen auf das Leben der Frauen zu beschreiben, die bis zu einem gewissen Grad gesellschaftliche Vorstellungen und Normen der damaligen Zeit widerspiegeln, steht dabei im Mittelpunkt. Zudem soll das Spannungsverhältnis zwischen gesellschaftlicher Norm und alltäglicher Lebensrealität aufgezeigt werden.

Heute ist die Geschichte der Frau ein öffentliches Thema und Gegenstand vieler sozialer und politischer Debatten – nicht nur in der Schweiz, sondern

32 Geulen, Dieter: Subjekt, Sozialisation, „Selbstsozialisation“. Einige kritische und einige versöhnliche Bemerkungen. In: ZSE, Heft 2/2002, S. 186–196.

auch in Russland. Am Horizont zeichnen sich grundlegende Änderungen ab, in politischer sowie auch in gesetzlicher Hinsicht. In einer solchen Situation liegt der Blick in die Vergangenheit nahe.

Untersuchungsraum

Für die vorliegende Untersuchung wurden die beiden Basler Halbkantone Basel-Stadt und Basel-Landschaft und die Region Woronesch herangezogen.[33] Unter dem Kanton Basel-Landschaft bzw. Baselland wird hier der Kanton Basel-Landschaft in der Form verstanden, wie er von 1833 bis heute besteht. Der Bezirk Laufen kam erst ab 1. Januar 1994 vom Kanton Bern hinzu. In diesem Bezirk waren die Textil- und Heimarbeit sowie die Binnenproduktion nicht so weit entwickelt wie in Arlesheim, Liestal, Sissach und Waldenburg, sodass der landwirtschaftliche Sektor viel länger prägend war. Der Bezirk Laufen grenzte bis anhin an Baselland und pflegte bis dahin wirtschaftliche Beziehungen mit ihm. Beide Basler Halbkantone lassen sich als industrielle Kantone definieren. Basel-Stadt war in wirtschaftlicher und demografischer Hinsicht eng mit dem Kanton Baselland verflochten und wurde von Industrie und dem Dienstleistungssektor dominiert. Wegen der Aussicht auf bessere Arbeitsmöglichkeiten wanderte die ländliche Bevölkerung zu grossen Teilen in die Stadt aus.

Die Agrarwirtschaft war im ganzen 19. Jahrhundert für die Bevölkerung im Kanton Baselland wichtig. Jede Baselbieter Familie vom Heimposamenter bis zum Lehrer verfügte über ein eigenes Grundstück, um sich damit den Eigenbedarf an Lebensmittel zu sichern. Der Anteil der landwirtschaftlichen Bevölkerung im Kanton Baselland betrug im Jahr 1870 32 % und im Jahr 1910 21 % der Gesamtbevölkerung des Kantons.[34] Die Landwirtschaft im Kanton Basel-Stadt beschränkte sich im 19. Jahrhundert hauptsächlich auf die Gemeinden Riehen und Bettingen. So waren im Stadtkanton von der Gesamtbevölkerung nur 3 % im Jahr 1870 und 1 % im Jahr 1910 mit der Landwirtschaft verbunden.

Die Region Woronesch befand sich auf dem Weg zur Industrialisierung. Aus der einst typischen Agrarregion Woronesch wanderten im Herbst und

---

33 Siehe Anhang 2. Karte „e“ Die Bevölkerungsdichte im Jahr 1880 u. Karte „g“. Das Gouvernement Woronesch 1822.

34 Brugger, Hans: Die schweizerische Landwirtschaft 1850 bis 1914, Frauenfeld 1978, S. 16.

Winter von Jahr zu Jahr mehr Menschen in die Stadt aus. Man bezeichnet dieses Phänomen als „Saisonarbeit“. Die Neunzigerjahre des vorletzten Jahrhunderts sind Höhepunkte der Saisonarbeit und weisen einen namhaften Anteil von ausgewanderten Bäuerinnen auf.

Das Gouvernement Woronesch mit der Stadt Woronesch gehörte zu der begehrten Schwarzerde-Region und stellte ein typisches Agrargebiet des Russischen Reiches dar. Im Jahr 1900 machten die Bauern 88,4 % der Gesamtbevölkerung Russlands aus. Im Woronescher Gouvernement sowie in Zentralrussland arbeiteten also 85 von 100 Frauen in der Landwirtschaft.[35]

Die Bevölkerung der beiden untersuchten Regionen war aufgrund der geografischen Lage multiethnisch geprägt. Die beiden Basler Halbkantone grenzen an französische und deutsche Gebiete, während die Region Woronesch an die Ukraine und an Weissrussland grenzt. Zudem wohnten in diesen Gebieten zahlreiche Zuwanderer.

Interessant sind die ähnlichen Verflechtungen in der Geschichte der beiden Städte Woronesch und Basel: Die erste Erwähnung eines kirchlichen Ereignisses – das Konzil 1431–1448 in Basel – lässt sich in russischen Dokumenten aus dem 15. Jahrhundert finden.[36] Die Teilnehmer stellten fest, dass russische christliche Repräsentanten auf dem Konzil vertreten sein sollten, und nahmen Kontakt mit den Russen aus Polen-Litauen auf.[37] Die am Oberlauf des Rheins liegende Stadt wurde im Jahre 1501 in die Schweizer Eidgenossenschaft aufgenommen. Die Stadt Woronesch hinwiederum wurde im Jahr 1585 gegründet.

Zwar wiesen das Russische Reich und die Schweiz in der hier zu erforschenden Zeit eine hohe Kindersterblichkeit auf, sodass die Bevölkerung

---

35 Мескина, О. А.: История сельского населения Воронежской губернии 1861–1913 гг.: Санитарно-демографический аспект: автореферат дис. кандидата исторических наук: 07.00.02, Воронеж 2006, S. 44 ff.

36 Россия и Базель. К 700-летию истории швейцарского государства. Архимандрит Августин (Никитин).URL: http://ricolor.org/europe/szveizaria/mp/avg/ (Datum des Zugriffs: 8. März 2013). Die Teilnehmer der Russisch-Orthodoxen Kirche am Konzil Ferrara-Florenz erwähnten in ihren Berichten auch das Konzil in Basel, das von 1431 bis 1449 tagte und das 17. der ökumenischen Konzile war. Mit dem Konzil rückte Basel ins Zentrum der christlichen Welt. Die Stadt wurde zum belebten Angelpunkt für Diplomaten und Kirchenherren.

37 Ebd.

langsam anwuchs. Nach Angaben der Volkszählung vom 1. Dezember 1880 wurden in der Schweiz innerhalb einer Woche etwa 1700 Kinder geboren, während im gleichen Zeitraum etwa 1250 Personen starben.[38] In der Periode 1860/1870 betrug das mittlere jährliche Bevölkerungswachstum (auf 1000 Einwohner) in Basel-Stadt 14,5 und in Basel-Land 4,6, während im Woroneschen Gouvernement die Geburtenrate bei 20 Geburten pro 1000 Einwohner lag. Im Zeitraum 1870/1880 stieg diese auf 30,9 in Basel-Stadt und auf 9,1 in Basel-Land. In der Periode 1888/1900 wurde der höchste Wert erreicht, nämlich: 34,5 in Basel-Stadt und 8,4 in Baselland, während in Russland die Zahl der Geburten bis zum Jahr 1910 konstant blieb.[39]

Das Bevölkerungswachstum in der Schweiz wurde nicht nur durch den Geburtenüberschuss, sondern auch durch die Einwanderung bedingt.

Die Wanderungsbilanz im Zeitraum 1870/1880 auf 1000 Einwohner betrug in Basel-Stadt 20,3 und in Baselland -1,7. In der Periode 1900/1910 sank der Wert für Basel-Stadt auf 7,7 und für Basel-Land auf -1.[40]

In Russland war der Geburtenüberschuss der dominante Faktor des Bevölkerungswachstums. Im Russischen Reich 1897–1903 belief sich die Zahl auf 47 Neugeborene gegenüber 33 Verstorbenen. Durchschnittlich betrug diese Zahl Woronescher Gouvernement 58 Neugeborene gegenüber 33 Verstorbenen.[41]

---

38 Schweizerische Statistik. Eidgenössische Volkszählung vom 1. Dezember 1880. Erster Band. Die Bevölkerung nach Geschlecht, Altersperiode, Civilstand, Heimath, Aufenthalt, Konfession und Sprache, nebst der Zahl der Haushaltungen und der bewohnten Häuser und Räumlichkeiten, Zürich 1881, S XII–XV.

39 Wohnbevölkerung nach Kantonen 1798–1990: mittleres jährliches Bevölkerungswachstum (auf 1000 Einwohner) B.1c. URL: http://www.fsw.uzh.ch/hstat/nls/ls_files.php?chapter_var=./b (Datum des Zugriffs: 18. Mai 2013).

40 Wanderungsbilanz zwischen zwei Volkszählungen nach Kantonen und nach Heimat 1837–1990. E.1a http://www.fsw.uzh.ch/hstat/nls/ls_files.php?chapter_var=./e (Datum des Zugriffs: 18. Mai 2013).

41 Vgl. Мескина О.А.: История сельского населения Воронежской губернии 1861–1913гг: Санитарно-демографический аспект,Воронеж 2012; S. 159; S. 27 ff.; Vgl. Отчет о состоянии народного здравия и организации врачебной помощи в России за 1903 г., СПб. 1905, S 3. Über das Bevölkerungswachstum im Woronescher Gouvernement sprach man erst in 1897.
Die Bevölkerungszunahme im Gouvernement betrug im Zeitraum 1888–1896 -1%. Die Kindersterblichkeit blieb aber auf dem ursprünglichen hohen Niveau. Vgl.

Untersuchungsgruppe

Die Untersuchungsgruppe umfasst Frauen und Kinder. In der Schweiz befanden sich unter den Landfrauen nicht nur Bäuerinnen, sondern Frauen verschiedenster Berufe: am häufigsten Dienstmägde oder Posamentermägde, Textilfabrikarbeiterinnen, Heimposamenterinnen, Näherinnen, Glätterinnen, Wäscherinnen sowie Kranken- und Irrenwärterinnen. Diese Berufe entsprachen den damaligen Möglichkeiten von Frauen aus der ländlichen und städtischen Unterschicht. Im Russischen Reich waren Landfrauen nur als Bäuerinnen bekannt. Aber in beiden Gesellschaften fand eine starke Differenzierung der Rollen und Pflichten der Frauen statt. Die Arbeiterinnen in den schweizerischen Dörfern waren dem ländlichen Milieu aufgrund ihrer sozialen und regionalen Herkunft in zweifacher Hinsicht verbunden. Sie stammten aus kleinbäuerlichen oder handwerklichen Schichten und hatten einen starken ländlichen Bezug, etwa durch ein eigenes Haus, Landbesitz oder Verwandtschaftsbeziehungen. Gleichzeitig sollten sie in den Industriegebieten mit neuen Formen der Arbeit und Arbeitsbelastung sowie infolgedessen mit neuen Interessenskonflikten konfrontiert.

Der Untersuchungszeitraum

Der Untersuchungszeitraum für die vorliegende Arbeit ist die Periode 1870 bis 1913. Es handelt sich um einen Zeitraum, in dem fortschrittliche Gesetze und Verordnungen im Russischen Reich und in der Schweiz eingeführt wurden. Die industrielle Revolution nahm in Europa und Russland ihren Lauf.

Das Jahr 1861 ist im Russischen Reich mit der Abschaffung der Leibeigenschaft verbunden. Durch das Manifest des Zaren Alexander II., das die Aufhebung der Leibeigenschaft verkündete, wurden die Bauern befreit. Nach der Aufhebung der Leibeigenschaft im Jahr 1861 trat Russland in die Epoche der grossen Reform ein. 1865 wurde in der Region Woronesch die Reform von sogenannten Landschaftsverwaltungen (Semstwo) durchgeführt, die das Leben und Landschaft in der russischen Provinz geprägt haben. Seitdem begann sich das System von medizinischen Instituten, Schulen und Fürsorgeeinrichtungen auf dem Land zu entwickeln. Ihren Höhepunkt erreichten diese Reformen in der Region Woronesch in den Achtziger- und

Отчет о состоянии народного здравия и организации врачебной помощи в России за 1903–1906 г., СПб. 1905–1908 ff.

Neunzigerjahren des 19. Jahrhunderts. Um 1880 führte die Sanitärkommission in Schulen und Spitälern Inspektionen bezüglich Arbeitsverhältnisse, Kinderfürsorge und Krankenstatistik ein. Diese Reformen im zaristischen Russland kann man ebenso als Beginn der Demokratisierung interpretieren wie die schweizerische Bundesverfassung von 1848. Ihre erste Totalrevision 1874, welche die Einführung des Referendums mit sich brachte, kann man als Verstärkung des direktdemokratischen Elements bezeichnen.

Die Siebzigerjahre des neunzehnten Jahrhunderts in der Schweiz sind durch die Entstehung der arbeitsteilig organisierten Fabrikindustrie charakterisiert, die mit der Einwanderung tausender Menschen aus ländlichen Gebieten, vor allem Baselland, und infolgedessen mit der baulichen Ausdehnung der Stadt verbunden war.

Das Jahr 1875, in dem die kantonale Verfassung erlassen wurde, wird in Bezug auf den Kanton Basel-Stadt in der Historiografie als Anfang der Übergangsphase von einem traditionellen zu einem modernen politischen System betrachtet.[42]

Um 1876 trat in Basel-Stadt die Abschaffung der Geschlechtsvormundschaft in Kraft. Im selben Jahr wurde im Russischen Reich ein neues Ehegesetz entlassen. Die damit verbundenen gesetzlichen Auflagen regelten die Pflichten und Einschränkungen für Frauen.

In diesem Zeitraum entwickelte sich die Frauenbewegung in der Schweiz, die auch Einfluss auf das Leben der Frauen im Russischen Reich hatte. Russische Frauen stellten die hierarchischen Familienstrukturen in Frage und rebellierten gegen die gesellschaftliche Geschlechterstellung der Frauen. Sie erschlossen sich durch Lektüre russischer Gesellschaftskritiker Reformideen und westliche Lebensformen, die im harten Kontrast zu ihren eigenen oder zumindest den in Russland üblichen weiblichen Alltagserfahrungen und Lebensentwürfen standen. Die Frauenbewegung entwickelte sich in beiden Ländern in den bürgerlichen Kreisen während der Sechziger- und

---

42 Vgl. Schaffner, Martin: Geschichte des politischen Systems von 1833 bis 1905. Das politische System Basel-Stadt. Geschichte, Strukturen, Institutionen, Politikbereiche. In: Burckhardt, Lukas/Frey, René L, Kreis, Georg, Schmid, Gerhard (Hrsg). Basel, Frankfurt am Main 2004. Martin Schaffner beschreibt das politische System von Basel-Stadt, das sich seit 1875 ausgebildet hat, als fortschrittlich. Es wurde durch die neue Verfassung von 1875 geprägt, die „das institutionelle Rückgrat des neuen politischen Systems bildete“, S. 47.

Siebzigerjahre des 19. Jahrhunderts, sie spielte aber in der Sozialpolitik auf dem Land die grössere Rolle.

Die politischen Forderungen der Frauen umfassten den gleichberechtigten Zugang zu allen Bildungseinrichtungen, Berufen und Funktionen des öffentlichen Lebens. Die Regierung war zunächst aufgeschlossen und sah ein staatliches Interesse, die Frauen zu fördern. Die russischen Universitäten wurden von 1859 bis 1863 für Frauen geöffnet. Alexander II. versuchte sogar, die nicht revolutionär gesinnten russischen Studentinnen nach Russland zurück zu locken, indem ihnen der freien Besuch der Hebammenkurse und die Gründung von Frauen-Hochschulen versprochen wurde. 1863 kam es dann aber zum Studienverbot für Frauen, weil sich viele Studentinnen an Protesten und Demonstrationen beteiligt hatten. Die traditionelle Rollenverteilung wurde verstärkt und eine höhere Ausbildung wurde den Frauen verwehrt. Am 22. Mai 1873 sandte die russische Regierung einen offiziellen Bericht an russische Studentinnen in der Schweiz. Die Frauen, die nach dem 1. Januar 1874 immer noch an schweizerischen Universitäten weiterstudierten, bekamen vom Russischen Reich keine Arbeitsbewilligung. Der Grund dafür lag, laut der Kaiserlich Russischen Regierung, im Benehmen und in der Tätigkeit der Studentinnen, die sich für die neuen politischen Strömungen interessierten. Es wurde angemerkt, dass sie keine Ahnung von Moral hätten und die „weibliche Schamhaftigkeit“ verloren hätten. Viele Frauen arbeiteten als Hebammen, was seitens der Kaiserlich Russischen Regierung heftige Debatten auslöste. Hebammen wurden negativ beurteilt.[43]

Erst nach 1905 war ein neuer Vorstoss für die Integration der Frauen möglich. Inzwischen entschieden sich viele Frauen für ein Studium im Ausland, etwa in der Schweiz, und kehrten mit einem Hochschulabschluss oder bereits als ausgezeichnete Wissenschaftlerinnen nach Russland zurück. 1906/1907 erreichte der Anteil der russischen Studenten in der Schweiz einen Höhepunkt: 36 % aller Studenten waren Russen. In Zahlen: Von

43 Мескина, Олеся: Некоторые аспекты влияния российской революционности на швейцарский консерватизм. In: Материалы XXIII Всероссийской научной конференции Санкт – Петербург. 13–14 Май 2008, Санкт-Петербург 2008, S. 195–198.

den 6444 Studenten kamen 2322 aus dem Russischen Reich, nämlich 1507 Frauen und 815 Männer.[44]

Die anschliessende Industrialisierung beeinflusste die Bereiche der Arbeit, der Ausbildung, der Familie und des Wohnens spürbar, aber auch die konkreten Lebensbedingungen und die traditionellen Bewusstseinsformen. Die Auswanderung veränderte das Leben der Landbevölkerung massiv. Während die Stadt Basel z. B. im Zeitraum von 1880 bis 1888 eine „Mehreinwanderung" von bis zu 9 % aufwies, zeigte der Kanton Baselland eine deutliche Auswanderung.[45] Überlieferte Verhaltensweisen und normative Orientierungen wurden mit einem Mal infrage gestellt.

Ab den Siebzigerjahren des 19. Jahrhunderts wurden sogenannte Frauenthemen äusserst populär. Diese Bewegung protestierte gegen das Frauenbild, wonach Frauen auf die Rollen als Ehefrauen, Mütter und Hausfrauen reduziert wurden, sowie gegen die Unterschiede in finanziell-materieller Hinsicht, die zwischen Männern und Frauen in beiden Ländern existierten. So schrieben in 1862 30 Sissacherinnen eine Petition an den Verfassungsrat des Kantons Baselland, worin sie bessere Bildungsmöglichkeiten und Gleichberechtigung forderten. Sie gaben dem Staat Schuld, dass sie keinen Zugang zu der höheren Bildung hatten und sich auf die Hausarbeit beschränken mussten.[46]

1879 erschien zum ersten Mal die „Schweizerische Frauenzeitung". Zwar wurden die Männer in dieser Zeitung als „bedeutend" sowie als „beste", „soziale Ärzte" bezeichnet und Frauen hingegen nur als „Hilfsmittel" dargestellt,[47] dennoch entwickelte sich hier ein Bestreben, die Denkweise und Handlungen von Frauen zu erklären und die Aufmerksamkeit auf die

---

44 Эндерлайн, Э.: Русские женщины в Швейцарии в XIX веке. In: Российские женщины и европейская культура: материалы V конференции, посвящённой теории и истории женского движения. Сост. и отв.ред. Г.А.Тишкин. Санкт – Петербург 2001, S. 71–78.

45 Siehe Anhang. 2. „a" Karte der Schweiz mit Angaben der Kantons- und der Bezirksgrenzen. Die Mehreinwanderung oder Mehrauswanderung jedes Bezirks zwischen den beiden Volkszählungen vom 1. Dez. 1880 und vom 1. Dez. 1888.

46 Kubli, Sabine/Meyer, Pascale (Hrsg.): Alles was RECHT ist! Baselbieterinnen auf dem Weg zu Gleichberechtigung und Gleichstellung, Liestal 1992, S. 17.

47 Escher, Nora: Entwicklungstendenzen der Frauenbewegung in der deutschen Schweiz 1850–1918/19. Dissertation Universität Zürich, Zürich 1985, S. 53.

Frauenfrage zu lenken. Letztendlich wurde so ein Bewusstsein für die Frauenfrage geschaffen und damit eine Grundlage dafür, dass Frauenvereine ihre Ideale umsetzen konnten. Sie kümmerten sich um die Entwicklung von Familien, somit beeinflussten die Massstäbe in Kinderpflege und Erziehung. Die Frauenvereine haben für die Landbevölkerung damit eine sehr wichtige Arbeit geleistet. Die „Schweizer Frauenzeitung" vom 26.7.1879 verwies auf die Perspektiven des Vereins in der Kindererziehung, wonach „Die Frauenvereine mit einer richtigen Wirksamkeit für die heranwachsende weibliche Jugend zu einem der wichtigsten Bildungs- und Erziehungsmittel" werden konnten. [48]

Die Vereine leisteten einen aktiven Beitrag an die Frauenbewegung und schufen damit einen Mehrwert für die Bevölkerung. 1893 wurden die Frauenrechtsschutz- und Frauenbildungsreformvereine gegründet. Jene hatten die Wahrung der rechtlichen und sozialen Stellung der Frauen zum Ziel und sorgten sich um den Schutz der Frauen bei der Verfolgung ihrer Rechte sowie um die Erhaltung des Solidaritätsgefühls unter den Frauen. Zum selben Zeitpunkt, nämlich am 10.11.1893,[49] wurde der Frauenbildungsverein gegründet. Er bezweckte die Bildung von Frauen in intellektueller, beruflicher und sozialer Hinsicht sowie die Förderung aller darauf beruhenden Arbeitsgebiete der Frau. Die besten Voraussetzungen zur Realisierung dieser Pläne sah man in der Gründung von Bildungsanstalten für Frauen und in der Durchführung von öffentlichen Vorträgen vorgesehen. 1896 entwickelte sich aus der Verbindung dieser beiden Vereine die Union für Frauenbestrebungen.

In den späten Siebzigerjahren des 19. Jahrhunderts begannen sich die Schweizer Frauen zu organisieren. Als Auslöser für das Entstehen überregionaler Frauenvereine wirkte in der Westschweiz der Kampf gegen die Prostitution (Abolitionismus).[50] Da die Frauen neue Aufgabenbereiche übernahmen, entwickelte sich das Bedürfnis nach wirkungsvoller Organisation der Frauen. In der Folge entstanden gemeinnützige Frauenorganisationen,

---

48 Ebd., S. 59.

49 Ebd., S. 129.

50 Eidg. Kommission für Frauenfragen EKF (Hrsg.): Frauen Macht Geschichte Zur Geschichte der Gleichstellung in der Schweiz 1848 – 2000. Die Frauenbewegung von ihren Anfängen bis zum Ersten Weltkrieg, Bern 2001, S. 4.

die eine grosse Anziehungskraft auf die Frauen ausübten. Sie erlaubten ihnen, sich in der Öffentlichkeit zu betätigen, ohne die herkömmliche Trennung zwischen „weiblichen" und „männlichen" Tätigkeitsfeldern infrage stellen zu müssen.

Die freiwillige Arbeit oder gemeinnützige Tätigkeit gewann im Zeitraum von 1864 bis 1914 auf dem Lande seitens der örtlichen Selbstverwaltungen (russisch Земство/Semstwo) im Russischen Reich und seitens verschiedener Vereine in der Schweiz an Bedeutung. Sie engagierten sich für Fürsorge und Erziehung. In der Schweiz wurde bis 1900 der Begriff der Gemeinnützigkeit im ursprünglichen Sinne als Liebesdienst verstanden, was die auf Freiwilligkeit und privater Initiative beruhende Arbeit des Schweizerischen Gemeinnützigen Frauenvereins prägte. Zwischen 1900 und 1910 wurde der Begriff der „Gemeinnützigkeit" so verstanden, dass die Freiwilligkeit quasi zur Pflicht wurde, gesellschaftlich tätig zu sein. In Russland war die Bereitschaft des Bauernstandes zur Partizipation an gemeinnützigen Initiativen des Semstwos ausserordentlich gross und lag im Gouvernement Woronesch sogar über dem Durchschnittswert.[51] Im Jahr 1900 wurde der erste Schritt gemacht, um die Interessen der Frauen auf politischer Ebene zu vertreten. In diesem Jahr entstand in der Schweiz auf Initiative von Schweizer Frauenrechtsvereinen der Bund Schweizerischer Frauenvereine. Indessen richteten sich die Frauenvereine nach dem traditionellen Muster der Geschlechterdifferenz. „Für den Kampf um die zivilrechtliche Besserstellung und die politische Gleichberechtigung der Frauen interessierten sie sich nicht."[52]

51 Von den politischen, ökonomischen und moralischen Beweggründen, welche die zaristische Politik gegenüber den Bauern nach deren Befreiung im Jahr 1861 prägten, handeln folgende Studien: Мескина О.А.: История сельского населения Воронежской губернии 1861–1913гг: Санитарно-демографический аспект, Воронеж.2012; Schedewie, Franziska: Selbstverwaltung und sozialer Wandel in der russischen Provinz. Bauern und Zemstvo in Voronez, 1864–1914. Heidelberg 2006. Die veränderten Lebensformen der Bauern wurden umfangreich untersucht.
Zwar waren die Bauern wegen des Festhaltens an ihren Sitten und Bräuchen vor den negativen Folgen einer vorschnellen Modernisierung geschützt, doch so wirkten sie auch erst sukzessive in den neuen Institutionen mit.

52 Redolfi, Silke: Frauen bauen Staat. 100 Jahre Bund Schweizerischer Frauenorganisationen; 1900–2000, Zürich 2000, S. 24.

2. Forschungsumfeld und Literatur

Schweizerische Historiografie

Die verschiedenen historischen Forschungen befassen sich ausführlich mit der Problematik der Arbeitsverhältnisse der Frauen in der Stadt[53], der Frauenbewegung[54] sowie der weiblichen Bildung. Einige gehen der Stellung der unverheirateten Mütter im 19./20. Jahrhundert nach.[55] Ein Hauptinteresse der Historikerinnen ab den Neunzigerjahren des 20. Jahrhunderts galt der Frage nach der Bedeutung der Geschlechtsvormundschaft und den Ehebeschränkungen.[56] Analysen zur Stellung der Frau im Dorf und

---

53 Vgl. Wecker, Regina: Zwischen Ökonomie und Ideologie. Arbeit im Lebenszusammenhang von Frauen im Kanton Basel-Stadt 1870–1910, Zürich 1997; Wecker, Regina: Frauenerwerbstätigkeit 1880–1980 oder von der Langlebigkeit der „Sonderkategorie Frau" auf dem Arbeitsmarkt. In: Barben, Marie-Louise/ Ryter, Elisabeth (Hrsg.): Verflixt und zugenäht, Zürich 1988, S. 45–54.

54 Vgl. Woodtli, Susanna: Gleichberechtigung: der Kampf um die politischen Rechte der Frau in der Schweiz. Huber, 1983; Vgl. Mesmer, Beatrix: Ausgeklammert, eingeklammert: Frauen und Frauenorganisationen in der Schweiz des 19. Jahrhunderts. Basel und Frankfurt am Main, 1988; Vgl. Hardmeier, Sibylle: Frühe Frauenstimmrechts-Bewegung in der Schweiz (1890–1930): Argumente, Strategien, Netzwerk und Gegenbewegung, Zürich 1997.

55 Vgl. Ryter, Annamarie: Als Weibsbild bevogtet. Zum Alltag von Frauen im 19. Jahrhundert. Geschlechtsvormundschaft und Ehebeschränkungen im Kanton Basel-Landschaft. Liestal 1994; Vgl. Alt, Marianna/ Sutter, Eva: „Bethört, verführt, gefallen…": zur Situation der unverheirateten Mütter in der Stadt Zürich um die Wende zum 20. Jh. In: Ryter Annamarie/ Wecker, Regina /Burghartz, Susanne (Hrsg.): Auf den Spuren weiblicher Vergangenheit. Serientitel: Itinera, Fasc. 2/3. Konferenz: Schweizerisches Historikerinnentreffen 2, 1984, Basel 1985, S. 120–148; Vgl. Jecklin, Ursula. „Während der Dauer ihrer Schwangerschaft liess sie es sich nicht nehmen, an der Bsatzig in St. Peter mitzutanzen." Unterschiedliche Beurteilungen von Müttern und Vätern ausserehelicher Kinder. In: Frauenkulturarchiv Graubünden (Hrsg.) Frauen und Geschlechtergeschichte Graubünden. Fremde Frau. Band 4. Das Gedächtnis von Frauen in Graubünden. Zürich 2003.

56 Vgl. Wecker, Regina: Geschlechtsvormundschaft im Kanton Basel-Stadt. In: Jaun, Rudolf; Studer, Brigitte (Hrsg.): Weiblich-männlich. Geschlechterverhältnisse in der Schweiz: Rechtsprechung, Diskurs, Praktiken, Zürich 1995, S. 87–110; Wecker, Regina: Geschlechtsvormundschaft: Zum Rechtsalltag von Frauen – nicht nur im 19. Jahrhundert. In: Basler Zeitung (Magazin) 22.10.1994; Ryter, Als Weibsbild bevogtet (oben Anm. 55).

Beschreibungen ihres Lebens nach der Geburt der Kinder fehlen weitgehend in der Forschungsliteratur.

Einen Versuch, den Frauenalltag unter dem Blickwinkel des Rechts zu betrachten, hat Annamarie Ryter unternommen. Sie vergleicht die unterschiedliche Ausgestaltung der Geschlechtsvormundschaft in den beiden Halbkantonen.[57] Sie befasst sich auch mit dem Thema Geschlechtsvormundschaft und Ehebeschränkungen im Kanton Baselland im 19. Jahrhundert.[58] Die Forschungsarbeit geht nicht nur auf die Frauen ein, sondern ist Teil einer kantonalen Rechts- und Sozialgeschichte. In ihrer Studie fragt die Verfasserin, welche Funktionen das Recht für das Verhältnis der Geschlechter in der entstandenen bürgerlichen Gesellschaft im 19. Jahrhundert hatte. Sie geht in ihrer Forschung von den wirtschaftlichen Verhältnissen der Fünfziger- und Sechzigerjahre des 19. Jahrhunderts im Kanton Baselland aus und fragt, wie die Entwicklung der Heirats- und Geburtenzahlen erklärt werden könne. Annamarie Ryter stellt fest, dass in einigen Fällen die Frauen einen Einfluss auf die Wahl ihres Vormundes genommen hatten.[59]

Die Frage der Vormundschaft des Ehemannes über seine Frau als eine Form der Rechtsvertretung wird in der Arbeit von Regina Wecker geklärt.[60] Wecker geht auf die Gestaltung und Bedeutung der Geschlechtsvormundschaft in der Stadt ein und analysiert die Motive für die lange Beibehaltung. Sie setzt sich mit den Gründen auseinander, die zur Geschlechtsvormundschaft führten. Das Funktionieren des Systems der Geschlechtsvormundschaft sowie dessen Vorzüge und Nachteile werden am Beispiel der Vermögensverwaltung für eine geschiedene Frau aus dem Jahr 1871 aufgezeigt. Es zeigt sich, dass eine Frau im Prinzip ausreisen konnte, wenn sie auf einen Teil ihres Vermögens verzichtete. Auch die Frau besass

57 Ryter, Annamarie: Die Geschlechtsvormundschaft in der Schweiz: Das Beispiel der Kantone Basel-Landschaft und Basel-Stadt. In: Frauen in der Geschichte des Rechts: Von der Frühen Neuzeit bis zur Gegenwart. Ute Gerhard (Hrsg), München 1997, S. 494–504.

58 Ryter, Als Weibsbild bevogtet (oben Anm. 55).

59 Ebd., S. 192.

60 Wecker, Regina: Geschlechtsvormundschaft im Kanton Basel-Stadt. Zum Rechtsalltag von Frauen – nicht nur im 19. Jahrhundert. In: Rudolf Jaun, Brigitte Studer (Hrsg.).Weiblich – männlich. Geschlechterverhältnisse in der Schweiz: Rechtsprechung, Diskurs, Praktiken, Zürich 1995, S. 87.

ein gewisses Vermögen. Um ihren Wunsch zu erfüllen, beispielsweise nach Amerika auszuwandern, gab sie grosse Teile ihres Vermögens dem Vormund und verzichtete auch auf die Erziehung der Kinder. Die finanzielle Abgabe diente der sozialen Absicherung, da dieses Geld für die Erziehungskosten in der Verwaltung des Vormunds bleiben musste. Es war ein erklärtes Ziel, dass die Frauen am Verbrauch des Vermögens gehindert werden sollten. Das Kapital musste im wirtschaftlichen Interesse in Basel erhalten werden. So kann man das Vormundschaftssystem als ein Instrument der Sozial- und Wirtschaftspolitik betrachten.

Dieses Fallbeispiel bezieht sich auf eine Frau, die das Basler Bürgerrecht hatte. Für eine Bäuerin scheint so ein Ausscheiden aus der Verwaltung des Vormunds unrealistisch zu sein. Für ihre Lebenssituation wird keine Praxis beschrieben, die durch offizielle Dokumente bewiesen werden kann.

Ursula Jecklin beschäftigt sich in Zusammenhang mit dem schweizerischen Zivilgesetzbuch (ZGB) von 1907 mit dem Alltag der Mutter und ihres Kindes in Chur im Kanton Graubünden[61], der allerdings nicht zum geografischen Bereich der vorliegenden Forschung gehört. Jecklin beschreibt, wie in den Jahren 1900 bis 1902 junge Frauen aus Chur in verschiedenen Orten in der Schweiz untergebracht wurden. Darunter waren die Erziehungsanstalt Wolfbrunnen in Lausen (BL) und die Mädchenanstalt Schoren in Basel. Die Studie zeigt die soziale Stellung lediger Mütter und die Einführung von Vaterschaftsklagen in der Schweiz seit 1890 auf. Diese Forschung stellt einen Zusammenhang zwischen gesellschaftlichen und wirtschaftlichen Veränderungen sowie der Unehelichkeit dar. Unehelichkeit war oft die Folge eine Verhinderung der Eheschliessung.

Zur Geschichte der Frau in Basel-Stadt sind in den letzten zwanzig Jahren zahlreiche Arbeiten entstanden. Sie beschäftigen sich vorwiegend mit den Lebens- und Arbeitsverhältnissen von Frauen aus der Unterschicht. Ein bezeichnendes Beispiel dafür sind die zahlreichen Werke von Regina Wecker,[62] welche die Entstehung und Entwicklung der Frauenbewegung,

---

61 Jecklin, „Während der Dauer ihrer Schwangerschaft liess sie es sich nicht nehmen, an der Bsatzig in St. Peter mitzutanzen." (oben Anm. 55), S. 173.

62 Vgl. Wecker, Regina/Schnegg, Brigitte (Hrsg.): Frauen. Zur Geschichte weiblicher Arbeits- und Lebensbedingungen in der Schweiz. Basel 1884; Wecker, Frauen in der Schweiz (oben Anm. 3) ; Wecker, Regina. Zwischen Ökonomie und Ideologie

rechtliche Aspekte des Frauenlebens, die Evolution des Frauenstimmrechts und die Einführung der Entlöhnung für die Arbeit der Frauen in der Schweiz untersuchte.

Die Frauenbewegung ist ein Thema der schweizerischen Frauengeschichte, mit welchem auch ich mich in meiner Arbeit auseinandersetze. Die erste umfassende Darstellung der frühen Frauenstimmrechtsbewegung in der Schweiz wurde von Sibylle Hardmeier geschrieben.[63] Sie schildert die Anfänge der Bewegung, analysiert die ersten kantonalen Abstimmungen zum Thema zwischen 1917 und 1921, die Argumente für und gegen das Frauenstimmrecht und geht der Frage nach, warum das Frauenstimmrecht in der Schweiz im Vergleich zu anderen Ländern spät eingeführt wurde.

Nora Escher beschäftigte sich mit der bürgerlichen Frauenbewegung von 1850 bis 1919.[64] Interessant ist ihre Analyse des gesellschaftlichen Kontextes, also die Darstellung der Entwicklung der Familie und der Herausbildung von Geschlechtscharakteren. Escher schildert die Entwicklung der Frauenorganisationen wie beispielsweise des Schweizer Frauenverbandes, des Schweizerischen Gemeinnützigen Frauenvereins, der Union für Frauenbestrebungen und des Bundes Schweizerischer Frauenvereine. Sie liefert einen kurzen Einblick in die Entwicklung der Mädchenbildung und stellt fest, dass die Erziehung und Bildung der Frauen der Tradierung und Definition von Geschlechtscharakteren diente.

Der Frauenrechtsbewegung und der Entstehung der schweizerischen Frauenverbände widmet sich auch die Forschung von Beatrix Mesmer.[65] Interessant ist ihre Einführung in die Ideologie des Dualismus. Diese berührt die rechtliche Stellung der Frau und ihre Arbeitssituation in Bezug auf die Familie. Die Gesetzgebung hat der Familie die Funktion der Übertragung von Rechten und Gütern zugeschrieben. Das neue bürgerliche Rechtsdenken aber brachte eine Spaltung der Lebenswelt in einen öffentlichen und einen privaten Bereich. Die Familie gehörte zu der Privatsphäre, wobei

Arbeit im Lebenszusammenhang von Frauen im Kanton Basel-Stadt 1870–1910, Zürich 1997 .

63 Vgl. Hardmeier, Sibylle: Frühe Frauenstimmrechtsbewegung in der Schweiz (oben Anm. 53).

64 Escher, Entwicklungstendenzen der Frauenbewegung (oben Anm. 47), S. 359.

65 Mesmer, Ausgeklammert – Eingeklammert (oben Anm. 53).

Beziehungen durch Liebe und Aufmerksamkeit geprägt sein mussten. Beatrix Mesmer kommt zum Schluss, dass in der Realität die Familie von politischen und wirtschaftlichen Gegebenheiten in der Regel getrennt war. Im 19. Jahrhundert teilte sich, so Beatrix Mesmer, das neue bürgerliche Rechtsdenken in einen öffentlichen und einen privaten Bereich. Von da an gehörte das Familienleben zum Privatbereich. Während in der wirtschaftlichen Situation die Interessengegensätze Realität blieben, verbesserten sich die Verhaltensnormen zwischen Eheleuten und Kindern in der Familie.

Claudia Wirthlin Karadeniz erklärt den Begriff „Öffentlichkeit“ und zeigt, wie diese durch die Tätigkeit der Frauenvereine geprägt wurde.[66] Die Öffentlichkeit im Dorf stelle einen „Raum der sozialen Beziehungen“ dar. Ihre Forschung ist den Frauenvereinen im Baselbiet gewidmet. Als Beispiel nimmt Wirthlin Karadeniz den Gelterkinder Frauenverein. Sie gliedert die Aufgabenbereiche des Frauenvereins in die Gründung der Arbeitsschule und Kleinkinderschule, die Kinderversorgung und die Armenunterstützung. Die Forschungsarbeit zeigt, welche Beziehungen die Frauenvereine zu den Gemeindebehörden hatten und welche Rolle die Frauen dadurch bei Beschlussfassungen spielten.

Auch Sara Janner setzt sich mit dem Begriff „Öffentlichkeit“ auseinander. Sie unterscheidet zwischen „weiblicher“ und „männlicher“ Öffentlichkeit und bezeichnet jene auch als „weibliche Lebenswelt“ bzw. „weiblichen Kompetenzbereich“.[67] Sara Janner hat in ihrer Forschung einzelne Aspekte weiblicher Lebenswirklichkeit herausgegriffen wie Geschlechtsvormundschaft und Ehevogtei, die Einrichtung des Basler Frauenvereins oder die Veränderung der Familienstruktur.

Die Studie von Verena Felder und Claudia Wirthlin Karadeniz behandelt die medizinische Hilfeleistung der Frauen. Sie betrachtet die Entwicklung des Hebammenwesens in der Schweiz und in beiden Basler Halbkantonen.[68]

---

66 Wirthlin Karadeniz, Claudia: Frauen und dörfliche Öffentlichkeit, Liestal 1993, S. 3 ff.

67 Janner, Sara: Mögen sie Vereine bilden. Frauen und Frauenvereine in Basel im 19. Jahrhundert. 173. Neujahrsblatt. Gesellschaft für das Gute und Gemeinnützige (Hrsg), Basel 1995, S. 14 ff.

68 Felder, Verena: Die Entwicklung vom traditionellen zum modernen Beruf der Hebamme unter Berücksichtigung der Situation der freischaffenden Hebamme

Es fehlen wissenschaftliche Darstellungen zu der Geschichte der Bäuerin auf dem Land der beiden Basler Halbkantone. Die einzige spezifische Information dazu sammelt und erschliesst das Archiv für Agrargeschichte (AfA) seit seiner Gründung im Jahr 2002. Es veröffentlicht Dokumente, Studien und Quellen zur Agrargeschichte seit dem Jahr 1918. Der erste Band befasst sich mit den zwischen 1918 und 1940 erstmals in der Presse veröffentlichten Texten der Bäuerin Augusta Gillabert-Randin.[69] Die Texte beschäftigen sich mit der Rolle der Bäuerinnen in der schweizerischen Frauenbewegung in der Zwischenkriegszeit.

Eine spezifisch landwirtschaftliche Sicht bietet das Projekt von Brigitte Stucki mit dem Titel „Die Rolle der Frauen in der Landwirtschaft".[70] Obwohl die Arbeit der aktuellen Situation auf dem Land gewidmet ist, sind von Stucki hervorgehobene Fragen wie „Wer sind Bäuerinnen in der Schweiz?" oder „Woher stammen sie?" auch interessant für die vorliegende Arbeit. Stucki beschäftigt sich mit der Problematik der Herkunft der Bäuerinnen und ihren Arbeitsgebieten auf dem landwirtschaftlichen Betrieb. Die Studie erläutert die Daten über die Arbeitsbereiche der Bäuerinnen.

Wirtschaftliche und demografische Forschungen

Bei der Untersuchung der Lebenswelt von Frauen auf dem Land stützt sich die vorliegende Arbeit auf zeitgenössische Werke, die den schweizerischen Bauernverband und die schweizerische Bauernpolitik hinterfragen.[71]

In den Achtzigerjahren des letzten Jahrhunderts begann man sich für schweizerische Wirtschaftsgeschichte zu interessieren. Eine allgemeine

heute. In Auf den Spuren weiblicher Vergangenheit. Basel 1985, S. 16- 244; Wirthlin Karadeniz, Frauen und dörfliche Öffentlichkeit (oben Anm. 66).

69 Moser, Peter/Gosteli, Marthe: Une paysanne entre ferme, marché et associations. Textes d`Augusta Gilbert-Randin 1918–1940. Studien und Quellen zur Agrargeschichte 1, Baden 2005.

70 Stucki, Brigitte: Die Rolle der Frauen in der Landwirtschaft. Forschungsprojekt im Auftrag des Bundesamtes für Landwirtschaft, Oktober 2002.

71 Der schweizerische Bauernverband 1897–1922. Festschrift hrsg. zum 25-jährigen Jubiläum des Schweizerischen Bauernverbandes. Brugg 1922; Laur, Ernst: Die schweizerische Bauernpolitik im Lichte einer höheren Lebensauffassung. 3. Auflage, Brugg 1918.

Analyse der Bauernstände findet sich im Werk von Hans Brugger.[72] Er vermittelt einen Einblick in die Agrarpolitik des Bundes und der Kantone, geht der Geschichte der landwirtschaftlichen Vereinigungen und Schulen nach und analysiert die Struktur der Bevölkerung und der Betriebsverhältnisse. Interessant ist seine Analyse von Volkszählungen aus den Jahren 1888, 1900 und 1910. Zwar ging die absolute Zahl der Beschäftigten in der Landwirtschaft laufend zurück, doch nahm der Frauenanteil an den Erwerbstätigen in der Landwirtschaft gegenüber jenem der Männer stets zu.

Besonders hervorzuheben ist in der Forschungsliteratur das kollektive Werk „Die Bauern in der Geschichte der Schweiz",[73] das uns einen Einblick in die Ideologie des Bauernstands ermöglicht. Unter anderem ist hier der Ansatz von Werner Baumann zu finden. Die Bauern bewahrten, so Baumann, ihre eigene Freiheit, Sittlichkeit und ihren Glauben und stellten sich aufgrund ihrer dadurch traditionellen Gesinnung gegen Formen von Modernisierung, d.h. gegen die Verstädterung, die „Überfremdung", den Internationalismus und Revolutionen. Der Begriff „modern" wurde als negativ wahrgenommen. Baumann analysiert die Ideologie des Bauernstands des Bauernsekretärs Ernst Laur. Man kann den Kern dieser Ideologie, die dem bäuerlichem Traditionalismus verpflichtet ist, wie folgt zusammenfassen: Der Bauernstand war „physischer und psychischer Kraftquell der Nation".[74] Diese Haltung zeigte sich selbst bei zunehmender und dauerhafter Abwanderung der Landbevölkerung in die Stadt. Dennoch war der Bauernstand bereit, sich zu organisieren und sich gemeinsam für seine Ziele einzusetzen.

> „Dem Bauernstand gilt unser höchstes Streben,
> für ihn zu kämpfen, das ist unser Ziel: ...
> Dem Bauernstand gehört die Schweizererde,
> sein Pflug bebaut, sein Schwert verteidigt sie."[75]

---

72 Brugger, Hans: Die schweizerische Landwirtschaft. Die schweizerische Landwirtschaft 1914 bis 1980. Agrarverfassung, Pflanzenbau, Tierhaltung, Aussenhandel, Frauenfeld 1985.

73 Tanner, Albert/ Head-König, Anne Lise (Hrsg.): Die Bauern in der Geschichte der Schweiz, Band 10, Zürich 1992.

74 Baumann, Werner: Bauernstandsideologie und Rolle der Bauern in der Schweizer Politik nach der Jahrhundertwende. In: Tanner, Head-König (Hrsg.): Die Bauern in der Geschichte der Schweiz, Band 10, Zürich 1992, S. 208.

75 Ebd., S. 209.

So heisst es in einem Lied, das für eine Landschaftsversammlung gedacht war.

Man versteht die Ideologie des Bauernstands als „ein Konstrukt, das mit der jeweiligen zeitgenössischen sozialen, wirtschaftlichen, politischen wie auch kulturellen Situation der in der Landwirtschaft tätigen Bevölkerung in wechselseitiger Beziehung steht und das gleichzeitig die bildungsbürgerliche Einschätzung dieser Situation mitreflektiert".[76]

Die Geschichte der sozialökonomischen Lebensbedingungen der ländlichen Bevölkerung in der Schweiz in der ersten Hälfte des 20. Jahrhunderts widerspiegelt sich in den wissenschaftlichen Werken von Peter Moser.[77]

Seit den Neunzigerjahren des letzten Jahrhunderts häufen sich die kantonalen Forschungen zum Thema der Bauernschaft. Ruedi Epple und Albert Schnyder setzen sich mit der Landwirtschaft des Baselbiets im 19. Jahrhundert auseinander.[78] Ihre Studie entstand im Rahmen des Forschungsprojektes der Kantonsgeschichte Baselland. Sie berücksichtigt auch die damalige Landwirtschaft im bernischen Laufental.

Am Ende des 19. Jahrhunderts entstanden in der Schweiz auf kantonaler wie auch auf nationaler Ebene als Reaktion auf die Wirtschaftskrise der Achtzigerjahre des 19. Jahrhunderts eine breitere bäuerliche Interessenvertretung und eine staatliche Landwirtschaftspolitik. Im 20. Jahrhundert führte schliesslich die Vertretung bäuerlicher Interessen im bürgerlichen Block zum Entstehen der Landwirtschaftspolitik. Am Ende des 19. bis weit in die zweite Hälfte des 20. Jahrhunderts beschäftigte sich etwa ein Drittel der Bevölkerung des Kantons Baselland mit Landwirtschaft. Die Regionen waren nicht monokulturell ausgerichtet. In den landwirtschaftlichen Familienbetrieben, deren Grundlage die Milchviehwirtschaft war, ging man dem Ackerbau und in besonderen Lagen dem Reb- und Obstbau nach. So waren im 19. Jahrhundert Obst und Schnaps ein Baselbieter Exportschlager. Rückläufig ging aufgrund der Konkurrenz durch den Baumwollanbau der Anbau von Hanf und Flachs. Ebenfalls an Bedeutung verlor die Schaf- und

76 Weishaupt, Matthias: Bauern: „Bauern & Bürger" und Bauernsoldaten. Die ideologische Vereinnahmung der mittelalterlichen Bauern in der nationalen Geschichtsschreibung der Schweiz. In: Tanner, Head-König (Hrsg.). Die Bauern in der Geschichte der Schweiz (oben Anm. 72), S. 26.

77 Vgl. Moser, Peter: Der Stand der Bauern, Frauenfeld 1994.

78 Vgl. Epple, Ruedi/Schnyder, Albert: Die Landwirtschaft des Baselbiets im 19. Jahrhundert, Liestal 1996.

Ziegenhaltung. Das Laufental war stark vom Ackerbau geprägt. Obst- und Wiesenbau sowie Viehzucht spielten dort eine Nebenrolle. Die Landwirtschaft des Kantons Baselland bestand ausnahmslos aus kleinen und mittelgrossen Betrieben, deren Betriebsfläche zudem stark parzelliert war. Eine Besonderheit der Baselbieter Landwirtschaft war ihre enge Verbindung mit der Heimindustrie.

Es zeigt sich, dass in der Landwirtschaft der Beschäftigungsgrad der Frauen des Kantons stetig abnahm.

1997 verfasste Martin Meier seine Forschungsarbeit über die Industrialisierung im Kanton Basel-Landschaft.[79] Die Studie deutet eine demografische und wirtschaftliche Verflechtung des Kantons Basel-Stadt und Baselland an. Baselland war nicht nur durch Wachstum an sich charakterisiert, sondern „lieferte" zudem die Bevölkerung für die Stadt, und zwar im Zeitraum von 1850 bis zum Ersten Weltkrieg.

Martin Meier setzt sich mit der Arbeit von Frauen in Fabriken und Frauenerwerbsarbeit auseinander. Über den gesamten Untersuchungszeitraum von 1870 bis zum Ersten Weltkrieg sei die Frauenerwerbsquote gesunken. Meier stellt daher die verbreitete Ansicht infrage, dass die qualifizierte männliche Arbeitskraft durch billige, unqualifizierte Frauenarbeit verdrängt wurde. Da Frauenfabrikarbeit 1870 verbreitet war und die Frauenanteile ursprünglich hoch waren, litt die Vorstellung vom Mann als Ernährer der Familie und Gesetzgeber. Zugleich wurde die als selbstverständlich geltende Frauenarbeit in der Landwirtschaft und Hausindustrie durch die Verbreitung der Fabrikarbeit unter Frauen unterbunden.

Die Forschung zur demografischen und wirtschaftlichen Situation zeigt deutlich, dass viele Menschen der Landbevölkerung infolge von Industrialisierung und Auswanderung in die Stadt in bürgerliche Schichten eindrangen. Die Untersuchungen dieses städtischen Lebens sind zahlreich.

Fritz Mangold beziffert den Anteil der Zugewanderten vom Land an der Bevölkerung des Stadtkantons im Jahre 1870 mit 79 %.[80] Er zeigt, dass

---

79 Meier, Martin: Die Industrialisierung im Kanton Basel-Landschaft. Eine Untersuchung zum demografischen und wirtschaftlichen Wandel 1920–1940, Liestal 1997.

80 Mangold, Fritz: Die Bevölkerung von Basel in Stadt und Land, Basel 1937, S. 230.

das Wachstum der basel-landschaftlichen Bevölkerung zurückgeht und sich nicht gleichmässig auf den Kanton verteilt, sondern auf die Umgebung der Stadt Basel konzentriert. Hermann Kinkelin[81] und Albrecht Burckhardt[82] betrachten die Bevölkerungsbewegung des Kantons Basel-Stadt. Sie stellen eine Zunahme des weiblichen Anteils der Bevölkerung in der Stadt um 1880 fest. Der Lebenssituation der Frauen im Kanton Basel-Stadt widmet sich Luca Trevisan.[83]

1860 wurde das Eidgenössische Statistische Bureau in Bern gegründet. Dieses lieferte jedes Jahr Berichte über die demografische, räumliche, soziale und ökonomische Entwicklung des Landes. Ab 1870 verfasste der Kanton Basel-Stadt statistische Mitteilungen über den Zivilstand der Bewohner von Basel-Stadt. Im Rahmen der ab 1860 alle 10 Jahre (Ausnahme 1888, wegen der gleichzeitig stattfindenden Fabrikzählung) fanden die Schweizer Volkszählungen statt.

Diese enthalten auf das einzelne Jahr bezogene Ergebnisse über Bevölkerungsbewegungen, Trauungen, Scheidungen, Geburten sowie Todesfälle und Todesursachen. Die Beschreibung der Auswanderung zeigt den engen Zusammenhang zwischen der Bevölkerung beider Basler Halbkantone.

François Höpflinger stellt in seiner Forschungsarbeit mehrere Aspekte der soziodemografischen Entwicklung in der Schweiz dar, wie beispielsweise die Entwicklung von Eheschliessungen, Geburten, Wanderungen und Sterblichkeit.[84] Ausserdem setzt er sich mit der Wahrnehmung von Grosseltern auseinander.[85] Er betrachtet die langfristige Tendenz der Geburten, der Sterbefälle, der Eheschliessungen, der Ehescheidungen, der Lebenserwartung und Wanderungen der Bevölkerung vom 16. Jahrhundert bis zum Jahr 1985. Höpflinger operiert mit einem grossen Umfang von statistischen

81 Vgl. Kinkelin, Hermann: Die Bevölkerung des Kantons Basel-Stadt am 1. Dezember 1880. Basel 1884.

82 Vgl. Burckhardt, Albrecht: Demografie und Epidemiologie der Stadt Basel während der letzten drei Jahrhunderte 1601–1900, Basel 1908.

83 Vgl. Trevisan, Luca: Das Wohnungselend der Basler Arbeitsbevölkerung in der zweiten Hälfte des 19. Jahrhunderts, Basel 1989.

84 Höpflinger, François: Bevölkerungswandel in der Schweiz. Zur Entwicklung von Heiraten, Geburten, Wanderungen und Sterblichkeit, Grüsch 1986.

85 Höpflinger, François: Enkelkinder und ihre Grosseltern: Intergenerationelle Beziehungen im Wandel, Zürich 2006, S. 132.

Daten, Tabellen und grafischen Darstellungen. Die Studie befasst sich in untergeordneter Weise mit einer historischen Thematik. Diese Arbeit ist umso interessanter, als man das gesellschaftliche Zusammenleben anhand dieser quantitativen Darstellungen in Beziehung setzen kann. So könnte man z.B anhand der Geburtsdaten die Entwicklung von Ehe und Familie analysieren. Die Forschungsarbeit zeigt den Zusammenhang zwischen der demografischen Entwicklung und den sozialen und wirtschaftlichen Wandlungsprozessen im Land. Interessant für die vorliegende Arbeit ist die These von Höpflinger über den Übergang von hoher zu tiefer ehelicher Fruchtbarkeit in der Schweiz. Höpflinger stellt einen beschleunigten Rückgang der ehelichen Fruchtbarkeit in der Schweiz nach 1875 fest. Dafür gebe es zwei Gründe. Den Ersten sieht Höpflinger in einer zunehmenden Tendenz, die Familiengrösse bewusst zu kontrollieren. Die Frauen schränkten ihre Fertilität nach Erreichen der gewünschten Kinderzahl durch die medizinische Geburtenkontrolle ein. Im Zusammenhang mit den Ursachen der Familienplanung geht Höpflinger in Anlehnung an Charles Hohm auf die europäische Vorstellung ein,[86] Kinder seien wertvolle Arbeitskräfte. Nach dem Verbot der Kinderarbeit und der Einführung der obligatorischen Schulpflicht stellten Kinder jedoch einen gewichtigen Kostenfaktor für die Familie dar und man musste die gewünschte Anzahl an Kindern oft stark reduzieren. Ein anderer Grund war die neue Rolle der Frau in der Familie. Die Frau wurde immer mehr in die Ausbildung und in die Arbeit einbezogen. Die traditionelle Aufgabenverteilung wurde allmählich infrage gestellt.

Im letzten Jahrzehnt wurden verschiedene Forschungen dem Thema „moderne Bäuerinnen“ gewidmet. Allerdings fehlt der Zeitraum bis zum Ersten Weltkrieg.

Viele in den Achtziger- und Neunzigerjahren des vorigen Jahrhunderts geschriebene Werke widmen sich der Herkunft der Bäuerin. Aus der Forschung von Ruth Rossier unter dem Titel „Schweizerische Bäuerinnen. Ihre Arbeit

---

86 Vgl. Hohm, Charles: Social Security and Fertility: An International Perspective. Demography 12 no 4.1975. Die Studie widmet sich dem Programm der sozialen Sicherheit wie z.B „Old-Age“-Programmen. Es wurden 67 Länder analysiert und dabei wurde aufgezeigt, dass die Eltern sich nicht im Pensionsalter auf ihre Kinder verlassen möchten. In diesem Zusammenhang geht man von der Streitfrage aus, ob dies etwa zu einer verminderten Fruchtbarkeit führen könne, auch wenn es für diese Annahme an empirischen Daten mangelt.

im Betrieb“[87] gehen die traditionellen Aufgaben der schweizerischen Bäuerinnen im Kanton Basel hervor. Rossier vermittelt uns damit einen Einblick in die bäuerlichen Traditionen. So stammte in der Landwirtschaft der Berufsnachwuchs zum grössten Teil selbst von einem Bauernhof. Eheschliessungen wurden überwiegend zwischen Söhnen und Töchtern aus Bauernfamilien vorgenommen. Äusserst interessant ist die Frage nach sozialen Strukturen im ländlichen Raum, der Heide Langguth und Uta Loeber-Pautsch in ihrem Projekt „Arbeiterinnen und Landfrauen. Weiterbildung auf dem Lande“ nachgehen.[88] Sie betrachten das Entstehen von „Vereinen“ als neue Art von sozial-kommunikativen Beziehungen der Dorfbewohner untereinander, als sogenannte neue „Gesellung“.[89] Die Vereine prägten Kommunikation und Geselligkeit, sie vermittelten Gemeinschaftsgefühl und entsprachen dem Bedürfnis nach Zusammengehörigkeit. Verschiedene Veranstaltungen wurden und werden immer noch von solchen Vereinen durchgeführt. Schweizerische Vereine auf dem Land bildeten auf diese Weise ein wichtiges Element im geselligen und sozialen Leben. So griffen weltliche und religiöse Feste und Traditionen ineinander und prägten das Denken und Handeln der Menschen.

Forschungen zum Thema Kindheit

Forschungsliteratur, die uns einen tieferen Einblick in den Alltag von Kindern im Kanton Basel-Landschaft gewährt, gibt es kaum.

Die Stellung der Kinder auf dem Land geht aus dem Werk über das Leben von Kindern in Baselland von Eduard Strübin hervor.[90] Die Studie veranschaulicht soziale Positionen ausgehend von Sitten und Bräuchen des Volkslebens. Die Forschung richtet sich eindeutig auf persönliche, familiäre Fakten im Leben der Kinder auf dem Land. Der Text ist reich an originellen

---

87 Rossier, Ruth: Schweizerische Bäuerinnen. Ihre Arbeit im Betrieb. Eidgenössische Forschungsanstalt für Betriebswirtschaft und Landtechnik, Tänikon 1992.

88 Langguth, Heide/Loeber-Pautsch, Uta unter Mitarbeit von Gisa Wagner-Hilgendorff: Arbeiterinnen und Landfrauen. Weiterbildung auf dem Lande. Ein Projektbericht. Bibliotheks- und Informationssystem der Universität Oldenburg, Oldenburg 1983.

89 Ebd., S. 25.

90 Strübin, Eduard: Kinderleben im alten Baselbiet. Quellen und Forschungen zur Geschichte und Landeskunde des Kantons Basel-Landschaft. Band 67, Liestal 1998.

Beschreibungen im Basler Dialekt. Interessant ist die Untersuchung von Taufe und Namensgebung, Erziehung zur Arbeit im Handwerk, Gewerbe, Bauernbetrieb, Fabrik und Familienerziehung. Strübin zeigt, welche Einflüsse die Kirche, die Schule und der Volksglaube auf die Kinder ausgeübt haben.

Dies ist umso wichtiger, als ab dem 19. bis Mitte des 20. Jahrhunderts der ganze Bereich der Bildung und Ausbildung gesellschaftlich neu gestaltet und ausgebaut wurde. Damit wurde die Sozialisation des Kindes ein zentraler Bereich gesellschaftlicher Aufgaben. Es setzte sich zunehmend die Idee durch, dass ein Kind in die Gesellschaft eingegliedert werden sollte und sich dazu nicht nur körperlich, sondern auch geistig anzupassen hatte. „Die Einsicht in die Erziehungsfähigkeit und -bedürftigkeit des Kindes führt dazu, dass sich die Familie um das Kind kümmert und sich die Gesellschaft von da an in die familiäre Sphäre einerseits und die gesellschaftliche Sphäre andererseits polarisiert.“[91]

Der bäuerlich-ländlich geprägten Kindheit und dem Kind in der Arbeiterfamilie widmen sich die Artikel von Heidi Witzig.[92] Zur Rekonstruktion des Alltagslebens wurden Autobiografien und Biografien herangezogen. Der Untersuchungsraum dieser Studien ist zum einen die Berglandschaft, in der die Normen und Sitten von der katholischen Kirche geprägt wurden, zum anderen das Mittelland, wo die reformierte Kirche dominierte. Am Beispiel der Region Zürich werden die Fabrikindustrie und Männerbranchen wie der Metall- und Maschinenbereich und die chemische Industrie, aber auch die Heimarbeit aus der Perspektive des Kindes dargestellt.

Der Geschichte eines Kindes in Basel widmen sich einige allumfassende Projekte, die von der Universität Basel und dem Historischen Museum Basel realisiert wurden oder immer noch durchgeführt werden. Am 20. Oktober

---

91 Schneewind, K.-A.: Elterliche Erziehungsstile: einige Anmerkungen zum Forschungsgegenstand. In: T. Herrmann/Schneewind (Hrsg.), Erziehungsstilforschung. Theorien, Methoden und Anwendungen der Psychologie elterlichen Erziehungsverhaltens. Bern, Stuttgart [u. a.] 1980, S. 127.

92 Witzig, Heidi: Bäuerlich-ländliche Kindheit. In: Paul Hugger (Hrsg.) Kind sein in der Schweiz. Eine Kulturgeschichte der früheren Jahre. Schweizerische Gesellschaft für Volkskunde. Basel 1998. S. 37–47; Witzig, Heidi: Kindheit in Arbeiterfamilien. In: Paul Hugger (Hrsg.) Kind sein in der Schweiz. Eine Kulturgeschichte der früheren Jahre, Basel 1998, S. 55–65.

2005 wurde im Historischen Museum Basel die Ausstellung „Kinderleben in Basel. Eine Kulturgeschichte der frühen Jahre" eröffnet. Die gleichnamige Publikation, die anlässlich der Ausstellung erschien, liefert Einblicke in die Kulturgeschichte der Kindheit.[93] In Bild und Text ist der Alltag eines Kindes von der Geburt bis zum Übergang in das Erwachsenenleben dargestellt.

In den letzten Jahren brachten viele Studien und mehrere Forschungsprojekte die vergessenen Schicksale der Verdingkinder ans Licht. Zwei Forschungsprojekte unter der Leitung von Heiko Haumann und Ueli Mäder beschäftigen sich mit der Geschichte der Verdingkinder in der Schweiz. Aus dem Projekt unter dem Titel „Geprägt fürs Leben. Das Schweizer Verdingkinderwesen im 20. Jahrhundert – ein (schweizerischer) Sonderfall?", das zum Ziel hatte, die Umstände von Fremdplatzierungen in den Kantonen Bern, Luzern und Solothurn im 20. Jahrhundert vergleichend zu untersuchen, ist die gemeinsame Dissertation von Marco Leuenberger und Loretta Seglias hervorgegangen.[94]Das abgeschlossene Projekt „Verdingkinder, Schwabengänger, Spazzacamini und andere Formen von Fremdplatzierung und Kinderarbeit in der Schweiz im 19. und 20. Jahrhundert" beleuchtet in Form von zahlreichen Interviews die Geschichte der Verdingkinder und verwandter Formen in der Schweiz zwischen 1800 und 1970. Vierzig dieser Schicksale sind in Buchform erschienen.[95]

Mirjam Häsler erforschte die Lebensumstände von Waisen-, Kost- und Pflegekindern in Basel vom Mittelalter bis zum 20. Jahrhundert anhand von zeitgenössischen Texten und Gesetzen, Berichten, Recherchen in der Fachliteratur sowie Akten aus dem Basler Staatsarchiv.[96]

Mit den verschiedenen Erziehungsanstalten in der deutschsprachigen Schweiz sowie mit der Beschreibung des Alltags der Kinder setzen sich

93 Kinderleben in Basel. Eine Kulturgeschichte der frühen Jahre. Erscheint anlässlich der Ausstellung „Kinderleben in Basel. Eine Kulturgeschichte der frühen Jahre" im Historischen Museum Basel, Barfüsserkirche, 20. Oktober 2005–13. März 2006: Historisches Museum Basel (Hrsg.), Basel 2005.

94 Leuenberger, Marco/ Seglias; Loretta: Geprägt fürs Leben. Lebenswelten fremdplatzierter Kinder in der Schweiz im 20. Jahrhundert, Zürich 2015.

95 Leuenberger, Marco/ Seglias; Loretta (Hrsg.): Versorgt und vergessen. Ehemalige Verdingkinder erzählen, Zürich 2008.

96 Häsler, Mirjam: In fremden Händen Die Lebensumstände von Kost- und Pflegekindern in Basel vom Mittelalter bis heute, Basel 2008.

die Werke von Jörg Schnoch, Heinrich Tuggener und Daniel Wehrli auseinander.[97]

Eine Analyse der Kindheit aus sozial- und medizinhistorischer Perspektive bietet die Forschung von Iris Ritzmann.[98] Die Studien stellen das Verhältnis der Gesellschaft zu Kindern zu Beginn des 18. Jahrhunderts im deutschsprachigen Raum dar. Ritzmann zeigt, dass die gängige Vorstellung, ein Kinderleben habe kaum einen Wert gehabt und die hohe Kindersterblichkeit habe die Gesellschaft gleichgültig gelassen, ambivalent ist. Wichtig ist die in diesem Zusammenhang ausgeführte These, dass den Frauen die Schuld an Kinderkrankheiten und Tod zugewiesen wurde. Ob die damaligen Mütter ihre Kinder tatsächlich vernachlässigten oder ob sie sich um sie kümmerten, bleibt eine offene Frage.

Vergleichende Studien

In den Dreissigerjahren des vorigen Jahrhunderts wurden die ersten Versuche unternommen, das Leben der Landfrauen vergleichend zu erforschen. Eine dieser Studien vermittelt einen Überblick über die Ursachen und Aufgaben der Landfrauenbewegung in der Schweiz, in Deutschland und Belgien.[99] Dr. Marie Renfer, ehemalige Sekretärin des Verbandes Bernischer Landfrauenvereine und des Schweizerischen Landfrauenverbandes, ging den beiden Faktoren nach, welche die Landfrauenbewegung angeschoben haben: die einsetzende Frauenbewegung und das Entstehen von Organisationen für Landwirte. Als positives Ergebnis der Landfrauenbewegung war die Schaffung und Entwicklung von wohltätigen Einrichtungen auf dem Land zu verzeichnen, etwa Armen-, Säuglings- und Wöchnerinnenpflege sowie der Kinderschutz, die später von der Öffentlichkeit übernommen

---

97 Schnoch, Jörg/Tuggener, Heinrich/Wehrli, Daniel: Aufwachsen ohne Eltern. Zur ausserfamiliären Erziehung in der deutschsprachigen Schweiz, Zürich 1989.

98 Ritzmann, Iris: Sorgenkinder. Kranke und behinderte Mädchen und Jungen im 18. Jahrhundert. Köln, Weimar, Wien 2008.

99 Vgl. Renfer, Marie: Die Organisation der Landfrauen. Eine vergleichende Studie über die Organisation des Belgischen Bäuerinnenbundes, des ehemaligen Rechtsverbandes Landwirtschaftlicher Hausfrauenvereine und der Schweizerischen Landfrauenvereinigung. Bern: (c.n.) 1936.

wurden. Der Bauernstand erhielt neue Erkenntnisse im Hauswirtschafts- und Hygienebereich und in der Krankenpflege.

Einen ersten Versuch, eine analoge Analyse zwischen russischen und schweizerischen Bauernhöfen durchzuführen, hat der bedeutende russische Agrarwissenschaftler Aleksandr Čajanov unternommen.[100] Im Jahr 1912 kam er in die Schweiz, weil er die Organisation des bäuerlichen Arbeitsbetriebes und die Verhältnisse im Dorf kennenlernen wollte. Er untersuchte die laufende Statistik des Bauernsekretariats und machte sich mit der Rentabilität der schweizerischen Landwirtschaft vertraut. Er stellte fest, dass die Struktur der kleineren schweizerischen Betriebe mit jener der russischen Landwirtschaft vergleichbar war. Die schweizerischen sowie die russischen Betriebe hatten ähnliche Konsumansprüche. Eine bedeutende Rolle spielte die Ausbeutung von Lohnarbeitern. Grössere Unterschiede hingegen bemerkte er im Hinblick auf das bäuerliche Budget, das in der Schweiz höher war als in Russland. Äusserst interessant ist, worauf sich die Landwirtschaft jeweils spezialisierte. Um beide Länder zu vergleichen, stützte sich Čajanov auf den Volokolamsker Bezirk im Gouvernement Moskau, dessen wirtschaftliche Struktur jener in den untersuchten Bezirken in der Region Woronesch ähnelt. Die Daten des Bauernsekretariats und die Zahlen des Volokolamsker Budgets veranschaulichen den Unterschied in der Ausrichtung der wirtschaftlichen Tätigkeit in Russland und in der Schweiz. So bestanden 81 % der Landwirtschaft in der Schweiz aus Viehhaltung, während in Russland die Feldwirtschaft mit 81 % dominierte.[101] Eine ziemlich grosse Differenz lag beim Obst- und Gemüseanbau – diesen umfasste 10,6 % in der schweizerischen Wirtschaft und nur 0,1 % im Volokolamsker Bezirk. Bedeutende Unterschiede kann man auch in der Ernährungsweise beobachten. So herrschten bei schweizerischen Bauern Kartoffeln, Gemüse und Milch vor, während die russische Ernährung ausser Milch fast ausschliesslich auf Getreide basierte. Čajanov nahm für seine Theorie Daten der schweizerischen Milch- und Viehwirtschaft und der russischen Getreidewirtschaft.

100 Čajanov, Aleksandr V.: Bäuerliche Wirtschaft in der Schweiz. Moskau 1912. Sonderdruck aus der Zeitschrift „Vestnik selskogo hozjajstva“ [Bote der Landwirtschaft] 1912. In: Schweizerische Zeitschrift für Geschichte, Vol. 47, 1997, S. 9–26.

101 Ebd., S. 13.

Er bestätigte, dass „die vorhandenen Arbeitskräfte der Bauernfamilie der bestimmende Produktionsfaktor dieser Betriebe“ waren.[102] Čajanovs Methode wurde im Jahr 1928 von dem schweizerischen Professor für landwirtschaftliche Betriebslehre, Oskar Howald, in seiner Bewertung der kleinbäuerlichen Gemeinden im Kanton Schaffhausen herangezogen.[103]

Der Geschichte der Frauenbewegung[104] sowie der Haushaltungsschulen für die Mädchen vom Land[105] in der Schweiz widmen sich zahlreiche Publikationen des Gosteli-Stiftungs-Archivs zur Geschichte der Schweizerischen Frauenbewegung. Solche Studien wurden von den Theoretikern und Praktikern der Haushaltungs- und Dienstbotenschulen verfasst.

In den letzten Jahren ist das Interesse an den russisch-schweizerischen Beziehungen und deren historischem Hintergrund gestiegen. Verschiedene Studien beleuchten die Geschichte dieser ungleichen Beziehung sowie die Wahrnehmung Russlands in der Schweiz. Den russisch-schweizerischen Verflechtungen von der Gründung des Bundesstaates bis zu der Epochenwende von 1917/19 widmet sich die Dissertation von Peter Collmer.[106] Seine „Geschichte einer europäischen Verflechtung“ stellt einen Versuch dar, eine Brücke zwischen den beiden historischen Bereichen Osteuropäische und Schweizer Geschichte zu schlagen. Die Arbeit zeigt die Perspektive für eine erweiterte europäische Geschichte. Die zwischenstaatlichen Verhältnisse erklärt Collmer mit den Wahrnehmungsprozessen beider Länder. Dem einführenden Teil über die institutionellen Voraussetzungen der Verflechtung folgt der erste Hauptteil über die russisch-schweizerischen Beziehungen vom

---

102 Baumann, Werner/Haumann, Heiko: „... um die Organisation des typischen Arbeitsbetriebes kennenzulernen.“ Zu Aleksandr Čajanovs Schrift „Bäuerliche Wirtschaft in der Schweiz“. In: Schweizerische Zeitschrift für Geschichte. Vol. 47, 1997, S. 9.

103 Ebd., S. 4.

104 Vgl. Gosteli, Marthe, Zürcher, Regula (Hrsg): Vergessene Geschichte – Illustrierte Chronik der Frauenbewegung 1914–1963. [Gebundene Ausgabe] 2 Bände, Bern 2000.

105 Guterhofen-Kingg K.: Unsere Töchter und die Landwirtschaft. Eine Anregung. Luzern 1900; Anderegg, Felix: Die Heranbildung unserer bäuerlichen Hausfrauen und ländlichen weiblichen Dienstboten im 19. Jahrhundert, Bern 1901.

106 Collmer, Peter: Die Schweiz und das Russische Reich 1848–1919: Geschichte einer europäischen Verflechtung, Zürich 2004.

Schweizerischen Bürgerkrieg bis zur Bewältigung der Neuenburger Krise 1856/57. Der zweite Hauptteil behandelt Verflechtungen in dem Zeitraum bis zur Russischen Revolution 1917. Mit einem Kapitel über die weitgehende Auflösung der russisch-schweizerischen Beziehungen nach der Oktoberrevolution und einem kurzen Fazit endet der Band.

Russische Historiografie

Zur Geschichte der Frauen und Kinder sowie des sozialen Lebens im Russischen Reich lässt sich eine Vielzahl von zeitgenössischen Primärquellen und Grundlagenwerken heranziehen.

In der russischen Historiografie widmen sich die Werke aus der zweiten Hälfte des 19. Jahrhunderts erstmals der Stellung der bäuerlichen Frau und Themen wie Geburtshilfe und Sterblichkeit sowie der körperlichen und geistigen Entwicklung der Bauernschaft in der Region Woronesch. Die Autoren waren Ärzte und gehörten zu den Mitgliedern der Sanitären Kommission der Landschaften (Semstwos), die sich aktiv mit der bäuerlichen Bevölkerung beschäftigten. F. Pokrovskij beschreibt die Stellung der Frau in der Familie[107], M. I. Kulisher die Scheidung und das Leben der Bäuerinnen[108], A. I. Shingarev die Position der Frau in der bäuerlichen Gesellschaft[109] und Y. O. Kuznezov setzt sich mit der Vorstellung von der bäuerlichen Familie im Volkssprichwort auseinander.[110]

Die Leistung der Geburtshilfe und die Gesundheit der Frauen in Russland wurden in den Studien der folgenden Ärzte analysiert: S. G. Oligov „Die Frage der Fruchtbarkeit der Frauen im Bezirk Kineshma“[111], L. Bogdanov „Sanitarische Untersuchung des Peš ehonov Bezirks“,[112] A. O. Afinogenov

107 Покровский Ф.: О семейном положении крестьянской женщины в Костромской губернии по данным волостного суда. In: Живая старина. Год шестой, отд. I, СПб. 1896, S. 471–472.

108 Кулишер М.И.: Развод и положение женщины, СПб. 1896

109 Шингарев А.И: Положение женщины в крестьянской среде. In: Медицинская беседа1889, № 10.

110 Кузнецов Я. О.: Положение членов крестьянской семьи по народным пословицам и поговоркам, СПб. 1909.

111 Олихов С.Г.: К вопросу о плодовитости крестьянок Кинешемского уезд. In: Земский врач. 1890. № 52, S. 824 ff.

112 Богданов Л.: Санитарные очерки Пошехонского уезда, Ярославль 1881.

„Das Frauenleben und die Einrichtung der Geburtshilfe im Rjazanskiy Bezirk“[113] und A. Y. Zelenskij „Aus dem Bericht des Frauenarztes“.[114]

Die Werke von Ärzten des Semstwo behandeln die Kinder- und Säuglingssterblichkeit unter der ländlichen Bevölkerung und weisen auf Gründe wie die schlechten Wohn- und Arbeitsverhältnisse der Familien hin, so z. B. die Forschung von S. A. Glebovskij und V. M. Grebenshikov unter dem Titel „Kindersterblichkeit in Russland“.[115] Was die Kindersterblichkeit in zentralen und in nordostrussischen Regionen anbelangt, betonen sie, dass die Unwissenheit und verschiedene Vorurteile des Volkes zusammen mit den schlechten wirtschaftlichen Verhältnissen einen negativen Einfluss auf das Leben der Kinder ausübten. Die wirtschaftlichen Faktoren und die Lebensweise des Volkes seien so eng miteinander verflochten, dass man nicht genau sagen könne, welcher Faktor die Kindersterblichkeit mehr beeinflusst habe. Die hohe Säuglingssterblichkeit zeigen die Forschungen des Direktors des Zentralen Statistischen Komitats, Prof. P. Georgievskij.[116] P. I. Kurkin, der Gründer der russischen sanitarischen Statistik berichtet über die hohe Kindersterblichkeit im Moskauer Bezirk 1883 bis 1897.[117] Die Forschung von D. D. Filipova weist auf die hohe Säuglingssterblichkeit in Sankt-Petersburg in den Jahren 1881 bis 1890 hin[118] und V. P. Nikitenko zeigt die hohe Kindersterblichkeit 1893 bis 1890 im europäischen Russland.[119]

Im Jahr 1898 wurde in der Woronescher Region unter der Leitung von N. I. Tezjakov der Gesundheitszustand der Bevölkerung festgestellt. Die

---

113 Афиногенов А.О.: Жизнь женского населения Рязанского уезда в период детородной деятельности женщины и положению дела акушерской помощи этому населению, СПб. 1903.

114 Заленский Э.Я.: Из записок земского врача, Псков 1908.

115 Глебовский С. А., Гребеншиков В.И.: Детская смертность в России, СПб. 1907.

116 Георгиевский П.: Смертность младенцев в возрасте от рождения до одного года в 1909, 1910 и 1911 годах в Европейской России, СПб. 1914, S. 46–55.

117 Куркин П. И.: Детская смертность в Московской губернии и ее уездах в 1883–1897 гг. С приложением очерка о детской смертности в волостных районах в 1896–1900 гг., М. 1902, S. 294.

118 Смертность детей в возрасте 0–15 лет в Санкт – Петербурге за 1881–1890 гг. На статью доктора медицины Д.М. Филиппова.

119 Никитенко В. П.: Детская смертность в Европейской России 1893–1896 гг., СПб. 1901, S. 58–69.

Ergebnisse wurden in zwei Werken veröffentlicht: „Morbidität der Bevölkerung im Woroneschen Gouvernement in 1898“[120] und „Die alte klinische Frage in Woronesch“.[121]

Im Jahr 1907 wurde von dem Nachfolger des Leiters des sanitarischen Amtes N. I. Tezjakov, A. I. Šingarev, das Werk „Das ausgestorbene Dorf“[122] vorbereitet. Die Forschung stützt sich auf die Ergebnisse der sozialwirtschaftlichen Untersuchungen, die im Dorf Mochovatka und im Dorf Novo-Životinnoe in der Zeit von 1901 bis 1907 durchgeführt wurden.

Die Themen Frauenarbeit und Kindheit in der Region Woronesch widerspiegelt die Forschung von S. V. Martinov, einem Arzt des Semstwos.[123] Die Eheschliessungshäufigkeit, die Geburtenrate und die Sterblichkeit in den Bezirken Zemljansij und Zadonskij des Gouvernements Woronesch waren Themen der Arbeit von I. V. Veretennikov.[124]

Die Ärzte des Semstwos führten nicht nur Veranstaltungen in Kinderpflege durch, sondern sie trieben auch die weitere Forschung auf diesem Gebiet voran. So berichtet V. P. Uspenskij über die Einrichtung von ländlichen Tagesstätten und Heimen in dem Gouvernement Woronesch.[125]

Die soziale Entwicklung des Woroneschen Gouvernements beleuchten zeitgenössische Autoren wie G. M. Veselovskiy in „Woronesch aus geschichtlicher und statistischer Perspektive“[126] und I. Nikolaevskij in „Die Beschreibung des Woroneschen Gouvernements“.[127]

---

120 Тезяков Н. И.: Заболеваемость населения Воронежской губернии в 1898 году, Воронеж 1899.

121 Тезяков. Н. И:. Старый больничный вопрос г. Воронежа. In: Медицинская беседа. Воронеж, 1898. № 22,

122 Шингарев А. И.: Вымирающая деревня, СПб. 1907.

123 Мартынов С. В.: с. Малышево, Саратов 1903.

124 Веретенников И. В.: Брачность, рождаемость и смертность среди крестьянского населения. (По данным для Землянского и Задонского уездов Воронежской губернии), Тифлис 1898.

125 Успенский В. П.: Общий обзор деятельности яслей – приютов в Воронежской губернии летом 1900 г. Труды совещания при Воронежской губернской управе земских врачей, Воронеж 1901.

126 Веселовский Г. М.: Воронеж в историческом и современно – статистическом отношении, Воронеж 1866, S. 306.

127 Николаевский И.: Описание Воронежской губернии, Воронеж 1909.

In den Zwanzigerjahren des 20. Jahrhunderts verbreiteten sich die soziologischen ethnografischen und sanitarischen Forschungen. Eine Geschichte der Woroneschen Dörfer mit Beschreibung der Lebensweise und wirtschaftlichen Verhältnisse stellt I. P Tarandin vor.[128] Die Entwicklung der Volksmedizin beschreibt T. J. Tkačev.[129] In den Dreissiger- bis Fünfzigerjahren des vorigen Jahrhunderts entstanden weitere Werke, die sich der Gesundheit der Frauen und Kinder widmeten.[130] In dieser Periode wurde die erste Dissertation über den Bauernstand in der Woroneschen Region verfasst.[131]

Die heimatkundlichen Forschungen in den Siebziger- bis Neunzigerjahren des vorigen Jahrhunderts fassen die Ergebnisse der sozialen und wirtschaftlichen Forschungen zusammen,[132] die bis 1917 durchgeführt wurden.

Die positiven Ergebnisse der Zusammenarbeit des Staates und der Landschaftsämter (Semstwo) im medizinischen Bereich werden in der Arbeit von V. Y. Kusmin mit dem Titel „Macht, Öffentlichkeit und landschaftliche Medizin 1864–1917“ zusammengefasst.[133] Den Fragen der medizinischen Leistung und des Alltags der Landbevölkerung widmet sich die Forschung von T. V. Privalova.[134]

---

128 Тарадин И.: «Золотое дно». Экономика, культура, история, культура и быт волости Центрально – черноземной области, Воронеж 1928.

129 Ткачев Т. Я.: Воронежская деревня в социально – гигиеническом отношении. Очерк. Воронеж,1928.

130 Vgl. Гречишникова Л. В., Никончик О. К.: Охрана здоровья женщин и детей. In: Сорок лет советского здравоохранения, М. 1957, S 244 ff.

131 Vgl. Шевченко М. М. :Помещичьи крестьяне Воронежской губернии накануне и в период падения крепостного права: Автореферат диссертации на степень канд. ист. наук. Воронеж 1956.

132 Vgl. История нашего края . Под ред. В.П. Загоровского, Ф.С. Олейника, Е.Г. Шуляковского, Воронеж 1969. Тяжелов П.П. Экономическое и политическое положение крестьян Воронежской губернии накануне революции 1905–1907 гг. In: Известия ВГПИ. Т.XII. Вып.1,Воронеж, 1950; Шепетов Н.И.: Из жизни крепостных крестьян России XVIII–XIX вв., М., 1963; Фурсов В.Н.: Крестьянское движение в Воронежской губернии в 60–70-е годы XIX века (социально – психологические аспекты), Воронеж 1984.

133 Кузьмин В. Ю.: Власть, общество и земская медицина. 1864–1917 гг.,Самара 2003.

134 Привалова Т. В.: Быт российской деревни в 60-е годы XIX-20-е гг. XX вв. Медико–санитарное состояния Европейской России, М. 2000.

Einen besonderen Beitrag zur Veranschaulichung der Frauenfrage leisteten vor allem die Ethnografen des bäuerlichen Lebens in der zweiten Hälfte des 19. Jahrhunderts wie V. S. Lazorovskj[135], Y. A. Ludmer[136], A. Y. Efimenko[137] und P. S. Efimenko.[138] Sie waren der Meinung, dass sich die Stellung der Frau seit der Epoche von Zar Iwan IV. nur in geringem Masse geändert habe. Die Werke weisen auf die unbegrenzte Macht des Mannes in der Familie und in der Gesellschaft hin.

Die Forschungen von A. P. Ščapov[139] und I. Charlamov[140] setzen sich mit der Besonderheit des Status von Frauen im bäuerlichen Umfeld auseinander: nämlich mit der starken Differenzierung der Rollen und Pflichten. Charlamov spricht der Frau dieselben Vermögensrechte und persönlichen Rechte zu wie dem Mann. Shapov bestreitet den positiven Einfluss des Christentums auf die seelische Entwicklung der Frau und betont, dass die männliche Herrschaft nur durch die Unterstützung der Kirche entstanden sei.

In den letzten 20 Jahren hat Russland umwälzende politische und gesellschaftliche Ereignisse erlebt, diese führen auch zu einem historischen Rückblick in der Frauenforschung. Der Evolution der Frau in der Geschichte widmen sich mehrere Werke von N. Puškareva.[141] Die Forschung gibt einen historischen Überblick über 200 Jahre russische Frauengeschichte

135 Vgl. Лазовский В. С.: Личные отношения супругов по русскому обычному праву. In: Юридический вестник 1993. № 6–7, S. 358–414.

136 Vgl. Лудмер, Я. А. Бабьи стопы: (из заметок мирового су-дьи). In: Юридический вестник, 1884. № 11, S. 446–467; № 12, S. 658–679.

137 Vgl. Ефименко А. Я.: Народные юридические воззрения на брак. In: Знание. 1874. № 1, S. 2–45.

138 Vgl. Ефименко П. С.: К истории семейных разделов. In: Киевская старина1883, Т.14. № 3, S. 593–598.

139 Vgl. Щапов И. А.: Значение народной женщины в антропологическом и социальном развитии русской народности. In: Щапов А. П.: Сочинения, СПб. 1906. Т. 2, S. 31–55.

140 Vgl. Харламов И: Женщины в русской семье. In: Русское богатство1880. № 3, S. 59–107; № 4,S. 57–111.

141 Пушкарева Н.: Русская женщина: история и современность, Москва 2002, S. 84; Пушкарев: „ Женская история в России: приоритеты, направления, методы. In: Женщины в российском обществе 1996. № 4. S. 1124; Пушкарева Н.: Женщина в русской семье (Х начало ХХ вв.). In : Русские: народная культура (история и современность), М. 2000, S. 4154.

seit 1800 – es sind die Geschichten prominenter, aber auch Tausender unbekannter Frauen.

Europäische Historiografie

Einen Einblick in die russische Geschichte am Ende des 19. Jahrhunderts vermittelt die Arbeit von Julius Wilhelm Albert von Eckardt mit dem Titel „Rußlands ländliche Zustände seit Aufhebung der Leibeigenschaft: Drei russische Urtheile".[142] Die Arbeit setzt sich mit dem Agrargesetz von 1861 und der Steuerpolitik auseinander. Das Werk zeigt die Positionen verschiedener russischer Parteien zu Agrarfragen. Die bereits angedeutete Tätigkeit und Struktur des Semstwos gilt als einzigartig, da es in Europa nichts Vergleichbares gibt.

Die Studie des deutschen Kulturhistorikers Bernhard Stern (1867–1927) ist ein kulturwissenschaftlicher Blick auf die russische Geschichte, der die russische Tradition und Religiosität in den Vordergrund stellt.[143] Er stammte aus Riga, 1885 ging nach Deutschland und lebte nach weiter Reise als Journalist, Biograf und historischer Publizist in Wien, Konstantinopel, Budapest. Er schrieb Reise- und Kulturbücher vor allem über die Sittengeschichte Russlands. Seine zwei Bände der Geschichte der öffentlichen Sittlichkeit in Russland konzentrieren sich auf die russische Geschichte seit den Slawen bis zur Regierung von Alexander III.

Unter anderem behandelt der Band 2 die Problematik der Geschichte der Frau in Russland und geht der Frage nach, welche Rolle die Frau in der Familie, in der Gesellschaft und in der russischen Geschichte überhaupt spielte. Welche Rollen hielt die russische Gesetzgebung vom 16. bis 19. Jahrhundert für Frauen bereit? Wie wohnte man vom 16. bis 19. Jahrhundert in Russland?

Stern unternahm einen Versuch, die russische Geschichte durch die russischen Traditionen zu erklären. Dabei zeigte es sich, dass die russische Mentalität durch die russischen Traditionen geprägt wurde. Im Fokus der Studien stand den Begriff. „Grausamkeit": „Grausamkeit der

---

142 Eckardt, Julius Wilhelm Albert: Rußlands ländliche Zustände seit Aufhebung der Leibeigenschaft: Drei russische Urtheile, Leipzig 1870.

143 Stern, Bernhard: Geschichte der öffentlichen Sittlichkeit in Russland. Zweite Auflage, Berlin 1908.

Herrschenden“; „Grausamkeit in der Verwaltung.“; „Grausamkeit des Volkes“; „Grausamkeit im Familienleben“; „Grausamkeit gegen die Frau“.

Er erklärt die russische Frau einerseits als Opfer der „Grausamkeit“ der russischen Traditionen und spricht über die Erniedrigung der Frau in der Ehe, darüber, dass Frauen geschlagen werden, zeigt die Frau als Eigentum des Mannes, zitiert mehrere Sprichwörter und Volkslieder über das Frauenschicksal. Anderseits stellt er die russische Frau selbst als grausame Natur dar. Dazu führte er mehrere Beispiele auf von russischen Fürstinnen und Zarinnen, Zarentöchtern, zeigt wie brutal sie dem Volk gegenüber waren. Er stellte einen Zusammenhang her zu den Landfrauen, die einen Kindermord aus religiösem Fanatismus verursachten oder die keine Gefühle gegenüber ihrem Kind zeigten, und verwendete dafür das Bild, dass eine Mutter ihr Kind den Wölfen hinwirft.[144] „Bei solcher Grausamkeit der Frau musste das Familienleben jeder Anmut und Freundlichkeit entbehren“, so Stern.[145]

Die russische Sozialgeschichte gehört nicht zu den vernachlässigten Forschungsgebieten.

Die Untersuchungen von Heiko Haumann[146] und von Carsten Goehrke[147] ermöglichen dem Leser den Lebens- und Vorstellungswelten der russischen Bevölkerung aus deren eigener Perspektive zu nähern. Goehrke betrachtet die Grundkonstanten des menschlichen Daseins wie Existenzsicherung, Wohnen, Essenskultur, soziale Beziehungen der Landsleute auf russischen Hof. Die übergreifende Darstellung der Russischen Geschichte von Heiko Haumann berücksichtigt systematisch und chronologisch Alltag, Denken, Fühlen und Handeln von Menschen in der Stadt und auf dem Land. Schliesslich rekonstruiert er die Regionen Russlands in ihren sozialen Vernetzungen, verschiedenen kulturellen Formen, sozialen Gliederungen, wirtschaftlichen Bedingungen und Herrschaftsverhältnissen.

Carsten Goehrke fordert durch seine Analyse die Lebensdeutungen, das Eltern-Kinder-Verhältnis innerhalb des Bauernmilieus nicht unter dem

144 Ebd., S. 289.

145 Ebd., S. 283.

146 Haumann, Heiko: Geschichte Russlands, Zürich 2003.

147 Goehrke, Carsten: Russischer Alltag. Eine Geschichte in neun Zeitbildern vom Frühmittelalter bis zur Gegenwart II. Band: Auf dem Weg in die Moderne, Zürich 2003.

Aspekt moderner Moral- und Wertvorstellungen zu untersuchen. Somit entsprach dies den Anforderungen der bäuerlichen Lebenswelt. Die Söhne waren sehr erwünscht, um den Haushalt zu sichern. Die Töchter als Hilfskraft gingen nach ihrer Heirat der Familie verloren. Daher brachten sie nur zeitlich begrenzten Nutzen.

Zwischen Stadt und Land etablierten sich in Jahren 1880–1914 Übergangswelten; was für die westlichen Forscher eine ganz andere Bedeutung des „traditionellen" Russlands ergab. Die Zuwanderung vom Dorf in die Industriemetropolen bildete bis in die Dreissigerjahre des vorigen Jahrhunderts eine Tradition in Russland. Beinahe jeder Arbeiter kam aus der ländlichen Heimindustrie.

Nie in der Geschichte Russlands sind die Unterschiede der Lebens- und Vorstellungswelten zwischen Stadt und Land grösser gewesen als in diesem Zeitraum. Durch die intensiveren Beziehungen zu der urbanen Kultur verlor die ländliche Welt ihren traditionell bäuerlichen Charakter. Viele alte Brauchtumsformen gingen dem Landleben verloren. Der beschleunigte Wandel der Lebens-und Vorstellungswelten brachte der bäuerlichen Gesellschaft neue Sozialstrukturen und neue Lebensweisen.[148] Die Landkinder bekamen die gute Möglichkeit, sich dann weiter an das städtische Leben anzuschliessen, indem sie Zugang zur Schule erhielten. Das Bauerntum spaltete sich in die Bauern, die dem Dorf treu waren und dort blieben, und in jene, die in der Stadt arbeiteten. Die ersten waren immer noch dem patriarchalen Denken treu und die anderen liessen sich durch die städtischen freien Strömungen beeinflussen. In der urbanen Welt verloren die durch die Orthodoxie gebotenen Traditionen an Bedeutung.

Leonid Heretz bestreitet aber jede Evolution und Modernisierung unter der Landbevölkerung im Russischen Reich.[149] Demnach soll die Agrarreform von Stolipin 1905 im agrarisch geprägten Russland gar keine positiven Ergebnisse gezeitigt haben. Die Bauernschaft zeigte eine gewisse Skepsis gegen jede Errungenschaft, z. B. traute sie der Duma (Parlament) nicht, die

148 Vgl. Haumann, Geschichte Russlands. Zürich 2003; Goehrke: Russischer Alltag. Eine Geschichte in neun Zeitbildern vom Frühmittelalter bis zur Gegenwart II. Band: Auf dem Weg in die Moderne, 2003.

149 Heretz, Leonid: Russia on the Eve of Modernity: Popular Religion and Traditional Culture under the Last Tsars, Cambridge 2008.

zur Erfüllung der Reformwünsche von 1906 dienen sollte. Die russische Tradition gehört nach der Meinung von Heretz nicht zum europäischen Kulturverbund, sondern könnte mit den traditionellen Gesellschaften Chinas oder Indiens verglichen werden.

Die Intelligenzija, wozu Professoren, Studenten, Akademiker gehörten, die meist dem Adel und Wirtschaftsbürgertum entstammten, verwirklichten den Wunsch nach Reformen und standen für das moderne Russland.

Mehrere Forschungen, die im Fokus das Frauenstudium in der Schweiz und die Rolle der Studentinnen aus dem Russischen Reich haben, weisen darauf hin, dass die Russin nach dem Studium den neuen Weg als Revolutionärin oder berufstätige Frauen konsequent weiterzuleben versuchten. Daniela Neumann stellte fest, dass den russischen Frauen vorerst rein durch das Studium der Ausbruch aus der traditionellen Rolle gelang.[150] Die Schweiz spielte für die Studentinnen aus dem Russischen Reich eine ganz besondere Rolle. Sie hatten die Möglichkeit, nicht nur zu studieren, sondern ihr eigenes politisches Weltbild zu entwickeln. Die Hebammen-Studierenden versuchten dann später auf dem russischen Land, unter der Bauernbevölkerung die Propagandatätigkeit mit medizinischer Hilfe zu verbinden. Die Medizinstudentin Virginia Schlykowa (1853–1949) hatte die Gründung von Schulen und Bibliotheken vor. Sie setzte sich für die geistliche Entwicklung und Bildung von Menschen im Russischen Reich ein. Franziska Rogger und Monika Bankowski berufen sich auf Briefe von Virginia, der russischen Medizinstudentin in Bern. Diese strebte danach, als Ärztin die Gelegenheit zu haben, dem Volk, den Fabrikarbeitern und Bauern näherzukommen und alles daran setzen, um ihre Bildung und Entwicklung zu fördern. Am Beispiel der Moskauer Medizinerin Virginia Schlykowa und ihres Kreises schildern Rogger und Bankowski Erwartungen, mit denen die russischen Studentinnen aus Russland in die Schweiz zogen, und Schicksale, die sie in der liberalen Schweiz begleiten. Relativ wenige Frauen gaben das Studium wegen einer Heirat auf, und viele strebten danach, das Leben in Russland gerechter zu machen.[151]

150 Vgl. Neumann, Daniela: Studentinnen aus dem Russischen Reich in der Schweiz (1867–1914), Zürich 1987.

151 Vgl. Rogger, Franziska/Bankowski, Monika: Ganz Europa blickt auf uns! Das schweizerische Frauenstudium und seine russischen Pionierinnen, Baden 2010.

Andrea Zink untersucht und vergleicht in ihrer diskursanalytischen Studie historiografische, ethnografische und literarische Texte des russischen Realismus. Durch diese Analyse wurde der Bauernalltag rekonstruiert.[152] Dabei geht ihre Forschung den literarischen Darstellungen des Bereichs „Familie“ und „Geschlechterverhältnis“ nach. Sie kommt zu dem Ergebnis, dass die meisten Schriftsteller Bäuerinnen als Frauen charakterisierten, die nur begrenzte Handlungsmöglichkeiten besassen und unmoralisch waren. Sie brauchten strenge Disziplin und Zucht. Zu unkritisch übernimmt Zink jedoch die Ergebnisse mehrerer russischen Studien als historische Fakten. Scheidungen unter Bauern waren nach Zink problemlos möglich, es breiteten sich Affären aus und die Säuglingssterblichkeit war hoch, all dies eine Folge der geringen Wertschätzung der Frauen und der traditionellen Mutterrolle. Die Bäuerinnen wurden als schlechte Mütter bezeichnet. Die Vernachlässigung der Kinder und demzufolge die hohe Sterblichkeit hatten ökonomische Ursachen. Diese Fakten wurden hingegen in den literarischen Texten kaum thematisiert.

3. Quellen und Methode

Für die Untersuchung der Fragestellung der vorliegenden Arbeit erweisen sich die klassischen Methoden des historischen Vergleiches, der Analyse und der Beschreibung als sinnvoll. Da die Frauen- und Geschlechtergeschichte einen wissenschaftlich innovativen Platz innerhalb der Geschichtsschreibung einnehmen, dienen hier methodische Vorgehensweisen wie Diskursanalyse, konstruktivistische Ansätze, sozialwissenschaftliche Fallstudien.

Ich möchte näher auf die geschlechtsspezifische Rollenverteilung zwischen Mann und Frau eingehen und die Problematik des herrschenden Frauenbildes in Russland und in der Schweiz aufzeigen. Im ersten Teil wird die Stellung der Frauen und Kinder in der Woronescher Region beschrieben und analysiert. Der zweite Teil zeigt die Stellung der Frauen und Kinder in beiden Basler Halbkantonen.

In diesem Zusammenhang werden ähnliche und unterschiedliche Aspekte der Stellung der Frauen und Kinder in der Region Woronesch und in

152 Zink, Andrea: Wie aus Bauern Russen wurden. Die Konstruktion des Volkes in der Literatur des russischen Realismus 1860–1880, Zürich 2009.

beiden Basler Halbkantonen sichtbar gemacht. Der historische Vergleich dient als heuristisches Mittel.[153] Im Gegensatz zu der Beschreibung von nationaler Geschichte bietet der historische Vergleich erstens den Vorteil, die Ursachen der negativen sozial-demografischen und wirtschaftlichen Erscheinungen einzuschätzen. Zweitens ermöglicht ein Vergleich einen differenzierten Blick und relativiert die Bedeutung vieler Aspekte wie: die starke konservative Einstellung zur Rolle der Frau in Familie und Gesellschaft, Spezifika der Waisen- und Kinderheime, gesellschaftliche Beziehung zu den Verdingkindern. Die Auswertung von Phänomenen wie Ehe oder die Vormundschaft über Kinder und Frauen innerhalb von zwei Nationen ermöglicht es, Forschungslücken aufzudecken und Probleme deutlicher zu konkretisieren. Es wird versucht, die Fortschritte der weiblichen „Macht" zu verfolgen, die sich erstmals auf dem russischen und schweizerischen Land manifestierte.

Im Hinblick auf die zu beantwortende Fragestellung habe ich verschiedene Quellengattungen untersucht. In Dokumenten zur schweizerischen Geschichte wird das Leben der Bäuerinnen und der Landfrauen nur selten unmittelbar beleuchtet. Um die rechtlichen, sozialen und wirtschaftlichen Grundlagen aufzuarbeiten, konsultierte ich verschiedene Quellen.

Kernstück meiner Analyse bilden die Zirkulare der Erziehungsdirektion NA 2080 A1 des Staatsarchivs Kanton Basel-Landschaft, die Kreisschreiben der Erziehungsdirektion (1873–1954), Umfragen, Untersuchungen und Berichte über das Schulwesen sowie Anfragen betreffend das Schulwesen. Diese beleuchten die Stellung der Lehrerinnen und der Schülerinnen auf dem Lande. Die daraus resultierenden Ergebnisse lassen sich wiederum auf die Gesellschaft projizieren. Dabei wird veranschaulicht, dass die Frauen dem männlichen Geschlecht gegenüber in keiner Beziehung absolut gleichwertig waren. Viele Briefe von weiblichen Lehrkräften an die Erziehungsdirektion oder an die Direktion der Schule zeigen dies sehr drastisch. Häufig ist die

---

153 Vgl. Bloch, Marc: Für eine vergleichende Geschichtsbetrachtung der europäischen Gesellschaften. In: Middell, Matthias u.a. (Hrsg.). Alles Gewordene hat Geschichte: Die Schule der Annales in ihren Texten 1929–1992, Leipzig 1994.

Empörung der Betroffenen über ein Unrecht gut spürbar, so etwa wie in dem Fall eines Arbeitsverbotes für schwangere Frauen.[154]

Interessant sind für die Rekonstruktion des Lebens der Mutter und der Kinder auch die Armensachen Na 2064 (F 1.2) 1872–1910 des Staatsarchivs des Kantons Basel-Landschaft: Der Bestand enthält weiterhin die Akten zum Armenerziehungsverein (F 1.1) sowie dessen chronologisch abgelegte Personendossiers zu den einzelnen Zöglingen (F 1.2) und die Akten zum Frauenheim Wolfsbrunnen (F 2). Es handelt sich um das Leben der Zöglinge des Armenerziehungsvereins, wobei sich zugleich die Geschichte des Basel-Landschaftlichen Armenerziehungsvereines 1848–1965 zeigt. Diese Aktenordner bestehen aus drei Teilen und umfassen die folgenden Perioden: 1872–1892, 1893–1900 und 1901–1910. In den Akten häufen sich mehrheitlich Berichte von Armen, denen die Heimatgemeinde eine Unterstützung verweigert hatte und die deshalb an den Regierungsrat appellierten. Unter den Armen befanden sich mehrere Witwen und alleinerziehende Mütter.

Die Ermittlungen des Erziehungsvereins und der Polizei zeigen das Schicksal der Kinder. Diese befanden sich aufgrund von Armut der eigenen Familie unter den Zöglingen des Armenerziehungsvereines. Die Berichte von Inspektor E. Gysin vermitteln Informationen über das Kind, seinen Pflegeort und die Familien der Zöglinge des Armenerziehungsvereins. Man erfährt mehr über die Fragen zwecks Ermittlung und Verhaftung der Zöglinge sowie über die Aufklärungsarbeit hinsichtlich der Vergangenheit der Zöglinge. Im Zentrum steht die ausführliche Beschreibung der Zöglinge und ihres Umfelds. Die Nachrichten, Mitteilungen und Vollmachten von Polizeidepartement, Pfarrer und Ärzten zeigen die Verflechtung zwischen beiden Basler Halbkantonen. Häufig stammten die Zöglinge des Armenerziehungsvereines aus der Stadt. Man findet die Gesuche von armen Eltern, die ihre ihnen entzogenen Kinder zurückbekommen wollten.

Das Leben der Kinder zeigen die Akten „Handel und Gewerbe AA 15. Jugendarbeit. Kinderarbeit. Jugendschutz 1855–1864–1886–1888–1900–1918–1936“ des Staatsarchivs Basel-Stadt. Der Bestand enthält die Berichte von Fabrikinspektoren und der Nationalräte aus Basel. Damit lässt sich die Kinderarbeit rekonstruieren, die in den Fabriken in Basel stattgefunden

154 StA BL, N 2080 Erziehung. E1. Lehrerschaft: Personalfrage. Bericht vom 5. Juni 1903.

hat, und zwar im Hinblick auf die Anzahl und die Herkunft der Kinder, die Familie der Kinder, die Arbeitszeit und die Beziehungen zwischen Schule und Fabrik. Die Berichte zeigen mehrmalige Verstösse gegen das Kinderarbeitsgesetz und gegen das Schulgesetz von 1880. So findet man die Berichte der Polizei über den Missbrauch der Kinder durch die Wirtschaft. Die Situation arbeitender Kinder und Frauen beleuchtet der „Schweizerischer Volkstrend“ in der Nummer 299 von 1873.

Als weitere Quellen über die Arbeitssituation von Frauen in Basel benutze ich Gesetzessammlungen: Bundesgesetz betreffend die Arbeit in den Fabriken. (Vom 23. März 1877), Sammlung der Gesetze BS, Bd. 14, 1887; Sammlung der Gesetze BS, Bd. 1893; Sammlung der Gesetze BS, Bd. 18, 1906. Aspekte des sozialen Lebens wie Arbeitszeit, Lohn, Schutz der Frau oder medizinische Hilfe für Frauen sind in diesen Gesetzestexten geregelt.

Um das Schicksal der Kinder in Basel nachzuvollziehen, konnten auch die Berichte von Ärzten aus den Niederlassungsakten zu Kostkindern und Akten des Sanitätsdepartements sowie Briefe des Basler Frauenvereins zur Hebung der Sittlichkeit ausgewertet werden. Die Akten der Niederlassungsbehörden umfassen zehn Bände, welche die Signatur „Niederlassung H 5.2. Aufenthaltskontrolle über Kostkinder 1836–1915“ tragen. Für die vorliegende Arbeit wurden die Akten „Niederlassung H 5.1“ aus den Jahren 1850 bis 1909 analysiert.

Um sich dem Schicksal der Familien anzunähern, die ihre Kinder in der Erziehungsanstalt unterbringen mussten, dienten Kinderakten der Inspektion ED-REG 32a (1) 1 1910–1950 des Staatsarchivs Basel-Stadt als Grundlage.

Das Leben des Kindes innerhalb einer Erziehungsanstalt konnte anhand der folgenden Textbestände rekonstruiert werden: Staatsarchiv Basel-Stadt. Armenwesen L.1 Allgemeines und Einzelnes 1782–1901, Organisation des Waisenhauses in Basel. 1861, Bau-Akten EE 14, Anstalt zur guten Herberge, 1901–1933.

Die in dieser Arbeit untersuchte Gruppe von Müttern und Kindern gehörte zu den bedürftigsten Menschen der damaligen Zeit. Gesellschaftliches Übel, Elend, Not und Fürsorge – dies sind Aspekte, die der Begriff „Armut“ umfasst. Die Erfahrungen verschiedener Betroffener beleuchten die Akten des Armenwesens des Staatsarchivs Basel-Stadt: „Armenwesen A1. Armenwesen überhaupt „Konkordat betreffend wohnörtliche Unterstützung“. Sie enthielten wichtige Informationen über die Armensachen im In- und Ausland im Hinblick auf folgende Aspekte: Statistiken; Anteil der Armenhäuser an der Hundesteuer; Gesetzgebung; arme Wanderer; Verpflegung; Kongresse; Armenpflege; Armenunterstützung; Arbeitsscheue; Naturalverpflegung; Ausländerfürsorge; Heimschaffung von Armen; interkantonale Armenpflege; Konkordate betreffend wohnörtliche Unterstützung; Requisitionen in Armensachen; Armenpfleger-Konferenzen; internationale Vereinigung für gesetzlichen Arbeiterschutz; Ausländerarmenpflege in Deutschland; Abkommen Schweiz-Italien; Naturalverpflegung Armenherberge, Komitee für Not leidende Kinder; Kinderfürsorge; Kleiderversorgung; bürgerliche Armenanstalten; Staatshilfe; Mutterschaftsfürsorge. Die Analyse der gesetzlichen Grundlagen zeigt, wer welche Unterstützung von den Bürgergemeinden des Kantons bekommen konnte.

Neben diesen Beständen des Staatsarchivs Basel-Stadt stand mir ein weiterer Teil des Armenwesens offen: „Staatsarchiv Basel-Stadt. Armenwesen M.3 Reorganisation des Städtischen Armenwesens. Freiwillige Armenpflege. Allgemeine Armenpflege. 1871–1906." Die Freiwillige Armenpflege wurde 1870 gestiftet. Diese hat sich als Nachfolgerin der Krankenkommission und des Armenkollegiums verstanden. Ihre Statuten und Tätigkeiten lassen sich mit der Wohltätigkeit der russischen Semstwos vergleichen. Unter den Insassen der Armenanstalten waren sehr viele Frauen. Es ist bemerkenswert, dass für Ehefrauen die Unterstützungsbegehren in der Regel durch den Mann eingereicht wurden.

Die Untersuchung der Bestände im Fotoarchiv des Schweizerischen Landesmuseums liefert das Bild der Frau in ihrer Umgebung.

Ergänzend zog ich Zeitungsartikel bei wie z. B. die Basel-Landschaftliche Zeitung.

Als Quelle für die schweizerische Geschichte diente für die vorliegende Forschungsarbeit das Grundlagenwerk über die Geschichte der Frauen in der Schweiz, herausgegeben von Elisabeth Joris und Heidi Witzig.[155] Darin werden die wichtigsten Aspekte weiblicher Lebenswelt beleuchtet: Erwerbstätigkeit, Familie, Frauenorganisationen und -aktivitäten. Dokumente aus zwei Jahrhunderten wie Zeitungsberichte, Briefe, Lebenserinnerungen,

---

155 Joris, Elisabeth und Witzig, Heidi (Hrsg): Frauengeschichte(n). Dokumente aus zwei Jahrhunderten zur Situation der Frauen in der Schweiz, Zürich 2001.

Gerichtsakten, offizielle Untersuchungen, Bilder und Fotografien ermöglichen einen breiten Zugang zur Geschichte dieser noch kaum erforschten Hälfte der Schweizer Bevölkerung.

Eine weitere Grundlage zur Erforschung der russischen Geschichte bilden unveröffentlichte Dokumente aus russischen Archiven. Von Bedeutung sind hier vor allem die Dokumente der offiziellen Aktenverwaltung, die in folgenden Fonds des Staatsarchivs der Woroneschen Region (GAVO) zu finden sind: Semstwo-Amt des Woronescher Gouvernements (russisch Воронежская губернская земская управа.Ф.И-20), Woronescher Stadtamt (russisch Воронежская городская управа Ф.И-19), geistliches Konsistorium von Woronesch (russisch Воронежская духовная консистория Ф. И-84).

Das Semstwo-Amt des Woronescher Gouvernements wurde am 1.1.1866 gegründet. Es basiert auf den „Bestimmungen über Gouvernement und Kreis – Semstwo" und war bis zum 21.8.1918 tätig. Das Amt war ein Exekutivorgan der Semstwo-Versammlung der Regierung und verantwortlich für die Veröffentlichung der Wirtschaftsstatistiken und Berichte zum Alltag der Landbevölkerung in Russland nach 1860.

Fond И-20 umfasst verschiedene Berichte des Semstwos im Gouvernement und in den Kreisen. Hier werden soziale und ökonomische Fragen sowie der sanitäre Zustand des Gouvernements beleuchtet, ausserdem sind darin medizinische Statistiken enthalten und Nachrichten und Resolutionen über die Fabriken und den Eisenbahnbau.

Interessant sind für die vorliegende Forschung statistische Angaben über das Schulwesen, die Spitäler des Semstwos, das bäuerliche Gewerbe und die Heimindustrie. Wichtig sind weiterhin Akten über die finanzielle Unterstützung der Bauern, über weitere Hilfsmassnahmen für die hungernde Bauernschaft, über die Waisenhäuser, über die Vormundschaft über Kinder sowie über die Ausgaben für die Krankenhäuser, Kliniken und Schulen. Das Woronescher Stadtamt wurde im Mai 1871 gegründet. Als Grundlage diente die „Stadtverordnung" (russisch Городовое положение) vom 16. Januar 1870. Es handelt sich um ein Exekutivorgan des Sozialamts (russisch Городская общественная Управа). Dieses Amt ermöglichte bis zu seiner Liquidation am 11. Mai 1918 die Verbreitung von Bildungseinrichtungen und förderte das Gesundheitswesen. Der Fond И-19 enthält unter anderem: verschiedene Sitzungsakten und Verordnungen der Woroneschen Stadtduma, Berichte der sanitären Ärzte, Akten der Kinderkrippen, und Akten über die Einrichtungen des Geburtshauses im Gouvernement (1905).

Das Geistliche Konsistorium von Woronesch war zuständig für die verschiedenen Tätigkeiten der Diözese (1683–1917). Fond И-84 enthält die Bücher des Konsistoriums. Diese bieten Einblicke in die Bevölkerungsbewegung und informieren über Sterblichkeit, Geburtenhäufigkeit oder Eheschliessungen. Die Ursachen der Sterblichkeit werden gedeutet. So deckt eine Gegenüberstellung der Dynamik der Bevölkerungsbewegung und der Ursachen der Sterblichkeit die herrschenden sozial-wirtschaftlichen Lebensbedingungen auf. Inbegriffen sind mehrere Kreise des Woroneschen Gouvernements: Bobrovskij, Woronezhskij, Novohoperskij, Pavlovskij und Borisoglebskij von 1811 bis 1900. Ausserdem finden sich hier die Bücher des geistlichen Konsistoriums von Tambov.

In diese Forschungsarbeit wurden auch die Akten des Russischen Staatlichen Historischen Archivs (РГИА oder RGIA) einbezogen. Der Fond „Innenministerium: Departement für Allgemeine Angelegenheiten" (Ф. 1284) umfasst die Berichte des Gouverneurs (1871–1915), Vorwürfe zu den Reformen in Gouvernement und Kreisen (1882, 1903–1905) sowie Semstwo-Berichte (1864–1881). Die Hauptverwaltung über die Ortswirtschaft (Ф.1288) hatte die Koordination und Verwaltung der verschiedenen Wirtschaftsämter in Russland zum Ziel. Der Fond umfasst Akten von 1868 bis 1918. Vor allem befinden sich darin die Akten der Semstwo-Versammlungen des Woroneschen Gouvernements. Diese vermitteln Einblicke in die Gründung des Institutes der gesellschaftlichen Medizin. Interessant ist insbesondere der Bericht von A. I. Schingarev, einem der Kreis-Ärzte. Dieser wurde bei einer Ärztetagung in Woronesch 1903 vorgelesen.

Der Fond des Wald-Departements (Ф.387) bei dem Ministerium des Staatsvermögens enthält Akten der Woronescher Abteilung der Russischen Gesellschaft über die Zuteilung von Grundstücken zwecks Einrichtung von Mädchen-Kolonien und Sommerschulen für schwache Kinder.

Auf einer speziellen Konferenz über den Landwirtschaftsbedarf (Ф.1233) gründete man 1902 das Gouvernement- und Kreis-Komitee, das bis zum Jahr 1905 existierte. Der Fond enthält Berichte über den wirtschaftlichen Zustand im Europäischen Russland, über das Wandergewerbe, die bäuerliche Verwaltung und die bäuerlichen Gerichte sowie Briefe von Vertretern des Semstwos, Wissenschaftlern und Bauern.

Wichtige Akten hinsichtlich der Frage nach der gesellschaftlichen Stellung von Kindern und Frauen umfasst der Fond der Allrussischen Fürsorge über die Mutterschaft und Kindheit (Всероссийское попечительство об охране материнства и детства Ф. 767). Unter den Akten befinden sich verschiedene Projekte, Berichte und Briefe, die über die finanzielle Unterstützung der Schwangeren, die Geburtshäuser in Städten und Dörfern, die Einrichtungen von verschiedenen Kinderanstalten usw. informieren. Die Angaben beziehen sich auf den Zeitraum von 1912 bis 1918.

Fond 759 mit dem Titel „Eigene Kanzlei Ihrer Majestät" (russisch Собственная е.и.в. Канцелярия по учреждениям императрицы Марии) enthält Akten von 1763 bis 1916. Dazu gehört die Korrespondenz der Kanzlei von Kaiserin Marija Fedorovna mit verschiedenen Personen über die Einrichtung und die Reorganisation der Bildungseinrichtungen und wohltätigen Anstalten. Ausserdem finden sich hier Berichte von Mitgliedern des Marrinskogij-Amtes über sogenannte hygienische Veranstaltungen in Petersburg (1893, 1912) und Paris (1904), Berichte der medizinischen Aufsicht, Akten über die Einrichtung von Heilanstalten für Kinder, Meldungen über die Ursachen der Kindersterblichkeit sowie Akten von Waisenhäusern in Petersburg und Moskau und von Vormundschafts- und Wohltätigkeitsanstalten.

Der Fond des Justizministeriums (Ф.1405) umfasst verschiedene Akten von 1803 bis 1917. Darunter befinden sich Berichte über das Frauenwahlrecht, Akten der Tätigkeit des Semstwos (1906–1912), Beschwerden der Bauernschaft über Misshandlungen, rechtswidrige Zahlungen usw.

Folgende Gesetzgebungen bilden die wesentliche Gruppe der hier verwendeten Quellen: die Gesetzessammlung des Russischen Reiches[156] sowie die Gesetzessammlung über die Bauern. Das Buch für die Bauern[157] enthält eine systematische Zusammenfassung der staatlichen Gesetze und Regeln der bäuerlichen Institutionen: Berichte der Staatsduma die Agrarfrage

156 Полный свод законов Российской Империи. Издание неофициальное, заключающее в себе действие 16 томов Свода законов с Продолжениями к ним и дополнительными узаконениями /Под ред. Г.Г. Савина. Том 3, СПб. 1903.

157 Полный свод законов о крестьянах. Книга для крестьян. Издание неофициальное, новое 2-ое, пересмотренное и с дополнениями в 6 частях. Т.I. Часть 1-ая, 2-ая, Москва 1908.

betreffend, Projekte der Kommissionen und Fraktionen der Duma, Verordnungen der Landschaftsversammlungen und Bauernunion die Agrarfrage betreffend. Besonders interessant sind die Gesetze vom 8. Januar 1904 im Hinblick auf die Einrichtung der Kommissionen im Gouvernement und in den Bezirken, im Hinblick auf die ökonomischen Verhältnisse und die Entwicklung der Industrie, die rechtlichen Aspekte bäuerlichen Lebens, die Pflichten der Bauern und Gesetzgebungen im Gesundheitswesen.

Der bekannte russische Jurist und Autor von mehreren rechtswissenschaftlichen Büchern, Y. V. Kantorovich, sammelte die einzelnen Gesetze und Verordnungen über die Stellung von Frauen und Kindern sowie die Ehe (SVOD Zakonov) und fasste diese in drei Bereichen unter den Titeln „Gesetze über die Ehe und die Scheidung“[158], „Die Frau in der Ehe“[159] und „Gesetze betreffend Kinder“[160] zusammen.

Die soziale und wirtschaftliche Dynamik, beispielsweise die Bevölkerungsbewegung oder die Einrichtung der medizinischen Anstalten, spiegeln verschiedene Statistiken wider, so etwa: das Statistische Wirtschaftliche Wörterbuch des Woronescher Gouvernements[161], das Informationen ab der zweiten Hälfte des 19. Jahrhunderts enthält; der Sammelband der statistischen Angaben über das Woronescher Gouvernement in 12 Heften[162] (1884–1895), die statistischen Daten des Woronescher Semstwos zu einzelnen Kreisen mit

---

Полный свод законов о крестьянах. Книга для крестьян. Издание неофициальное, новое 2-ое, пересмотренное и дополнениями в 6 частях. Т II., Часть 3-ая, 4-ая, Москва 1908.

158 Канторович Я. А: Законы о женщинах, СПб. 1899.

159 Канторович Я.А.: Женщина в праве. С приложением всех постановлений действующего законодательства, относящегося до лиц женского пола, СПб. 1895.

160 Канторович Я. А.: Законы о детях. Сборник постановлений действующего законодательства, относящихся до малолетних и несовершеннолетних, с приложением свода разъяснений по кассационным решениям сената, СПб. 1899.

161 Статистико – экономический словарь Воронежской губернии. Под ред. Ф.К. Рындина, Воронеж 1921.

162 Vgl. Сборник статистических сведений по Воронежской губернии. Том одиннадцатый. Выпуск I. Бирюченский уезд. Воронеж, 1892; Vgl. auch dazu Сборник статистических сведений по Воронежской губернии. Том седьмой. Выпуск II. Оценочные материалы по крестьянскому землевладению Павловского уезда, Воронеж 1895.

Daten zu Erkrankungshäufigkeit, Geburten und Sterblichkeit der Bevölkerung. Hier lassen sich Erkenntnisse über die medizinische Versorgung der Bevölkerung gewinnen.

Die Statistische Abteilung des Woronescher Semstwos gab ab 1885 jährlich die landwirtschaftlichen Berichte der Regierung heraus.[163] Diese Angaben stützen sich auf Berichte von Korrespondenten, zum Beispiel von Lehrern, Priestern und Landwirten aus den verschiedenen Kreisen des Regierungsbezirks. Die Berichte beleuchten die verschiedenen Probleme der Landwirtschaft und der Bauernschaft. Statistische Aussagen über die Bauernschaft sowie die Einrichtung der Waisenhäuser lassen sich den Berichten des Amtes des Semstwos (russisch Доклады Воронежской губернской земской управы)[164] und den Zeitschriften der Woronescher Semstwo-Versammlung (russisch Журналы Воронежского земского собрания)[165] entnehmen.

Die Gedenkbücher des Woronescher Gouvernements (russisch Памятная книжка) wurden vom Statistischen Komitee von Woronesch herausgegeben.[166] Diese liefern bedeutende Statistiken und Informationen bezüglich sozialer und kultureller Hintergründe.

Berichte über den Gesundheitszustand der Bevölkerung und die medizinische Lage in Russland wurden von der Verwaltung der Hauptinspektion

---

163 Сельскохозяйственный обзор Воронежской губернии за 1886 г. I период (зима, весна). Воронеж, 1886.

164 Доклады Воронежской губернской земской управы губернскому земскому собранию очередной сессии 1909 года, Воронеж 1910.

165 In der vorliegenden Arbeit sind die Angaben aus folgenden Bestände erhalten: Журналы Воронежского губернского земского собрания очередной сессии 1911 г.Воронеж, 8–23 января 1912 г.;.Журналы Воронежского губернского земского собрания очередной сессии 1866 г. Воронеж, 1867 Журналы Воронежского губернского земского собрания очередной сессии 1872 г, Воронеж1873.

166 In der vorliegenden Arbeit sind die Angaben aus folgenden Bestände erhalten: Памятная книжка Воронежской губернии на 1895 год, Воронеж 1895; Памятная книжка Воронежской губернии на 1898 год, Воронеж 1898.; Памятная книжка Воронежской губернии на 1900 год. Воронеж 1900.; Памятная книжка Воронежской губернии на 1901 год, Воронеж 1901; Памятная книжка Воронежской губернии на 1902 год, Воронеж 1902.; Памятная книжка Воронежской губернии на 1903 год, Воронеж 1903; Памятная книжка Воронежской губернии на 1914 год, Воронеж 1914.

des Innenministeriums herausgegeben.[167] Sie umfassen statistische Informationen und vermitteln einen Einblick in die Bevölkerungsbewegung in der Woroneschen Region und im Russischen Reich. Ausserdem erfährt man hier mehr über die Entwicklung der ärztlichen Versorgung und die Einrichtung des Stadtkrankenhauses von Woronesch.

4. Begriffe

Semstwo

Semstwo (russisch Земство) bedeutet Landstand oder Landschaftsvertretung und bezeichnet lokale Selbstverwaltungseinheiten auf Kreis- und Gouvernementsebene, die 1864 im Zuge liberaler Reformen im damaligen Kaiserreich Russland eingeführt wurden. In das jeweilige Semstwo wurden Vertreter des Adels, der Öffentlichkeit und der Bauern auf drei Jahre gewählt. Der Aufgabenbereich des Semstwos schloss das Gesundheits-, Bildungs- und Verkehrswesen, die Wohlfahrtspflege und die Armenfürsorge, die Industrie, den Handel und die Landwirtschaft ein. In ökonomischen, politischen und administrativen Beziehungen waren die russischen Landgemeinden grundsätzlich von westeuropäischen verschieden. Die Wolost (russisch Волость) ist eine traditionelle Verwaltungseinheit, die aus mehreren Gemeinden bestand. Die Gemeinde bildete eine administrative, politische Einheit.

Pirogowskij Kongress

Im Jahre 1883 gründete sich ein zweiter überregionaler Verein, die „Moskau-Petersburger medizinische Gesellschaft" („Moskovsko-Petersburgskoe medizinskoe obščestvo"). Zwei Jahre später wurde sie zum Gedenken an den

---

167 In der vorliegenden Arbeit sind die Angaben aus folgenden Bestände erhalten: Отчет о состоянии народного здравия и организации врачебной помощи в России за 1902 г, СПб. 1904; Отчет о состоянии народного здравия и организации врачебной помощи в России за 1903 г, СПб. 1905; Отчет о состоянии народного здравия и организации врачебной помощи в России за 1904 год, СПб. 1906; Отчет о состоянии народного здравия и организации врачебной помощи в России. За 1905год, СПб. 1907 Отчет о состоянии народного здравия и организации врачебной помощи в России за 1906 год,. СПб., 1908.

berühmten Chirurgen Nikolaj Ivanovič Pirogov (1810–1881) umbenannt in „Obščestvo russkich vračej v pamjat' N. I. Pirogova". Es wurde weiterhin beschlossen, die Tagungen, die sogenannten Pirogowskij Kongresse, im Zweijahresabstand in den Städten Moskau und St. Petersburg durchzuführen. Die erste Tagung fand im Jahre 1885 in St. Petersburg statt.

Diese Tagungen spielten die entscheidende Rolle in der Entstehung des russischen Gesundheitssystems. Die Kongresse waren das Verbindungsglied zwischen den einzelnen Hauptstadtprofessoren und den Semstwo-Ärzten aus den verschiedenen russischen Gouvernements. Sie setzten sich das Ziel, die sanitären Bedingungen in den Städten zu erforschen, Massnahmen bei Infektionskrankheiten zu erarbeiten sowie den Aufbau von Krankenhäusern für sozial schwache Menschen zu unterstützen. In öffentlichen Vorlesungen, Publikationen und durch Broschüren verbreiteten sie u. a. Kenntnisse über verschiedene Krankheiten, deren Vorbeugung und über Krankenpflege. 1902 wurden die medizinisch-ethischen Richtlinien für Ärzte erarbeitet.

Obschina oder *Mir*

Die *Obschina* oder *Mir* bzw. Dorfgemeinschaft stellte eine Selbstverwaltung auf dem russischen Land dar. Sie verfügte über wichtige Selbstverwaltungsrechte und war für die gemeinsamen Angelegenheiten der Bauern zuständig.

Die Selbstverwaltung *Mir* hatte einen gewählten Ältesten (russisch Староста/Starosta) oder auch Hundertmann (russisch Сотский/Sotskij) und war verantwortlich für die Verteilung der Steuern und Abgabenlast auf das ganze Dorf. Die Obschina regelte die regelmässige Neuaufteilung der Äcker nach Familiengrösse. Zu den Diensten der Obschina, gehörten unter anderem die Mitwirkung bei den Revisionen sowie die Ermittlung und Einziehung der Rekruten.

Teil A. Sozioökonomische Stellung der Frauen und Kinder in der Region Woronesch

1. Der soziale Status und die Rolle der Frau in der Gesellschaft

Bild 1[168]: Landfrauen bei der Feldarbeit.

168 Россия. Полное географическое описание нашего Отечества. Настольная и дорожная книга для русских людей. Под ред. В.П. Семенова. СПб: Изд. А.Ф. Девриена, т. 2. Среднерусская черноземная областью 1902, S. 217.

Bild 2[169]: Landfrauen bei der Feldarbeit.

Die Spezifik der Bauernschaft äussert sich besonders stark in der besonderen Stellung der Bauersfrau und dem Verhältnis zu den Kindern. Die in die Bauernsiedlungen eintreffenden Ärzte haben das Leben der Frauen folgendermassen charakterisiert: „Strenge Jugend mit ewigen Prügeleien und Nackenschlägen vonseiten der Älteren, harte Not, unendliche Hausarbeit und Arbeit auf dem Feld, dazu herrschte zusätzlich noch eine hohe Geburtenzahl – das sind die Gründe, aus welchen die Vervollkommnung der geistigen Natur der Bäuerin stark gehemmt wird. Die nur langsam schwindende Ansicht der Eltern, die Tochter von der Schule fernzuhalten, verhindert ihre Entwicklung."[170]

Von allen Gouvernements der Schwarzerde-Region stand das Gouvernement Woronesch an der letzten Stelle bezüglich Schul- und Schüleranzahl in der Region. Zu Beginn des 20. Jahrhunderts gab es auf dem Territorium von 57'902 m^2 mit 2546 Siedlungen 880 Volksschulen. Somit kam eine Schule auf 3000 Einwohner. In den Schulen wurden 10'500 Mädchen und

169 Ebd., S. 216.
170 Заленский, Из записок земского врача (oben Anm. 114), S. 36.

51‘500 Jungen unterrichtet. Das Woronesch benachbarte Gouvernement Kursk, 40‘821 m^2 gross und 2397 Siedlungen umfassend, zählte 880 Volksschulen, in denen 11.000 Mädchen und 53‘000 Jungen unterrichtet wurden. Die Volkszählung aus dem Jahr 1897 zeigt den Anstieg von Schreib- und Lesefähigkeit unter der männlichen Bevölkerung des Gouvernements Woronesch und ihren Stillstand unter der weiblichen Bevölkerung. Laut der Volkszählung von 1897 waren von 100 Menschen im Gouvernement 17 des Lesens und Schreibens kundig und 83 waren Analphabeten. Durchschnittlich waren in Russland 21 von 100 Einwohnern des Lesens und Schreibens kundig. Die Schreib- und Lesefähigkeit der Bevölkerung des Gouvernements Woronesch lag also unter den Durchschnittswerten in Russland. Zugleich kann man von einem Fortschritt sprechen.[171] Bis 1861 konnten von 100 Personen nur 5 Männer und 3 Frauen schreiben und lesen. Nach der Reform von 1861, als die Leibeigenschaft aufgehoben wurde, stieg die Anzahl der Männer unter den Schreib- und Lesefähigen bis auf 32 und der Frauen bis auf 15 bei einer Gesamtanzahl von 100 Personen. Auf 44 Männer im Alter von 10 bis 19 Jahren, die das Lesen und Schreiben beherrschten, entfielen nur 8 Frauen. Im Alter von 30 bis 39 gab es nur 5 Frauen gegenüber 33 Männern, die primäre Schreib- und Lesefähigkeiten aufwiesen.

Die Bauersfrauen zählte man zu einer der sozial nicht abgesicherten Bevölkerungsschichten in Russland. Die Ursache dieser Erscheinung liegt nicht nur in den prekären Lebensbedingungen, sondern auch in der speziellen bäuerlichen Psychologie. Die Stellung der Frau in einer bäuerlichen Familie war nach einer Hochzeit sehr schlecht.

In der russischen Literatur wurde das Thema Frauenschicksale von den Zeitgenossen sehr oft behandelt. „Wer wird aber das bäuerliche Weib bemitleiden. Das weibliche Schicksal ist das bitterste. Das schwerste Marterholz ist das von den Weibern.“[172] Im Dorf wurde sprichwörtlich gesagt: „40 Jahre ist die Zeit eines Weibes.“ Während in der Altersgruppe unter einem Jahr die Sterblichkeit von Jungen dominierte, änderte sich die Situation

171 Для крестьянина. Сборник сведений полезных в деревенском обиходе. В память 50-летия освобождения от крепостной зависимости, Воронеж 1911, S. 24.

172 Тарадин И.: Слобода Ровеньки. Монографический очерк, Воронеж 1926, S. 85.

mit steigendem Alter. Frauen im Alter von 15–40 Jahren starben nun häufiger als gleichaltrige Männer. Im Zeitraum von 1850 bis 1862 betrug die durchschnittliche Lebenserwartung von Männern und Frauen ca. 48,8–49 Jahre. Die Sterblichkeit von Frauen auf dem Land war oftmals höher als in den Städten. Die Gründe sind in der schlechten Wohnsituation, den hygienischen Verhältnissen und im Mangel an medizinischer Versorgung zu finden.[173] Die Dokumente einer Hofzählung des Gouvernements Woronesch in den Neunzigerjahren des 19. Jahrhunderts belegen den gravierenden Männerüberschuss in der Altersgruppe unter 60 Jahre. Die Sterblichkeit der weiblichen Bevölkerung im Alter von 18 bis 60 Jahre lag über derjenigen der männlichen Bevölkerung und betrug 70 % aller Beigesetzten.

Tabelle 1[174]: Die Geschlechterverteilung der Bevölkerung

Auf je 1000 der Bevölkerung										
	unter 1 Jahr	**unter 9 Jahren**	**10–19**	**20–29**	**30–39**	**40–49**	**50–59**	**60–69**	**70–79**	**über 80**
Männer	43	236	217	150	122	101	65	43	18	5
Frauen	43	231	212	167	120	98	65	42	17	3

Diese Tabelle gibt an, wie viele männliche und weibliche Personen auf je 1000 Personen der Bevölkerung entfallen.

Solche Ergebnisse treten zutage, wenn man die durchschnittliche Sterblichkeit von Männern und Frauen in verschiedenen Kreisen des Gouvernements Woronesch vergleicht. Laut den Dokumenten des Hofverzeichnisses von der vorhandenen Bevölkerung der Kreise Sadonsk und Semljansk von 1886 gleicht sich zuerst die weibliche Sterblichkeit beginnend von der Altersgruppe 13 bis 18 Jahre mit der männlichen aus und übersteigt diese dann. Je höher das Alter, desto deutlicher zeigt sich dieses Phänomen. In der Gruppe der über 60-Jährigen beträgt dieser Unterschied 20 %. Der Vergleich mit den Materialien der Zählung derselben Kreise im Jahr 1858 weist einen Rückgang der weiblichen Bevölkerung auf, besonders in der

173 Vgl. Привалова Т. В.: Быт российской деревни в 60-е годы XIX – 20-е гг. XX вв.(oben Anm. 134), S. 3.

174 Для крестьянина. Сборник сведений полезных в деревенском обиходе (oben Anm. 171), S. 225.

älteren Gruppe.[175] Laut den statistischen Angaben aus dem Jahre 1891 überwogen die Männer in den Altersgruppen bis 10 Jahre, 15–20 Jahre und älter als 60 Jahre.[176]

Die Lebenserwartung bzw. die Sterblichkeit wurde von den spezifischen Lebensumständen geprägt. Die Mädchen wurden mit 16 bis 19 Jahren verheiratet, seltener mit 15 Jahren, obwohl gemäss der russischen Rechtsnormen Ende des 19. Jahrhunderts eine Frau nicht heiraten dufte, wenn sie jünger als 16 oder älter als 80 Jahre war.[177] Das Gesetz sah auch Sanktionen vor. So konnte ein Mann ins Exil nach Sibirien verbannt werden, wenn er eine Frau ohne ihre Zustimmung oder ohne Erlaubnis ihres Vormunds heiratete.[178]

Das Leben der ledigen, geschiedenen und verwitweten Frauen in Russland wurde im 19. und Anfang des 20. Jahrhunderts wesentlich von der eingeschränkten Rechts- und Handlungsfähigkeit geprägt. Der in Europa verbreitete Begriff der „Geschlechtsvormundschaft“ wurde im Gesetz nicht verwendet. Es war verboten, eine Ehe ohne Erlaubnis der Eltern, des Vormunds oder des Pflegers zu schliessen sowie ein viertes Mal zu heiraten.[179] Die Familie oder die Verwandten der nicht verheirateten Frauen wurden oft als Vormund ernannt. Sie sollten sich um die Heirat der Tochter und ihre Aussteuer kümmern.[180] Nach der Verehelichung kam die Frau unter die Vormundschaft ihres Mannes. Laut einem Gesetz des Russischen Reiches (Svod Zakonov Rossijskoj Imperii)[181], das am 1. Januar 1835 in Kraft trat, sollten beide Ehepartner über ihr eigenes Vermögen verfügen. In der Realität jedoch spielte auf dem Land das sittliche Gesetz die Hauptrolle, das durch Dompostroj, „Russische

---

175 Веретенников И.В. Брачность, рождаемость и смертность среди крестьянского населения.(oben Anm. 124), S. 21.

176 Привалова Т.В. Быт российской деревни в 60-е годы XIX – 20-е гг. (oben Anm. 134), S. 107.

177 Канторович,Законы о детях (oben Anm. 160). S. 149.

178 Vgl. Ebd., S. 149.

179 Канторович Я. А.: Законы о браке и разводе. Сборник постановлений действующего законодательства, относящихся к союзу брачному и расторжению браков, с приложением свода разъяснений по кассационным решениям сената, СПб. 1899, S. 21.

180 Vgl. Канторович, Законы о женщинах (oben Anm. 158), S. 7.

181 Ein allgemeines Gesetzbuch zur Zeit von Alexander III. Es wurden anhand der bis 1832 erlassenen Gesetzen eine systematische Zusammenstellung der noch geltenden Bestimmungen angefertigt und die Provinzialrechte gegenübergestellt.

Anleitung für das Familienleben", aus dem Jahre 1547 geprägt wurde. Alle Familienangehörigen waren dem Herrn des Hauses unterstellt.

Die Frauen waren schon recht früh verheiratet – im Unterschied zur Schweiz, wo das durchschnittliche Erstheiratsalter der Frauen zwischen 25 und 26 Jahren lag.[182] Nicht nur rechtliche, sondern auch wirtschaftliche und soziale Gründe führten dazu, dass auf Lande in Russland weder Frauen noch Männer unverheiratet blieben. Unter der Landbevölkerung war die Heirat wirtschaftlich bedingt. In den 1860er-Jahren waren mehr als 57 % der Bräute und 38 % der Bräutigame in 50 Gouvernements des europäischen Russlands nicht älter als 20 Jahre, und wenn man davon die Wiederverheiratungen abzieht (19 % der Gesamtzahl der Eheschliessungen bei den Männern und 13 % bei den Frauen), wäre diese Zahl noch höher.[183] In der Landwirtschaft wurde die Frau so sehr gebraucht, dass es weit und breit weder Mädchen noch Witwen gab, die arbeitsfähig waren und ledig blieben. Zudem gab es keinen Witwer, der nicht erneut heiratete.[184] Anders als gemäss der in der Schweiz geltenden Wartefrist, die eine Heirat sofort nach dem Tod des Ehepartners verbot, versuchten Witwer und Witwe auf dem Land in Russland sobald wie möglich wieder zu heiraten. Man glaubte, es sei für die Frau gefährlich, wenn sie bis zum Alter von 20 Jahren noch nicht verheiratet war, „die Männer würden so eine Frau meiden", sagte man in solchen Fällen. In der Regel gaben die Eltern im Herbst ihre Tochter als Braut frei und besiegelten dadurch ihr Schicksal. Dies geschah bei einer Dorfgemeinde (Bauernvolk). In der Familie wurde ein Mädchen als Arbeitskraft betrachtet. Daher war die Ehe zwischen einem 18-jährigen Mann und einem 20-jährigen oder noch älteren Mädchen keine Seltenheit. Die Mutter des Mannes konnte es kaum erwarten, durch die junge Schwiegertochter ersetzt zu werden. „Wiege ich den Sohn, so erwarte ich mir die Wende; wiege ich die Tochter, so erwarte ich mir den Kreuzweg", sangen die Frauen.[185] Als „Kreuzweg" wurde das Haus bezeichnet, das man

---

182 Höpfinger, Bevölkerungswandel (oben Anm. 84), S. 21.

183 Вишневский А.Г. Ранние этапы становления нового типа рождаемости в России. In: Брачность, рождаемость, смертность в России и СССР. Под ред. А.Г. Вишневского, М. 1977, S. 114.

184 Россия. Полное географическое описание нашего отечества (oben Anm. 168), S. 182.

185 Семенова –Тянь –Шанская О.П.: Жизнь «Ивана». Очерки из быта крестьян одной из черноземных губерний, СПб. 1914, S. 6.

zu besuchen beabsichtigte. In der zentralen Schwarzerde-Region wurden sogar in der Epoche des Kapitalismus und damit trotz der damit verbundenen Neubewertung des Bauernlebens besonders viele Ehen im Alter von 20 Jahren und jünger geschlossen, während der Prozentsatz von „Frühehen“ in den anderen Gouvernements niedriger wurde. Nach der Einführung der allgemeinen Wehrpflicht 1897 tendierten die Männer dazu, nach Ablauf des Wehrdiensts, d. h. im Alter von 24–25 Jahren zu heiraten. Zwar wurden die Mädchen im Alter von 21–22 Jahren nicht mehr als „alte Jungfern“ tituliert, dennoch versuchten sie, in möglichst frühem Alter die Ehe einzugehen. Insbesondere verbreitete sich diese Situation in den auf die Landwirtschaft spezialisierten Gouvernements, zu denen auch Woronesch gehörte. Die spätesten Ehen wurden in den gewerblich geprägten Gouvernements registriert.[186] Im Zeitraum 1867–1910 betrug der Anteil der im Alter bis und von 20 Jahren geschlossenen Ehen in der Schwarzerde-Region 43,5–49 % bei den Männern und 64–68 % bei den Frauen, und in anderen Regionen des Europäischen Russlands waren es nur 20–38 %.[187] Im Zeitraum 1871–1880 betrug das durchschnittliche Heiratsalter im Europäischen Russland 24 Jahre bei den Männern und 20 Jahre bei den Frauen. Das waren Rekorde in den europäischen Staaten.[188]

2. Die Stellung die Frau in der Familie

Das Leben einer verheirateten Frau schien wenig verlockend. Die orthodoxe russische Kirche predigte Duldsamkeit, Unterordnung und Gehorsam als Gebot. Nach dem Gesetz von 1833 waren Rechte und Pflichten in der Familie staatlich geregelt: Uneingeschränkter Gehorsam der Kinder, auch der Verheirateten, gegenüber den Eltern; Heirat nur mit elterlichem Segen; Versorgungspflicht der Eltern; bedingungsloser Gehorsam der Frau gegenüber dem Ehemann; die Pflicht der Frau, ihrem Mann überall hin zu folgen.

186 Миронов Б.Н. Традиционное демографическое поведение крестьян в XIX–начале XX вв.Брачность, рождаемость, смертность в России и СССР/ Под ред. А.Г. Вишневского, М. 1977, S. 92.

187 Вишневский, Ранние этапы становления нового типа рождаемости в России (oben Anm. 183), S. 116.

188 Веретенников, Брачность, рождаемость и смертность среди крестьянского населения (oben Anm. 124), S. 46.

Die Frauen verfügten über keinen eigenen Pass und wurden in den Papieren des Mannes mit eingetragen.

Häusliche Gewalt in der Familie war keine Seltenheit und wurde als ein Teil des sittlichen Lebens wahrgenommen. Die Frau wurde geschlagen, wenn sie etwas „gegen" den Mann sagte, zum Beispiel, wenn sie ihm seine Trunkenheit vorwarf. Auch schlug der Mann einfach aus Eifersucht und mit einem beliebigen Gegenstand, den er gerade in der Hand hatte: mit dem Greifer, dem Stiefel, dem Eimer, der Faust – oder trat mit dem Fuss. Die Frau wurde an den Haaren gezogen, und manchmal hatte eine solche Schlägerei für die Frau einen tödlichen Ausgang. Als psychologische Barbarei kann man die folgende Tatsache einstufen: Wenn der Mann während einer Prügelei einen Hausgegenstand zerbrach, so tat es ihm um diesen Gegenstand leid und die Frau bekam deswegen noch mehr Gewalt zu spüren. Die Frau jammerte viel mehr um irgendeinen zerbrochenen Greifer als um ihr „gegerbtes Fell". Die Frau wurde bestraft, wenn sie den Forderungen ihres Mannes nicht nachkommen wollte: Ihm die Stiefel abzuziehen, ihn ins Bett zu bringen usw.[189] Wenn der Mann entdeckte, dass seine Ehefrau keine Jungfrau mehr war, so konnte er sie in der ersten Brautnacht brutal verprügeln. Es folgten noch weitere Misshandlungen der Ehefrau. Diese Missstände waren gewissermassen historisch bedingt und durch den Domostroj[190] geprägt, wo eine ausführliche Anweisung zu finden ist, wie ein Mann seine Frau und seine Kinder „belehren" soll. Wenn die Ehefrau oder die Kinder die Worte und Ermahnungen des Mannes nicht beachten oder nicht gehorchen wollten, wenn sie die Anweisungen nicht beherzigten, wenn sie die Worte weder fürchteten noch so befolgten, wie es der Mann

189 Семенова – Тянь – Шанская, Жизнь «Ивана» (oben Anm. 185), S. 7.

190 Domostroi (wörtlich Hausordnung) ist eines der kulturhistorisch aufschlussreichsten Denkmäler des alten moskowitischen Russlands aus dem 16. Jahrhundert. Der Domostroi stellt einen patriarchalischen Sittenkodex dar, der öffentliche, religiöse und familiär-alltäglichen Verhältnisse regelte. Nach Annahmen einiger Historiker (S. M Solovjev, N.S. Nekrasov, A.S. Orlov), entstand der Domostroi bereits im 15. Jahrhundert unter dem Nowgoroder Bojarentum und der Kaufmannsschicht. Mitte des 16. Jahrhunderts wurde der Domostroi im Auftrag des jungen Iwan IV. des Schrecklichen vom Protopopen Silvester und dem Metropoliten Makarij überarbeitet. Vgl. Haumann, Heiko: Geschichte Russlands, Zürich 2003, S. 130.

bzw. der Vater vorgab, sollten sie bestraft werden: je nach Schuld mit der Peitsche gestriegelt. „Schlage sie nicht vor den Leuten, sondern wenn du mit ihnen allein bist, und begegne ihnen danach in Freundlichkeit und lass Milde walten", erklärte der Domostroj. „Für welches Vergehen auch immer, niemals schlage auf das Ohr oder auf das Auge, auch nicht mit der Faust unter das Herz, und tritt nicht mit den Füssen, prügele weder mit einem Knüppel noch mit Eisen oder Holz ...bei schwangeren Frauen kann das Kind im Mutterleibe Schaden nehmen. Mit der Knute züchtige behutsam und mit Vernunft, damit es schmerzt, Furcht einflösst und der Gesundheit nicht Abbruch tut."[191]

Zwar milderten sich im 19. Jahrhundert die Sitten der häuslichen Gewalt, doch im Allgemeinen war die Frau vogelfrei, der Gatte hat alle Rechte über sie. Faktisch war sie das Eigentum des Mannes, mit dem er schalten und walten konnte, wie er wollte. Wenn einer im Zorn seine Frau geschlagen hatte, wurde dies nicht als schlimm angesehen.

Das Strafgesetzbuch Nikolajs 1. unternahm einen ersten Versuch, Frauen vor Misshandlung zu schützen in dem nicht nur die Frauen, sondern auch ihre Eltern zur Klage legitimiert wurden. Diese brachte aber nicht so viel für Landbevölkerung. Die Europäer, die Russland bereisten, berichteten über die Härte, mit der man die Frauen behandelt, und über die Abgeschlossenheit, in der man sie hält. „Der Muschik will nicht verstehen, schreibt ein deutscher Forscher des russischen Lebens[192], dass man ihm das Recht seine Lebensgefährtin zu züchtigen nehmen könne."

Ein wegen Misshandlung seiner Frau vor den Richter gebrachter Bauer antwortete auf die Anklage: „Aber das ist mein Weib, das ist mein Eigentum!"[193] Wurde der Mann einmal gestraft, so war dies für die Frau, wenn sie bei dem Gatten bleibt, durchaus nicht günstig, er prügelte sie nur noch mehr; deshalb fanden sich die Frauen zumeist mit ihrem Schicksal in Geduld ab. Deshalb hatten die Frauen auch nicht ein einziges Mal die Hilfe des Gerichtes angerufen.

---

191 Кизеветтер А.А:. Исторические очерки. М., 1912. S. 25.
192 Stern, Geschichte der öffentlichen Sittlichkeit in Russland (oben Anm. 143), S. 297.
193 Ebd., S. 297.

Zwischen den Familien der Ukrainer (Kleinrussen) und der Grossrussen, die das Gouvernement Woronesch bewohnten, gab es Unterschiede. Man stellte fest, dass es bei den Ukrainern zwischen Mann und Frau solch „erschütternde Tyrannei" und unbändige Eigenwilligkeit, wie sie unter den Grossrussen verbreitet war, nicht gab. Im Gegenteil: Häufig zeigte sich die Lage hier umgekehrt: Die verheiratete Frau griff ihren Mann ins Stirnhaar und prügelte ihn, aber nicht aus Eigenmächtigkeit, sondern nach dem Urteil der Dorfgemeinde. Weswegen wird er aber geprügelt? Weil er sich vor dem Weib nicht verbeugt hat, um „die Kappe zu ziehen". „Solch ein Kontrast zum Begriff des Grossrussen. Dieser grinst, vor Vergnügen gähnend."[194] Solche Verhältnisse existierten in den Kreisen Bogutschar, Pawlowsk und Ostrogoshsk.[195] Ein solcher Unterschied würde durch die Mentalität der Klein- und Grossrussen bedingt. Johann Georg Kohl in der Beschreibung seiner Reise nach Moskau und Kiew vergleicht die kleinrussischen und grossrussischen Frauen. „Es ist bekannt, dass die Frauen in Russland nicht hochstehen", schreibt er.[196] Doch scheint ihm, dass die Frauen in Kleinrussland (Ukraine) die bessere Lage hatte, indem sie sich sowohl selbst durch die Tätigkeit mehr Geltung verschafften. Der Autor gibt zu, dass die kleinrussischen Frauen aktiver waren als die kleinrussischen Männer. Im Unterschied zu den Grossrussen waren diese nicht nur geschäftlich aktiv, sondern unterschieden sich äusserlich von den Grossrussinnen. Sie verzierten ihre Kleider mit den Blumen, die sie speziell für diesen Zweck im Garten gepflanzt hatten.

Auf primitiven Bildern wurde der Mann als ein Tier dargestellt, das seine Frau vor einen Schlitten spannt und sie anpeitscht mit den Worten: „So geschieht es dir recht."[197] In den von der Redaktionskommission des Zivilgesetzbuchs gesammelten Bemerkungen klagten alle Friedensrichter über die zahlreichen Fälle der Misshandlung von Frauen. Unter solcher Misshandlung verstand man ganz konkrete Situationen, und zwar: „Infizieren mit einer Krankheit, Spucken ins Gesicht, öffentliche Beleidigung durch Wort und Tat,

194 Тарадин, «Золотое дно» (oben Anm. 128), S. 163.

195 Сборник сведений для изучения крестьянского быта сельского населения России. Вып. I. M.,1889.S. 18.

196 Kohl, Johann Georg: Reisen vom Inneren von Russland und Polen. Zweiter Teil. Die Ukraine. Kleinrussland. Mit einem titelkupfer, einem plane der wintermesse in Charkow und einer karte von Kleinrussland, Dresden/ Leipzig. 1841, S. 360.

197 Тарадин, «Золотое дно» (oben Anm. 128), S. 163.

ethische Misshandlung mit Auswirkung auf die Gesundheit."[198] Gemäss Art. 1353 des Strafgesetzbuchs von 1872 wurde die Frau auch bestraft, wenn sie ihren Mann körperlich verletzte.[199] In einigen Siedlungen, zum Beispiel im Dorf Staraja Tschigla, sollte die Frau ihren Mann und seine Brüder beim Namen mit Vatersnamen nennen, indem sie ihm und seiner Familie ihren Respekt erwies.

Interessant ist zu erwähnen, wie sich die Europäer eine russische Frau vorstellten. In deutschen geheimen Nachrichten über Russland stehen die Frauen den Männern an Grausamkeit nicht nach. Manche behaupteten sogar, dass die Frauen in Russland im Allgemeinen barbarischer und grausamer als die Männer waren, weil sie „unwissender und abergläubischer" waren. Gründe dafür waren, dass sie seltener gereist waren, weniger gelernt haben und gar nicht ausser Haus arbeiteten."[200] In mehreren Fällen gehörten solchen Vorstellungen zu den adeligen, reichen Frauen. Ein Reisender nach Russland schreibt um die Mitte des achtzehnten Jahrhunderts, dass Peter der Grosse die Frau gesellschaftlich emanzipiert, ihr Leben reformiert, aber sie nicht von der Peitsche befreit hat.[201]

Das weibliche Schicksal wurde auch in Bauernliedern hervorgehoben. In einem Hochzeitslied der Bäuerinnen der Gemeinde Nowo-Tschigolskaja wurde gesungen: „Tach, Schwesterchen, Tach, meine Liebe, selbst weder gesund noch froh. Mein Mann ist nicht zu Hause, seine Drohung ist zu Hause an der Wand, an der Wand, auf einem Seidenband."[202]

Dabei stand die Schwarzerde-Region im Bereich der Verbrechen gegen die Frauen an unterer Stelle. Laut Angaben von 1900 registrierte man bis zu 40 solcher Fälle pro 1 Mio. Einwohner, während die Zahl solcher Verbrechen im Nachbarsgebiet Priwolshskaja 52 und im Gebiet Osjornaja 72 betrug.[203] Als kriminelle Fälle wurden nur die Angriffe auf Frauen durch Fremde registriert, während die Familienkonflikte zwischen den Ehegatten kaum behandelt wurden. Gesetzlich wurde erklärt, dass „die Frau ihrem

---

198 Кулишер М. И.: Развод и положение женщины, СПб. 1896, S. 180.

199 Ebd., S. 182.

200 Stern, Geschichte der öffentlichen Sittlichkeit in Russland. (oben Anm. 143), S. 278.

201 Ebd., S. 296.

202 Тарадин, «Золотое дно» (oben Anm. 128), S. 162.

203 Россия. Полное географическое описание нашего отечества (oben Anm. 168), S. 183.

Mann als dem Hausvater gehorchen muss, ihm die Liebe, den Respekt, die Anhänglichkeit und absolute Gehorsamkeit zollen, es ihm auf verschiedene Weise recht tun muss als Hausmutter.[204] Die reichen und vielköpfigen Familien betrachteten junge Ehefrauen als Dienstmädchen, die es allen recht machen mussten. „Verflucht ist das Haus, in dem das Huhn als der Hahn singt", so beurteilten die Bauern die Gleichberechtigung von Mann und Frau in der Familie. Auch hiess es, „wenn einer Frau die Zügel locker gelassen würden, so würde sie mit der frauentypischen Fixigkeit so viel sprechen, dass dem Mann nichts zu sagen bleibt".[205]

Wenn ein zwanzigjähriges Mädchen noch ledig war, so heiratete sie oft einen Witwer.

Als die glücklichste Ehe wurde die Ehe von einem Witwer und einer Witwe angesehen. Solch eine Hochzeit nannte man „Kuckuckshochzeit", und über die Frau wurde im Dorf Folgendes gesagt: „Unser Witwer hat sich eine Hausfrau zur Arbeit genommen."[206] Nach 1861 gab es immer mehr Ehen, in denen der Mann seine Wehrpflicht schon erfüllt hatte und sich von seiner Familie nicht trennen konnte.

Ein Problem bildete für die bäuerliche Familie die hohe Anzahl an Geburten, nämlich im Hinblick auf die Arbeitsfähigkeit der Frau. Der Entbindungstermin stand oft im Zusammenhang mit Hochsaison in der Feldarbeit. Der Forscher des Dorflebens G. Uspenskij bemerkte, dass die Bauern alles Mögliche taten, um die Schwangerschaft der Frau während der Erntezeit zu vermeiden, damit sie vollständig arbeitsfähig blieb.[207]

Auch waren die Hochzeiten unter der Dorfbevölkerung eng mit den Zyklen der Landwirtschaftstätigkeit und mit den Traditionen verbunden. Die meisten Ehen wurden im Herbst geschlossen, also nach der Beendigung von landwirtschaftlichen Arbeiten, oder auch im Winter bis zu Beginn der grossen Fastenzeit. Im Zeitraum von Oktober bis Dezember wurden 80 % von allen bäuerlichen Hochzeiten gefeiert. Die Ausnahme bildete der Monat Dezember – die Fastenzeit. Die nächste Hochzeitsperiode war traditionell

---

204 Канторович, Законы о браке и разводе (oben Anm. 179), S. 122.
205 Семенова – Тянь – Шанская, Жизнь «Ивана» (oben Anm. 185), S. 3.
206 Ebd., S. 4.
207 Vgl. Вишневский, Ранние этапы становления нового типа рождаемости в России (oben Anm. 183), S. 124.

die Zeit vom Weissen Sonntag bis nach Ostern, d. h. April bis Anfang Mai. Während der Hochsaison der landwirtschaftlichen Arbeiten und der Fastenzeit war die Hochzeit eine Seltenheit. Wegen dieser Verteilung der Eheschliessungen im Jahr sowie wegen der traditionellen und wirtschaftlichen Besonderheiten des Dorflebens erfolgten die meisten Geburten im Januar, Juni, Juli und August. Der letzte Schwangerschaftsmonat der Bäuerinnen traf also mit der Arbeitsspitze in der Landwirtschaft zusammen, wo jedes Paar Hände so sehr gebraucht wurde, dass die Frau bis zur Geburt des Kindes körperlich anstrengende Arbeit verrichten musste.

Laut Forschungen der Mediziner entsprach die Reproduktionszeit einer Bäuerin dem Alter von 15 bis 50 Jahre. Beschränkt wurde die Fruchtbarkeit der Frau nur durch die hohe Sterblichkeit. Viele Frauen starben im Wochenbett oder an Epidemien. Nur die kräftigsten Frauen überlebten mehr als zehn Geburten. Während ihres Lebens konnte die Bäuerin 10 bis 11 Kinder gebären.

Die folgenden Tabellen stützen sich auf Daten aus kirchlichen Büchern von typischen Dörfern im Gouvernement Woronesch. Sie deuten Verhältnisse zu Geburtszahlen, Todesfällen, Heiraten und unehelichen Geburten.

Tabelle 2: Kreis Novohoperskiy. Dorf Gorelka[208]

Jahr	Geburtenzahl		Todesfälle		Heiraten	Uneheliche Geburten
	Männer	Frauen	Männer	Frauen		
1860	97	90	59	51	37	5
1861	88	91	80	75	38	5
1862	113	111	41	35	48	5
1863	96	77	59	34	20	1
1864	101	89	47	42	29	6
1865	101	81	75	66	31	7
1866	90	81	64	64	36	–
1867	103	102	49	46	36	3
1868	75	105	97	83	37	2
1869	110	101	63	74	30	–

208 Staatsarchiv der Woronescher Region. ГАВО. Ф. И-84. Оп. 2. Д. 47. Л. 252. Eigene Berechnungen.

Tabelle 3: Kreis Novohoperskiy. Dorf Pokrovskoe[209]

Jahr	Geburtenzahl		Todesfälle		Heiraten	Uneheliche Geburten
	Männer	Frauen	Männer	Frauen		
1860	66	79	24	23	42	3
1861	53	66	67	72	33	4
1862	68	75	31	28	37	1
1863	65	64	37	41	29	3
1864	62	69	53	55	25	3
1865	79	83	47	54	26	3
1866	69	55	41	44	22	7
1869	69	62	27	37	29	6

Tabelle 4: Kreis Novohoperskiy. Dorf Gubari[210]

Jahr	Geburtenzahl		Todesfälle		Heiraten	Unehelich Geburten
	Männer	Frauen	Männer	Frauen		
1862	105	103	54	53	45	7
1863	80	92	38	48	32	2
1864	93	83	56	39	35	3
1865	102	94	44	39	15	10
1866	86	76	55	71	37	8
1867	91	81	43	36	36	5
1868	83	81	110	95	35	2
1869	100	71	61	68	37	–
1870	110	96	67	53	39	4

Die Zahl der Geburten im Europäischen Russland war höher als in anderen europäischen Staaten. Wie aus der vorangehenden Tabelle hervorgeht, nahm die Geburtenzahl 1870 zu. Die Zahl der Geburten der unehelichen Kinder erscheint vor diesem Hintergrund als gering.

209 Staatsarchiv der Woronescher Region ГАВО. Ф. И-84. Оп. 2. Д. 44. Л. 484. Eigene Berechnungen.

210 ГАВО. Ф. И-84. Оп. 2. Д. 45. Л. 798. Eigene Berechnungen.

Traditionellerweise wurden eine voreheliche Schwangerschaft und eine aussereheliche Geburt äusserst negativ beurteilt. Ledige Mütter und die unehelichen Kinder wurden sogar diskriminiert, da die Mutterschaft nur in die Ehe gehörte.

Anfang des 20. Jahrhunderts sind diesbezüglich umfassende Veränderungen festzustellen: Die früheren moralischen, patriarchalischen Prinzipien in Bezug auf die Frau verloren an Bedeutung. Die Zahl der ausserehelichen Beziehungen und der Scheidungen nahm zu. Jedoch blieb die bäuerliche Moral immer noch stark, so sah man immer noch mit Teer bestrichene Katen als Zeichen dafür, dass darin eine „gefallene" Frau wohnte.

Nicht nur ein aussereheliches Kind konnte so ein Zeichen am Haus verursachen. Auch die Auswanderung von Frauen aus dem ländlichen Gebiet in die Stadt wurde von Zeitgenossen negativ wahrgenommen. Die moralischen Bedenken und das Verbot des Vaters oder des Mannes sollten die Frau davon abhalten. Auch wenn die Frau nicht auf das Einverständnis der Männer angewiesen war, erlitt sie Sanktionen: die langfristige Verachtung seitens der Öffentlichkeit.

Der Grund für das Scheitern von vielen Ehen war der Wegzug der Frauen in die Grossstädte, wo sie sich als Dienerinnen, Dienstboten oder in einer Fabrik ihren Lebensunterhalt verdienten. Meistens verlor man die Frauen dann aus den Augen. Niemand erfuhr von ihrem Schicksal, und ihre Männer ergaben sich dem Alkohol und vernachlässigten die Kinder.

3. Arbeitsumfang und Belastungen der Frauen

Die Frauen sollten den ihnen traditionell zugewiesenen Bereich von Haus und Familie durch keine andere Erwerbstätigkeit ausser Haus überschreiten. Abgesehen von traditionellen Pflichten im Haushalt sollte die Frau auch die ganze Familie mit Kleidung aus Handgewebe versorgen. „In einem Winter, während wir spinnen, kauen wir uns die Nägel bis zum Fleisch ab. Wieso bemitleidet ihr, kluge Männer, uns nicht?", beklagten die Bäuerinnen ihre Lage.[211] Vom Herbst bis zum Frühling spann man das Tuch und das Leinen. Dieser Prozess war ziemlich zeitintensiv. Um das Leinen fertigzustellen, brauchte man 6 bis 7 Monate. Es wurde Hanf gesammelt, getrocknet und

211 Тарадин, Слобода Ровеньки (oben Anm. 172), S. 88.

anschliessend in einem See eingeweicht und nochmals getrocknet. Danach wurden die Fasern aufgeschlossen, indem der Hanf in einem speziellen Mörser zerstossen und danach abgekämmt wurde, dann wurde die Faser gesponnen und gebleicht. Da die Frauen dabei hüfttief im Wasser standen, bekamen sie zahlreiche Krankheiten. Tagelang schwebte im Haus der feine erstickende Staub, der den Atem stark reizte. Das Faserspinnen nahm den ganzen Tag ein.

Die Arbeit von Frauen wurde sehr gering bezahlt und konnte kaum die Kosten für die Nahrung decken. Aber wegen der Notwendigkeit, ihre Familie mit Kleidung und Essen zu versorgen, arbeitete die Frau nächtelang am Webstuhl. Für einen 11-stündigen Arbeitstag erhielt sie etwa 15 Kopeken. „Denk nach, wenn ich drei Rubel nicht brauchte, würde ich nächtelang vor dem Webstuhl sitzen? Eine Elle kostet ja 10 Kopeken, aber stell dir mal vor, wie viel Arbeit hinter ihm steht“, sagten die Bäuerinnen über ihr schweres Leben.[212]

Arbeitsumfang und Belastungen der Frauen nahmen schnell zu. Sie arbeiteten viel mehr und länger als Männer. Zwar war der Tageslohn von einer Frau und einem Mann für die gleiche Arbeit unterschiedlich, dennoch leistete die Frau damit einen wesentlichen Beitrag zum Gesamteinkommen der Familie. In den fruchtbaren Jahren wurde der Arbeitstag eines Mannes mit 25 bis 50 Kopeken belohnt, während eine Frau mit 20 bis 40 Kopeken ausgezahlt wurde. In den mageren Jahren konnte der Mann 20 bis 35 Kopeken am Tag verdienen gegenüber 15 bis 20 Kopeken, die die Frau erhielt. Im Winter verdiente die Frau an einem ganzen Arbeitstag bis zu 25 Kopeken, während der Mann bis zu 35 Kopeken bekam. In einem Jahr konnte die Frau mit der Tagesarbeit nicht mehr als 36 Rubel verdienen.[213]

Hier folgt ein Beispiel dafür, wie die Frauen in dem für die Region Woronesch typischen Dorf Malyschewo ihren Arbeitstag verbrachte. Gleich nach der Schneeschmelze erwartete die Frauen die Feldarbeit.

---

212 Ebd., S. 89.

213 Васильчиков А.: Землевладение и земледелие в России и других европейских государствах Том II. Издание второе,СПб. 1881, S. 20.

Bild 3: Feldarbeit[214].

Nach dem Ackern sollte man die Beete lockern und Gemüse pflanzen. Es wurde morgens und abends gegossen, das Wasser wurde dazu mit Eimern herangeschleppt, da die Männer keine Pferde zur Anfuhr des Wassers zur Verfügung stellten. Von Mai bis Juni beschäftigte man sich mit Jäten und Umpflanzen. Solche Tätigkeiten dauerten bis zum Ende des Frühlings. Ab Mitte Juni begannen die Mäharbeiten. Die Frauen mussten die Mahd einsammeln und diese zu Garben binden. Nach dem Mähen erntete man das Getreide – das war eine noch härtere Tätigkeit: Bei glühender Hitze standen die Frauen in einer gebeugten Haltung, ohne sich zu strecken. Die Arbeiten dauerten bis zum Tag der heiligen Protektion (August), danach folgte die Ernte von Kartoffeln, Hirse und Hafer. Im Dorf Malyschewo begannen die Arbeiten der Frau um 3 bis 4 Uhr morgens und endeten um 12 Uhr nachts.[215] Die Forscher des Dorflebens schildern das Alltagsleben einer Bäuerin in folgender Weise: „Die Frau dreht sich das ganze Jahr in ihrem Haushalt, wie in

214 Россия. Полное географическое описание нашего Отечества (oben Anm. 142), S. 217.

215 Мартынов, с. Малышево (oben Anm. 123), S. 26.

einem Gefängnis gefesselt. Die Füsse und die Hände sind aufgescheuert; das Gesicht ist schwarz wie ein Stiefelschaft, und sie ähnelt kaum mehr einem Menschen. Doch versucht jeder, sie zu beleidigen und zu erniedrigen. Aber auch im Winter hat die Frau keine Ruhe. Schlussendlich wird ihrer Körper durch die Überanstrengung schwach und die Frau gibt auf."[216]

4. Die medizinische Hilfe für Frauen

Die ärztliche Hilfe bei der Geburt blieb für die meisten Frauen unzugänglich. Laut Angaben der lokalen Untersuchungen der Landärzte aus der zweiten Hälfte des 20. Jahrhunderts gebaren die Frauen im Gouvernement Woronesch im Durchschnitt acht- bis neunmal. Weit verbreitet war die Ansicht, dass ein wohlhabender Haushalt zahlreiche Arbeitshände benötige, weshalb die Frau dafür zuständig war, so viele „Arbeiter" wie möglich in die Welt zu setzen und somit in die Familie zu bringen.

Für die Frau in einer bäuerlichen Familie war es viel schwieriger, das Geld zur Bezahlung der Arznei zu erhalten als für den Mann. Um zum Arzt in die Behandlungsstelle zu kommen, die einige Kilometer vom Haus entfernt lag, brauchte man ein Pferd. Über dieses verfügte der Mann allein, der sein Pferd nur für die landwirtschaftlichen Bedürfnisse und für Fahrten zu den Jahrmärkten nutzte.

Die Erforschung der Geburtshilfe im Gouvernement zeigt, dass bis zum Jahr 1870 so gut wie keine Geburtshilfe in den Krankenhäusern geleistet wurde.[217] Erst ab den 90er-Jahren des 19. Jahrhunderts wurden in einigen Kreiskrankenhäusern 1 bis 2 Plätze für die Gebärenden vorgesehen. Neun von zehn schwangeren Bäuerinnen gebaren ohne jegliche Geburtshilfe. Häufig brachten einige ein Kind sogar während der Feldarbeit zur Welt. Zur medizinischen Hilfeleistung bei der Geburt sollte man bei jeder Behandlungsstelle eine Geburtshelferin haben. In Wirklichkeit verfügte jede Behandlungsstelle über wenigen Hebammenstellen und hatte Mangel an Fachspezialisten für Geburtshilfe. So arbeiteten im Jahr 1889 in allen Landkreisen des Gouvernements nur 13 Geburtshelferinnen.[218] Im Jahr 1911

---

216 Тарадин, Слобода Ровеньки (oben Anm. 172), S. 90.

217 Das Russische Staatliche historische Archiv РГИА. Ф. 767. Оп. 2. Д. 283. Л.2.

218 Фурменко И. П.: Очерки истории здравоохранения Воронежского края Часть I, Воронеж 1968, S. 207.

kamen nur 367‘000 von 7 Mio. oder ca. 6 % der schwangeren Frauen medizinische Hilfe zugute.

Jährlich starben im Russland mehr als 30.000 Frauen an Kindbettfieber, Blutungen und anderen Geburtskomplikationen.[219] Die Hilfe von Hebammen wurde von bäuerlichen Frauen wegen des Aberglaubens und der Vorurteile sehr selten beansprucht. Man hatte mehr Vertrauen in die Gesundbeterinnen und Muhmen – dörfliche „Hebammen“, die nicht über professionelle Erfahrungen und Kenntnisse verfügten.

Hier führen wir eine Beschreibung über eine dörfliche Muhme aus dem Gouvernement Woronesch an, die aus dem Jahr 1863 stammt und von einem dörflichen Arzt verfasst wurde.

Der Autor stellt fest, dass eine Muhme folgende Merkmale aufwies. Unten dörflichen Muhme befanden sich entweder „Alte“ oder gebrechliche, humpelige, schiefe und körperlich ungesunde, „mit einem Worte gesagt, waren es heimatlose Frauen, die sich mit diesem Gewerbe beschäftigten, um ihr Brot zu verdienen“. Manchmal kamen zu diesem Beruf die Frauen aus den wohlhabenden Häusern, um Ehre zu ernten. Die Muhmen wurden im Dorf verehrt und an den besten Platz am Tisch gesetzt.[220]

Die Erkenntnisse dörflicher „Hebammen“ waren aber nicht umfassend und stützen sich auf Aberglauben und Vorurteile. Das Wasser vom Dreikönigsfest, donnerstägiges Salz, Traukerzen, Einflüsterungen, Heilsprüche, Reinigung vom bösen Blick – dies waren Mittel, mit denen die Muhme den Gebärenden zu helfen versuchte. Zwar hören sich diese Mittel ungefährlich an, jedoch führten die Muhmen auch die inneren Untersuchungen von Gebärenden durch. Sie brachten die Fruchtblase durch Gewalteinwirkung zum Platzen, indem sie den Frauen ernsthafte Verletzungen zufügten. Die ungebildeten Muhmen, die kaum eine vage Vorstellung von Medizin hatten, „nabelten das Kind mit einer rostigen schmutzigen Schere ab, banden es mit Nesselfaser ab und schütteten Erde oder Mehl auf die blutende Stelle oder legten eine dicke Schicht des Spinngewebes, des fein gepulverten Holzzunders an. Dann wurde das Kind in Lappen gewickelt und mit der Schnur

219 Гречишникова Л. В., Никончик О. К.: Охрана здоровья женщин и детей. In: Сорок лет советского здравоохранения, М. 1957, S. 224.

220 Тарадин,«Золотое дно» (oben Anm. 128), S. 151.

eingebunden."[221] Solch eine dörfliche Hebamme wurde gewöhnlich von der Schwiegermutter der Gebärenden ausgesucht. Sie bestimmte, welchen Lohn die Muhme für ihre Arbeit erhalten sollte. Für die Abnahme des Babys wurde die Muhme mit Roggenbrot, einem Papiertaschentuch und 10–20 Kopeken entlohnt. Die Leute vom Dorf erzählten zahlreiche Geschichten über die Geburtsverfahren unter der Teilnahme von Gesundbeterinnen. Die Gebärenden wurden an Balken gehängt und manchmal fiel das Kind auf den Boden, während die Frau in diese Position gebracht wurde. Wenn die Muhme meinte, das Baby liege nicht richtig, stellte sie die Gebärende „auf den Kopf" mit der Absicht, das Kind auf diese Weise auszurichten. Die „Hebamme" formte das Köpfchen und die Nase des Kindes zurecht, damit es rundlicher aussah. Wenn das Kind „leblos" geboren wurde, so blies man es dreimal an, auf den Kopf, zwischen die Schulterblätter und auf die Fusssohlen, gab ihm einen Klaps oder versuchte es wie einen Ertrunkenen wiederzubeleben.

Die dörfliche Gesundbeterin wurde nicht nur als Hebamme geholt. Sie erfüllte auch die Haushaltspflichten: Sie bereitete das Mittagessen vor, wärmte das Wasser, wusch die Wäsche, führte also an diesem Tag die ganze Haushaltsarbeit der Gebärenden aus. Die Bauern glaubten daran, dass durch die Gebete oder Rituale während einer schwierigen Geburt die Probleme verschwänden. Die sich in diesen Angelegenheiten auskennende Muhme war der Gebärenden viel näher als ein Arzt. Das Ziel des Arztes, der Frau bei der Geburt keinen Schaden zuzufügen, wurde von der Frau als Unvermögen aufgenommen. Mit naiven Vorstellungen, dass aktives Pressen während der Geburt für die Frau besser und einfacher sei, missachteten sie die richtigen, von den Ärzten empfohlen Methoden.

In den vermögenden Familien verbrachten die Hebammen drei bis vier Tage und achteten auf den Zustand von Kind und Frau. In den armen Familien war die Frau mit dem Kind schon nach einigen Stunden sich selbst überlassen. Das Kind wurde in eine schmutzige Wiege gelegt, die im besten Fall mit Stroh bedeckt war, das man einmal in drei bis vier Tagen auffrischte. Wenn die Muttermilch nicht reichte oder wenn das Kind allein gelassen wurde, bereitete man für das Kind einen Sauger vor: Kartoffel

221 Фурменко, Очерки истории здравоохранения (oben Anm. 218), S. 208.

oder schwarzes Brot wurden von der Mutter oder Schwester zerkaut, in ein Läppchen gewickelt und mit einem Faden zugebunden.[222] Durch einen solchen Sauger bekam das Kind verschiedenste Krankheiten. Schon am dritten oder vierten Tag nach der Geburt begann die Frau wieder, die ganze Haushaltsarbeit auszuführen, manchmal auch so schwierige Arbeiten wie Brot backen und den Ofen anheizen. Unter solchen Bedingungen fühlte sich die Frau ständig schlecht, weil das Kind keine entsprechende Pflege bekam. Die ungenügende Nahrung, die zahlreichen Geburten, die schwere Arbeit sowie das Verhalten des betrunkenen Ehemannes führten dazu, dass sogar die Gesundbeterinnen sagten, es gäbe keine einzige gesunde Frau oder die Frau mit einem „unverdorbenen Bauch."[223]

Praktische Tätigkeiten von Geburtshelferinnen auf dem Land waren gering. Im Zeitraum 1880–1892 wurde im Gouvernement Moskau eine Bereichshebamme zwecks Geburtshilfe jährlich durchschnittlich 47 Mal eingeladen, im Gouvernement Rjasan 27 Mal, im Gouvernement Woronesch nur 16 Mal.[224] 1873 genossen z. B. in der Siedlung Rossosch des Kreises Ostrogoshsk nur vier Frauen Geburtshilfe.

1890, zum 25-jährigen Jubiläum der Landmedizin, gab es immer noch keine Geburtsstation im Gouvernement (ausser der Stadt Woronesch selbst). Im Woronescher Landkrankenhaus wurde 1870 aufgrund der Verordnung des Innenministeriums von 1867 die Geburtsstation gegründet.[225] Bis zum Jahr 1894 wurden 661 Frauen behandelt.[226] Dennoch kann man die dortigen Zustände kaum als positiv beschreiben. Die Temperatur im übervollen Raum lag manchmal unter 10 Grad und im Jahr 1898 gab es dort nur 12 Plätze.[227]

Für die schwangeren Bäuerinnen existierte keine Arbeitsbegrenzung. Kein Gesetz wurde erlassen, das ihre Gesundheit hätte schützen können.

222 Семенова – Тянь – Шанская, Жизнь «Ивана» (oben Anm. 185), S. 10.
223 Железнов Ф.: Воронежская Деревня. Больше – Верейская волость. Вып. II, Воронеж 1926, S. 14.
224 Фурменко, Очерки истории здравоохранения Воронежского края (oben Anm. 218), S. 207.
225 Staatsarchiv der Woronescher Region ГАВО. Ф. И-20. Оп. 1. Д. 68. Л. 69.
226 ГАВО. Ф. И-20. Оп. 1. Д. 2406. Л. 26.
227 ГАВО. Ф. И-20. Оп. 1. Д. 243. Л. 31.

Viele Frauen gebaren auf freiem Felde, in einer Lastfuhre, auf dem Weg nach Hause, d.h. dort, wo sie sich in diesem Moment gerade befanden.

Wenn als erstes Kind das Mädchen geboren wurde, so freute man sich darüber nicht besonders. Die Freunde konnten den Ehemann sogar schlagen und ihm vorwerfen: „Wozu hast du ein Mädel geboren?“ Bei häufigen Geburten einer Frau zeigten oft die Familien und Nachbarn ihre Unzufriedenheit.[228]

Die Hilflosigkeit der Dorffrauen veranlasste die Landstände/Semstwos zur Verbesserung der Geburtshilfe. 1885 wurden von 768 medizinischen Fachpersonen 126‘328 Frauen Geburtshilfe geleistet. Im Jahre 1909 nahm die Anzahl der medizinischen Fachpersonen auf 6789 zu, sie versorgten 167‘965 Frauen. Dennoch erfolgten 90 % aller Geburten ohne Anwesenheit von Ärzten.[229] Die Zahl an Geburten, die mit der Unterstützung von Hebammen erfolgte, war in verschiedenen Kreisen des Gouvernements Woronesch unterschiedlich. Zum Beispiel wurde im Zeitraum 1885–1889 im Kreis Pawlowsk die medizinische Behandlung bei 1150 Geburten geleistet, darunter 630 in der Kreisstadt Ostrogoshsk und 260 im Kreis Semljansk.

1894 boten die Hebammen in fünf Kreiskrankenhäusern des Kreises Bobrow bei 990 Geburten ihre Hilfe an. Im Jahr 1912 erfolgten 515 Geburten im Kreis Pawlowsk in Anwesenheit der Hebammen und der Ärzte.[230]

In schlechtem Zustand befand sich die stationäre medizinische Betreuung von Gebärenden. 1913 bot das Gouvernement bei einer Bevölkerungszahl von 3‘569‘932 Menschen nur 84 Plätze in einem Krankenhaus an. Das bedeutet, dass nur jede 43‘000. Frau einen Platz im Krankenhaus hatte. Im Gouvernement Woronesch gab es keine Geburtsklinik und keine Frauenberatungsstelle. Von 84 stationären Plätzen befanden sich 44 in der Stadt Woronesch: 12 beim Kreiskrankenhaus des Gouvernements und 12 beim Stadtkrankenhaus, 20 bei den Krankenhäusern von Ärzten mit Privatpraxis. In den Kreisen des Gouvernements gab es nur in 9 von 99 Landkrankenhäusern Geburtsheime mit 40 Plätzen.

228 Семенова – Тянь – Шанская, Жизнь «Ивана» (oben Anm. 159), S. 8.
229 Фурменко,Очерки истории здравоохранения (oben Anm. 192), S. 208.
230 Ebd., S. 209.

1915 wurde in den dörflichen Geburtsheimen bei 1435 Geburten Hilfe geleistet, was nur 2 % aller Geburten ausmachte.[231] Das heisst, 98 % aller Geburten fanden zu Hause statt. Immer noch war der Zugang zu medizinischer Hilfe für Frauen ein Problem. 1913 praktizierten in der Stadt Woronesch 15 Fachärzte für Geburtshilfe und Gynäkologie, aber keine auf dem Land. Dabei hatten 12 Ärzte eine Privatpraxis und 3 waren im öffentlichen Dienst tätig. Hauptsächlich wurde den Frauen Hilfe von öffentlichen Ärzten geleistet. Bis 1914 gab es im Gouvernement nur 115 Hebammen, dabei arbeiteten die meisten von ihnen in der Stadt. Im Durchschnitt kam in einem Kreis eine Hebamme auf 50‘000 bis 70‘000 Frauen, und im Kreis Nishnedewizk waren es sogar bis zu 100‘000 Frauen.

Die Qualifikation der Geburtshelferinnen war gering. Ihre Vorbereitung dauerte 1 Jahr in der speziellen Hebammenschule. Landstatistiker stellten fest, dass bis zum Jahr 1917 im Gouvernement Woronesch 200 dörfliche „Hebammen“ praktizierten, dabei wurde ihre Zahl von Jahr zu Jahr grösser. Im Jahr 1897 gab es 96, in 1912 ihrer 182 und im Jahr 1914 schon 200 dörfliche „Hebammen“.[232]

Diese dörflichen „Ärztinnen“ liessen Hunderte von Gebärenden sterben, machten Hunderte von Kindern zu Krüppeln. Das Strafgesetzbuch aus dem 20. Jahrhundert regelte die Verhältnisse zwischen den Muhmen und ihren Patientinnen. Unter anderem bestimmte Artikel 876 den Lohn. Wenn die Muhme einen höheren Lohn als den gesetzlich bestimmten von den mittellosen Patienten forderte, so erteilte man ihr beim ersten Mal einen strengen Verweis und beim zweiten Mal wurde sie entlassen. Artikel 877 bestimmte die Geldstrafe in Höhe von 30 Rubel oder Arrest von bis zu 3 Monaten im Fall, dass die Muhme bei einer komplizierten Geburt den Arzt nicht zu Hilfe rief. Gemäss Artikel 872 wurde die Muhme mit 50–100 Rubel bestraft, wenn sie dem Arzt die Hilfe verweigerte.[233]

Die misslichen Arbeits- und Wohnverhältnisse der bäuerlichen Familien beeinträchtigten nicht nur den Körper, sondern auch die Seele der Frau. Dies galt als Auslöser der Sterblichkeit von Frauen in Achtzigerjahren des 19. Jahrhunderts in Woronesch. Im Jahr 1883 übertraf die weibliche

---

231 Ebd., S. 200.

232 Памятная книжка Воронежской губернии на 1914 год, Воронеж 1914, S. 81.

233 Канторович, Законы о детях (oben Anm. 160), S. 151.

Bevölkerung im Gouvernement die männliche um 18'911 Personen, im Jahr 1887 sank die weibliche Bevölkerung um 9691 und in 1892- um 11.574 Personen.[234] Die Statistik zeigt die ansteigende hohe Sterblichkeit der Frauen im Alter von 28–60 Jahren.

Eine geringe zahlenmässige Überlegenheit gab es in den Altersgruppen bis 5 Jahre und von 6 bis 18 Jahren. Es folgt als Beispiel das Dorf Tretjaki des Kreises Nowohopjorsk des Gouvernements Woronesch im Jahr 1862: 16 von 40 verstorbenen Kindern unter 1 Jahr waren weiblich. In der Altersgruppe von 30–40 Jahren starben schon doppelt so viele Frauen wie Männer.[235] Anfang des 20. Jahrhunderts stellte sich im Gouvernement Woronesch ein Gleichgewicht von männlicher und weiblicher Bevölkerung ein, während man in den anderen Gouvernements der Schwarzerde-Region einen Überschuss der weiblichen Bevölkerung feststellte.

In der Zeit vor der Aufhebung der Leibeigenschaft (bis zum Jahr 1861) lag die weibliche Bevölkerung bei 51 %. Dann nahm die Zahl der weiblichen Bevölkerung ab. Beispielsweise lebten in der Siedlung Rovenki des Kreises Ostrogozhskij 1885 in den 1074 Höfen 3648 Männer (49,82 %) und 6674 Frauen (50,18 %). 15 Jahre später reduzierte sich die Zahl der weiblichen Bevölkerung sprunghaft. In 1238 Höfen zählte man 4632 Männer (52 %) und nur noch 4358 Frauen (48 %).[236]

Die Todesdynamik der Frauen hängt von ihrem Status in der bäuerlichen Familie ab. Dieser war durch das System der sozialwirtschaftlichen Beziehungen der Gesellschaft bestimmt. Ihr Platz war gekennzeichnet durch einen Mangel an wirtschaftlicher, politischer, juristischer und moralisch-psychologischer Gleichstellung von Mann und Frau. Gemäss der allgemeinen Gesetzessammlung über die Bauern war eine Frau im politischen und grösstenteils im zivilen Bereich absolut rechtsunfähig. Die verheiratete Frau hatte keine Bewegungsfreiheit und durfte nicht ohne Einwilligung ihres Mannes in Stellung gehen. Nur die Mädchen aus dem Handelsstand durften sich im Beruf der Hebamme oder einem anderen Beruf ausbilden lassen. In den neuen wirtschaftlichen Verhältnissen in der zweiten Hälfte

234 Памятная книжка Воронежской губернии на 1895 год, Воронеж 1895, S. 34.

235 Staatsarchiv der Woronescher Region ГАВО. Ф. И-84. Оп. 2. Д. 36 (a). Л. 670.

236 Тарадин, Слобода Ровеньки (oben Anm. 172), S. 67. Vgl. dazu Полный свод законов о крестьянах. Т.I. Часть 1-ая, 2-ая. (oben Anm. 57), S. 47.

des 20. Jahrhunderts verfügte die auf dem Land lebende Frau über keinerlei Selbständigkeit. In der Bauernpsychologie bleibt sie lediglich ein Produktionsinstrument; sozusagen eine Gebärmaschine.

5. Der sozialökonomische Aspekt der Position von Kindern in Familie und Gesellschaft

Was das Russische Reich am Ende des 19. Jahrhunderts von anderen Ländern unterscheidet, ist die hohe Kindersterblichkeit und Säuglingssterblichkeit. Diese beziffert den Anteil der Kinder, die im Zeitraum des ersten Lebensjahrs sterben, bezogen auf 1000 Lebendgeburten.

Die hohe Kindersterblichkeit war insbesondere im Dorf festzustellen, da kranke Kinder nicht von gesunden getrennt wurden. Laut Forschungen der Ärzte D. A. Sokolov und W. I. Grebenschtschikov starben mehr als die Hälfte von je 1000 geborenen Kindern während des ersten Lebensjahres.[237] Im Woronescher Gouvernement starben im Zeitraum 1876–1895 fast 30 % aller Neugeborenen vor Vollendung ihres ersten Lebensjahrs. In Sankt Petersburg war die Kindersterblichkeit mit 25–30 % auch sehr hoch. 34,9 % davon waren Säuglinge.[238] Von der Gesamtsterblichkeit der Bevölkerung im Gouvernement Woronesch waren 62,3 % der Kinder bis zu einem Alter von 5 Jahren, und diese Zahl war höher als der Durchschnitt in ganz Russland. In verschiedenen Orten des Gouvernements waren die Zahlen der Kindersterblichkeit unterschiedlich. Nach Angaben der Sanitätsabteilung beim Woroneschen Landschaftsamt betrug im Jahr 1898 die Zahl der Todesfälle im Kindesalter in 179 Landgemeinden 50 von 100 Geborenen, und in einigen Landgemeinden war es sogar 80. Die Mediziner nannten solch einen Zustand ein „sanitäres Übel". Als Gegenmassnahmen sahen sie die Anhebung des Kulturniveaus der Bevölkerung, die Erhöhung der Alphabetisierungsrate sowie die Verbesserung

237 Das russische staatliche historische Archiv РГИА. Ф. 759. Оп. 35. Д. 433. Л. 24.

238 Vgl. Мескина О.: История сельского населения Воронежской губернии 1861–1913 гг.: Санитарно-демографический аспект: автореферат дис. Кандидата исторических наук, Воронеж 2006, S. 159; Смертность детей в возрасте 0–15 лет в Санкт – Петербурге за 1881–1890 гг. На статью доктора медицины Д.М. Филиппова, S. 273.

der wirtschaftlichen Lebensverhältnisse.[239] Unter Ärzten, Lehrern und Funktionären wurde erörtert, dass ein erheblicher Anteil der Kindersterblichkeit auf das russische Dorf entfiel und „ein Drittel der Neugeborenen während des ersten Lebensjahres starb".[240] Zu den Ursachen der hohen Sterblichkeit der Säuglinge wurden die folgenden Lebensumstände gezählt: die Arbeit der Frau während der Schwangerschaft, Geburtshilfe durch unqualifizierte Gesundbeterinnen, ungenügende oder in den meisten Fällen überhaupt fehlende Pflege der Säuglinge sowie unzureichende und schlechte Ernährung.

Die Nahrungsration eines Babys bestand aus Muttermilch, Sauger, Brei, Brot, Kartoffeln und Kuhmilch. Sobald das Kind Zähne bekam, ass es dasselbe wie auch die Erwachsenen. In diesem Alter wiederholten sich oft Magen-Darm-Krankheiten, da das Kind unreifes, saures und ungeschältes Obst und Gemüse zu essen bekam. Aus den Geburtsregistern geht hervor, dass in den meisten Fällen Magenkoliken als Todesursache registriert wurden. Die kleinen Kinder erkälteten sich oft und starben an einer Lungenentzündung. Wer sich hingegen erfolgreich an die ständige Kälte im Winter und im Herbst gewöhnte, härtete sich ab.

Die Kleidung der Kinder bestand aus einem langen Leinenhemd und einem Häubchen. Im Winter wurde das kleine Kind in eine Decke eingehüllt. Die Dorfkinder litten oft an Rachitis, Keuchhusten, Scharlach, Krätze oder Syphilis, sie hatten Augen- oder Ohrenerkrankungen. Mit der Heilung beschäftigten sich in allen Fällen die Gesundbeterinnen und die Mutter selbst. So wurde zum Beispiel die Verdauungsstörung dadurch geheilt, dass man das Kind an den Beinen hochzog und es schüttelte oder man eine Maus auf den Bauch des Kindes setzte, wobei man zuvor Teig auf den Nabel geschmiert hatte. Manchmal starb das Kind infolge solcher Heilungsversuche. Die Behandlung eines Kindes bestand im sorgfältigeren Zerkauen des „Kaugummis", im Besprechen der Krankheit. Die Kinder wurden nur in seltenen Fällen zu Ärzten gebracht. Erstens hatte man zu diesen kein Vertrauen und zweitens verfügten nicht alle Bauern über das Pferd mit Lastfuhre, die man zur Fahrt benötigte.

Fehlende körperliche Hygiene der Landbevölkerung ermöglichte die Verbreitung der Krankheiten. Das Baden des Neugeborenen betrachtete man

---

239 Памятная книжка Воронежской губернии, 1901 (oben Anm. 166).
240 Народное здравие. 29 июля 1901 г. №25, СПб. 1901, S. 780.

als „unnötigen Luxus". Nach Auskunft des Volkslehrers B. Babenko wurde das Kind erst dann gebadet, wenn „sich sein Körper mit einer Schmutzschicht bedeckte und in Fäulnis überging".[241]

Nach der Geburt wurde die Pflege des Neugeborenen zwischen den älteren Kindern in der bäuerlichen Familie aufgeteilt, da sich die Mutter um die Arbeit auf dem Feld und im Haushalt kümmern musste. Die neun- bis zehnjährigen Pfleger liessen die Kinder oft auf den Boden fallen, und wegen seines Weinens wurde das Kind oft geschlagen. Manchmal liess der Kinderpfleger den Kleinen auf dem Boden, „wo es weicher war", und ging selbst mit den Altersgenossen zum Spielen fort. Der Kleine verbrachte den ganzen Tag im Schmutz, verweint, nass und hungrig. Damit er nicht schrie, wurden ihm gekochte Kartoffeln, ein Stück Gurke oder Apfel in die Hand gegeben, die ihm oft in den Schmutz oder Mist fielen.

Das Spielen der Kinder verursachte häufig Brandfälle. Im Gouvernement Woronesch registrierte man im Zeitraum von 1889 bis 1891 jährlich im Durchschnitt 25 Brandfälle auf 100 Siedlungen, 1891 bis 1894 noch 16 Brandfälle. Pro Vorfall wurden bis zu 4 bäuerliche Bauten zerstört. Die meisten Brände passierten im Sommer, und zwar 37 %, wenn die ganze Familie mit der Feldarbeit beschäftigt war. Im Frühling ereigneten sich 28 %, im Herbst 22 % der Brände. Auf den Winter entfielen 13 % aller Brandfälle.[242]

Wie von den zeitgenössischen Forschern des bäuerlichen Lebens festgestellt wurde, erfuhr das Kind als Erstes den Zustand von Hunger und Sattheit, von Liebkosung und Schlägen. Seine ersten Wörter waren „Tjatja" (Vater), „Mama" (Mutter), „Njanja" (Tagesoma), „Baba" (Oma).[243] Die Kindererziehung war der Mutter allein überlassen. Der Vater, insbesondere im jungen Alter, sorgte sich fast gar nicht um seine Nachkommen. Der alte Vater oder der Opa spielte nur ab und zu mit dem Kind. Der seelischen Erziehung des Kindes wurde in der Familie nur wenig Aufmerksamkeit geschenkt. Die häusliche Erziehung war grob und kenntnislos. Der Volkslehrer B. Babenko schreibt: „Kaum, dass der Kleine das Gesicht eines Jungen

241 Народное здравие. 29 июля 1901 г. №25, СПб.1901,S. 781.

242 Россия. Полное географическое описание нашего отечества (oben Anm. 168), S. 173.

243 Семенова – Тянь – Шанская, Жизнь «Ивана» (oben Anm. 185), S. 15.

bekommt, erkennt er schon alle Garstigkeiten: Das Rauchen vom Tabak gilt als Zeichen der Männlichkeit, der Wodka als Instrument der Tapferkeit, die Schimpferei als Ausdruck von Handlungsfreiheit und dabei erreicht die Ausschweifung ein Höchstmass unter den Heranwachsenden."[244] Die Ergebnisse einer solchen Erziehung widerspiegelten sich im Verhalten der Kinder. Das Kind in der bäuerlichen Familie begann früh zu schimpfen. Zwar kriegte es häufig dafür Kopfnüsse, dennoch waren die Mütter stolz darauf, dass ihr Kind schon den Erwachsenen ähnelte und in seiner Rede die Schimpfwörter benutzte. Sobald der Kleine gehen konnte, nahm er schon an Schlägereien teil. Wenn er ein Kind besiegte, so wurde er von den Eltern gelobt. Für Lügen gab es keine Bestrafung.

Die Schulen, die durch die örtlichen Selbstverwaltungen (Semstwo) aktiv unterstützt wurden, waren aus finanziellen Gründen wenigen vorbehalten. Ein Teil der bäuerlichen Kinder ging nur im Winter in die Schule. In der grossen bäuerlichen Familie gab es nicht für alle Kinder warme Schuhe und Kleidung. Daher besuchten nur wenige Kinder die Schule. Die meisten blieben in der kalten Jahreszeit auf dem Ofen sitzen. Ein weiteres Problem bestand darin, dass die Schulen weit weg von den Dörfern lagen. Zum Beispiel erstreckte sich die Siedlung Malyschewo über eine 4 km lange Strasse. Die Kinder sollten sich noch im Dunkeln auf den Weg zur Schule machen. Da in der Schule keine Mahlzeit vorgesehen war, blieb das Kind den ganzen Tag hungrig. Man hätte das Mittagessen aus den von den Kindern mitgebrachten Nahrungsmitteln zubereiten können, aber wegen der mangelnden Mittel zur Erwärmung der Speisen wurde das nicht gemacht. Nach dem Abschluss der Schule arbeiteten die Kinder in der Landwirtschaft mit und setzten ihre Ausbildung nicht weiter fort. Erst seit dem Ende des 19. Jahrhunderts begannen die Bauern, sich der Schule auf dem Lande gegenüber positiv zu verhalten. In der Siedlung Malyschewo des Kreises Woronesch baten die Bauern im Jahr 1892 das Landschaftsamt, für sie eine Schule zu bauen. Das Bewusstsein der Bauernschaft änderte sich. So sagte ein Bauer aus dieser Siedlung bezüglich der Einrichtung der Schule Folgendes: „Ich habe einen Jungen von 5 Jahren. Und wenn er am Leben bleibt, so gebe ich ihn zum Lernen in die Schule. Damit er Gott und die Seele versteht, damit er

---

244 Народное здравие. 18 ноября 1901 г. №41, СПб. 1901, S. 783.

Achtung gegenüber den Eltern erlernt, damit er alles machen und begreifen kann. Wenn er gross ist, wird er das mehr benötigen als wir heute. Uns geht es übel, aber für unsere Väter war es noch schwieriger. Jetzt möchte man wissen, was in den Zeitungen und Telegrammen geschrieben wird und was sich auf der Welt abspielt."[245]

Die Bauern waren allerdings klar gegen die Schulbildung für Mädchen. Verbreitet war unter der Bauernschaft die Meinung, dass mit mehr Bildung das „Dämonische" unter den Frauen ansteige. In den Schulen wurde im Bewusstsein der Kinder die Lebens- und Gedankenweise eines dörflichen Bauern verankert. Das Programm solcher Schulen liest sich wie folgt: „Schon die Bezeichnung der kirchlichen Schulen weist auf den besonderen Wert der Religion in ihnen hin. Das ist ihr Hauptfach, und alle anderen Fächer müssen möglicherweise von ihm mehr oder weniger abhängig gemacht werden."[246]

Das Kind begann früh, ins Erwachsenenleben einzudringen, „das zehnjährige Kind sprach schon wie ein erwachsener Mensch".[247] Das war vor allem auf die Teilnahme der Kinder an allen Ereignissen des bäuerlichen Lebens zurückzuführen. Die Erwachsenen lösten ihre Probleme vor den Augen der Kinder – sie prügelten und betranken sich, sie schimpften. Weil das Kind von klein auf Hunger litt, begann es schnell, den Wert bestimmter Sachen zu begreifen. In der Regel akzeptierte es den groben Umgang des Vaters mit der Mutter. So wurden die Verhältnisse in der eigenen Familie zum Massstab für innerfamiliäre Umgangsweisen. Die Kinder bemitleideten die Mutter nicht, weil diese im Recht war und ihr dieses Recht aberkannt wurde, sondern weil der Vater sie umbringen oder schwer verletzen konnte. Die Mutter zu verlieren war für ein Kind ein grosses Unglück, denn nur die Mutter ernährte und erzog die Kinder – und das war ihnen wohl bewusst.

Die Kinder im Alter von 7 bis 11 Jahren mussten bereits schwere Arbeiten ausführen: das Wasser mit Eimern holen, das Vieh treiben. Die Mädchen erfüllten die Pflichten von Kindermädchen und führten wie auch ihre Mutter die für Frauen vorgesehene Arbeit aus. Die bäuerlichen Lebensumstände hatten negative Auswirkungen auf die Kinder. Sie verrohten und wurden

245 Мартынов, с. Малышево (oben Anm. 123), S. 56.
246 Мартынов, с. Малышево (oben Anm. 123), S. 32.
247 Семенова – Тянь – Шанская,Жизнь «Ивана» (oben Anm. 185), S. 21.

unbarmherzig, was sich zum Beispiel in ihrem Verhältnis zu Tieren äusserte. Das Vieh betrachteten sie zwar als wertvoll und nutzbringend, jedoch hatten sie keine Schwierigkeiten damit, einen Hund oder eine Katze einfach totzuschlagen. Das Quälen von Tieren galt als ein Kinderspiel.

Man stellte die Minderjährigen gerne auch als unqualifizierte Arbeiter in Städten und grossen Siedlungen an. Diese Arbeit wurde schlecht bezahlt, so konnte das Kind an einem Tag 15 bis 25 Kopeken verdienen[248], wohingegen ein Erwachsener für dieselbe Tätigkeit bis zu einen Rubel erhalten hätte. Viele Kinder dienten als Knechte in wohlhabenden Häusern und führten dort die Arbeit mit den Pferden aus. Allein in der Siedlung Rowenki des Bezirks Ostrogoshskij betrug der Anteil an Dienstmägden bei den Jugendlichen im Alter bis 18 Jahre 68 % und bei den Kindern im Alter bis 14 Jahre 35 %.[249]

6. Kindersterblichkeit und der Gesundheitszustand der Kinder

Die meisten Kinder im Alter von 1 bis 5 Jahren litten an Epidemien, Haut- und Magenerkrankungen, was auf eine schlechte Pflege, Ernährung und mangelnde medizinische Hilfe hinweist. Der Arzt W. J. Bunjakowskij stellte eine hohe Kindersterblichkeit in der Altersgruppe unter 5 Jahren fest. Es starben 36 % der Neugeborenen.[250] Ein Rückgang der Sterblichkeit lässt sich in der Altersgruppe von 10 bis 15 Jahren registrieren, allerdings steigt die Quote dann wieder an. Der Prozentsatz erkrankter Jungen bis zu einem Alter von 15 Jahren war mit 38 % höher als der von den Mädchen mit 30 %.[251] Dies ist auf die hohe Anzahl der zur Welt gekommenen Jungen zurückzuführen, wie aber auch auf die Zahl der in der Frühkindheit Gestorbenen. Der Arzt Bunjakowskij war sicher, „wenn die Kindersterblichkeit im kompliziertesten Alter durch die vernünftigen Massnahmen reduziert würde, so würden unsere Tabellen mit denen vom Ausland übereinstimmen, soweit

248 Staatsarchiv der Woronescher Region. ГАВО. Ф. И-19. Оп. 1. Д.1917. Л. 5.

249 Тарадин, Слобода Ровеньки (oben Anm. 172), S. 57.

250 Эйхвальд Э. Э.:К вопросу об уменьшении смертности в России, СПб. 1887, S. 24.

251 Тезяков,Заболеваемость населения Воронежской губернии в 1898 году (oben Anm. 120), S. 170.

es bei der Verschiedenartigkeit und der Uneinheitlichkeit der verwendeten statistischen Angaben möglich ist".[252]

Das Mass der Kindersterblichkeit in Russland wurde durch die offizielle Statistik mittels zweier Methoden festgestellt. Nach der ersten Methode bestimmte man die Zahl der gestorbenen Kinder im Verhältnis zur Gesamtzahl der Verstorbenen in allen Altersgruppen. Der zweiten Methode zufolge stellte man die Zahl der verstorbenen Kinder der Gesamtzahl der geborenen gegenüber.

In Europäischen Russland betrug die Kindersterblichkeit während des ersten Lebensjahres mehr als 1/3 aller Verstorbenen. In Bezug auf die Kindersterblichkeit während des ersten Lebensjahres stand das Europäische Russland auf dem mittleren Platz zwischen Mittel- und Süddeutschland (Württemberg, Bayern) und Österreich, aber in Bezug auf die Sterblichkeit der Kinder im Alter von 2 bis 5 Jahren übertraf es alle europäischen Länder.[253]

Tabelle 5: Säuglingssterblichkeit im Europäischen Russland[254]

Jahr	**Unter 1 Monat**	**1–3 Monate**	**3–6 Monate**	**6 Monate bis zu 1 Jahr**
1875	72	60	61	74
1876	72	63	64	80
1877	69	58	58	75
Durchschnittlich	71	60	61	77
1880	73	63	65	85
1881		57	56	72
1882	79	68	66	89
1883	79	63	62	82
Durchschnittlich	75	63	62	82

252 Эйхвальд, К вопросу об уменьшении смертности в России. (oben Anm. 250), S. 25.
253 Ebd., S. 60.
254 Ebd., S. 65.

Aus der Tabelle gehen die Kinder pro 1000 Lebendgeburten hervor, die vor Vollendung des ersten Lebensjahres starben. Diese Zahl wird oft als Indikator für den Gesundheitszustand der Gesellschaft benutzt. Im Zeitraum von 1880 bis 1883 starben in den 50 Gouvernements des Europäischen Russlands 281 Neugeborene von 1000 während des ersten Lebensjahres. Der Prozentsatz von unehelichen Kindern war relativ niedrig – er lag bei 3 % (nach Janson und Enh.) gegenüber 10 % in Europa.[255]

Tabelle 6[256]: Kindersterblichkeit während des ersten Lebensjahres auf je 100 Neugeborene

Gouvernement	Zeitraum					
	1868–1870	1880	1881	1882	1883	durchschnittlich 1880–1883
Voronezhskja	30	31	25	38	31	31
Tambovskaja	23	32	25	33	31	30
Tulskaja	33	32	27	34	29	30
Kurskaja	30	24	25	26	23	25
Saratovskaja	36	38	28	33	39	35
Moskovskaja	39	47	39	46	39	41
Penzenskaja	31	35	26	39	40	35

Statistisch gesehen starben ca. 64,5 % aller Neugeborenen. Die Kindersterblichkeit erfuhr in der Region Woronesch ebenso wie in vielen anderen Orten alljährlich in den Sommermonaten Juli und August sowie in den Wintermonaten Januar und Dezember eine starke Steigerung. Dies wurde ausschliesslich durch Magen-Darm-Infektionen im Sommer, schlechte Ernährung sowie die niedrige Lufttemperatur im Winter bedingt.[257]

Die Kindersterblichkeit unterschied sich in den zentralen und östlichen Gouvernements nach ihrem Anstieg und Mass, indem sie eine negative Stabilität im Westen des Europäischen Russlands zeigte. Die hohe Sterblichkeit wurde grösstenteils durch die Sterblichkeit der Neugeborenen während des

255 Ebd. S. 63.
256 Ebd. S. 68.
257 Шингарев А. И.: г. Воронеж. Санитарное положение, Воронеж 1901, S. 16.

ersten Lebensjahres bedingt. Im Gouvernement Woronesch stand der Kreis Woronesch auf dem ersten Platz in Bezug auf die Sterblichkeit von Kindern unter 1 Jahr.

Tabelle 7: Säuglingssterblichkeit in den Gouvernements[258]

Gouvernement	1880			1884		
	geborene	gestorbene		geborene	gestorbene	
		allgemein	Säuglingssterblichkeit (unter 1 Jahr)		allgemein	Säuglingssterblichkeit (unter 1 Jahr)
Woronezhskja	**120269**	**94118**	**37204**	**130682**	**76983**	**130682**
Tambovskaja	120177	93454	36283	133057	84923	133057
Tulskaja	69523	52424	22594	73583	56996	73583
Kurskaja	114120	81804	27245	119271	98026	119271
Saratovskaja	98062	81851	36071	128258	81017	128258
Moskovskaja	90215	86642	41909	96507	76756	96507
Penzenskaja	75677	56652	26585	798383	56865	798383
Orlovskaja	100159	73506	32495	101265	77206	101265

Das Gouvernement Woronesch wies zusammen mit dem ganzen Europäischen Russland eine hohe Geburtenzahl auf, die demografisch durch eine hohe Säuglings-und Kindersterblichkeit relativiert wurde. Somit starben im Gouvernement Woronesch 63 % aller Neugeborenen vor der Mündigkeit.[259]

Schuld an diesem Massensterben trugen vor allem der Zustand des Gesundheitswesens und die fehlende Hygiene. Die Kinderepidemien änderten sich von Jahr zu Jahr in der Erkrankungsart und der geografischen Verteilung und verursachten grossenteils die Reduzierung der jungen Bevölkerung innerhalb von 25 Jahren (seit 1860) um mehr als 30 Personen auf je 1000 Einwohner. Man führte keine systematische Statistik über Infektionskrankheiten unter der Bevölkerung. Aufgrund einer Hofuntersuchung stellten die Landärzte des Gouvernements Woronesch jedoch fest, dass „die höchste

258 Эйхвальд, К вопросу об уменьшении смертности в России (oben Anm. 250)
259 Памятная книжка Воронежской губернии на 1901 год, Воронеж 1901.

Sterblichkeitsrate auf das Säuglings- und Kindesalter entfällt.[260] Die abgemagerten Kinder, die das Kindesalter erreicht haben, sterben an Diphtherie und an anderen ähnlichen Seuchen."[261] Zu einer sehr hohen Kindersterblichkeit trugen behandelbare Krankheiten wie Durchfall, Malaria, Lungenentzündungen und Masern bei. Zusätzlich wirkten sich Unterernährung und mangelhafte sanitäre Einrichtungen verheerend auf die Gesundheit von Kindern aus. Der Hauptgrund für Todesfälle bei Säuglingen waren schlechte hygienische Bedingungen im ersten Lebensmonat, insbesondere das Fehlen von sauberem Trinkwasser, mangelnde ärztliche Versorgung sowie Unterernährung. Alle diese Faktoren machten Infektionskrankheiten zu gefährlichen, tödlichen Erkrankungen.[262] Der Landarzt des Kreises Ostrogoshskij resümiert seine Beobachtungen bezüglich dieses Problems folgendermassen: „Die Tatsache der durch Kinderepidemien verursachten Verheerungen ist so erschreckend, dass man kaum auf eine bessere Zukunft hoffen kann." Der ehemalige Woronescher Sanitätsarzt und Professor der Kazaner Universität, M. J. Kapustin, behauptete im Laufe der Sitzung der Woronescher Landstände am 13. Dezember 1880, dass „die Diphtherie in Russland seit vielen Jahren existierte, aber man achtete nicht darauf, bis ihr dutzendweise tausende Kinder zum Opfer fielen".[263] Das Semstwo verfüge über keine Mittel, „um diese Krankheit auszurotten" antwortete auf diese Behauptung einer der Landschaftsabgeordneten, der Vorsitzende des Landschaftsamts des Kreises Bogutschar und stimmte zu, dass im Gouvernement Woronesch das Problem der Diphtherie bestand.

Die Semstwos unterstützten Entwicklungen auf dem Dorf durch die Einrichtung von Schulen, Spitälern, Sanitätszentren, Apotheken, die Verbreitung von Aufklärung und Gesundheitspflege auf dem Land. Im Jahr 1890 gründeten die Semstwo-Verantwortlichen das Sanitätsamt im Gouvernement Woronesch. Während seiner Sitzungen behandelte der Sanitätsrat des

260 Säuglingssterblichkeit bedeutet die Anzahl der Verstorbenen bis zum vollendeten ersten Lebensjahr. Mit der Kindersterblichkeit erfasst diese Forschung den Anteil der Kinder, die vor Erreichung des 14. Lebensjahres sterben.

261 Веретенников, Брачность, рождаемость и смертность среди крестьянского населения (oben Anm. 124), S. 25.

262 Das Russische Staatliche historische Archiv РГИА Ф. 1405. Оп. 532. Д. 612. Л. 167.

263 Ebd.

Kreises häufig die sanitär-epidemiologischen Themen. Als Ergebnis des Vortrages des Landarztes W. P. Uspenski „Einige Angaben über die Bewegung der Bevölkerung in den Kreisen Woronesch und Bogutschar im Zeitraum von 1876 bis 1895 aufgrund der durch Kinderkrankheiten bedingten Sterblichkeit" verstand man die Notwendigkeit einer hygienischen Überwachung der Schule. Die erste Inspektion erfolgte im Jahr 1910. Die Sanitätsärzte führten zusammen mit Landärzten und Lehrpersonal die hygienische Überwachung in den Schulen durch. Insgesamt wurden im Gouvernement zu dieser Zeit 170 staatliche und kirchliche Schulen untersucht. Vor allem wurde versucht, durch die schulische Inspektion die Sterblichkeitsquote der Kinder zu senken. Schon bei den Ergebnissen der X. Revision von 1858 bemerkt man die hohe Sterberate in der Altersgruppe von 6 bis 18 Jahren. Diese Altersgruppe bestand aus Kindern und Jugendlichen, welche die Schule von 8 Uhr morgens bis um 15 Uhr nachmittags besuchten. Im Jahr 1912 wurden aus diesem Grund 47 staatliche und kirchliche Schulen in drei Gebieten des Kreises Sadonskij inspiziert. Insgesamt gab es in der Schule 3906 Schüler, von denen 3561 untersucht wurden. Nach der ärztlichen Beurteilung erklärte man nur 64 % von 2287 Schülern als gesund. Zu den Kranken zählte man nur die Kinder, deren Krankheit schon verschleppt war und die eine unverzügliche Behandlung benötigten. Bei 27 % bzw. 346 Kindern diagnostizierte man Anämie, die durch mangelhafte Ernährung der Kinder verursacht wurde. Ein Frühstück, darüber hatten die Ärzte während der Versammlungen viel diskutiert, wurde in der Schule jedoch nicht organisiert. Die Untersuchung zeigte, dass 95 % der Kinder zu Hause keine gesunde und vollwertige Ernährung in ausreichender Menge erhielten. Somit hätte die überwiegende Mehrheit der Kinder eine solche Nahrung dringend gebraucht. Zudem litten 275 Kinder an verschiedenen Augenkrankheiten und benötigten einen unverzüglichen ärztlichen Eingriff, 213 Schüler mussten wegen Magenkrankheiten sofort behandelt werden.[264]

Der Zustand der Schulgebäude, die von den dörflichen Gesellschaften gebaut wurden, beschrieb man als ungenügend. „Niedrig, dunkel, beschränkt". In einem besseren Zustand befanden sich die Schulen, die in den gemieteten bäuerlichen Katen untergebracht waren. Dennoch entsprachen

---

264 Staatliches Archiv des Gebietes Woronesch ГАВО. Ф. и-20. Оп. 3. Д. 90. Л.21.

sie den hygienischen Forderungen nicht in vollem Masse.[265] Die Sanitätsärzte übernahmen die Beratung bezüglich der Auswahl der Schullokale, des Bauplanes für die Schulräume sowie der Untersuchung der Schulräume und ihrer funktionalen Eignung. Die ärztlichen Empfehlungen wurden als Bauanweisung zugrunde gelegt. Für die Einrichtung einer Schule forderten die Sanitätsärzte das Bauamt auf, einen trockenen Platz auf einer Bodenerhebung auszusuchen. Die Gebäudefläche sollte der Anzahl der Schüler entsprechen, ausgehend von 3 m^2 pro Person, wobei jeder Klassenraum über die entsprechenden Masse von 9 m Länge und 6 m Breite verfügt, gut geheizt und belüftet war. Die Schule musste von lärmigen Orten wie Märkten und Fabriken entfernt liegen. Die Front und die Fenster der Klassenräume sollten auf die südliche Seite ausgerichtet werden. Das Baumaterial sollte trocken sein und keine Feuchtigkeit aufnehmen, damit die natürliche Belüftung gewährleistet werden konnte. Der Boden sollte keine Nässe durchlassen und mit Ölfarbe bestrichen werden. Die Korridore waren mit Seife und mit Wasser zu reinigen. Um der Sehkraft der Schüler nicht zu schaden, rieten die Ärzte, alle Lehrbücher mit grossen Buchstaben auf weisses Papier zu drucken.[266]

Zur Pflicht eines Landarztes gehörte die Aufklärungsarbeit. Die Masse der Bauern hat nie in ihrem Leben einen Arzt zu Gesicht bekommen und nach wie vor lieber auf Volksmedizin und Gebet gesetzt. Die meisten Familien erhielten medizinische Hilfe erst nach dem Tod einiger ihrer Kinder oder liessen die Ärztin nur bei Komplikationen holen. Im Dorf schwor man auf Selbstheilung. „Nutzen gibt es wenig, und die Kinder umsonst quälen lassen möchten wir nicht“,[267] so die Eltern gegenüber den Sanitätsärzten. Diese versuchten, die Landbevölkerung davon zu überzeugen, dass „nicht nur kränkliche Schüler ihre Gesundheit in der Schule völlig verlieren, sondern auch ganz gesunde Kinder die sogenannten Schulkrankheiten bekommen: Verdauungsstörung,

265 ГАВО. Ф. И-20. Оп. 3. Д. 80. Л.49.

266 Воронежское земство. Историко – статистический обзор 1865–1889. Под ред. Ф.А. Щербины, Воронеж 1891, S. 501.

267 Журналы Воронежского губернского земского собрания очередной сессии 1911 г., Воронеж 8–23 января 1912 г, S. 49.

Kopfschmerzen, Nasenblutungen, Kurzsichtigkeit, Nervosität, Rückgratverkrümmung usw."[268]

Im Februar 1913 wurde der Sanitätsabteilung des Woronescher Landschaftsamts von einem Landarzt aus dem Kreis Woronesch, W. I. Radkevitsch, ein Referat zu folgendem Thema vorgetragen: „Schulsanitäre Überwachung in einigen Gouvernements im Zeitraum von 1911 bis 1912 aufgrund der Berichte von Sanitätsorganisationen".[269] Er stellte fest, dass bis zum Jahr 1913 die medizinische Hilfe in mehreren Schulen fehlte.

Nach einer angeregten Besprechung zwischen den berühmten Sanitätsärzten des Gouvernements wurde die schulsanitäre Aufsicht in Gouvernements zwecks Verbesserung des sanitären Zustands der Schulen beschlossen. Die Kommission für schulsanitäre Überwachung bestand aus berühmten Ärzten des Sanitätsbüros: W. M. Arzimovitsch, N. P. Meerkova, W. I. Radkevitsch. Allerdings vermochte die Pflegschaft trotz aller Bemühungen nicht in vollem Umfang die geplanten Massnahmen, wie Durchführung eines Frühstücks, Bereitstellung von sommerlichen Saisonkrippen und Vorbereitungsschulen zu realisieren.

Um die Bauernschaft zu ermutigen, medizinische Leistungen in Anspruch zu nehmen, sollten diese kostenlos sein. Für die Semstwos hiess das, dass sie ihre Leistungen über Steuern finanzierten, die sie bei den Landgemeinden erhoben. Daher ging der Aufbau des medizinischen Systems auf dem Land sehr zögerlich vor sich. Zudem führten die sittlichen Vorstellungen der Menschen dazu, dass das Volk den neuen Initiativen kein Vertrauen entgegenbrachte. So meldete sich bei dem Semstwo im Kreis Zemljansk der Feldscher Kuschmenko, wie er von den Bauern im Dorf Staraja Veduga bedroht wurde. Der Pockenimpfer musste mit den Bauern kämpfen, die ihn als „Antichrist" bezeichneten und behaupteten, er sei von den Japanern gekauft worden, um unter den Bauern Aufstände anzuzetteln. Die Pockenimpfung wurde nicht durchgeführt, da der Helfer des Feldschers aus dem Dorf ihn nicht länger begleiten wollte.[270] Ähnliche Berichte gab es auch von den Landärzten aus anderen Dörfern.

---

268 Ebd.

269 Staatliches Archiv des Gebietes Woronesch ГАВО. Ф. И-20. Оп. 3. Д 89. Л.61.

270 Журналы Воронежского губернского земского собрания очередной сессии 1905 г., Воронеж, Июль 1905 г. с. 8–12.

1912 wurde die kirchliche Schule Werchne-Kasatschensk des Kreises Sadonsk von einer Scharlachepidemie heimgesucht. Die geistlichen Lehrer waren einig mit den Eltern und glaubten nicht an Medizin, sondern an Selbstheilung. Die Inspektion dieser Schule durch einen Gouvernementsarzt zeigte die Notwendigkeit der medizinischen Betreuung der Kinder. Die Eltern aber verboten dem Arzt, die Kinder zu heilen, und der Geistliche wies den Arzt hinaus mit den Worten: „Ihr schreibt nur und schlaft dort bei euch die ganze Zeit und zeigt euch bei uns kaum. Das Volk stirbt, ohne jegliche Hilfe zu bekommen."[271]

Der Kampf der Semstwo gegen die Kindersterblichkeit und die Kinderkrankheiten verlief schwierig.[272] Im Zeitraum von 1906 bis 1908 starben im Gouvernement Woronesch 21'539 Kinder im Alter von 1–4 Jahren, was beinahe 22 % der Gesamtsterblichkeit ausmachte. Im Alter von 5–9 Jahren starben 5294 oder 5,5 %. Im Jahr 1909 betrug die Anzahl an Verstorbenen im Alter von 1–4 Jahren schon 32.555 oder 26 %; im Alter von 5–9 Jahren starben 7381 Kinder oder 6 % der Gesamtsterblichkeit der Bevölkerung. Abgesehen von den Bemühungen der Semstwo-Medizin scheiterte ihr Versuch, die Sterblichkeitsrate der Kinder zu senken. 1910 erlebten 34'791 Kinder ihren vierten Geburtstag nicht, was 26,5 % der Gesamtsterblichkeit entsprach; im Alter von 5–9 Jahren starben 10'103 Kinder oder 7 % aller Verstorbenen im Gouvernement.[273]

Wegen der hohen Sterberate zeichnete es sich im Allgemeinen erst vom fünften Lebensjahr an ab, welche Kinder das Erwachsenenalter erreichen würden. Stirbt das erste Kind, so wird das nächste geboren – diese Überzeugung nötigte die Eltern dazu, mit ihren physischen und psychischen Kräften haushälterisch umzugehen und sich auf die älteren Kinder zu konzentrieren.[274] Deshalb wurde die Säuglingssterblichkeit zu einer alltäglichen und unvermeidlichen Erscheinung, was scharfe Kritik seitens der Zeitgenossen auslöste. Die Zeitung „Don" vom 22. Januar 1881 berichtete, dass die Bauern im Gouvernement Woronesch völlig gleichgültig

---

271 ГАВО. Ф. И-20. Оп. 3. Д. 80. Л.49.

272 РГИА. Ф. 1284. Оп. 241. Д. 143. Л. 234.

273 Журналы Воронежского губернского земского собрания очередной сессии 1911 г., Воронеж 8–23 января 1912 г., S. 43.

274 Тарадин, «Золотое дно» (oben Anm. 128), S. 131.

gegenüber dem Tod ihrer Kinder an Diphtherie blieben. Die Massnahmen gegen die Epidemie hatten keinen Erfolg, da diese von Bauern, die „einen überflüssigen Esser in den hungrigen Zeiten loszuwerden“ hofften, missachtet wurden.[275] Die Bauernschaft hingegen hatte ihr eigenes Verständnis von erkrankten Kindern: „Es ist nur schade, wenn sie sich quälen. Wenn sie gestorben sind, so sei Christus mit ihnen, gegen den Tod gibt es keine Zaubersprüche.“[276] Für die Pflege kränklicher Kleinkinder fehlten Zeit und Kraft. Die Kranken zu pflegen, gehörte zu der Aufgabe der Kinder von 7 bis 8 Jahren. Bei schwerer Krankheit liessen die Bauern ihre erkrankten Kinder oder Verwandten von Gesundbeterinnen heilen. Sah man keinen positiven Effekt, wurde der Kranke vernachlässigt.

Die Kindersterblichkeit in Russland überstieg stabil die der meisten westeuropäischen Staaten. Nur in Bayern war die Kindersterblichkeit mit 250 Todesfällen auf 1000 Geburten und in Sachsen mit 240 auf 1000 fast genauso hoch, dagegen wies Norwegen nur 75 Todesfälle auf 1000 Geburten auf.

Zur Bekämpfung der Hungersnot (1891–1893, 1905–1906) eröffneten die Semstwos in den Schulen oder Bauernhütten spezielle Kantinen. Bedienen durften sich in diesen Kantinen nur Kinder unter 15 Jahren, ältere Menschen und Schwerkranke. Aus finanziellen Gründen wurden nicht immer alle Bedürftigen, sondern nur die Kinder zum Essen zugelassen. Bis zu 140 Kinder fanden dort ein Frühstück oder Mittagsessen. In den Hungerjahren bekam man dort 500 g Brot und eine Suppe. Die Schwerkranken erhielten noch eine Portion Fleisch dazu.

Mehrere Kreise im Gouvernement Woronesch hatten Mangel an Kantinen. In den Dörfern des Kreises Zemljanskiy und Nizhnedivizkij wurden die Kinder aufgefordert, Brot in die Schule mitzunehmen, bis ihre Hausbestände aufgebraucht waren. Im Kreis Nizhnedivizkij zählte man 85 Schulen. 45 davon gehörten den Semstwos, die anderen der Kirche. Die Anzahl der Kinder im selben Kreis betrug 6800. Die minimalen Kosten für eine Schulmahlzeit betrugen laut den Semstwos eine Kopeke. Um die alle Kinder ein Jahr lang mit dem Essen zu versorgen, benötigten die Semstwos ca. 7480 Rubel. Zur Verfügung standen aber nur 2975 Rubel.[277] Das Lehrpersonal war alles

275 Фурменко,Очерки истории здравоохранения (oben Anm. 192), S. 174.
276 Заленский, Из записок земского врача (oben Anm. 114), S. 36.
277 ГАВО. Ф. И-20. Оп. 1. Д. 5563. Л. 208.

andere als motiviert, sich für die Durchführung der Schulspeisung freiwillig zu engagieren. Das von den Semstwos definierte Projekt einer Schulmahlzeit auf regelmässiger Basis scheiterte.

1892 beschloss die Semstwo-Versammlung, das Dorf Malischevo zu unterstützen. Die verheerenden Brände 1891–1892 brachten die Bevölkerung in grosse Not. Im Dorf eröffnete das Semstwo eine Kantine für 100 Personen. Dazu entschied sie, alle bedürftigen Personen zu zählen. Die Gesamtbevölkerung wurde nach pferdelosen oder armen und vermögenden Familien unterteilt. Das Ergebnis einer solch gezielten Unterstützung war für die Semstwo-Verantwortlichen unerwartet. „Je vermögender die Familie, desto grösser der Anteil der landwirtschaftlichen Produkte, den sie in der Landwirtschaft zurückliess", notierte der Landarzt F.A.Scherbina.[278] Dies bedeutete, dass Kinder aus wohlhabenden Familien ebenso hungerten wie jene aus armen Familien, weil die Eltern das Brot dem Vieh verfütterten, anstatt ihre eigenen Kinder zu ernähren. Scherbina schilderte in seinem Bericht die schreckliche Situation: während seines Besuchs den Bauernhüten traf er „Wachsfiguren, die über drei Tagen keine Nahrung hatten".[279] 1906 während der Versammlung des Komitees zur Unterstützung der hungernden Bevölkerung sprach der Vorsitzende der Vereinigung der Landärzte im Gouvernement Woronesch Schingarev N.I über die Kantineneinrichtungen als Hauptmassnahme gegen Hunger. „Geben sie ihnen [den Bauern] das Brot in die Hände, so werden sie das sofort an die Rinder verfüttern, während der Kinder hungern werden." Zudem war das Brot in Läden nicht immer vorhanden und gelangte an diejenigen, die dort arbeiten. Die Bevollmächtigten der Dörfer und einige Vertreter der Semstwos stimmten dagegen, da ein Teil der Bauernschaft sich von dem Besuch der Kantine für Bedürftige schämte und selbst die Bedürftigen konnten im Winter nicht ausgehen, da sie keine warme Bekleidung besassen. Als Alternative zu Kantineneinrichtungen schlugen sie direkte Geldzahlungen an Bedürftige vor.

Mit der Rückständigkeit der Landwirtschaft und häufigen Brandfällen blieb Russland um 30–40 Jahre hinter Westeuropa zurück und erhielt am Ende des neunzehnten Jahrhunderts sogar Nahrungsmittelhilfe aus den USA und Europa. Die Semstwos förderten durch ihre Existenz die

---

278 ГАВО. Ф. И-20. Оп. 1. Д. 5563. Л. 129 ff.
279 Ebd.

Modernisierung auf dem Dorf, die wiederum die Bauern zu mehr Aktivitäten führte. Die Gutsbauern, die früher von Gutsherrn/Pomeshiki profitieren konnten, zeigten nun kein Vertrauen gegenüber den Semstwos. Sie waren an die paternalistischen Beziehungen mit den ansässigen Gutsherrn gewöhnt und waren davon überzeugt, dass alles, was gebaut wird – Krankenhaus, Telegraf oder Schule – in erster Linie den Interessen der Gutsbesitzer dienen sollte. Aus eigener Initiative nahmen die Staatsbauern an den Eingaben und Anträgen des Semstwos teil. Sie waren viel besser für die sich zunehmend ausbreitende Geldwirtschaft vorbereitet. Nach dem Gesetzgebung von 1832 (Свод законов)[280] verfügten sie über administrative Freiheit und Möglichkeiten zur wirtschaftlichen Entfaltung. Vor 1861 waren sie nicht im Verzeichnis von der solidarischen Haftung aufgeführt. Somit waren sie später nicht in der von Semstwos geführten Hilfeliste präsent. 1891–1893 erhielten sie die Nahrungsmittelhilfe von Semstwos, danach aber wurden wieder ans Russischen Roten Kreuz verwiesen.[281] Nichtsdestoweniger vertraten die ehemaligen Gutsbauern die bäuerliche Mehrheit im Gouvernement. Das Komitee zur Unterstützung der hungernden Bevölkerung beschloss als monatliche Hilfe an jeden Erwachsenen 15 kg und an jedes Kind 8 kg Getreide.[282] „Das versprochene Pud Mehl ist ein Tropfen im Meer im Vergleich zu dem, was uns in Zukunft erwartet. Wir erhalten aber gar keinen. Ein Pud Mehl kostet schon einen Rubel und wird immer teurer“[283], beklagte sich ein Bauer aus dem Dorf Krutie gori, Kreis Zadonskij bei der Semstwo-Versammlung. Nach der Abschaffung der Leibeigenschaft übernahmen die Bauern im Kreis Zemlyansk die für den Ackerbau ungeeigneten Grundstücke: Sie bestanden aus Strassen und Berggräben mit einem Anteil am Fluss. Defizite in der Landwirtschaft mussten sie durch Einkommen aus Nebengewerben, bzw. „Kustar-Gewerben“ ausgleichen. Gegen sieben Monate waren die Bauern mit der Arbeit in Handels- und Industrieunternehmen in der Stadt beschäftigt. Wenn sie erfolgreich waren, verdienten sie

280 Полный свод законов о крестьянах. Книга для крестьян. Издание неофициальное, новое 2-ое, пересмотренное и с дополнениями в 6 частях. Т.I. Часть 1-ая, 2-ая, Москва 1908.

281 ГАВО. Ф. И-20. Оп. 1. Д. 5563, Л. 131.

282 Ebd. Л. 130 ff

283 Ebd. 170 ff.

90 Rubel im Jahr. Für dieses Geld lebte die ganze Familie bis zum Frühling, dem Beginn des neuen Kustar-Gewerbes. Ein oder zwei Familienmitglieder machten sich dann wieder auf die Wanderarbeit. Die monatlichen Ausgaben betrugen rund neun Rubel. Die Familie gab das Geld für Nahrung, Kleidung und Haushalt aus. In der Zwischenzeit wurde das Schwarzbrot zum Hauptnahrungsmittel für den Rest der Familie. Während der Hungersnot von 1905 baten die Bauern aus dem Dorf Krutie Gori in ihren Anträgen an die Semstwo-Verwaltung nicht nur um Hilfe, sondern drohten: „Wenn es keine guten Menschen gibt, die uns helfen, bleibt uns nichts anderes übrig als die Ruhe der anderen zu stören, welche viel mehr als wir besitzen."[284]

Einen Sonderfall unter den Bauern, die sich nur teilweise an die Semstwo-Institution wendeten, stellten in allen Bezirken die armen Bauern dar, vorrangig ehemalige Leibeigene, die in rückständigen wirtschaftlichen Verhältnissen verharrten. Eine Verbesserung liess sich für diese Bauern kaum ausmachen. Die von Semstwo durchgeführten Projekte wie Schulbau und medizinische Versorgung konnten ihnen nicht helfen. Das Mittel, zu denen sie eher griffen, waren Abwanderung und gewaltsamer Protest, besonderes in den Hungerjahren.

Einen Nachteil in der Tätigkeit des Semstwos sah man in der fehlenden Zusammenarbeit mit der Allrussischen Rot-Kreuz-Gesellschaft (1873). Diese organisierte ab 1898 spezielle Sanitätstruppen und sandte diese Hilfsmission in die Hungergebiete Russlands. Die Semstwos im Woronescher Gouvernement arbeiteten ausschliesslich mit den Semstwos in anderen russischen Regionen und mit dem Komitee der öffentlichen Unterstützung der Bevölkerung zusammen.[285] Im Hungerjahr 1891 unterstützten mehrere Semstwos die Bauernschaft in verschiedenen Bezirken Russlands durch die Übergabe einer sogenannten „Hungerration". Der bekannte russische Hygieniker, Semstwo-Aktivist und Mitglied der Ärztekammer des Ministeriums für Innere Angelegenheiten und der Sanitär Kommission Sergej Shidlovkij (Шидловский С.И) meldete, dass das Brot in der „Hungerration" Stroh und Kleie enthielt und somit für die Gesundheit schädlich war. 1907 brachte einen neuen Skandal in der Regierung hervor: in den von Hunger betroffenen Provinzen Russlands gab es grosse Mengen Getreide, die durch das *Tilletia*

284 Ebd.
285 ГАВО. Ф. И-20. Оп. 1. Д. 5563. Л. 58.

secalis Kuhn Virus infiziert waren, was für Menschen lebensgefährlich war. Infolge mehrerer Klagen von Vertretern der Akademie der Wissenschaften wurde der Minister für Innere Angelegenheiten Turno vor Gericht gestellt.[286]

Nach westeuropäischen Massstäben war die Landbevölkerung im europäischen Russland noch am Vorabend des Ersten Weltkriegs unterversorgt. Die körperlich schwere Arbeit ab dem Kindesalter, schlechte Ernährung, unhygienische Verhältnisse und ungenügende ärztliche Hilfe verursachten eine ausserordentlich hohe Kindersterblichkeit. Statistisch gesehen kamen in der Zeitspanne von 1896 bis 1901 im Gouvernement Woronesch auf 55 Neugeborene 36 Todesfälle, was damals der demografischen Entwicklungen des europäischen Russlands entsprach. Von 1000 Säuglingen starben deren 275.[287] Dank den hohen Geburtenraten war die Landbevölkerung im europäischen Russland nicht ausgestorben und es gab sogar einen Bevölkerungszuwachs.

7. Die Organisation der Vormundschaft der Kinder

Die Vormundschaft über Kinder in den Dörfern von Woronesch wurde durch Erziehungshäuser, Landständeheime, Sommerkrippen, Waisenhäuser, die Kinderabteilung des Landständekrankenhauses der Woronescher Regierung (eröffnet 1872) sowie von einzelnen Bauern durchgeführt. Allerdings sollten laut der Einheitlichen Verordnung über Bauern die Waisen unter Vormundschaft gestellt oder adoptiert werden. Dabei mussten die Adoptiveltern mindestens 30 Jahre alt sein. Der Altersunterschied zwischen ihnen und ihren Adoptivkindern durfte nicht weniger als 18 Jahre betragen.[288] Das Vormundschaftswesen auf dem Land steckte in den Anfängen. Laut den Urteilen der meisten Regierungsbesprechungen gab es entweder gar keine Vormundschaft über die kleinen Kinder oder nur eine formelle „zur

286 Егорышева И.В.: История борьбы медицинских обществ с голодом русской деревни (1873–1913 гг.): Автореферат диссертации на соискание степени канд. ист. Наук, Москва 1985.

287 Отчет о состоянии народного здравия и организации врачебной помощи в России за 1896–1901 гг., СПб. 1905. С. 4

288 Крестьянство как свободное сословие, М. 1905,S. 48.

Täuschung der Vorgesetzten".[289] Im Falle von armen, vielköpfigen Familien ernannte die Dorfversammlung den Ehemann als Vormund und zwar ohne Rücksicht auf seinen Leumund. Dieses Vorgehen war günstiger als das Kind dann einem Waisenhaus anzuvertrauen. Der Vormund erhielt eine finanzielle Entschädigung als Gegenleistung. Die Erhebung von Semstwos zeigte: Am 1. November 1880 wurden im Gouvernement Woronesch 120‘829 Rubel als Vormundschaftsunterstützung bereitgestellt.[290] Die Siedlungsgemeinschaften genossen völlige Handlungsfreiheit und liessen die Kleinen und ihre Bedürfnisse häufig unberücksichtigt oder sie ernannten ungeeignete Personen als Vormund. Die als Vormundschaftsunterstützung bereitgestellten Summen kamen den Kindern und ihren Familien nur selten zugute. Bei der Jahresversammlung des Gouvernements von Woronesch im Jahr 1897 warfen die Semstwos den Vormundschaftsbehörden vor „sie sollten mehr Aufmerksamkeit der Kindervormundschaft schenken, als nur das meist minderwertige Eigentum der Kinder zu verwalten".[291] Die Landständevorsteher schilderten aufgrund ihrer persönlichen Erfahrung das Leben von Waisen: „Sie waren mittelmässig bekleidet, besuchten keine Schulen. Der Umgang zwischen dem Vormund und den Waisen fehlte." In manchen Fällen suchte der Vormund eine Arbeit für den Waisen. Diese Stellen fanden sie häufig bei einem Wirt, der erhielt dann für sie eine Vorauszahlung und liess die Kinder ohne jegliche weitere Aufsicht im Stich.

Ein kurzer Einblick in die Geschichte der Vormundschaft ist nötig, um ihre weitere Entwicklung zu deuten. Bis zum Anfang des 18. Jahrhunderts gehörte die Vormundschaft über die unehelichen Kinder nicht zu den Pflichten der Regierung, obwohl die Waisenhäuser seit jeher existierten. Unter Zar Michail Fedorowitsch Romanov (1613–1645) gehörten diese Anstalten in den Amtsbereich des Patriarchen. Der Archimandrit Nikon eröffnete Waisenhäuser in der Stadt Nowgorod. Sehr wichtig war diesbezüglich die im Jahre 1682 erstellte Verordnung von Fedor Aleksejewitsch Romanov

---

289 Тур К.И.: Голос жизни о крестьянском неустройстве (По поводу работы, учрежденной при МВД комиссии по пересмотру крестьянского законодательства), СПБ. 1898. S. 76.

290 Воронежская губерния. Крестьянское самоуправление. Волость и сельское общество. Воронеж, S. 10.

291 Тур, Голос жизни о крестьянском неустройстве (oben Anm. 289), S. 78.

(1676–1682). Über Vormundschaft wird das Folgende geschrieben: „Über die kleinen Bettler, Knaben und Mädchen, welche durch die Strassen schlendern und betteln, muss ein Erlass des Grossen Monarchen erstellt werden. In manchen Ländern sind für diese Höfe gebaut, wo denen erst das Lesen und das Schreiben sowie das gewünschte Handwerk beigebracht werden. Alternativ gehen sie zu anderen Müttern, um zu lernen, und Mädchen werden zum Lernen in Klöster verschickt. Bei Volljährigkeit werden diejenigen freigelassen, die ihr eigenes Brot erzeugen und sich mit ihrer Frau ernähren können. Oder man kauft für sie Höfe und verheiratet sie. Weiter bringen diese Leute nur Gewinn in die Städte, dazu sollte man keine Angst vor Diebstahl haben, denn sie wissen, wie sie ihren Unterhalt verdienen können.“[292] Da Zar Fedor Aleksejewitsch frühzeitig starb, konnte diese Verordnung nicht umgesetzt werden. Es war sehr bedeutend, dass in diesem Erlass eine klare Vorstellung über die Vormundschaft ausgedrückt wurde. Die Kinder erhielte erst die Möglichkeit durch den Erwerb verschiedener Kenntnisse und Handwerke zu vollberechtigten Gesellschaftsmitgliedern werden. In einigen Klöstern eröffnete man Heime für arme Kinder. In der Nähe von der Stadt Nowgorod, im Chamowo-Uspenskij Kloster, wurde vom Metropolit Iov (1706) das erste russische Waisenhaus für uneheliche Kinder gegründet. Im Jahre 1715 gebot Peter der Grosse, auf dem Gelände von Klöstern in Moskau und in anderen Städten Spitäler zu öffnen. Darüber hinaus erliess er eine Verordnung, dass Säuglinge nicht an unanständige Orte gebracht werden dürften, sondern in solche Spitäler, wo jeweils eine Babyklappe angebracht war, worüber man die Gesichter der Bringenden nicht sehen konnte.[293] Die Angaben über die Tätigkeit von Waisenheimen aus der Zeit von Peter dem Grossen sind heute nicht mehr bekannt. Wir wissen nur, dass man sie unter den Nachfolgern von Peter dem Grossen schliessen liess. Dem Rat von I. I. Betskoy (1704–1795) folgend eröffnete Katharina die Zweite (1762–1796) im Jahr 1783 durch ihre Verordnung das Moskauer Erziehungshaus; 1770 war bereits ein Erziehungshaus in Sankt Petersburg eröffnet worden. Obwohl die Kaiserin die Notwendigkeit solcher Anstalten in allen Regionen erkannte, betrachtete sie die Tätigkeit

292 Das Russische Staatliche historische Archiv РГИА Ф. 759. Оп. 35. Д. 433. Л. 4.
293 Ebd., Л. 5.

der Vormundschaftsämter negativ. Im Jahre 1821 wurde die weitere Entwicklung von Erziehungshäusern überall in Russland verboten. Eine der Ursachen war die hohe Sterblichkeit der Kinder in Erziehungshäusern. Diese Rate betrug über 75 % der gesamten Sterblichkeitsrate der Kinder in Waisenheimen. Im Erziehungshaus in Astrachan starben zum Beispiel von 1823 bis 1827 nicht weniger als 1505 der 1572 Säuglinge.[294] Das Gesetz von 1828 beseitigte eine der Hauptgrundlagen der Erziehungshäuser, nämlich die von Peter dem Grossen eingeleitete und von Katharina der Zweiten unterstützte Dezentralisation. Eine der direkten Folgen dieses Gesetzes war die riesige Anzahl Kinder, die aus der Provinz in die grossstädtischen Erziehungshäuser gebracht wurden. Diese waren schliesslich überfüllt. Im Moskauer Erziehungshaus befanden sich 1439 Kinder, obwohl das Haus nur für 500–600 Kinder vorgesehen war. In Sankt Petersburg waren es ebenfalls mehr als 1000 Kinder. Von 1770 bis 1779 wurden 5445 Kinder in das Sankt Petersburger Erziehungshaus gebracht, und von 1890 bis 1899 waren es 72‘598 Kinder. Gleichzeitig ging die Sterblichkeit von 85,3 % (1770–1779) auf 61,6 % (1890–1899) zurück.[295] Die Ursache hierfür waren die neuen Aufnahmeregeln. Leibliche Mütter durften die Kinder zuhause stillen.

Die hohe Sterblichkeit der Kinder in Erziehungshäusern ist auf die grausame Art und Weise zurückzuführen, mit der sie dorthin gebracht worden waren. Das Einliefern von Kindern in Erziehungshäuser war ein Gewerbe geworden. Die „Gewerbetreibende“ (nur Frauen übten diese Tätigkeit aus) sammelte Säuglinge in verschiedenen Dörfern und Siedlungen ein, um sie dann ins Erziehungshaus nach Moskau zu bringen. Die Babys wurden in einem grossen Korb transportiert. Anstatt Milch bekamen sie einen Schnuller mit dünnem Brei aus Schwarzbrot. Säuglinge mit verschiedenen Krankheiten wurden ins Moskauer Waisenhaus gebracht, wo die meisten trotz Pflege starben. Alexander III. (1881–1894) war sich der mangelhaften Lage der Erziehungshäuser bewusst. Nach dem Besuch des Sankt Petersburger Erziehungshauses am 15. Dezember 1888 befahl er dem Vormundschaftsrat „sich um die Massnahmen für die Dezentralisation der Erziehungshäuser und um die Reduzierung der Anzahl der gelieferten Kinder zu kümmern, weil die beiden Erziehungshäuser bei der jetzigen Lage nicht mehr

294 Ebd.
295 Ebd., Л. 6.

weitergeführt werden können. Die Gedrängtheit von Säuglingen und Stillfrauen beeinflusst unvermeidlicherweise die Gesundheit der Kinder."[296] Der Vormundschaftsrat veröffentlichte eine Reihe von Regeln. Die heimliche Lieferung von Säuglingen wurde durch die offene ersetzt. Diese Regeln wurden 1890 als Notbehelf für drei Jahre eingeführt. Dank der guten Erfahrungen wurden die Regeln 1894 für endgültig erklärt. Der Tätigkeitsbereich von kaiserlichen Erziehungshäusern betraf nur Hauptstädte mit Vororten. Die verlassenen Kinder sollten auf Kosten von öffentlichen Landstände- und Stadtverwaltungen gepflegt werden.

In der Stadt Woronesch wurde das Waisenheim im Jahre 1894 eröffnet. Es verstand sich als eine Anstalt für die Kinder aus der ganzen Region.[297] Im Jahre 1897 fand die Reform der Vormundschaftsbehörden statt. Einige Landschaften luden die Sonderärzte ein und vergrösserten die Anzahl von Stillfrauen, um die Heimkinder bis zum fünften oder siebten Lebensmonat auf diese Weise zu ernähren. Sie wurden dann zur Erziehung weitergegeben, da man sie in diesem Alter schon für stark genug und bereit zum Leben im Dorf hielt. Trotz dieser Massnahmen blieb die Kindersterblichkeit hoch. Während der ersten Jahre nach der Reform war die ganze Landständeöffentlichkeit schockiert darüber, wie stark die Sterblichkeit in Waisenheimen zunahm: Im Jahre 1896 betrug sie 20 %, und im Jahre 1898 bereits 62 % der Gesamtsterblichkeit.[298] Die 7. Konferenz der Ärzte des Gouvernements Woronesch stellte folgende Ursachen fest: einen Mangel an guter Nahrung und an frischer Luft in den Heimen. Die Region Woronesch gehörte zu den 27 nordöstlichen russischen Bezirken, wo die Kindersterblichkeit am höchsten war. In den meisten Landschaften der Region betrug die Sterblichkeit der Kinder bis zum 5. Lebensjahr 50 % der Gesamtsterblichkeit der Bevölkerung.[299] Im Jahre 1898 wurde auf Antrag des Behördenamtes von Kaiserin Maria die Gesetzesbestimmung aufgehoben. Damit war die

---

296 РГИА Ф. 759. Оп. 35. Д. 433. Л. 11.

297 Труды VIII съезда г.г. земских врачей и председателей управ Воронежской губернии. 25-го августа – 3-го сентября 1903 г. Том 2-й. Часть 1-ая и 2-ая.С картограммами и диаграммами, Воронеж 1903, S. 266.

298 Staatliches Archiv des Gebietes Woronesch ГАВО. Ф. И-20. Оп. 1. Д. 2406.

299 ГАВО. Ф. И-84. Оп. 2. Д. 45. Л. 798.

Neueröffnung von Erziehungshäusern untersagt. In Wirklichkeit waren die Bestimmungen jedoch nie erfüllt worden.

Die Semstwos, die sich um Vormundschaften kümmerten, begannen, Pflegeheime für Findelkinder und Waisen zu bauen.[300] Es ist anzumerken, dass die Erziehungshäuser stärker durch die Regierung unterstützt wurden als die Landschaftswaisenheime. Somit genossen die Erziehungshäuser eine bessere Finanzierung. Die Regierung war darum besorgt, den Status der Erziehungshäuser in den Augen der Öffentlichkeit aufzubessern. Das Vormundschaftsamt (Prikat Obschestvennogo Prizrenija) stellte den Heimen nur kümmerliche Mittel zur Verfügung. Die Lage der Wohlfahrtseinrichtungen, die vom Vormundschaftsamt und durch das Semstwo geführt wurden, war sehr kläglich.[301] Die Semstwos, die nach der Abschaffung des Vormundschaftsamtes nun die Mittel bekamen, erhöhten die Zuweisungen an Pflegeheime nur dann, wenn die Kreisversammlungen erfuhren, dass die Kinder hungerten und an Krankheiten starben. Es gab fast keine Pflegeheime für Findelkinder. Die Frage der Pflegeheime für Findelkinder blieb während vielen Jahren ungelöst.

Von Jahr zu Jahr starben immer mehr Kinder in den Anstalten. Die Verbesserungen zeigten sich sporadisch. Es bestand weder ein System noch eine Planmässigkeit in Sachen der Vormundschaft über Findelkinder. Zum Ende des 19. Jahrhunderts verbreitete sich das Problem der mangelnden Kreiskrankenhäuser, zu welchen Pflegeheime gehörten. Erst jetzt beachteten die Kreisverwalter diese Heime. 1890 eröffnete man in 28 Kreisregionen 56 Heime für die Findelkinder und für die Waisen. Gleichzeitig befanden sich in 16 Regionen, wo Vormundschaftsämter handelten, nur 6 Heime. Im selben Jahr gaben 34 Semstwos 2‘786‘982 Rubel für die Vormundschaft aus. Die Bauernvereine und die Privatpersonen folgten dem Beispiel des Semstwo und gaben im Jahre 1894 896‘374 Rubel für Wohltätigkeit aus bzw. 15 % der Hauptsumme der Dorfgemeindekosten.

In den Städten gründete man sogenannte „Futter-Häuser für Waisen“ und Pflegeheime.[302] Die finanzielle Unterstützung des Pflegeheimes für Waisen in

---

300 Das Russische Staatliche historische Archiv РГИА.Ф. 759. Оп. 35. Д. 433. Л. 4.

301 ГАВО. Ф. И-20. Оп. 1. Д.242. Л. 15.

302 РГИА.Ф. 759. Оп. 35. Д. 433. Л. 4 об.

der Region Woronesch schien mangelhaft. Im Jahre 1891 wurden dazu 515 Rubel und 20 Kopeken zugewiesen, einschliesslich der Kosten für die Kinderabteilung des Regionskrankenhauses. Für die Bestattung der „natürlich verstorbenen" Findelkinder stellte man im Jahre 1879 den Betrag von 270 Rubel und 50 Kopeken bereit. Diese Summe reichte für 100 Verstorbene.[303]

Es bestand keine Statistik zur Sterblichkeit der Zöglinge in den Bauernfamilien. Die Bauernfamilien, welche die Kinder aus den Pflegeheimen zur Erziehung nahmen, nannte man die „Engelsfabriken", weil die Sterblichkeit der Pflegekinder dort sehr hoch war. Da die armen Bauern auf jede Weise etwas dazuzuverdienen versuchten, nahmen sie für eine kleine monatliche Bezahlung Kinder aus den Pflegeheimen auf. Im Jahre 1866 erhöhte die Semstwo der Region Woronesch die Bezahlung für die aus den Pflegeheimen genommenen Kinder von 8 Rubel 75 Kopeken auf 15 Rubel pro Jahr.[304] Die Bezahlung für ein Findelkind von September bis Dezember in Einrichtungen des Vormundschaftsamtes wurde auch von 4 auf 8 Rubel erhöht. Für die Vormundschaft über Geisteskranke in Familien zahlte das Landschaftsamt der Woronescher Region 5 bis 6 Rubel pro Jahr aus, und ab Anfang des 20. Jahrhunderts 5 bis 8 Rubel monatlich.[305] Wegen der hohen Zahlung nahmen einige Bauernfamilien bis zu vier geistig behinderte Kinder auf.[306] Für die Raummiete im Bauernhaus bekamen die Besitzer von der Landschaftsverwaltung (Semstwo) der Region 60 Rubel pro Monat.[307] Die Anzahl der im Heim untergebrachten Kinder ging nicht zurück, sondern sie nahm zu. Wegen der Überfüllung der Heime und des Mangels an Stillfrauen wurden die Säuglinge bis zum 3. Lebensmonat in Bauernfamilien platziert.

Ab Januar 1902 vermehrte sich die Anzahl der in die Bauernfamilien gebrachten Säuglinge plötzlich: Die monatliche Zahlung für die Erziehung der Säuglinge während des ersten Jahres im Familienaufenthalt wurde laut der Verordnung der Landschaftsversammlung von 1902 auf 4 Rubel monatlich

---

303 ГАВО.Ф. И-20. Оп. 1. Д. 853. Л. 183 об.

304 Журналы Воронежского губернского земского собрания очередной сессии 1866 г., Воронеж 1867, S. 68.

305 Staatliches Archiv des Gebietes Woronesch ГАВО. Ф. И-20. Оп. 1. Д. 7792. Л. 36.

306 Staatliches Archiv des Gebietes Woronesch ГАВО.Ф. И-20. Оп. 1. Д. 7292. Л. 14.

307 ГАВО. Ф. И-20. Оп. 1. Д. 7792. Л. 36.

erhöht. Dieser Betrag war eine grosse Versuchung für die Bauern. Sie wollten ein zusätzliches Kind haben und dies geschah sogar mittels Zeugnissen des Gemeindevorstehers über den fiktiven Tod ihres Säuglings. Die Heime wurden von Strohmännern besucht, welche dann Kinder an andere „Erzieher" verkauften.

Die Mütter, die keine Möglichkeit hatten, eigene Kinder zu ernähren, konnten im Heim eine Stelle als Stillfrau bekommen. Zugleich mussten sie für ihre Kinder 2 Rubel monatlich bezahlen. Der bekannte Kreismann und Arzt A. I. Schingarew schrieb: „Ich habe die Bäuerin E. Polonowa, die Witwe aus Machowatka, behandelt. Ihre finanzielle Lage sah sehr schlecht aus: ein einstürzendes Haus, kein Vermögen, drei kleine Kinder und zudem noch eine siebzehnjährige Adoptivtochter, welche ihre einzige Ernährerin war. Ihr Verdienst reichte gerade für die Familie aus, um nicht zu verhungern. Sie musste heiraten, damit der Schwiegersohn als zusätzliche Arbeitskraft im Haus wohnen konnte. Die Familie hatte jedoch kein Geld für die Hochzeit, und sie konnten es nicht leihen. Deshalb mussten entweder die Kinder ins Heim gehen oder jemand hätte das Geld für Heirat leihen müssen.[308]

Für die Säuglinge versuchte man, sofort Adoptiveltern zu finden. Zudem war die Sterblichkeit solcher Kinder sehr hoch. Zum Beispiel war die Bäuerin Maria Schebkina aus dem Amtsbezirk Lebjaschenskij gezwungen, ihr Kind über das Heim an die Bäuerin A. Borodina abzugeben, bei der ihr Kind dennoch nach ein paar Tagen starb. Es ist anzumerken, dass die Bauern, die ein Kind aus dem Pflegeheim zur Erziehung nahmen, eine Jahreszahlung vom Amt erhielten. Hingegen bekamen die Bauern, die ein Kind adoptierten, kein Geld, sondern eine einmalige Beihilfe für die Anmeldung des Kindes und eine weitere finanzielle Unterstützung bei dessen Heirat. Ende des 19. bis Anfang des 20. Jahrhunderts betrug diese Beihilfe 25 Rubel.[309] Das durch das Amt des Guberniyas adoptierte Kind bekam vom Dorfverein das Grundstücksnutzungsrecht.[310] Alle adoptierten Kinder sowie für die Erziehung angenommenen Kinder mussten von den Dorfältesten oder den Amtsbezirksschreibern betreut werden, wofür das Semstwo zahlte.

308 ГАВО. Ф. И-20. Оп. 1. Д. 2899. Л. 59.

309 Staatliches Archiv des Gebietes Woronesch ГАВО.Ф. И-20. Оп. 1. Д. 7292. Л. 4.

310 Полный свод законов о крестьянах. Часть 3-ая, 4-ая (oben Anm. 157), S. 134.

Die Landschaftsversammlung im Jahre 1890 bestimmte, vom bestehenden System der Kleinkinderfürsorge abzukommen und Ernährung ohne Muttermilch zu vermeiden, eine genügende Anzahl der Stillfrauen anzustellen sowie die zweckmässige Verteilung der Kinder in Bauernfamilien einzuführen und diese mit ärztlicher Behandlung zu versorgen. 1901 konnten die Kreisärzte durch viele Bemühungen die Kindersterblichkeit in Heimen von 68 % (1900) auf 44 % reduzieren. Dazu verwendeten sie für die damalige Zeit ausserordentlich erscheinende Massnahmen und einen erheblichen Geldaufwand. Die Kinder blieben bis zu ihrem neunten oder zwölften Lebensmonat in Heimen, d. h., bis sie Brot essen konnten, das Hauptnahrungsmittel in den Dörfern. Ausserdem bekamen die Stillfrauen mehr Geld: für das erste Jahr 4 Rubel, für das zweite und die folgenden Jahre 1 Rubel 25 Kopeken monatlich; am Ende des zweiten Jahres gab es eine Prämie von 12 Rubel. So ging es weiter bis zum 12. Lebensjahr, in dem es eine Prämie von 5 Rubel gab.[311] Im Jahre 1901 rüstete man die Heime mit separaten Zimmern für die Kinder und die Stillfrauen, einer Küche und Hilfszimmern aus. Das ins Heim gekommene Kind wurde vom Dienstarzthelfer untersucht, gewogen und gemessen. Die Ergebnisse aller Messungen trug man in die „Krankenliste" ein, danach kam das Kind zur Stillfrau. Kinder, die an Infektionskrankheiten wie z. B. an Syphilis litten, bekamen Ernährung ohne Muttermilch und hatten ein separates Zimmer, wo sie während zwei Wochen in Quarantäne blieben. Schwache Kinder wurden zweimal pro Woche gewogen, und die Ergebnisse wurden verglichen. Kinder schliefen in Eisenbetten auf mit Span gefüllten und Folie bedeckten Kissen. Im Sommer benutzte man Leinenwindeln, im Winter Windeln aus Papier. Die Kinder in den Schlaf zu wiegen war verboten. Einen Schnuller bekamen nur die Kinder, die schon mehr als einen Monat alt waren. Ausnahmsweise bekamen Kinder doch einen Schnuller, wenn es nötig war, das Kind zu lehren, die Saugflasche zu nehmen, oder wenn man die Stillfrauen von der Gewohnheit abbringen wollte, „alles Mögliche dem Kind in den Mund zu stecken". Man wusch die Kinder täglich zu einer bestimmten Zeit, ausser die Kleinsten mit offenem Nabel. Diese Tagesordnung wurde 1901 gültig; zuvor wusch man die Kinder einmal monatlich, ohne die Hygieneregeln zu beachten. Der Arzt

311 Труды VIII съезда г.г. земских врачей (oben Anm. 297), S. 272.

kam zwei- bis dreimal pro Tag ins Heim, um die Kinder zu untersuchen. Er kümmerte sich um die neu gekommenen Kinder und Stillfrauen, unter denen er die Kinder verteilte. Zudem begutachtete er die Milchqualität, das Trinken bei Einsatz der Saugflasche und die Milchzubereitung und er achtete darauf, wie man die Kinder ins Dorf und zurück ins Heim brachte. Der Arzthelfer und die Heimverwalterin mussten einen 24-stündigen Dienst im Heim einhalten, die Pflegekinder ernähren und ein Buch mit allen Bemerkungen über die Gesundheit der Kinder führen. Ab dem Jahr 1901 wurden Kinder alle zwei Stunden gefüttert, wenn nötig auch nachts.

Ab 1892 stieg innerhalb von 10 Jahren die Anzahl der Findelkinder an. Im Jahr 1894 befanden sich 150 Findelkinder im Heim, im Jahr 1897 waren es 169, 1901 zählte man 178 und 1902 bereits 197. Während dieser Periode betrug die Sterblichkeit der Findelkinder im ersten Lebensjahr 38 %. Die höchste Rate von 62 % wurde 1898 gemessen und die niedrigste von 12 % im Jahr 1902.[312] Beim Vergleich der Sterblichkeitsraten im Waisenhaus von Woronesch und in den kaiserlichen Erziehungshäusern stellt man fest, dass das Waisenhaus eine bessere Quote hatte. Die Unterkunftsdauer der Kinder im Woronescher Heim war immer länger als in den genannten Erziehungshäusern. Im Moskauer Erziehungshaus starben 1899 47 %, im Sankt Petersburger 34 % der von Stillfrauen gestillten Pflegekinder. Im Moskauer Erziehungshaus betrug die Durchschnittsdauer der Unterkunft 39 Tage (1899) und in Sankt Petersburg 36 Tage. Im Woronescher Kreispflegeheim blieben Kinder, deren Durchschnittsalter 3,5 Monate betrug, durchschnittlich 90 Tage, bis sie in die Dörfer verschickt wurden. Von den 197 Kindern, die im Jahre 1902 ins Waisenhaus von Woronesch gekommen waren, waren 128 – oder 63 % – jünger als eine Woche. Von Jahr zu Jahr stieg der Anteil der Säuglinge an der Gesamtanzahl der Pflegekinder: 1892 – 24 %; 1893 – 44 %; 1894 – 32 %; 1895 – 36 %, 1896 – 34 %, 1897 – 32 %; 1898 – 54 %; 1899 – 57 %; 1900 – 62 %; 1901 – 70 %; 1902 – 65 %.[313]

Eine der Ursachen war, dass im Jahr 1896 das Kreisgeburtshaus die Durchschnittsdauer der Unterkunft von Gebärenden von 5 auf 3 Tage reduzierte. Die Mütter brachten ihre Kinder gleich nach der Geburt ins Pflegeheim. In grossstädtischen Geburtshäusern war die durchschnittliche

312 Ebd., S. 280.
313 Ebd., S. 282.

Unterkunftsdauer grösser, deshalb gab es weniger Säuglinge: im Moskauer Erziehungshaus 46,3 %, im Sankt Petersburger 9,2 %. Die Mütter hatten keinen freien Zugang zu den unehelichen Kindern und brachen eilig die Beziehung zu ihnen ab. Von 1901 bis 1902 wurden 74 % der im Pflegeheim verstorbenen Kinder als Säuglinge ins Heim gebracht.[314]

Die folgende Tabelle zeigt die Zugänge ins Heim und die Fortgänge im Jahr 1899.

Tabelle 8[315]

Kinder	Januar	Februar	März	April	Mai	Juni	Juli	Dezember
Findelkinder	998	833	1199	774	736	740	1036	1155
Kinder, die von Pflegefamilien dem Heim zurückgegeben wurden	286	185	227	121	175	218	162	214
Kinder, die in bäuerlichen Familien untergebracht wurden	168	127	172	225	316	286	207	279
gesamt	1152	1145	1598	1120	1227	1244	1405	1648
ohne Muttermilch ernährte Kinder	43	115	157	178	109	208	155	247
Säuglinge (von den Stillfrauen)	974	606	850	807	658	646	743	1021
mit Milch ernährte Kinder	138	143	98	20	60	136	266	242
gekommene Kinder	19	23	12	13	13	18	16	12
gestorbene Kinder	11	5	7	13	5	9	5	8

314 Ebd., S. 284.

315 Staatliches Archiv des Gebietes Woronesch ГАВО. Ф. И-20. Оп. 1. Д. 2899. Л. 2.

Kinder	Januar	Februar	März	April	Mai	Juni	Juli	Dezember
Kinder, die in bäuerlichen Familien platziert wurden	9	6	3	5	6	2	7	2
adoptierte Kinder	1	1	–	–	1	–	–	–
Kinder, die ihren Eltern zurückgegeben wurden	4	4	–	1	–	4	–	6
kranke Kinder	546	532	595	500	302	296	672	534

Die monatliche Entwicklung sah am Beispiel des Januars 1899 wie folgt aus:

Tabelle 9[316]

Kinder im Alter von 2 Wochen bis 1 Monat	Ein Kind wurde adoptiert.
Kinder von 1–3 Monaten	Ein Kind wurde adoptiert, 3 zurück zur eigenen Mutter, 10 im Heim eingetroffen
Kinder von 3–6 Monaten	Ein Kind wurde adoptiert, 1 zurück zur eigenen Mutter, 1 zum Heim zurückgekehrt, 34 im Heim neu eingetroffen
Kinder von 6–9 Monaten	Ein Kind wurde adoptiert, 3 zum Heim zurückgekehrt, 9 im Heim neu eingetroffen
Kinder von 9 Monaten bis 1 Jahr	2 zum Heim zurückgekehrt, 1 im Heim neu eingetroffen
Kinder von 1–5 Jahren	2 zurück zur eigenen Mutter, 1 zum Heim zurückgekehrt, 2 im Heim neu eingetroffen
Kinder über 5 Jahren	Ein Kind wurde adoptiert.

Im Januar starben die Säuglinge (unter zwei Wochen alt), die in den Bauernfamilien untergebracht worden waren. Gleichzeitig dehnte sich die hohe Sterblichkeitsziffer auf weitere Kinder aus. Im Jahr 1910 nahm die Anzahl der Zöglinge stark zu.

316 Staatliches Archiv des Gebietes Woronesch ГАВО. Ф. И-20. Оп. 1. Д. 2899. Л. 77.

Tabelle 10[317]

Kindesverhältnisse	**Januar**	**Februar**	**März**	**April**
Anzahl Kinder im Jahr 1910	4654	4376	4625	4943
davon Findelkinder	2762	2666	3100	3415
davon zum Heim zurückgekehrte Kinder	1629	1424	1245	1222
davon im Heim neu eingetroffene Kinder	263	286	280	308
Säuglinge	3109	3048	3450	3747
davon im Heim neu eingetroffene Säuglinge	75	61	51	64
gestorbene Kinder	9	7	8	14
in den Familien platzierte Kinder	54	32	45	34
den Eltern zurückgegebene Kinder	5	4	6	1
kranke Kinder	882	700	972	895
für die Arbeit in den Familien platzierte Kinder	2000	2390	2536	2288

Innerhalb eines Jahres wurden nur ein bis drei Kinder permanent adoptiert. Die restlichen wurden entweder zurückgebracht oder nur für eine bestimmte Zeit zur Erziehung aufgenommen. Laut Berichten des Gouvernements über die finanzielle Unterstützung von Einwohnern der Region Woronesch im Jahr 1906 betrugen die Auszahlungen für die Erziehung eines Waisenkinds 12 Rubel für 3 Monate und 4 Rubel für einen Monat. Im Mai gab es eine Prämie von 5 Rubel pro Kind. Die Pflegeeltern, die ein Kind aus dem Pflegeheim zur Erziehung aufnehmen wollten, mussten einmal alle sechs Monate einen vom Priester oder Dorfältesten unterschriebenen „Ausweis" ins Heim bringen, der attestierte, dass „das Pflegekind am Leben und gesund sei"[318].

317 ГАВО. Ф. И-20. Оп. 1. Д. 7773. Л. 39.
318 Staatliches Archiv des Gebietes Woronesch ГАВО. Ф. И-20. Оп. 1. Д. 6779. Л. 472.

Tabelle 11[319]: Heimverzeichnis 1895

	Findelkindern	**Waisen – Verwahrloste**	**wurde adoptiert, für die Pflege platziert.**	**gestorben**	**weiter geblieben**
Januar	17	2	14	4	34
Februar	14	2	10	1	40
März	11	4	12	3	40
April	18	3	10	6	45
Mai	16	5	24	5	36
Juni	14	4	15	11	34
Juli	13	5	17	11	28
August	17	4	21	2	23
September	14	2	15	4	33
Oktober	18	1	10	2	38
November	9	3	18	8	28
Dezember	13	6	7	4	32

In den Pflegeheimen herrschte eine hohe Sterblichkeit. Im Jahre 1900 starben durchschnittlich 70 Kinder im Heim. Monatlich befanden sich bis zu 50 Kinder dort.

Auf dem 8. Pirogowskij Kongress im Januar 1902 erklärte man das bestehende System der Vormundschaft über Säuglinge, sowohl in Erziehungseinrichtungen als auch in Kreispflegeheimen, für unbefriedigend. Der Kongress bestimmte, dass die Kinder von den eigenen Müttern gestillt werden sollten. Dies war jedoch nur dann möglich, wenn sich die Gesetzgebung bezüglich der Mütter und der unehelichen Kinder änderte.

In Russland waren Frauen mit unehelichen Kindern gebrandmarkt. Deshalb wollte sich die Mutter so schnell wie möglich von solch einem Kind befreien, indem sie es zum Beispiel auf dem Vorplatz des Heimes aussetzte.

In Bezirken des Europäischen Russlands, wo Kinder zur Erziehung ins Heim gebracht wurden, starben davon während des ersten Jahres bis zu 50 %.[320]

---

319 ГАВО. Ф. И-20. Оп. 1. Д. 2408. Л. 36.

320 Труды VIII съезда г.г. земских врачей, (oben Anm. 297), S. 266.

Diese Kinder aus den Erziehungsanstalten waren Ursache von Epidemien in der Dorfbevölkerung, womit sich folglich auch die gesamte Sterblichkeitsrate unter den Bauernkindern erhöhte.

Für ein Kind zahlte das Regierungsamt monatlich 6 Rubel für die vollständigen Unterhaltskosten. 1910 teilte die Amtsverwaltung der Woronescher Regierung mit, dass die Fragen zum Unterhalt der Findelkinder Schwierigkeiten bereiten. Die Vormundschaftsverpflichtung der Ämter sollte durch die Finanzierung begrenzt werden. Das Einkommen der Vormundschaft bestand aus den folgenden Elementen:

1) Unterstützungen von der Stadtkasse,
2) Spenden,
3) Strafen,
4) verschiedene wirtschaftliche und dienstliche Einkommen.

Der Regierungssenat erklärte im Jahre 1907 in seinen Verordnungen, dass die Semstwos über begrenzte Budgets verfügten.[321]

Im August 1903 gehörten 515 Kinder in den Zuständigkeitsbereich des Semstwos von Woronesch, man verteilte sie auf 105 Dörfer. Das Semstwo ermöglichte die Vormundschaft über Kinder bis zu ihrem 12. Lebensjahr. Danach waren sie nicht mehr dem Semstwo unterstellt. Einige Kinder wurden adoptiert, der grössere Anteil aber blieb in der Pflegefamilie. Die erhaltene Zahlung für die Erziehung eines Kindes (durchschnittlich 1 Rubel 25 Kopeken monatlich) reichte nicht aus, um für das Kind Kleider zu kaufen und seine Ausbildung zu bezahlen. Durchschnittlich erlernte nur l/4 der Jungen aus dem Heim die Grundlagen im Lesen und Schreiben.[322] Die Regierung der Landschaft hatte die Entscheidung getroffen, dass die Pfleglinge eines Heimes auf Berufsschulen gehen durften. So zahlte die Regierung z. B. im Jahr 1910 der Schule 990 Rubel jährlich für die Kinder aus dem Heim, die weder Eltern noch Verwandte hatten.[323] Die Systemmängel in der Gesundheitskontrolle von Pfleglingen wurden auf jeder Versammlung

321 Staatliches Archiv des Gebietes Woronesch ГАВО. Ф. И-20. Оп. 1. Д. 7773. Л.127 ob.

322 Труды VIII съезда г.г. земских врачей (oben Anm. 297), S. 289.

323 Staatliches Archiv des Gebietes Woronesch ГАВО. Ф. И-20. Оп. 1. Д. 7773. Л. 111.

der Regionsverwaltungen vorgebracht. Die Arzthelfer waren nicht in der Lage, die Gesundheitskontrolle aller Kinder im Heim und in den Bauernfamilien zu gewährleisten. Der Arzt ging nur dann in die Heime, wenn die Gesundheitslage dort relativ günstig war, aber solche Perioden gab es kaum.

In den Heimen nahm man die Findelkinder und die Kinder von den in Krankenhäusern stationierten Müttern auf sowie die aus den Dörfern zurückgebrachten Kinder. In einigen Fällen nahm man auch Waisen auf. Doch das war eher eine Ausnahme, weil solche in Waisenheime gehörten und daher dort gemeldet waren. Die Landschaftsverwaltung der Region gewährte den Familien, welche die Kinder nicht mehr ernähren konnten, oft keinen Platz. Im Jahre 1910 stellte eine Einwohnerin des Dorfs Matwejewka, Maria Demidova, Mutter von drei Töchtern im Alter von 3, 6 und 10 Jahren, ihr Anliegen ans Landschaftsheim. Sie schrieb: „Wegen äusserster Verarmung kann ich meine Töchter nicht mehr ernähren und erziehen. Ich bitte die Landschaftsverwaltung der Region, mindestens eine von meinen Töchtern ins Heim aufzunehmen.“[324] Die Regierung lehnte die Bitte der Frau ab, weil nur Kinder mit dem Heim unbekannten Eltern aufgenommen wurden.

Was die hygienischen Zustände des Heimes für Findelkinder betrifft, so benachrichtigte die Regierung den Leiter mehrmals, dass es um das Gebäude herum immer „Müllhaufen“ gebe.[325]

Das Semstwo setzte sich für die Gründung von Tageskinderkrippen in der Region von Woronesch ein. Eine solche Krippe öffnete ihre Türen im Sommer, in der Zeit der intensiven Arbeit in den Monaten Juni-Juli, wenn die Kindersterblichkeit am höchsten war. Wegen der Verwahrlosung der Kinder und schlechter Ernährung wurden den Dörfern 3000 Rubel aus dem Fonds des Versicherungskapitals für die Krippen zugewiesen, je 25 Rubel für jeden Kreis. Die Woronescher Regionsversammlung erklärte die Gründung der Krippen zur allerwichtigsten Massnahme im Hinblick auf die Steigerung der Wirtschaft und Verbesserung des Gesundheitszustandes der Bevölkerung. Die Krippen wurden nicht nur als Mittel zur Bekämpfung der Kindersterblichkeit, sondern sogar als Massnahme gegen die sommerlichen Brände verstanden. Innert 3 Jahren, von 1895 bis 1898, fanden

324 Ebd., Л. 178.
325 Ebd., Л. 209.

in der Region 4078 Brände statt, die das Versicherungskapital 900'000 Rubel kosteten. Darunter waren 257 Brände, die von Kindern verursacht worden waren, die sich mit dem Spiel mit dem Feuer im Sommer die Zeit vertrieben.[326] Innerhalb der genannten 3 Jahre erlitten die Einwohner des Gouvernements Verluste von 400'000 Rubel, die durch Brände verursacht wurden. Das Semstwo beabsichtigte auch aus diesem Grund, die Kinder in den Krippen zu erziehen. Im Jahre 1899 existierten in der Region Woronesch 24 solcher Krippen. Davon wurden 13 auf Kosten des Versicherungskapitals des Semstwos eröffnet und zusätzlich durch die Kreislandschaften und Privatpersonen finanziert.

Durchschnittlich blieb jedes Kind 13 Tage in einer Krippe. Die Öffnungszeiten waren unterschiedlich und hingen von diversen lokalen Voraussetzungen ab. Einige Krippen standen weniger als 20 Tage offen. Die Besuchsdauer der Kinder war ebenfalls unterschiedlich und umfasste eine Zeit zwischen 4 und 264 Tagen. Die höchsten Besucherzahlen sind in den folgenden Dörfern zu vermerken: Muromka (289 Kinder), Lomowtse (211 Kinder), Nowoschitino (199 Kinder), Borisowka (194 Kinder), Petrowskoje (114 Kinder) und Orlow (105 Kinder). Die Alterszusammensetzung war wie folgt: bis 1 Jahr – 2 %, bis 2 Jahre – 7 %, bis 4 Jahre – 21 %, bis 5 Jahre – 12 %, bis 10 Jahre – 48 % und älter als 10 Jahre – 10 %.[327] Insgesamt arbeiteten die Mitarbeiter in den die Krippen 1048 bis 3018 Tage. 3626 Kinder wurden insgesamt betreut.[328]

1900 wurden Sondergruppen für an Syphilis erkrankte Kinder angeboten. Die erste Krippe dieser Art geht auf den bekannten Arzt A. I. Schingarev zurück und befand sich im Dorf Nowoschitinnoje im Kreis Woronesch. Die Gründung dieser Anstalten war eine wichtige Massnahme im Kampf gegen die sich schnell verbreitende Syphilisepidemie. Nach der Untersuchung von fünf Bauernfamilien im Dorf Nowoschitinnoje wurde Syphilis bei zwölf Kindern diagnostiziert. Die Finanzierung der neuen Anstalten erfolgte durch private Initiative.

---

326 Ebd., Л. 170.

327 Памятная книжка Воронежской губернии,1901(oben Anm. 166), S. 41.

328 Staatliches Archiv des Gebietes Woronesch ГАВО. Ф. И-20. Оп. 1. Д.3056. Л. 56.

Im Jahre 1900 wurden 36 Krippen in 34 Dörfern auf Kosten von Privatpersonen betrieben. Im Vergleich zu 1899 stieg die Anzahl der Krippen um 12 %. Zugleich verdoppelte sich die Anzahl der Kinder.

Diese wurden von Medizinstudenten oder Geburtshelferinnen betreut. Die höchste Besoldung des Verwalters betrug 25 Rubel monatlich zuzüglich 1 Rubel 22 Kopeken pro Tag für Lebensmittel.[329] Der Sanitätsrat empfahl, weitere Krippen in jenen Dörfern zu öffnen, in denen Epidemien unter Kindern verbreitet waren. Diesen Empfehlungen folgend gründete man im Jahre 1900 Krippen in den folgenden Dörfern: Rogatschewka, Orlowo, Mochowskoje und Usman im Kreis Woronesch.

Die Ausstattung der Krippen war einfach und ähnelte der eines gewöhnlichen Haushaltes. Die Sanitätsabteilung empfahl diese Ausrüstung: ein neues Milchsterilisierungsgerät, ein Thermometer, eine Geschirrbürste, je 10 Glassaugflaschen und Gummischnuller.

Trotz allem stand die ländliche Bevölkerung den Krippen zunächst misstrauisch gegenüber. Laut der Aussage einer Krippenaufseherin, einer Lehrerin aus dem Dorf Pusewo, besuchten am 3. Juli 1900 52 Kinder die Krippe (nur Kinder bis zum 8. Lebensjahr durften diese Krippe besuchen). Am 7. Juli waren es sogar nur 29. Die Kinder blieben den ganzen Tag lang unter der Betreuung der Kinderfrau, die allein auf bis zu 25 Kinder aufpasste. Auch der Verwalter der Krippe im Dorf Makarowo im Kreis Nowochoperskij schrieb, dass sich die Bauern kritisch über diese Einrichtungen äusserten. Sie fürchteten, dass sie in Schulden geraten könnten, weil der Krippenbesuch gegen Zahlung erfolgte. Doch selbst als die ersten Häuser eröffnet wurden, in denen Bauernkinder kostenlos mit medizinischer Pflege, Nahrung und Unterhaltung unterstützt wurden, blieben die Leute misstrauisch. Viele wunderten sich, warum sich jemand ohne Bezahlung um ihre Kinder kümmerte. Die vermögenden Bauern waren noch skeptischer. Es war für ihre Söhne und Töchter „eine Schmach“[330], sich mit den Kindern aus kinderreichen, besitzlosen Familien abzugeben. Doch es gibt auch Gegenbeispiele: Die Bevölkerung im Dorf Rowenki schätzte die Krippe ausserordentlich und brachte dieser Institution grosses Vertrauen entgegen,

---

329 ГАВО. Ф. И-20. Оп. 1. Д.3053. Л.80.

330 Staatliches Archiv des Gebietes Woronesch ГАВО. Ф. И-20. Оп. 1. Д.3053. Л. 48.

die Kinder blieben dort für mehrere Tage, und sogar zwei Todesfälle konnten dieses Vertrauen nicht erschüttern.

Die Ausstattung und die Gestaltung der Krippen im Dorf Pusewo

Die Krippe besuchten ca. 50 Kinder. Die Anstalt wurde ziemlich gut ausgestattet und verfügte über eine Badewanne, eine Petroleumküche GREZ, ein Milchsterilisierungsgerät, 11 Glassaugflaschen, 24 Schnuller, Milchtassen, Bürsten, 58 Löffel, 11 Holztassen, diverse Körbe, Kämme und Leuchter, 6 Betttücher und Kissenbezüge, 30 Handtücher, einen Tisch, 10 Matratzen und Blechbecken, 6 Bälle und eine Schaukel. Die Finanzierung erfolgte durch ein Versicherungskapital und sie betrug 1900 3000 Rubel. Dazu bestimmte das Semstwo zusätzliche 1250 Rubel für jeden Kreis für die sogenannte Sommerkrippe.[331]

Die Krippe im Dorf Makarewo, Kreis Nowochoperskij, wurde im Gebäude des ehemaligen Wirtshauses eröffnet, das zwar in schlechtem Zustand war und weder einen Garten noch einen Hof aufwies, aber mit drei grossen und zwei kleinen Zimmern, einer Küche und einem Flur recht geräumig war. Als Leiter war dort im Jahre 1900 der lokale Arzt A. Meleschko und als Verwalterin eine Krankenschwester tätig. Das monatliche Gehalt einer Kinderfrau betrug 4 Rubel, einer Köchin 16 Rubel und einer Aufseherin 15 Rubel. Die Krippe war 29 Tage geöffnet. Die Ausstattung umfasste eine GREZ-Küche, einen kleinen Satz Geschirr, Schnuller und Bettwäsche. Die Kinder schliefen auf Papier und mit Stroh gefüllten Matratzen. Die Säuglinge bis zum Alter von zehn Monaten wurden mit Griessbrei und Milch gefüttert. Grössere Kinder bekamen zum Frühstück Hirse- oder Buchweizengrütze oder Kartoffelsuppe; zum Mittagessen gab es zwei Tage lang Kohlsuppe mit Rindfleisch und zwei Tage lang Fastenöl. Während der Fastenzeit wurden ausserdem Salat und Fastensuppe gegessen. Die Kinder kamen um 7 Uhr morgens in die Krippe. Nach dem Waschen und einem Gebet nahmen sie um 8 Uhr das Frühstück ein. Zu Mittag assen sie um 12

331 Ebd., Л. 6.

Uhr, um 16 Uhr gab es Vesperbrot und um 19 Uhr ein Abendessen. Den ganzen Tag über spielten die Kinder verschiedenste Spiele.[332]

Die Ausstattung und die Gestaltung der Krippen im Dorf Rajewka

Die Krippe im Dorf Rajewka, Amtsbezirk Wosnesenskij, befand sich im Gebäude einer Landschaftsschule, in einem Zimmer, das für nur 6 Kinder ausreichte. Der Leiter der Krippe war der lokale Arzt und Priester. Die Ausstattung ähnelte mit einem Tisch und Schulbänken der einer Schule. Die Eltern brachten die Bettwäsche und Schlafkörbe mit. Nicht zugelassen waren Säuglinge sowie erkrankte Kinder. Der Arzt untersuchte die anwesenden Kinder dreimal pro Woche. Oftmals mussten die Mütter ihre Kinder vor Ort füttern. Elf Monate alte Babys bekamen Milchkulesch, die grösseren Kinder ernährten sich zusammen mit den Erwachsenen von Hirsekulesch, Speck, Kohlsuppe sowie an den Fastentagen von Kwasssuppe. Kwass ist ein altes russisches kohlensäurehaltiges Erfrischungsgetränk, welches durch Gärung aus den Grundzutaten Wasser, Roggen und Malz gewonnen wird. Um 20.30 Uhr gingen die meisten Kinder nach Hause. Die Krippe war von grosser Bedeutung im Hinblick auf den Gesundheitszustand der Kinder.

Nachdem die Krippen etwa zwei Jahre existierten, wurden sie allmählich innerhalb der Landbevölkerung anerkannt. Die Bewohnerinnen der Dörfer Troitsk und Muromsk, wo die Krippen durch die bekannte Ärztin A. Rostowtsewa geführt wurde, sagten: „Uns ist es am wichtigsten, dass das Kind gepflegt ist, dass es nicht stirbt, ernähren können wir es auch zu Hause."[333]

Ursprünglich waren die Krippen vom Semstwo als gemeinnützige Anstalten gedacht, in denen die Bevölkerung auch mitwirken sollte. Doch aufgrund mangelnder kultureller Bildung und der misslichen finanziellen Lage verhielten sich die Leute passiv.

Jährlich gab die Regierungsversammlung 3000 Rubel für die Entwicklung der Krippen aus.[334] Im Jahre 1900 erhielten bereits 100 gut funktionierende Krippen in den Kreisen Woronesch, Semljansk, Pawlowsk und

332 Staatliches Archiv des Gebietes Woronesch ГАВО. Ф. И-20. Оп. 1. Д.3053. Л. 6.

333 ГАВО. Ф. И-20. Оп. 1. Д.3053. Л.175 ob.

334 Памятная книжка Воронежской губернии 1901, (oben Anm. 166), S. 42.

Bogutscharsk eine zusätzliche Finanzierung von bis zu 300 Rubel durch das lokale Semstwo. Der bekannte Arzt A. I. Schingarew sowie berühmte Persönlichkeiten erörterten mehrmals auf den Versammlungen der Landschaftsverwaltungen das finanzielle Problem der Krippen in Russland. Schingarew forderte alle Kreislandschaften auf, das Krippennetzwerk in der Region auszubauen.

Mehrere Krippen setzten sich für den Kampf gegen Syphilis ein und fanden dabei die Unterstützung von der „Gesellschaft für den Kampf gegen ansteckende Krankheiten“, welche die Prinzessin von Oldenburg, Eugenia Maximilianowna, betreute. Ab 1900 beteiligte sich der russische Adel, z. B. Fürstin N. A. Boryatinskaja, A. A. Saweljew, N. A. Klotschkow oder L. K. Suchanowa, an der Finanzierung der Krippen. Beihilfe zahlten auch lokale Händler und wohlhabende Bauern. An der Verwaltung der Krippen beteiligten sich herausragende Persönlichkeiten der Woronescher Intelligenzija, wie P. E. Scherbina, I. S. Nikitin, A. W. Aristov und M. F. Meleschko.[335] Als Leiter von Krippeneinrichtungen wurden Landschaftsrevierärzte eingesetzt.

Im Jahr 1900 empfingen die Krippen 3018 Kinder, die dort insgesamt 36‘260 Tage verbrachten. Die Verteilung der Krippen in den Kreisen war ungleichmässig. Zu den sehr gut versorgten Kreisen gehörten Pawlowskij (4 Krippen für 461 Kinder), Ostrogoschskij (3 Krippen für 347 Kinder), Sadonskij (5 Krippen für 40 Kinder), Woroneschskij (3 Krippen für 288 Kinder), Walujskij (2 Krippen für 158 Kinder), Nischnediwitskij (3 Krippen für 107 Kinder) und Boborowskij (2 Krippen für 102 Kinder). Deutlich weniger gut waren die folgenden Kreise mit Krippen ausgestattet: Nowochoperskij (2 Krippen für 96 Kinder), Bogutscharskij (2 Krippen für 73 Kinder), Korotojakskij (1 Krippe für 67 Kinder) und Birjutschenskij (1 Krippe für 38 Kinder).[336]

Die meisten Krippen befanden sich in Schulgebäuden, für andere wurden angemietete Bauernhäuser zur Verfügung gestellt. Dort wurde die Arbeit als gemeinnützige Tätigkeit von der Dorfintelligenz, dem Lehrer oder Studentinnen der Arzthelferinnenschule verrichtet: Sie führten das Haus und kümmerten sich um die Kinder. Die kleinen Kinder schliefen in

335 Staatliches Archiv des Gebietes Woronesch ГАВО. Ф. И-20. Оп. 1. Д.3053. Л. 211.

336 Памятная книжка Воронежской губернии 1901, (oben Anm. 166), S. 43.

Wäschekörben und grössere Kinder auf mit Stroh gefüllten Matratzen. Die Wäsche wechselte man nur den ganz kleinen Kindern. In allen Krippen gab es eine Köchin, sie war auch Waschfrau, sowie ein bis drei Kinderfrauen. Die Arbeitszeit in den Krippen hing von der Ernteperiode ab und war überall verschieden. So dauerte die kürzeste Arbeitszeit der Krippen 10 Tage und 53 Tage die längste.

Im Jahre 1900 schwankte die Besucherzahl von wenigstens 8 bis höchstens 157 Kinder täglich. Am besten besucht waren die Krippen in den folgenden Dörfern: Muromka (114–231 Kinder), Lomowtse (60–130 Kinder), Egorjewskoje (57–112 Kinder), Nowoschiwotinnoje (112–130 Kinder), Raewka (37–118 Kinder) und Rowenki (37–103 Kinder).

Die Krippe im Dorf Rowenki muss man von allen anderen Anstalten gesondert betrachten. Sie gehörte zur einen geschlossenen Anstalt. Die Kinder und Säuglinge blieben dort wochenlang während der ganzen Erntezeit. Die folgende Tabelle veranschaulicht das Alter der Kinder, die in dieser Anstalt im Sommer 1900 untergebracht wurden, und die Zeitdauer, die sie dort verbracht haben.

Tabelle 12[337]

Alter	**Anzahl der Kinder**	**Anzahl der Tage**	**Anzahl der Tage pro Kind**
unter 2 Monate	5	36	7,2
2–9 Monate	60	648	10,8
unter 10 Monate	53	427	8
allgemein	118	1111	9,4
1–2 Jahre	260	3246	12,5
2–4 Jahre	643	7567	12
4–5 Jahre	408	4932	12
5–10 Jahre	1370	17220	12,5
über 10	168	2184	13
allgemein	2967	36260	12,5

337 Staatliches Archiv des Gebietes Woronesch ГАВО. Ф. И-20. Оп. 1. Д.3053. Л. 178.

Die Landschaftsärzte gaben zu, dass der Anteil an Säuglingen in dieser Krippe von Jahr zu Jahr zunahm. Im Jahre 1900 betrug die Rate für Säuglinge 9 % aller Kinder, die die Krippe besuchten. Für Kinder im Säuglingsalter und Kinder unter 4 Jahren bestand in dieser Region eine besonders hohe Sterblichkeitsrate. Die Gruppe der 2- bis 4-jährigen Kinder machte 36 % aller Krippenkinder aus. In der Einrichtung verbrachten sie durchschnittlich 12 Tage.

Im Dorf Nowoschiwotinnoje, Kreis Woronesch, starben in dem Zeitraum von 1879 bis 1899 jährlich 45 von 100 Neugeborenen, während die durchschnittliche Sterblichkeit nur 32 von 100 Neugeborenen betrug. In den Sommermonaten der Jahre 1899 und 1900 starben im Dorf Nowoschiwotinnoje sogar alle Neugeborenen.[338] Die Krippen jedoch bewahrten viele Kinder vor dem Tod, denn die Kindersterblichkeitsquote innerhalb solcher Einrichtungen blieb auch in solchen Zeiten unverändert.

Dank den Krippen ist es ausserdem gelungen, die Verbreitung der Syphilis unter der jungen Bevölkerung der Region zu stoppen. Das hängt vor allem mit den strengen hygienischen Normen der Anstalten zusammen. Die erkrankten Kinder blieben in einem separaten Raum und wurden systematisch behandelt. Es gab sogar Sonderkrippen wie die in einem gemieteten Bauernhaus eröffnete Krippe des Dorfes Logatschewka im Kreis Walujskij. Doktor Wesnitskij, der Leiter, hatte während seiner Untersuchung von 137 Familien Syphilis bei Kindern aus 35 Familien festgestellt.[339] Für sie war die Sonderkrippe gedacht. Medizinstudentinnen behandelten diese Kinder innerhalb von 36 Tagen, wöchentlich kam zusätzlich der Arzt. Dank der Behandlung verschwanden die sichtbaren Syphiliszeichen bei 22 von 33 Kindern. Um mehr Ärzte für die Krippen zu gewinnen, willigte im Jahr 1901 das Semstwo der Regierungsverwaltung von Woronesch ein, 600 Rubel jährlich aus dem Epidemiefonds freizugeben.

Die Krippen schützten die Kinder jedoch nicht nur vor Krankheiten, sondern trugen auch zur Verbesserung ihres allgemeinen Gesundheitszustandes bei. Insgesamt gesehen entsprachen die Kinder im Alter von bis zu 5 Jahren

338 ГАВО. Ф. И-20. Оп. 1. Д.3056. Л. 56.

339 Staatliches Archiv des Gebietes Woronesch ГАВО. Ф. И-20. Оп. 1. Д.3056. Л. 56 об.

49 % aller Krippenbesucher in dieser Region.[340] Den Krippen kam damit die wichtige Aufgabe zu, den Gesundheitszustand dieser Kinder zu stärken und sie vor der Verwahrlosung zu schützen.

Krippen verlangten von dem Semstwo eine hohe Beteiligung an der Finanzierung. Allein im Jahre 1900 entstanden für die Einrichtung von 36 Krippen Kosten von 4691 Rubel 41 Kopeken. Diese Summe wurde von der Woronescher Abteilung für Gesundheitswesen mit 448 Rubel und von einer Privatinitiative mit 1003 Rubel 41 Kopeken mitfinanziert.[341] Anzumerken ist, dass jene Krippen, die sich für den Kampf gegen Syphilis engagierten, eine dreimal grössere finanzielle Unterstützung erhielten als normale Einrichtungen. Diesen wurden 130 Rubel gezahlt gegenüber 400 Rubeln, die an solche Sonderkrippen gingen.[342]

Die positive Auswirkung der Krippentätigkeit erkannten auch die benachbarten Regionen. Kindereinrichtungen entstanden infolgedessen in Perm, Samara, Kursk, Vjatka, Simbirsk und anderen Regionen.

Zu den Anstalten, die sich für Kinder auf dem Land einsetzten, gehörten das Elisawetinskij Waisenheim und die Gesellschaft der Besserungsheime für Minderjährige. Ihr Ziel war die Versorgung der Kinder mit medizinischer Hilfe, Nahrung und Kleidern, ausserdem boten sie den Kindern ein Obdach.

Am Anfang des 20. Jahrhunderts entstanden im Europäischen Russland Einrichtungen, die mit den europäischen Arbeitsanstalten vergleichbar waren. Denn hier sollten die Kinder durch Arbeit ihren zukünftigen Beruf erlernen. Einzigartig in dieser Hinsicht war die „Gesellschaft für Vormundschaft und Kinderspiele“. Diese bot Unterricht in Form von Unterweisungen und Spielen an. Die „Gesellschaft für Vormundschaft und Kinderspiele“ umfasste einige Anstalten. Zwar existierte sie nicht für lange Zeit, dennoch ist diese Gesellschaft so bedeutend, dass ihre Geschichte an dieser Stelle dargestellt werden soll.

Am 23. September 1903 während der ersten Versammlung der Gründer der „Gesellschaft für Vormundschaft und Kinderspiele“ in Woronesch wählte man die Verwaltung. Zwei Monate später wurden das Büro der Gesellschaft sowie die Unterkunft für die Kinder eröffnet. Am 16. Dezember

340 Памятная книжка Воронежской губернии 1901, (oben Anm. 166), S. 45.
341 ГАВО. Ф. И-20. Оп. 1. Д.3056. Л. 47.
342 Ebd., Л. 48.

1903 nahm die Gesellschaft ihre Tätigkeit auf.[343] Ausser in den Sommermonaten fanden die Versammlungen jeweils wöchentlich statt. Die Gesellschaft setzte sich folgende Ziele:

1. die Unterstützung der körperlichen und geistigen Entwicklung der Kinder,
2. die Mithilfe der Eltern und Erzieher in Sachen Erziehung und Ausbildung,
3. vielfältige Hilfe für arme, kranke und verwahrloste Kinder,
4. die Unterstützung der Kinder, die zu Opfern von Straftaten geworden waren oder eine Straftat verübt hatten.

Um diese Ziele zu erreichen, veranstaltete die Gesellschaft die folgenden Aktivitäten:

1. Gestaltung von öffentlichen Vorlesungen in Bibliotheken, Lesesälen und Museen,
2. Veröffentlichung von Literatur,
3. Recherchen über die vorhandenen Lehr- und Erziehungsanstalten sowie medizinischen Einrichtungen, in welchen Kinder betreut und im Hinblick auf Bildung und Arbeit unterstützt werden,
4. Gründung von Kindergärten und Sporteinrichtungen für Kinder, wie z. B. Kinderspielräume oder Eisbahnen,
5. Veranstaltung von Kursen zum Gartenbau und Gemüseanbau,
6. Veranstaltung von Turn-, Schwimm- und Ruderunterricht sowie Angebote anderer Sportarten für Kinder, Eltern und Erzieher,
7. Veranstaltung verschiedener Führungen und Ausflüge mit Kindern,
8. Entwicklung von Sommerlagern, Sanatorien und Heilanstalten, Kinderkrippen, Heimen, Lern- und Handwerksanstalten, Abend- und Sonntagsschulen, Wohnheimen sowie Arbeitseinrichtungen mit Kantine,
9. Unterbringung der Kinder in den vorhandenen Anstalten,
10. Versorgung der Kinder mit Lebensmitteln, Kleidung, Schuhen und Lehrmitteln,
11. Feststellung von Gewalt- und Straftaten gegenüber Kindern und Weiterleitung dieser Informationen an die Behörden,

343 Staatliches Archiv des Gebietes Woronesch ГАВО. Ф. И-19. Оп. 1. Д. 2233. Л. 11.

12. Schaffen von Kolonien und Heimen für behinderte Kinder. Diese Idee wurde später durch die Filiale der russischen Vereinigung der Volksgesundheit in Woronesch verwirklicht.[344]

Für die Verwirklichung dieser Aufgaben wurden von der „Gesellschaft für Vormundschaft und Kinderspiele" mehrere Büros eröffnet. Laut der Statuten bestand die Gesellschaft aus „Personen von beiden Geschlechtern, allen Titeln, Schichten und Konfessionen". Ausgenommen waren Minderjährige, Studenten, Angehörige des Militärs und Sträflinge.[345] Die Gesellschaft verfolgte ausschliesslich gemeinnützige Ziele und basierte auf Spenden und wohltätiger Arbeit. Die Mitgliedsbeiträge betrugen von 50 bis zu 500 Rubel jährlich.

Die Gesellschaft wies eine komplizierte Mitgliederstruktur auf. Dazu gehörten die Ehrenvollen, welche einige Dienste geleistet oder bedeutende Spenden getätigt hatten; die Wohltäter, die in die Gesellschaftskasse mindestens 50 Rubel pro Jahr oder 500 Rubel einmalig eingezahlt hatten; die Wohltäter, die in die Gesellschaftskasse mindestens 3 Rubel pro Jahr oder 100 Rubel einmalig eingezahlt hatten; die Eifrigen, die keine Beiträge zahlten, sondern unentgeltlich für die Gesellschaft tätig waren. Die ehrenvollen Mitglieder wurden durch die Gesamtversammlung aller Mitglieder gewählt. Die Wohltäter und die Eifrigen wurden von der Verwaltung aufgenommen. Falls jemand ein Jahr lang keine Hilfe leistete oder seinen Beitrag nicht zahlte, wurde er sofort aus der Gesellschaft ausgeschlossen. Ausgeschlossen waren auch jene Mitglieder, die Kinder schlecht behandelten, sowie diejenigen, die gegen die Interessen der „Gesellschaft für Vormundschaft und Kinderspiele" handelten.

Das Kapital der „Gesellschaft für Vormundschaft und Kinderspiele" bestand aus dem Eigenkapital, den jährlichen und einmaligen Mitgliedsbeiträgen, den Zuschüssen von gesellschaftlichen und privaten Anstalten sowie aus Spenden, die man auf den von der Gesellschaft durchgeführten Konzerten, Musikabenden, öffentlichen Vorlesungen und anderen Veranstaltungen erhielt. Das Budget setzte sich wie folgt zusammen: Ein Teil galt

---

344 Das russische staatliche historische Archiv РГИА. Ф. 387. Оп. 73. Д. 41826. Л. 65.

345 Staatliches Archiv des Gebietes Woronesch ГАВО. Ф. И-19. Оп. 1. Д. 2233. Л. 2.

als Reservekapital, welches aus den einmaligen Beiträgen aller Mitglieder und 10 % von allen anderen Einkünften der Gesellschaftskasse bestand; einen weiteren Teil bildete das Sonderkapital, das aus den Spenden zugunsten der Gesellschaft gewonnen wurde; der dritte Teil war das Ausgabekapital, zu welchem alle sonstigen Summen und Zinsen vom Reservekapital gehörten. Einen Teil des Budgets investierte man in von der Regierung gesicherte Wertpapiere bei der Staatlichen Bank oder in Staatlichen Sparkassen. Der Schatzmeister der Gesellschaft verfügte über jene Summen, die für die nächsten Ausgaben nötig waren. Die Verwaltung und die Gesamtversammlung waren für sämtliche Aktivitäten der Gesellschaft verantwortlich. Die Verwaltung bestand aus 6 bis 18 Personen und hatte ihren Sitz in der Stadt. Jährlich wählte die Verwaltung einen Vorsitzenden, einen Schatzmeister und einen Sekretär, wobei die letzten beiden Stellen von ein und derselben Person besetzt werden konnten. Laut den Statuten der „Gesellschaft für Vormundschaft und Kinderspiele" sollte für die Klärung dringender Fragen die Generalversammlung wenigstens einmal jährlich stattfinden. Sie war gültig, wenn wenigstens ein Drittel der in der Stadt Woronesch lebenden Mitglieder anwesend waren. Die Wahlen fanden geheim statt. Neben der Wahl des Vorsitzenden und der ehrenvollen Mitglieder war die Gesamtversammlung verantwortlich für die Kontrolle und Bestätigung des Jahresberichts, für anfallende Kostenvoranschläge, für die Prüfung von Vorschlägen des Revisionsausschusses, für das Formulieren der Regeln bezüglich diverser Tätigkeitsbereiche der Gesellschaft und für die Klärung weiterer Fragen. Die „Gesellschaft für Vormundschaft und Kinderspiele" unterstand direkt dem Ministerium für Innere Angelegenheiten Russlands.

Nach Berichten der Generalversammlung innerhalb des ersten Jahres ihrer Tätigkeit setzte sich die „Gesellschaft für Vormundschaft und Kinderspiele" ein für die Ausstattung des zeitweiligen Heimes für Kinder und für die Gründung eines Auskunftsbüros. Häufig mangelte es zwischen Eltern und Kindern an gegenseitigem Verständnis. Das zeitweilige Heim hatte zum Ziel, dieses gegenseitige Verständnis zwischen den Kindern und Eltern zu fördern. Diese Anstalt war auch gedacht als Orientierungszentrum für Jugendliche, die einen Beruf erlernen wollten. Sie vermittelte den Eltern Information über alle Werkstätten, wo ihre Kinder untergebracht werden und ausgebildet werden konnten. Das Heim engagierte sich darüber hinaus für Waisenkinder und suchte für diese „zuverlässige Familien", wo sie untergebracht werden konnten.[346]

Innerhalb der ersten Monate nach der Gründung wurden bereits 14 Kinder im Heim untergebracht. Dennoch hatte die Gesellschaft mit Schwierigkeiten zu kämpfen, die die Verwirklichung ihrer Zwecke behinderten. Alle Heime waren voll und die Pflegefamilien forderten eine Entlohnung, die den Unterhalt der Kinder im Heim um ein Mehrfaches übertraf. So wurden schliesslich drei Jungen im Elisawetinskij Heim und drei Mädchen im sogenannten Damenkomitee platziert. Eigenartigerweise bestand keine Notwendigkeit, Waisenkinder aufzunehmen. Dafür wendeten sich viele Hilfe suchende Eltern an die Anstalt und zwar nicht mit dem Ziel, ihre Kinder dort unterzubringen, sondern mit der Bitte um Unterstützung. Aufgrund dieser Entwicklung entschieden sich die Mitglieder der Gesellschaft, den Kindern direkt vor Ort Hilfe zu leisten. Bedürftige Familien bekamen Bekleidung oder einmalige bzw. monatliche finanzielle Unterstützung bis zu 28 Rubel.[347]

Das zeitweilige Heim kümmerte sich ausserdem um Landfrauen, die in der Stadt eine Beschäftigung suchten, indem sie Familien fand, in denen die Frauen als Mägde die Hausarbeit verrichteten. Diese Frauen sorgten gut für die Kinder und erledigten die Hausarbeit zu aller Zufriedenheit. Wenn sie später in ihre Heimat zurückgehen wollten, wurde ihnen die Heimreise bezahlt.

Das Heim unterstützte weiterhin junge Mütter, die ihre Säuglinge selbst nicht stillen konnten, und nannte diesen Möglichkeiten im Dorf, wohin sie die Kinder zum Füttern bringen konnten. Einen Teil der Bezahlung musste die Mutter leisten, den Rest übernahm die Gesellschaft. Die an bedürftige Familien direkt geleisteten Geldbeträge wurden seitens der Gesellschaftsverwaltung geprüft.

In folgenden Einrichtungen konnten Kinder mit Hilfe des Heims untergebracht werden, damit sie dort ausgebildet wurden oder auch arbeiteten: in der Werkstatt Hulsten, in der Schneiderschule Wedensk, in der Modewerkstätte

---

346 Staatliches Archiv des Gebietes Woronesch ГАВО. Ф. И-19. Оп. 1. Д. 2233. Л. 14.

347 Staatliches Archiv des Gebietes Woronesch ГАВО. Ф. И-19. Оп. 1. Д. 2233. Л. 14.

des Wohltätigkeitskomitees, in der Wäscherei des Wohltätigkeitskomitees, in Fedorowas Modewerkstatt, im Waisenheim Elisawetiskij, im mechanischen Werk der Kameradschaft Stol und Ko, im Waisenheim Alexandrowskij oder in Stuhlbergs Werkstatt.

Die Jugendlichen selbst zeigten keine Initiative oder Wünsche im Hinblick auf ihre zukünftige Arbeit, es wendeten sich vielmehr ausschliesslich Eltern an die Anstalt, die Schwierigkeiten mit den eigenen Kindern hatten oder die es sich nicht leisten konnten, die Kinder weiter zu erziehen. Diese Kinder fanden ohne Probleme einen Platz im Heim und besuchten dort Werkstätten, in denen sie den ganzen Winter über arbeiteten. Im Frühling gingen sie wieder fort. Manchmal holten die Eltern ihre Kinder für die Feldarbeit ab. Viele Kinder lebten, sobald sie das Heim verlassen hatten, als Bettler auf der Strasse. Ein Teil von diesen jungen Landstreichern kam im Herbst zurück ins Heim.

Diese Erfahrung zeigt aber, dass die Öffentlichkeit trotz aller pädagogischen Mittel nicht in der Lage war, einen angemessenen Einfluss auf alle 12- bis 14-jährigen Kinder auszuüben. Deren alte Gewohnheiten waren stark und hielten sie davon ab, die neue Lebensform zu übernehmen. Dies lag auch daran, dass die Arbeit in den Werkstätten verhinderte, dass sich die Jugendlichen eigenständig geistig weiterentwickelten. Sie mussten rund um die Uhr arbeiten und hatten nicht einmal Gelegenheit, spazieren oder schwimmen zu gehen.

Folgende Beispiele illustrieren das Schicksal der im Heim untergebrachten Kinder:

Der Vater eines Mädchens heiratete, brachte die Tochter vom Land in die Stadt und beauftragte dort zwei Strassenhändlerinnen damit, das Kind zu betreuen. Eine Mitarbeiterin des Heimes hörte Schreie eines Kindes und einen Streit auf der Strasse. Es ging dabei um die Frage, bei wem das Mädchen bleiben solle. Infolgedessen wurde das Mädchen im zeitweiligen Heim platziert.

In einem anderen Fall starb die Mutter einer sechsköpfigen Familie. Aus Mitleid mit den verwahrlosten, schmutzigen und hungrigen Kindern veröffentlichte eine Frau in einer Zeitung einen „Aufruf an die guten Leute" und beschrieb darin das Schicksal der Familie. Das von ihr auf diese Weise gesammelte Geld wurde vom Vater vertrunken, sodass die Kinder Hunger litten und erkrankten. Zum Glück fanden auch sie einen Platz im Heim.

Die Verwaltung entschied, sie für eine Weile zu behalten. Der Vater war verpflichtet, monatlich 2 Rubel an die Kasse der Gesellschaft zu zahlen, was dieser aber nicht tat.

Aus finanziellen Gründen musste das Heim sparen und konnte die Mitarbeiter nicht mehr bezahlen, weshalb diese schliesslich die neue „Gesellschaft für Vormundschaft und Kinderspiele“ ins Leben riefen. Am 14. Mai 1904 präsentierten sie die Volkskindergarten-Initiative. Die neue Einrichtung hatte zum Ziel, die Heranwachsenden von negativen Einflüssen auf der Strasse abzulenken, sie zum Sport heranzuziehen und ihnen wichtige Arbeitsfertigkeiten beizubringen.

Die Ergebnisse des Volkskindergartens übertrafen alle Erwartungen. Die Begeisterung der Kinder sowie der Eltern war so hoch, dass die Anzahl der Kinder schnell stieg. Schwierigkeiten aber bereitete der Mangel an gut ausgebildetem pädagogischem Personal. Die Gründer der Gesellschaft hofften bei der Erziehung daher auf die aktive Teilnahme der Eltern. Die Kinder aber stammten aus armen Familien, in denen sich die Eltern um ihr „tägliches Brot“ kümmern mussten statt um Kindererziehung.

Die oben beschriebenen Kindereinrichtungen verfügten über eine einzigartige Struktur und ein einmaliges Erziehungsprogramm. In der gesamten Region gab es keine weitere Einrichtungen dieser Art. Die dort gesammelten Erfahrungen wurden schliesslich von anderen Anstalten in der Region übernommen.

Teil B. Die sozioökonomische Stellung der Frauen und Kinder in den Kantonen Basel-Stadt und Basel-Landschaft

1. Sozialer Raum der Landfrau und Frauenarbeit

„Die Frau ist als Mutter und Gattin der Mittelpunkt der Familie. Das echte Familienleben ist die alleinige und sichere Grundlage der Gemeinde und des Staates; ihm verdanken diese ihr Gedeihen. Die Zerrissenheit, die Verderbtheit desselben bedingt ihren Niedergang; ohne tüchtige Hausfrau aber ist kein gedeihliches Familienleben denkbar. Die Frau ist der Segen des Hauses, von welcher Lebensströme sich auf die übrigen Glieder desselben ergiessen, oder auch der Fluch, der das Gute und Edle im Keime verdirbt.“[348] Mit diesen Sätzen beschreibt Otto Wyser 1893 die Aufgabe und Bedeutung der Frau innerhalb der Familie. Die Dokumente aus der zweiten Hälfte des 19. Jahrhunderts geben jedoch kaum Aufschluss über das Alltagsleben von Frauen. Das Leben der Landfrauen, ihre Sozial- und Mentalitätsgeschichte sowie ihre gesellschaftliche Funktion sind erst ansatzweise erforscht. Dabei ist immer noch unklar, welche Rolle die Frau in der Industrialisierung spielte. Charles-Henri Favrod stellt in seiner Zusammenfassung einer Fotodokumentation über Frauen auf dem Land von Monique Jacot fest, dass „[...] wir alle von Bauern abstammen“.[349]

---

348 Wyser, Otto: Die Einführung der obligatorischen Haushaltungsschule. Olten 1893, S. 5. Zitiert nach: Stadler, Anne- Marie: Die Erziehung zur Häuslichkeit: über den Beitrag des hauswirtschaftlichen Unterrichts zur Disziplinierung der Unterschichten im 19. Jahrhundert in der Schweiz. In: Regina Wecker/Brigitte Schnegg (Hrsg.): Frauen. Zur Geschichte weiblicher Arbeits- und Lebensbedingungen in der Schweiz. Sonderausgabe der Schweizerischen Zeitschrift für Geschichte, Basel 1984, Heft 34, S. 377.

349 Frauen auf dem Land. Fotografien von Monique Jacot. Texte von Christophe Gallaz. Nachwort von Charles-Henri Favrod. Aus dem Französischen übersetzt von Barbara Erni und Pierre Imhasly. J. Genoud. Le Mont-sur-Lausanne 1989, S. 174.

Bild 3[350]: Landfrau in Basel.

350 Schweizerisches Landesmuseum. Frau mit Schürze. Armut. Basel. Aufnahme vermutlich 1863–1890. DIA 22075. LM-100368.

Bild 4[351]*: Eine Frau auf der Dorfstrasse.*

Neuere Forschungen beleuchten die Arbeit und die Wohnverhältnisse sowie auch die gesetzlich vorgeschriebenen Räume von Arbeiterinnen in der Schweiz. Der Lebenswandel der Bäuerin bis zum Ersten Weltkrieg ist kaum erforscht. Es fällt auf, dass auch statistisches Zahlenmaterial über das Leben und die Arbeit der Bäuerin bis zum Ersten Weltkrieg fehlt. Schon früher waren die Frauen auf dem Land kein Thema, das es wert war, untersucht zu werden, obwohl sich die Bäuerinnen auch ausserhalb des häuslichen Kreises der Familie aktiv zeigten.

Die organisierte Landfrauenbewegung gibt es in der Schweiz erst seit 1929, damals wurden die ersten Kantonalsektionen gegründet. Es ist zu vermuten, dass bis dahin viele Bäuerinnen an den Veranstaltungen der Frauenvereine teilnahmen, da dort viele Aspekte des dörflichen sozialen

351 Schweizerisches Landesmuseum FR. Broc. Eine Frau auf der Dorfstrasse. Wagen mit Milchsachen. Datiert 1900. COL 7961 LM-1000320.25.

Lebens angesprochen wurden. Claudia Wirthlin Karadeniz, die zum Thema Frauenvereine in Basel-Landschaft forscht, merkt an, dass die von ihr bearbeiteten Quellen keinen Aufschluss über die soziale Herkunft der Mitglieder des Frauenvereins geben.[352] Wohltätige Frauenvereine prägten die dörfliche Sozialpolitik in der Schweiz, längst bevor den Frauen auch von Gesetzes wegen ein Mitspracherecht zugestanden wurde. Die Vereine organisierten verschiedene Arten von Veranstaltungen wie einen Mittagstisch oder ein Weihnachtsfest für arme Kinder oder auch Versammlungen von verwitweten und verheirateten Frauen zwecks Wahl der neuen Hebamme. Bezüglich der Kinderversorgung übernahmen die Frauen in gewisser Weise die Verantwortung für die Verbesserung der Kindererziehung im ganzen Dorf. Der 1843 gegründete Frauenverein Liestal mit dem Motto „Gutes zu tun, und nicht müde zu werden“ setzte sich als Ziel „für die Armen und Bedürftigen zu arbeiten“.[353] Dieser etablierte die erste Arbeitsschule, half mit einem grossen Beitrag bei der Entstehung des Krankenvereins 1876 und ermöglichte damit die Anstellung einer Diakonisse.

Die positive Wirkung und die Bedeutung der Frauen hinsichtlich philanthropischer Tätigkeiten wurden offiziell erst im Laufe des ersten Schweizerischen Kongresses für die Interessen der Frau im Jahr 1896 festgestellt. Basel wurde hier durch den Verein der Glättnerinnen und Schneiderinnen und durch die Schweizerische Hauszeitung Basel vertreten.[354]

Somit hatten die Frauen im Unterschied zu den Männern, für die das allgemeine Wahlrecht 1848 eingeführt wurde, zwar keine politischen Rechte, doch es ist ihnen in Teilen gelungen, in der Schul- und Armenpflege mitzuwirken. Allgemein lässt sich in den Arbeitsverhältnissen, in der Familie, im Bildungssystem und im Hinblick auf öffentliches Engagement eine deutliche Benachteiligung von Mädchen und Frauen gegenüber Männern feststellen.

---

352 Wirthlin Karadeniz, Frauen und dörfliche Öffentlichkeit, Liestal 1993. Manuskript.

353 StA BL, PA 6002 Frauenverein Liestal. C. 01. 1843–1971 Abl. 1994/014. 125. Jahresversammlung 1968.

354 StA BL, NA 2080 Erziehung. F 15 Verhalten der Jugend ausserhalb der Schule. 1914–1915 Aufgaben, Organisation und Ziele der Fürsorge für die schulentlassene Jugend.

a. Frauen und Landwirtschaft

Auf dem Land galten Bäuerinnen und Bauern sowie deren Kinder als die wichtigsten Arbeitskräfte. Sie hatten je nach Geschlecht und Alter eigene Aufgaben. Die Mädchen arbeiteten von klein auf zusammen mit den Eltern und wuchsen so in ihre Arbeitswelt hinein. Die Frauen bewirtschafteten einerseits mit den Männern den bäuerlichen Betrieb, andererseits waren sie für die Instandhaltung von Küche und Wohnung verantwortlich und führten auch die Buchhaltung des Betriebes.

Während des gesamten Untersuchungszeitraums waren in der schweizerischen Landwirtschaft, anders als in den anderen Erwerbszweigen, weniger Frauen als Männer tätig. Auf 357'105 männliche Personen kamen im Jahr 1910 nur 100'602 weibliche.[355] Der Anteil der Frauen an der Beschäftigung in der Landwirtschaft lag im Bezirk Arlesheim bei 43,4 %, im Bezirk Liestal bei 37,6 %, im Bezirk Sissach bei 31,4 % und im Bezirk Waldenburg bei 26,2 %.[356] Da das Herstellen von Posamenten vornehmlich den Frauen oblag, stand ihre Arbeitskraft der Landwirtschaft in geringerem Umfang zur Verfügung.

Bei den Kindern von Bauern unter 16 Jahren betrug das Verhältnis von Jungen zu Mädchen im Jahr 1910 1000 zu 1036. Nur wenige Frauen waren als „nicht aus der Familie stammende Mitarbeiterinnen" in den landwirtschaftlichen Betrieben beschäftigt. Bei den selbstständig Tätigen entfielen 1910 auf 1000 Männer 140 Frauen, bei den zweitgenannten lag der Anteil bei 145. Die meisten Frauen arbeiteten Teilzeit im Familienbetrieb mit oder waren nicht berufstätig.

Der Hof auf dem russischen und schweizerischen Land bildete die grundlegende Wirtschafts- und Sozialeinheit und umfasste die Kernfamilie, die Eltern des Bauern oder der Bäuerin und häufig weitere Verwandte. Bei grösseren und reichen Höfen kam noch das Gesinde dazu. Viele Bauernfamilien lebten unter einem Dach, zusammen mit dem Vieh und einem grossen Teil der Vorräte. Gemüse- und Ackerbau wurden normalerweise für den eigenen Verbrauch betrieben, überschüssige Erzeugnisse wurden auf näher

355 Brugger, Die schweizerische Landwirtschaft (oben Anm., 34), S. 35.

356 Epple /Schnyder, Die Landwirtschaft des Baselbiets im 19. Jahrhundert (oben Anm. 72), S. 198.

gelegenen Märkten verkauft. Gute materielle Bedingungen erhöhten die Überlebenswahrscheinlichkeit der Bewohner des Hofes.

Die Hauptaufgabe der Landfrauen in Basel-Land bestand in Anbau und Verarbeitung von Flachs und Hanf sowie dem Herstellen der Kleidung für die ganze Familie. Sie waren ebenso für die Aufzucht der Schafe und das Erstellen von Stoffen aus Wolle zuständig. Der Flachs wurde im Frühling gesät und im August geerntet. Diese Arbeit oblag vor allem den jungen Mädchen. Diese arbeiteten dann den ganzen Tag im Wasser und zogen die Fasern der Pflanzen per Hand ab. Anschliessend wurde der Flachs über dem Feuer geröstet und in einem Raum zu Stoff verarbeitet. Den ganzen Winter hindurch spann man das feine Garn.

Ende des 19. Jahrhunderts vollzogen sich tiefgreifende Veränderungen in der Volkswirtschaft. Ab 1870 wuchs der Anteil der nicht landwirtschaftlich erwerbstätigen Bevölkerung auf 60 %.[357] Die Industrialisierung fand zunehmend auch auf dem Land statt, da sich dort die billigsten Arbeitskräfte fanden. Zudem führte der technische Fortschritt Anfangs des 20. Jahrhunderts zum Nutzung in Fabrikhallen der Wasserkraft Der Übergang zur Geldwirtschaft brachte eine allgemeine Berufs- und Gewerbefreiheit mit sich. In der Folge kam es zu grossen Bewegungen der Landbevölkerung in die Städte. Bauern verliessen ihre Höfe, um in der Industrie zu arbeiten. Diese Entwicklung wird von Historikern als „Landflucht" bezeichnet. Mit Blick auf den Untersuchungsgegenstand ist darauf hinzuweisen, dass die Industrialisierung zwar einerseits die Gesellschaft insgesamt modernisierte, andererseits aber auch eine Unterminierung der „Ordnung und Werte" auf dem Land verursachte.[358]

Die Abwanderung der Landbevölkerung wurde verstärkt durch die europäische Agrarkrise der 1870er- bis 1890er-Jahre, welche wiederum aber den organisierten Zusammenschluss der Landwirte und die Einrichtung von Berufsschulen beförderte. Interessant ist, dass sich einige der „verbleibenden" Bauern angesichts der Entwicklung zu dieser Zeit mit ihrem eigenen Berufsstand stark identifizierten. Der Bauernsekretär und einflussreiche Direktor des Schweizerischen Bauernverbandes Ernst Laur etwa war der

357 Vgl.Höpflinger, Bevölkerungswandel (oben Anm. 84), S. 61.

358 Mooser, Josef: Die „Geistige Landesverteidigung" in den 1930er-Jahren. Schweizerische Zeitschrift für Geschichte. Vol. 47. 1997, S. 691.

Meinung, dass der bäuerliche Beruf, mehr als jeder andere, die Grundlage für das wirtschaftliche und seelische Gedeihen des Volkes biete.[359] Dank seiner Verbindung mit der Natur sichere dieser Beruf die körperliche und seelische Entwicklung des Volkes. Das Land habe zwar mit der Abwanderung der Arbeitskräfte zu kämpfen, die Landflucht habe aber auch positive Aspekte, nämlich die Gesundung des geistigen Lebens der städtischen Bevölkerung. „Wir glauben", schreibt Laur, „dass ein Volk ohne Bauernstand geistig und moralisch zurückgehen muss und dass in ihm der Nährboden vertrocknet, auf dem das Seelenleben gedeiht."[360] Andere sahen die „Flucht vom Lande" dagegen als negatives Geschehen an. Der Betriebslehrer an der Landwirtschaftlichen Schule Rütti in Bern J. Genn[361] betonte mit Blick auf die Einstellung der Jugendlichen zu Gewerbe, Industrie und Staat, dass die Landwirtschaft ihre Bedeutung verliere, da sich die ländliche Jugend von ihren Eltern abwende.

Die veränderten sozioökonomischen Bedingungen auf dem Land wirkten sich auf die Beziehungen der Menschen untereinander aus und beeinflussten damit das gesellschaftliche Leben im Dorf. Der Zusammenhalt der Dorfbewohner stellte sich über die Zusammenarbeit zwischen Handwerkern, Bauern und Arbeitern zur Sicherung der Existenzgrundlage her. Diese wirtschaftlich bedingten Kontakte legten häufig den Grundstein für private Beziehungen. Beides war oft nicht voneinander zu trennen. Die intensive Vertrautheit mit dem Leben der anderen führte in der Folge zu strengen sozialen Kontrollen innerhalb der Gemeinschaft.

Wie in Russland reagierte die bäuerliche Bevölkerung auch in der Schweiz auf verschiedenen Ebenen auf die Agrarkrise der 1870er-/1880er-Jahre. Um der Flucht der Landbevölkerung entgegenzuwirken, wurde 1897 der Schweizerische Bauernverband gegründet. In der Folge entstanden in der Schweiz weitere Verbände mit dem Zweck, die Solidarität der Landleute zu wecken und zu pflegen und die gemeinsamen Ziele in Form einer politischen Organisation zu bündeln, wie zum Beispiel der Schweizerische Melker- und

359 Laur, Die schweizerische Bauernpolitik, (oben Anm. 71), S. 8.
360 Ebd., S. 9.
361 Senn, Johann: Zur Berufswahl und Berufsberatung der ländlichen Jugend, Bern 1923.

Landarbeiter-Verband in Luzern 1913.[362] Diese Organisationen waren ausschliesslich Männern vorbehalten.[363] Der wirtschaftliche Aufschwung zwischen 1890 und 1914 verbesserte die materiellen Bedingungen für die Familien. Dies lässt sich beispielsweise an dem relativ hohen Anteil an frühen Eheschliessungen ablesen. Ungefähr 40 % der Frauen bis zum Alter von 25 Jahren und 65 % bis zum Alter von 30 Jahren waren zu dieser Zeit bereits verheiratet. Bei den Männern betrugen die Anteile der Verheirateten in dieser Altersgruppe zur gleichen Zeit 22 bzw. 55 %.[364] Nach Angaben aus dem Jahr 1888 weisen beide Basler Halbkantone auf, dass durchschnittlich von jeweils 1000 Männern 620 verheiratet waren.[365]

Bei den Versuchen, die durch die Agrarkrise bedingten ökonomischen Herausforderungen zu bewältigen, spielten die Frauen hingegen eine aktive Rolle. Betriebswirtschaftliche Reorganisationen wie die Umstellung von Ackerbau auf Viehzucht und innerbetriebliche Rationalisierungen verlangten von den Landfrauen eine grössere Initiative, um sich am Arbeitsmarkt beteiligen zu können. Im Allgemeinen waren Feldarbeit und Viehhaltung – ausgenommen in den Zeiten hohen Arbeitsaufkommens – die Sache des Mannes. Anders als der Bauer, der Gemeindeversammlungen besuchte oder zum Viehmarkt fuhr, war die Bäuerin stark ans Haus gebunden. Sie war verantwortlich für die dem Haus nahe gelegene landwirtschaftliche Produktion, den Garten, die Milchwirtschaft und für den Verkauf der Produkte. Daneben war unablässige Hausarbeit für eine tüchtige Bäuerin selbstverständlich.

Die als Reaktion auf die neuen Marktbedürfnisse vorgenommenen betriebswirtschaftlichen Umstellungen wirkten sich in erster Linie auf die Kleinbetriebe und die Beschäftigungsmöglichkeiten der Frauen negativ aus. Der in den 1880er-Jahren einsetzende Strukturwandel[366] betraf fast ausschliesslich die kleineren Höfe, deren Zahl in einzelnen Regionen

362 Archiv für Agrargeschichte. Findmittel des Bestandes № 311 Schweizerischer bäuerlicher Dienstbotenverband. 21–02.

363 Der Schweizerische Bauernverband 1897–1922 (oben Anm. 71).

364 Höpflinger, Bevölkerungswandel (oben Anm. 84), S. 31.

365 Siehe Anhang 2. „b“ Karte der Schweiz mit Angaben der Kantons- und der Bezirksgrenzen. Die Häufigkeit der Verehelichung für die einzelnen Bezirke dargestellt nach der Ergebnissen der Volkszählung vom 1. Dez. 1888.

366 Vgl. Meier, Die Industrialisierung im Kanton Basel-Landschaft (oben Anm. 79).

zurückging. Im Unterschied zu Russland, wo der Anteil der Landbevölkerung an der Gesamtbevölkerung in dieser Zeit bei 90 % liegt, verliert die bäuerliche Bevölkerung in der Schweiz in der zweiten Hälfte des 19. Jahrhunderts anteilsmässig stark an Bedeutung. So verringert sich in der Zeit von 1850 bis 1900 der Anteil der in der Landwirtschaft tätigen Personen auf 31 %.[367] Lebten in den 1860er-Jahren noch rund 45 % aller Menschen von der Landwirtschaft, so reduzierte sich dieser Anteil bis 1910 auf ein Viertel. Aber nicht nur im Vergleich mit den wachsenden Industrie- und Dienstleistungssektoren verlor die Landwirtschaft an Boden. Auch in absoluten Zahlen ausgedrückt nahmen die Arbeitsmöglichkeiten in der Landwirtschaft seit den 1880er-Jahren stets ab.

Von dieser Verdrängung aus dem Agrarsektor waren Frauen und Männer allerdings nicht gleichermassen betroffen. Anders als zu Beginn des 20. Jahrhunderts, führte die zunehmende Spezialisierung der landwirtschaftlichen Produktion in dieser Zeit zum Verlust von fast hunderttausend Arbeitsplätzen in den Bereichen der Landwirtschaft, in denen traditionell Frauen tätig waren. Auf der anderen Seite entstanden durch den wirtschaftlichen Fortschritt im industriellen Sektor zahlreiche neue Arbeitsplätze für Männer, weshalb die bestehenden Arbeitsplätze in der Landwirtschaft teilweise von Frauen übernommen wurden.[368] Dies betraf z.B. Arbeiten wie das Melken und die Vermarktung der Milch, Tätigkeiten, die bis dahin von Männern ausgeführt worden waren. Die Frauen übernahmen häufig die Organisation und Führung des bäuerlichen Kleinbetriebs, nachdem der Mann in der Stadt eine besser bezahlte Stelle gefunden hatte. Die folgendes Zitat belegt die Wertschätzung und die Bedeutung der Frauen für den Betrieb auf dem Land: „[...] [A]n einer guten Frau [ist] gar grausam viel gelegen, man glaubt es kaum."[369]

Im Rahmen der patriarchalischen Ordnung, die in der Schweiz und in Russland herrschte, war es selbstverständlich, dass der Mann als Eigentümer, Ehemann und Vater die Autorität über die Familie besass. Selbst wenn eine ledige Frau Eigentümerin eines Hofes war, konnte sie ihre gesellschaftliche Stellung mit einer Heirat noch erhöhen. Die gesellschaftlichen Rollen

---

367 Höpflinger, Bevölkerungswandel (oben Anm. 84), S. 10.
368 Vgl. Meier, Die Industrialisierung im Kanton Basel-Landschaft (oben Anm. 79).
369 Joris/Witzig, Frauen Geschichte(n)(oben Anm. 155), S. 62.

wurden dann nach der Heirat so verteilt, dass der Mann als Eigentümer den Hof und als Hausvater und Ehemann das „Haus“ nach aussen vertrat, während die Frau als Mutter und Hausfrau das „innere Haus“ prägte. Der Mann nahm an den Dorfversammlungen teil und bestimmte durch die dort getroffenen Entscheidungen die Zukunft des Hofes.

b. Erwerbstätigkeit der Landfrauen

Die Bedeutung der Landfrauen für die Wirtschaft wuchs unaufhaltsam. Schon Ende des 19. Jahrhunderts löste sich der umfangreiche Wirkungskreis, den die Landfrauen als Hausfrauen hatten, auf. Zwischen 1870 und 1913 etablierte sich aus der Tätigkeit der Bäuerinnen in Reaktion auf die expandierende Industriegesellschaft ein organisierter Berufsstand. Ihr Einfluss wuchs. Die Zahl der Frauen, die selbstständig erwerbend im Lebensmittelhandel beschäftigt waren, erhöhte sich schnell. Neben der Landwirtschaft waren die Frauen zusätzlich in Heimposamenterei, Feldgemüse-, Beerenobst- und Tabakbau tätig

Gleichzeitig reduzierte sich die Anzahl der Frauen, die in der Textilwaren- und in der Lebensmittelherstellung tätig waren, weil diese Sektoren nun mechanisiert und ausser Haus verlegt wurden. Diese früher von Frauen als Hausarbeit erledigten Tätigkeiten wurden nun als Fabrikarbeit von Männern, Frauen und Kindern aus den untersten Schichten der Bevölkerung ausgeführt.

Die neue wirtschaftliche Situation, die in der zweiten Hälfte des 19. Jahrhunderts eintrat, bewirkte die Landflucht auch von Frauen. Bis 1910 nahm der weibliche Anteil der familienfremden Arbeitskräfte in den nichtlandwirtschaftlichen Berufen auf dem Land um circa 48 % ab. Im Vergleich dazu ging der Anteil bei den männlichen Arbeitskräften nur um 19,4 % zurück.[370] Städte wie Basel boten den Frauen Erwerbsmöglichkeiten, die sie in ihren ländlichen Herkunftsorten nicht im gleichen Masse hatten. Es stieg daher die Anzahl insbesondere junger Landfrauen, die infolge des wirtschaftlichen Wandels ihren bisherigen Lebensinhalt

370 Brugger, Die schweizerische Landwirtschaft (oben Anm. 34), S. 21.

verloren hatten und mit einem Umzug in die Stadt die Hoffnung verbanden, dort eine Stelle als Fabrikarbeiterin oder als Dienstbotin zu erhalten. Die meisten der neu zugezogenen Frauen arbeiteten zunächst als Dienstmädchen in Familien.[371]

Bild 5[372]: Frauenarbeit. Putzmacherinnen in Basel.

371 Wecker, Regina: 1833 bis 1910: Die Entwicklung zur Grossstadt In: Kreis, Georg /Wartburg, von Beat (Hrsg.): Basel – Geschichte einer städtischen Gesellschaft. Vom Anfang des 19. bis zum Anfang des 20. Jahrhunderts, Basel 2000, S. 202.

372 Schweizerisches Landesmuseum Frauenarbeit. Putzmacherinnen. Probst. Um 1900. COL 3782. LM-100940.

Bild 6[373]: Frauenarbeit. Glätterinnen. Herisau.

Die wirtschaftliche Entwicklung zwang immer mehr Frauen zum Gelderwerb. Die in die Stadt umgezogenen Landfrauen lebten dort zumeist unter schwierigen bis unzumutbaren Wohnbedingungen und mussten ständig um ihre Existenz kämpfen.

In den Fabriken nahmen die Frauen die untergeordneten und schlecht bezahlten Stellen in der Produktion ein. Eine Zettlerin in einer Basler Fabrik verdiente 1860 10 Franken in der Woche.[374] Offensichtlich unterschieden sich die Löhne für verschiedene Tätigkeiten jedoch erheblich. In der Bandindustrie erhielten nicht nur die Frauen, sondern auch die Männer schlechte Löhne. In anderen Berufen bekamen Frauen bessere Löhne, immer allerdings fiel ihre Entlohnung niedriger aus als die von Männern. Ein Dienstmädchen in Basel-Land verdiente neben Kost und Logis etwas über 80 Franken pro Jahr und ein Schneider 25 Franken in der Woche.[375] In der

373 Schweizerisches Landesmuseum Frauenarbeit. Glätterinnen. Jacob Jucker. Herisau. UM 1860–1870. COL3784. LM 100941.
374 Ryter, Als Weibsbild bevogtet (oben Anm. 55), S. 286.
375 Ebd., S. 287.

Schweiz erhielten Frauen um 1900 durchschnittlich 15 Franken pro Woche, während die Arbeit der Männer im Schnitt mit 26 Franken und 10 Rappen bezahlt wurde.[376]

Die schlechten Arbeitsbedingungen für Frauen in den Fabriken wurden auch in der Zeitschrift „Der Schweizerische Volksfreund" erörtert. Dort heisst es 1873, dass die Frauenarbeit in den Fabriken nicht deren Gesundheit beeinträchtigen dürfe und sofort abgestellt werden müsse. Der Artikel vergleicht die Frau mit „einer Sklavin aus der Arbeit und Elend"[377] und sieht in der Fabrikarbeit von Frauen den Hauptgrund für die negative Entwicklung in den Familien. Der „Schweizerische Volksfreund" beschreibt das folgende Szenario eines familiären Dilemmas, das den Mangel an Geld zum Ausgangspunkt hat: Da der Verdienst eines Ehepaars, das in der Fabrik arbeitet, nur notdürftig für den Lebensunterhalt reicht, können in den ersten Jahren der Ehe keine Ersparnisse erzielt werden. Nach der Geburt der Kinder sehen sich die Eheleute daher nur mit diesen Alternativen konfrontiert: Bleibt die Mutter zu Hause, reicht der Verdienst des Vaters nicht aus, um die mehrköpfige Familie zu ernähren. Geht aber die Frau auch wieder in die Fabrik, während eine andere Person den Haushalt führt, werden die Kinder wegen der mangelnden Betreuung „verwildern". Der „Schweizerische Volkstrend" definiert angesichts dieses Szenarios die Rolle der Frau eindeutig als die der Mutter und Hausfrau, denn: „Das gestörte Familienleben ist die Wurzel aller anderen Übel", so sein Fazit.[378]

Die allgemeine wirtschaftliche Situation im Land, d.h. die Verlagerung vormals hauswirtschaftlicher Tätigkeiten in die Industrie und damit verbunden die geänderte Stellung von Frauen innerhalb ihrer Familien, löste die Landfrauenbewegung der 1890er-Jahre aus.

Die weiblichen Arbeitskräfte auf dem Land drohten abzuwandern. Wenngleich der eigenständige Wegzug der Frauen nicht von der Öffentlichkeit begrüsst wurde, zogen die ausgebildeten weiblichen Dienstboten

376 Jecklin, „Während der Dauer ihrer Schwangerschaft liess sie es sich nicht nehmen, an der Bsatzig in St. Peter mitzutanzen." (oben Anm. 55), S. 196.

377 StA BS, Handel und Gewerbe AA 15.Jugendarbeit. Kinderarbeit. Jugendschutz. 1855–1864–1886–1888–1900–1918–1936. „Schweizerischer Volkstrendfreund" Nr. 303/ 23, Dezember 1873.

378 StA BS, Handel und Gewerbe AA 15 .Jugendarbeit. Kinderarbeit.

doch die städtische Industrie als Arbeitsplatz der Landwirtschaft vor. Beurteilten die männlichen Mitglieder der Familie diese Pläne jedoch negativ oder sprachen Verbote aus, konnten sie die Abwanderung der Frauen verhindern. Durch die Aufhebung der Geschlechtsvormundschaf[379]t erlangten die nichtverheirateten Frauen die volle Rechts- und Handlungsfähigkeit. Die Ehefrauen blieben dagegen für weitere hundert Jahre auf das Einverständnis von Männern angewiesen . Das schweizerische Zivilgesetzbuch (ZGB), das 1912 an die Stelle des kantonalen Privatrechts trat, beseitigte zwar die eheliche Vormundschaft als rechtliche Einrichtung. De facto blieben die verheirateten Frauen in ihrer Handlungsfähigkeit aber massiv eingeschränkt.

Über eine gewisse Freiheit in ihrer Entscheidung verfügten Witwen und ledige Frauen. Erhielten Frauen die Erlaubnis zur Auswanderung nicht, blieb ihnen nur der heimliche Wegzug. Auf das private Leben der Landfrauen konnte sich der Wechsel in die Stadt negativ auswirken: Wegen des Frauenüberschusses in der Stadt hatten viele der Baselbieterinnen kaum Chancen, einen Ehemann zu finden. Typisch für diese Situation waren die während der Industrialisierung expandierten Städte Zürich und Basel-Stadt sowie die Kleinstädte im Kanton Basel-Landschaft. Die Auffassung, dass Männer in der Schweiz bessere Chancen hätten, eine Ehe zu schliessen, als Frauen, verstärkte sich in der Zeit von 1860 bis 1888.[380]

2. Die besondere Bedeutung der Frauenbildung durch Haushaltungs- und Dienstbotenschulen

Die Landfrau verkörperte als Familienmutter, Hausfrau und bäuerliche Produzentin gleich mehrere soziale Rollen. In der zweiten Hälfte des 19. Jahrhunderts erhöhte sich die Zahl der berufstätigen Frauen im Lebensmittelhandel. Durch die wirtschaftliche Entwicklung bedingt wurden mehr Arbeitskräfte benötigt. Der Rückgang der Landwirtschaft als Folge der Industrialisierung bedeutete für viele Frauen aller Schichten die Notwendigkeit, ausser Haus erwerbstätig zu werden. Die kaufmännischen Stellen

379 Basel-Stadt hob die Geschlechtsvormundschaft erst 1876 auf und Basel-Land 1879.

380 Vgl. Ryter, Als Weibsbild bevogtet (oben Anm. 55), S. 108.

wurden mit Frauen aus dem bürgerlichen Mittelstand besetzt, einige Frauen waren auch als Selbstständige erwerbstätig.

Wollte man die Arbeitskraft der Frauen auf dem Arbeitsmarkt qualifiziert nutzen, so setzte dies voraus, dass Frauen über die gleichen Bildungsmöglichkeiten wie Männer verfügten. Die Erwerbsfrage war daher eng mit der Frage der Bildung verknüpft.

Die Stellung der Frauen in der landwirtschaftlichen Familienwirtschaft veränderte sich zum gleichen Zeitpunkt weniger stark. Die Frauen blieben hier ein Teil des gesamten Arbeitsprozesses und ihr Wechsel in andere Berufe war weniger ausgeprägt. Die Gründe hierfür lagen „in der planmässigen Förderung der Interessen der Landfrau als Familienmutter, Hausfrau und Bäuerin".[381]

Der Bauernstand der Schweiz hatte dank der allgemeinen Schulpflicht, eines gut organisierten Unterrichtswesens und namentlich dank der landwirtschaftlichen Bildungsinstitutionen (landwirtschaftliche Schulen, Kurse, Fachpresse und landwirtschaftliche Vereinigungen) bessere Bildungsmöglichkeiten als die Bauern in Russland. Um die spezifische Situation der Frauen in der Landwirtschaft zu erfassen, bietet es sich daher an, die Ausbildung von Frauen an den Landwirtschaftlichen- und Haushaltungsschulen zu untersuchen.

Zeitgenössische Autoren, die sich mit der Stellung der Frau im landwirtschaftlichen Betrieb beschäftigen,[382] wie z.B. Felix Anderegg (1834–1911), Professor für Landwirtschaft an der Kantonsschule in Chur, hatten eine Entfremdung der Frauen von der Landwirtschaft konstatiert. Den Grund sah man in einem Mangel an landwirtschaftlicher Ausbildung. Dabei bestanden die den Landwirtschaftsbetrieben zur Verfügung stehenden Arbeitskräfte zunehmend aus Familienangehörigen. In Basel-Stadt und Basel-Land waren im Jahr 1910 26,5 % der Frauen hauptberuflich und 16,7 % nebenberuflich in der Landwirtschaft tätig.[383]

381 Renfer, Die Organisation der Landfrauen (oben Anm. 99), S. 11.
382 Anderegg, Die Heranbildung unserer baeuerlichen Hausfrauen (oben Anm. 105); Guterhofn-Kingg, Unsere Töchter und die Landwirtschaft. Eine Anregung, Luzern 1900. Archiv zur Geschichte der schweizerischen Frauenbewegung.
383 Brugger, Die schweizerische Landwirtschaft (oben Anm. 34), S. 23.

Um die Landfrauen auszubilden, wurden ihnen weitere Aufgaben übertragen. Neben Haushalt und Feldarbeit sollten sie gründliche Kenntnisse der Landwirtschaft erwerben, um auf diese Weise den Vater und den Gatten unterstützen zu können. Zwar war das traditionelle Rollenbild der Frau als Hausfrau und Mutter das Bestimmende, traf das Bestreben nach einer Berufsausbildung für Frauen und Mädchen angesichts der neuen wirtschaftlichen Verhältnisse doch auf eine breite Unterstützung nahezu der gesamten Bevölkerung. Im Jahr 1869 ging man auf einer Sitzung der kantonalen gemeinnützigen Gesellschaft konkret auf die Frage der Berufsbildung ein.[384] Die Stellung der Frau wurde definiert und man verständigte sich auf die ihr gemässenen Tätigkeiten. So musste die Frau ihre Mitarbeit im Familienunternehmen leisten und als Pflegerin und Ernährerin der Kinder fungieren. Die Frauen, die nicht verheiratet waren, übernahmen Berufe wie z.B. Kellnerin, Heimarbeiterin, Posamenterin und Spinnerin.

Es ist darauf hinzuweisen, dass die Ausbildung der Hausfrauen auf dem Land im Verlauf des 19. Jahrhunderts zunächst unproblematisch erfolgte. An den Volksschulen erwarb die ländliche Bevölkerung das theoretische Grundlagenwissen für ihren späteren Beruf in den notwendigen Fächern. Die praktische Unterweisung erhielten die Mädchen zu Hause, indem sie von ihren Müttern in den häuslichen Beruf eingeführt wurden. Seit den 1830er-Jahren wurde der Schulunterricht dahingehend erweitert, dass der theoretischen Einführung in die landwirtschaftliche Arbeit ein praktischer Teil hinzugefügt wurde.[385] Mädchen wurden dann entsprechend Handarbeiten im Haus und auf dem Feld angeboten. Allerdings kam mit der zunehmenden Intensivierung der landwirtschaftlichen Produktion den mit ihr verbundenen Nebengewerben eine grössere Bedeutung zu. Die theoretische Ausbildung in Kursen und Vorträgen musste daher gezielt an diese praktischen Tätigkeiten angepasst werden.

Bürgerlichen Schulen stand die Landbevölkerung überwiegend kritisch gegenüber. Eltern, die ihre Töchter in diese Institute schickten, trügen ihrer Ansicht nach ein grosses Risiko, dass „in bester Absicht sein eigenes

---

384 Escher, Entwicklungstendenzen der Frauenbewegung (oben Anm. 47), S. 23.
385 Anderegg, Die Heranbildung unserer baeuerlichen Hausfrauen (oben Anm. 105), S. 2.

Kind dem Stande entfremdet“ werde.[386] Jahre sorgloser Lebens in einem Pensionat oder einer anderen Anstalt würden die Lebensvorstellungen und die Erwartungen der Mädchen verändern. Kehrten die jungen Frauen mit diesen veränderten Ansprüchen heim, erlitten sie gleichsam einen kulturellen Schock. Anders frisiert und angezogen, „Papa“ und „Mama“ sagend, fänden sie die eigenen Eltern „von Stall und Scheune grässlich“[387]. Anstatt ihre Pflichten im Haus und auf dem Hof frühzeitig zu übernehmen, wollten die jungen Frauen dann lieber schnell das Haus verlassen.

Nach Meinung des schweizerischen Bauernsekretärs Ernst Laur war es für die bäuerliche Familie am zuträglichsten, wenn die Söhne und Töchter bei den Eltern blieben und ihr Verdienst und Erwerb mit dem der Eltern eine Einheit bildeten.[388] Diese Aussage verfolgte eine ideologische Absicht und hatte zum Ziel, die jungen Leute in den landwirtschaftlichen Betrieben zu halten. Besonders bezog sich diese Intention auf die Frauen, welche man als Ehefrauen und Arbeitskräfte in traditioneller Weise auf dem Land halten wollte mit dem Argument, sie seien auf andere Weise nicht „überlebensfähig“. In der programmatischen Literatur der landwirtschaftlichen Vereine findet sich wiederholt die Sorge, Frauen seien der Landwirtschaft bereits „entfremdet“ worden“.[389] Die starke Bauernfamilie wurde in diesem Zusammenhang als Voraussetzung für die erfolgreiche ökonomische Entwicklung insgesamt bezeichnet. Im Zeitraum zwischen 1870 und 1910 verringerte sich der Anteil der landwirtschaftlichen Bevölkerung an der Gesamtbevölkerung in den Kantonen Basel-Stadt und Basel-Landschaft von 3 % bzw. 32 % im Jahr 1870 auf 1 bzw. 21 % im Jahr 1910.[390] Deshalb lag es im Interesse der Bauern, dass die Frauen nicht in die Städte zogen, sondern auf den Höfen blieben.

Die Lebensweise der Mädchen vom Land, die ihre Ausbildung in bürgerlichen Anstalten erhielten, unterschied sich grundlegend von der auf dem heimatlichen Hof, worin der Grund lag, dass sie anschliessend zumeist nicht

---

386 Guterhofn-Kingg,Unsere Töchter (oben Anm. 382), S. 4.
387 Ebd., S. 3.
388 Laur, Die schweizerische Bauernpolitik (oben Anm. 71), S. 11.
389 Anderegg, Die Heranbildung unserer baeuerlichen Hausftrauen (oben Anm. 105), S. 6.
390 Brugger, Die schweizerische Landwirtschaft (oben Anm. 34), S. 16.

wieder ins Landleben eintreten wollten. Viele schämten sich sogar ihrer Eltern. Den Ausweg aus dieser ungünstigen Situation fand man mit der Gründung der Landwirtschaftlichen- und Haushaltungsschule. Die hauswirtschaftliche Ausbildung der Frauen begann in den 1870er-Jahren mit Gemüsebaukursen.

Die ersten landwirtschaftlichen Haushaltungsschulen wurden in der Zentralschweiz eröffnet. Der Zürcher Kanton besass in Wädenswil von 1890 bis 1914 die Obst-, Wein- und Gartenbauschule, an der 15 andere deutschschweizerische Kantone, darunter Basel-Stadt und Basel-Land beteiligt waren.[391]

Grosse Bedeutung für die Entwicklung der landwirtschaftlichen Schulen hatte die in Zürich 1871 eröffnete landwirtschaftliche Abteilung am Eidgenössischen Polytechnikum.[392] Als Vorbild diente die französische landwirtschaftliche Schule. Die Lehrkräfte des Polytechnikums waren auf einen Bericht von Robert von Erlach, einem der Delegierten des Bundesrates auf der Viehausstellung in Paris 1855, aufmerksam geworden, in dem dieser die Fortschritte der französischen landwirtschaftlichen Ausbildung beschreibt. Die ersten Lehrkräfte der neuen Abteilung waren deutsche Professoren. Durch die Gewährung von Bundesstipendien gelang es, den Anteil der schweizerischen Studierenden in den 1890er-Jahren zu verdoppeln.

Die Initiatoren empfahlen, der Erziehung der jungen Bäuerinnen mehr elterliche Aufmerksamkeit zu schenken. In der landwirtschaftlichen Schule sollte ein Mädchen die im Alltag bereits erworbenen Kenntnisse vermehren.

Die Notwendigkeit einer zusätzlichen landwirtschaftlichen Ausbildung – auch der Mädchen- war offensichtlich: Viele Mütter verfügten weder über Zeit noch Interesse, mit den eigenen Töchtern Fragen des Haushalts zu besprechen, und die Väter fanden beispielsweise, dass kein Anlass bestehe, den Gemüsegarten umzugestalten. So mussten die Töchter ihr Wissen für die entsprechenden Anliegen auf andere Weise erwerben, um diese landwirtschaftlichen Berufe ausüben zu können. Ein Mädchen, das mit dem Ziel, noch etwas zu lernen, eine landwirtschaftliche Schule besuchte, nannte man eine „Heldin".[393]

---

391 Ebd., S. 334.
392 Ebd., S. 338.
393 Guterhofn-Kingg, Unsere Töchter (oben Anm. 382), S. 6.

Welche Bedeutung gleichwohl der mütterlichen Erziehung im häuslichen Rahmen in der Mädchenbildung zukam, zeigen die Thesen, die auf der Jahresversammlung der Schweizerischen Gemeinnützigen Gesellschaft 1868 in Aarau festgehalten wurden. Hier heisst es unter anderem: „[D]ie Bildung der Mädchen für das Haus und die Familie geschieht am besten im Haus und in der Familie."[394] Die Mutter hatte die „heilige" Aufgabe, ihre Aufmerksamkeit nicht nur der Erziehung der Kinder allgemein, sondern vor allem auch der Heranbildung der Mädchen zur Häuslichkeit zu schenken. Die mütterliche Erziehung erfolgte durch Gewöhnung, Beispiel und Belehrung.

Aufgrund der verschiedenen Aufgaben und Anforderungen in der Ausbildung von Jungen und Mädchen etablierten sich nach Geschlechtern getrennte Bildungsgänge. Als sich im Jahr 1888 lokale und kantonale gemeinnützige Frauenvereine zu dem Schweizerischen Gemeinnützigen Frauenverein (SGFV) zusammenschlossen, war eines der Hauptziele die Einrichtung und die Leitung von Haushaltungs- und Dienstbotenschulen. In den 1890er-Jahren wurden die ersten solcher Schulen im Kanton Basel-Stadt eröffnet. Die Haushaltsführung war zu einem Beruf geworden, der von Frauen erlernt werden musste. Der Mangel an familienfremden Arbeitskräften in der Landwirtschaft und aufgetretenen Missständen in den Beziehungen zwischen Dienstboten und Herren führten dazu, dass in den Kantonen Basel-Stadt und Basel-Land Sondergesetze erlassen wurden. Diese sahen eine Verbindung von Privatrecht mit polizeilichen Bestimmungen vor. Die Sonderregelungen des Dienstbotenverhältnisses entsprachen dem Schweizerischen Obligationenrecht vom 1. Juni 1881, in Kraft getreten 1883, und dem Schweizerischen Zivilgesetzbuch vom 10. Dezember 1907, in Kraft getreten am 1. Januar 1912. Nach dem Privatrecht wurden alle Streitfälle bezüglich der Regelung von Arbeitszeit und Freizeit, die Lohnzahlung und Kündigungen geregelt. Die Dienstboten wurden verpflichtet, sich bei der Polizei zu melden und das Dienstbüchlein, in dem die Daten des Dienstantritts und der Kündigung verzeichnet waren, vorzuweisen.

Die Haushaltungsschule bot Mädchen auf dem Land eine spezielle Form der Ausbildung. Trotzdem sahen viele Zeitgenossen darin keinen Fortschritt

394 Stadler, Die Erziehung zur Häuslichkeit (oben Anm. 348), S. 373.

oder kritisierten diese sogar stark. Nach ihrer Meinung bestand für die Mädchen auf der landwirtschaftlichen Schule kaum die Möglichkeit, ihren wirklichen Beruf zu erlernen. „Kam so eine Frau nach Hause, zeigte sie ihre Fähigkeiten in der Küche, wusste aber nichts rundum den Gemüsegarten“[395], urteilte man beispielsweise über die erfolgte Ausbildung. Nach Ansicht der Kritiker sollten Mädchen in der Schule idealerweise lernen, wie man die Hausarbeit zu leisten habe, wie der Gemüsegarten und die Tiere zu pflegen seien und wie man mit den Abfällen umgehen könne.

Obschon der Beruf einer Landwirtin anspruchsvoll war, da diese häufig verschiedene körperliche Arbeiten leisten musste, hoben die Befürworter des Bauernstandes stets die Vorteile des Berufs hervor: „Unsere Mädchen kennen eben zu wenig der Schattenseiten anderer Berufe und greifen deshalb schnell zu diesen. Zudem ist der Zugang zu anderen Berufsorten viel zu gross, als dass die Mehrzahl der Mädchen eine Befriedigung daraus erzielen würde.“[396] Allerdings waren andere Zeitgenossen skeptischer, was das Renommee des Bauernberufs anging. Die Frage, wie man meistenteils zu diesem Beruf käme, beantworteten sie in Form eines Witzes: Die gescheiten Buben studieren, die Mädchen heiraten und derjenige, „der zu nichts anderem fähig ist, bleibt Bauer“.[397]

Um möglichst viele junge Frauen zum Studium heranzuziehen, verbreiteten die Organisatoren der landwirtschaftlichen Schule die These, dass ein landwirtschaftlich gebildetes Mädchen leichter einen Mann finden könne als ein Mädchen mit einem anderen Beruf. Die gesellschaftliche Wahrnehmung der Landfrau änderte sich. Noch zu Beginn des 19. Jahrhunderts wollten die Bauern entweder ein reiches Mädchen vom Land oder aber eine städtische, „modische Frau“ heiraten; arme ländliche Frauen galten als „dumme Wesen“. Nun betrachtete man die Bauernmädchen, die sich weiterbilden wollten, als „Kapital“ für den bäuerlichen Haushalt, denn sie hatten Fachkenntnisse und Verständnis für die Landwirtschaft und konnten im Betrieb mitarbeiten. Die Ausbildung der Frauen auf dem Land hatte zur Folge, dass diese selbstständiger wurden als die Frau mit anderen Berufen.

395 Guterhofn-Kingg, Unsere Töchter (oben Anm. 382), S. 8.
396 Ebd., S. 10.
397 Ebd., S. 9.

Die erste Initiative für die Ausbildung der Landfrauen stammte aus der Berner Region und wurde später im Aargau aufgegriffen. Die Haushaltungsschule „Zum Kreuz“ (gegründet 1891) und das privatwirtschaftliche Institut Kalligen (1890)[398], welche durch die Privatinitiative und den Frauenverein des Kantons Bern unterstützt wurden, bildeten die Grundlage für die weitere Entwicklung der Haushaltungsbildung der Landfrauen. Von hier aus verbreiteten sich die Haushaltungsschule und das Kochschulwesen in alle Kantone.

Zu dieser Zeit kam in der Schweiz ein neuer Typus von Anstalten auf, nämlich Schulen für Frauen auf dem Land, die sich der „Lehre der Kinderpflege“ widmeten. Sie wurden nach dem Prinzip eines „Kinderheims“ errichtet. Für 10 Franken im Monat konnten sich die Mädchen z.B. in Chur ausbilden lassen. Diese Anstalten hatten zum Ziel, neben dem grundsätzlichen Haushaltsunterricht auch einen Einblick in das bürgerliche Leben zu vermitteln. Die Institute sollten die jungen Mädchen auf ihr zukünftiges Leben vorbereiten. Gleichzeitig sollten die Erziehungsinhalte nicht nur über die körperliche Arbeit vermittelt werden. Solche Erziehungsanstalten unterschieden sich deshalb von den Armenanstalten.

Im Jahr 1896 nahm die Förderung der weiblichen Berufsbildung eine fortschrittliche Wendung. Laut dem Bundesbeschluss vom 20. Dezember 1895 wurde der Bund der hauswirtschaftlichen beruflichen Bildung für die Frauen aller Schichten ermöglicht. Nach der Vollziehungsverordnung von 1900 wurden die Kantone zur finanziellen Unterstützung von Lehranstalten für hauswirtschaftliche Berufsbildung und zur Ausschreibung von Preisfragen mit dem Ziel der Förderung der weiblichen Berufsbildung verpflichtet.[399] Die Hälfte der Finanzierung übernahm der Bund, die andere Hälfte teilten sich die Kantone, Gemeinden und privaten Initiativen. Kantone und Gemeinden waren zuständig für die Lehrmittel in der Schule. Die lokalen Schweizerischen Gemeinnützigen Frauenvereine hatten eigene Lehrmittel verfasst, unter anderem das an der hauswirtschaftlichen Schule in Lenzburg entstandene Buch „Kurze Anleitung zur Hauswirtschaft“[400]. Dieses

398 Anderegg, Die Heranbildung unserer bäuerlichen Hausfrauen(oben Anm. 105), S. 6.
399 Ebd., S. 7.
400 StA BL, NA 2080, Erziehung. A1. Zirkulare von Januar 1905–Ende 1906.

wurde als Lehrmittel für alle Schulen in den beiden Basler Halbkantonen empfohlen.

Die neu gegründeten Schulen für Mädchen standen vor dem Problem, geeignete Lehrkräfte zu finden. Personen, die sich in der Schweiz oder im Ausland für diese neue Lehrtätigkeit ausbilden liessen, um danach ihre Lehrtätigkeit in der Schweiz auszuüben, bekamen spezielle Bundesstipendien. Im Zeitraum von 1896 bis 1900 betrugen die Ausgaben des Bundes und der Kantone für die Bildung der Landfrauen 1'726'893 Schweizer Franken, wovon 770'000 auf den Beitrag der Kantone und Gemeinden entfielen. Allein für Stipendien gab der Bund 1875 Franken an allgemeine und 4097 Franken an besondere Unternehmungen aus.[401] Im Kanton Basel-Stadt befanden sich drei und in Basel-Landschaft zehn vom Bund subventionierte Anstalten für die Berufsbildung von Frauen. Die Staatsstipendien konnten im Kanton Basel-Land Frauen und Männer ab 15 Jahren nach dem Absolvieren der 3. Klasse einer Bezirks- oder Sekundarschule oder einer anderen gleichwertigen Anstalt erhalten.[402] Eine potenzielle Lehrperson hatte einen Bericht des Arztes über ihren Gesundheitszustand vorzuweisen. Da das Lehrpersonal an den Koch- und Haushaltungsschulen gleichsam das Vorbild der Frau für die Mädchen darstellte, wurde jede Kandidatin für eine solche Stelle genau geprüft. Manchmal wurden die ausgewählten Personen ohne jegliche Erklärung entlassen. So stammte beispielsweise die Pflegetochter des Herrn Antognini-Nawgelin in Sissach aus einer hoch angesehenen Familie und verfügte über die entsprechende Ausbildung. Die zuständige Erziehungsdirektion traf trotzdem die Entscheidung, diese Frau wegen mangelnder Qualifikationen als Lehrerin abzulehnen.[403]

Die Anstaltserziehung für die Landmädchen wurde aber nicht mit einer Berufsschule gleichgestellt. Man bezeichnete sie als eine Vorbereitung und eine Vorschule für das künftige Berufsleben. Durchschnittlich dauerten die Kurse in der Haushaltungsschule zehn Monate mit einer Unterbrechung zwei Monaten. Die Lehrinhalte an den Instituten zur Ausbildung der Landfrauen verfolgten eine progressive für die Zeitgenossen Richtung.

401 Anderegg, Die Heranbildung unserer baeuerlichen Hausfrauen (oben Anm. 105), S. 7.
402 StA BL, NA 2080, Erziehung. A1. Zirkulare 1909–1910, S. 12.
403 StA BL, NA2080, Erziehung. A1. Zirkulare 1911–1913, S. 107.

Der praktische Unterricht war im Sommer zu verbreiten und der theoretischen Unterricht in der Winterzeit abzuhalten. Die Erziehungsanstalten waren nicht nur für Ausbildungszwecke vorgesehen, sondern hatten auch die Aufgabe, die zukünftigen Bäuerinnen in Stellen zu vermitteln. Der Armenbehörde wurde vorgeschlagen, sich aktiv an dieser Aufgabe zu beteiligen und die Armenerziehungsanstalten an die landwirtschaftlichen Schulen anzugliedern. Dieses Vorgehen hatte man auch an Armenanstalten für Knaben zur Heranziehung männlicher landwirtschaftlicher Dienstboten empfohlen. Die landwirtschaftlichen Anstalten sollten „die Liebe und Lust zum landwirtschaftlichen Beruf“[404] weitergeben. Als negativ an der Erziehung in den Armenanstalten wurde vermerkt, dass die Kinder dort auf die übermässige Arbeit in einem ländlichen Betrieb hingewiesen wurden, die über ihre vorhandenen Kräfte ginge, was ihnen das Interesse am landwirtschaftlichen Beruf nähme. Die Schulen verfügten über einen landwirtschaftlichen Betrieb. Damit hatten die Zöglinge die Gelegenheit, sich die praktischen Fertigkeiten für die Haus-, Garten- und Feldarbeit unmittelbar anzueignen.

Die hauswirtschaftlichen Schulen für Landfrauen nahmen hinsichtlich der Schülerzahlen einen erfolgreichen Anfang. Nach dem Abschluss der Schülerinnen ergab sich jedoch häufig das Problem, dass die aus den Dienstboten- oder Haushaltungsschulen hervorgehenden Mädchen nur selten Dienststellen aus dem bäuerlichen Bereich antraten. Den Grund dafür sah man in der zu geringen Zahl von Dienstboten-Anstalten.

Von einer Bäuerin wurde verlangt, dass sie sich in der „kräftigen Zubereitung der Speisen“ gut auskenne. Die Verbreitung von Kinderkrankheiten und den teilweise unzureichenden Gesundheitszustand der Familienangehörigen führten Ärzte auf die Unfähigkeit der Frauen zum Kochen zurück. Die landwirtschaftliche Fachpresse griff dieses Thema zu Beginn des 20. Jahrhunderts auf. Hier wurde gefordert, die Frauen hätten die „gute bürgerliche Küche“ zu beherrschen und sie müssten auch etwas von der Kochkunst verstehen.[405] Im Rahmen des Unterrichts in der hauswirtschaftlichen Schule oder in separaten Lerneinheiten führten die landwirtschaftlichen Vereine

404 Anderegg, Die Heranbildung unserer bäuerlichen Hausfrauen (oben Anm. 105), S. 8.

405 Stadler, Die Erziehung zur Häuslichkeit (oben Anm. 348), S. 376.

und die kantonale Regierung Haushaltungskurse durch. Diese hatten das Ziel, die Koch- und Haushaltungskunde zu fördern, den Frauen die Gelegenheit zu bieten, bessere hauswirtschaftliche Kenntnisse zu erwerben, und zur weiteren Ausbildung beizutragen. Darüber hinaus ermöglichten Kochkurse es, den Konsum von einheimischen Produkten zu propagieren und zu fördern. Das Programm umfasste die folgenden Bereiche:

1. Die Kochstunde: Hier wurden die wichtigen Nahrungsmittel vorgestellt sowie die Zubereitung und das Kochen der wichtigsten Speisen gelehrt: Suppen, Gemüse, Fleisch, Kaffee, Getränke.
2. Der „Umgang mit dem Geschirr“ bestand aus folgenden Teilen: a) Praktische Anleitung zum Kochen; b) Versorgung mit einfacher und billiger, aber guter und gesunder bürgerlicher Kost; c) Decken des Esstisches, Aufräumen.
3. Waschstunde: Ziel dieses Bereiches war es, die Frauen mit Waschmaschinen bekannt zu machen.
4. Gesundheitslehre: Hier wurden den Frauen die Grundkenntnisse der Körperpflege, der Ernährung, der Bekleidungshygiene und einer gesunden Lebensweise vermittelt.
5. Rechnungswesen: Dieser Bereich beinhaltete die Anleitung zur Führung eines Haushalts.

Der Kurs begann täglich um 8 Uhr morgens und dauerte bis 18 Uhr am Abend. Die Teilnehmerinnen mussten mindestens 18 Jahre alt sein und einen Beitrag von 0,10 Franken leisten. Am Ende des Kurses erhielten die Frauen ein „hauswirtschaftliches“ Buch, das sie während ihres weiteren Familienlebens unterstützen sollte.

Neben den hauswirtschaftlichen Kursen gab es auch sogenannte Gemüsebaukurse, die vor allem bei den aus der Landwirtschaft stammenden Mädchen sehr beliebt waren. Obwohl die Einführung in den Gemüsebau in der Arbeitsschule als obligatorisch galt, wurden nur wenige Stunden dieser praktischen Anwendung zugeschrieben, da die Lehrzeit insgesamt zu kurz war und der „bloss mündliche[...] Unterricht“ sowie der Religionsunterricht viel Raum einnahmen.

Die landwirtschaftlichen Periodika propagierten die Haushaltungsschule und die angeschlossenen Kurse und zeigten dem landwirtschaftlichen Volk deren Nutzen auf. So thematisierte beispielsweise ein Artikel „Über

Töchterbildung" von 1879 die Einführung in den Haushaltungsunterricht und beschrieb positiv, wie sich die Frauen veränderten, die in einer Haushaltungsschule studiert hatten.[406]

Koch- und Haushaltungsschulen gab es in 14 Gemeinden des Kantons Basel-Land. Darunter waren Allschwil, Benken, Liestal, Ettingen und Sissach. Gewerbliche Fortbildungsschulen gab es dagegen nur in 8 Gemeinden: Arlesheim, Gelterkinden, Liestal, Muttenz, Oberwil, Pratteln, Sissach und Waldenburg. Die Haushaltungsschulen für Frauen in beiden Basler Halbkantonen wurden nach dem Vorbild von Zürich und Bern eingerichtet. Solche Schulen wurden durch das schweizerische Justizdepartement aus „Interesse [an] der hauswirtschaftlichen Bildung des weiblichen Geschlechts" unterstützt.[407] Bis etwa 1901 existierten für die hauswirtschaftlichen Schulen keine einheitlichen Programme und Stundenpläne. Da infolgedessen die Regierung von Basel-Landschaft das Studium in den Anstalten schliesslich als „ganz unklar" einstufte, wurden 1901 alle Schulen durch das Justizdepartement aufgefordert, ihre Lehrpläne einzusenden.[408]

Die Rolle der Frau bestimmte, dass das körperliche und seelische Wohlergehen der gesamten Familie allein in ihrer Zuständigkeit lag. Deshalb wurden die Frauen von den Ärzten und der Gesellschaft für Defizite bei der Haushaltsführung, der Ernährung, der Versorgung und Erziehung der Kinder und auch für die hohe Kindersterblichkeit verantwortlich gemacht. Alle diese Aspekte des Lebens wurden in das Programm der Haushaltungsschule einbezogen. Damit verfolgten die Haushaltungsschulen auch das Ziel, soziale Probleme aufzudecken. In den Haushaltungsschulen wurden die Frauen nicht nur mit der Milchproduktion, sondern auch mit der Problematik des Branntweins bekannt gemacht. Der übermässige Alkoholkonsum war eines der schwerwiegendsten sozialpolitischen Probleme, mit welchen sich Behörden und Sozialreformer auseinanderzusetzen hatten. In diesem Fall wurde der Frau auch die Verantwortung für die Gesundheit ihres Mannes übertragen. Sie musste ausserdem mit einem geringen Budget für den Haushalt auskommen und sollte gleichzeitig die Familie immer gut ernähren.

---

406 Der Landwirth vom 14. Dezember 1882. Der Landwirth. Organ des Bauernverein des Kantons Luzern. 15. Jahrgang 1882. Luzern.

407 StA BL, NA 2080 Erziehungsdirektion. A1. Zirkulare 1897–1914.

408 Ebd.

Der Bundesrat erklärte in seiner Botschaft zur Alkoholfrage 1884[409] die Trunksuchtproblematik einerseits mit mangelnder Einsicht der Betroffenen und andererseits mit schlecht zubereiteter Nahrung. Darum wurde den Frauen empfohlen, das Essen besser vorzubereiten und auf Branntwein zu verzichten.

Die Haushaltungsschulen wurden an schon bestehende gemeinnützige Institutionen wie Krankenhäuser oder Taubstummenanstalten angegliedert und funktionierten als Ausbildungs- und Dienstleistungsstellen. Die Schülerinnen stammten hauptsächlich aus ländlichen Handwerker- und Kleinbauernfamilien. Sie lernten durch Anleitung oder Hilfe ihre zukünftigen gesellschaftlichen Rollen als zuverlässige Magd und verständige Hausfrau kennen. Die Initiatoren der Schulen hatten sehr klare Vorstellungen davon, welche Kenntnisse an zukünftige Dienstboten zu vermitteln waren.

Zu Beginn des 19. Jahrhunderts wurde der Berufsbildung nur geringe Beachtung geschenkt. Allmählich setzten sich die im Laufe der Jahrzehnte entstandenen Berufsverbände für die planmässige Berufsbildung im Handwerk, in der Industrie und im Handel ein. In den 1890er-Jahren wurde die Lehrlings-Ausbildung schlussendlich in den Kantonen gesetzlich geregelt. Der Bund erliess in den Jahren 1884, 1891 und 1895 hierzu erstmals Bundesbeschlüsse. Hierbei wurden die Beiträge und die Förderung des beruflichen Unterrichts im Handwerk, in der Industrie und im Handel sowie für die hauswirtschaftliche Ausbildung der Mädchen bestätigt.[410]

Ende der 1860er-Jahre erhielt die Diskussion um die Mädchenbildung neue Impulse. Während bis dahin die Ausbildung von Mädchen auf Haus und Familie ausgerichtet und in diesem Sinn vermittelt worden war, musste man nun das Lehrprogramm für die Frauen um Lehrinhalte ergänzen, die auf einen ausserhäuslichen Erwerb ausgerichtet waren. Man empfahl, Mädchen auch intellektuell auszubilden, ohne jedoch diese Forderung zu Lasten der häuslichen Beschäftigung der Mädchen umzusetzen. Die Tendenz, dass die häusliche „Berufung“ von dem Wunsch oder der Notwendigkeit, in

---

409 Stadler, Die Erziehung zur Häuslichkeit (oben Anm. 348), S. 376.

410 Hauswirtschaftliches Bildungswesen in der Schweiz. Referat von Leny Völlmy, Eidgenössische Inspektorin für das hauswirtschaftliche Bildungswesen, Bern, gehalten am 6. Februar 1962 an der Schulungstagung des „Schweiz. Verbandes katholischer Bäuerinnen“ in Luzern. Neu bearbeitet im August 1965, S. 1.

einem ausserhäuslichen Beruf zu arbeiten, abgelöst wurde, verstärkte sich gegen Ende der 1870er-Jahre. Grund dafür war die Entstehung neuer Organisationen, die sich für die weibliche Ausbildung interessierten.

Die hauswirtschaftliche Ausbildung der Landfrauen hatte das Ziel, diese in das gesellschaftliche, wirtschaftliche und politische System zu integrieren. Die Ordnung im Haus sollte auch die Ordnung in Staat und Wirtschaft gewährleisten. Die schweizerische Landwirtschaft, die zu dieser Zeit in einer Strukturkrise steckte, benötigte qualifizierte Arbeitskräfte. Zu Beginn des 20. Jahrhunderts setzte sich immer mehr die Ansicht durch, dass der Landwirtschaft nur wirksam geholfen werden könne, wenn man den Bäuerinnen als Hausfrauen und Mitarbeiterinnen in einem Produktionsbetrieb wichtige und mannigfaltige Aufgaben zukommen lasse. Auch das Bürgertum strebte über die allgemeine Verbreitung von hauswirtschaftlicher Bildung die Schaffung möglichst egalitärer gesellschaftlicher Positionen an.

Ab 1870 entstanden die ersten Wurzeln der sogenannten Frauenbewegung in der Schweiz. Diese war nicht auf die urbanen Zentren beschränkt, sondern erfasste auch die Frauen der ländlichen Mittelschichten. Die verschiedenen Vertreterinnen der Frauenbewegung wie z.B. Vertreterinnen der Töchtervereine für freie Veranstaltungen der Jugendpflege und der Geselligkeit, traten für eine Verbesserung der weiblichen Bildungschancen ein und begründeten damit die Einrichtung von weiterführenden Schulen: „Die Einsicht, dass wir den jungen Mädchen für ihren Lebensweg mehr schulden, als was ihnen die Volksschule bieten konnte, führte zur Gründung der Fortbildungsschulen."[411] Die Vertreterinnen der frühen Bewegung verfolgten dabei ein zweigleisiges Konzept der Mädchenbildung: Einerseits setzten sie sich dafür ein, dass Mädchen zu den bestehenden Knabenmittelschulen zugelassen wurden und ihnen damit traditionelle „Männerberufe" erschlossen wurden. Andererseits begrüssten sie aber auch den Ausbau von Fortbildungsschulen für Mädchen, die auf „Frauenberufe" vorbereiteten und von Frauen geprägt und verwaltet wurden. Vom Besuch der Fortbildungsschulen waren Tausende Mädchen ausgeschlossen, weil die Notlage der Familie ihren Einsatz verlangte. Fortbildungsschulpflichtig waren alle

411 StA BL, NA 2080 Erziehung. F 15 Verhalten der Jugend ausserhalb der Schule. 1914–1915 Aufgaben, Organisation und Ziele der Fürsorge für die schulentlassene Jugend.

aus den Mittelschulen austretenden Schülerinnen, die keine höhere Lehranstalt besuchten und keine dem Lehrgang der Mädchen-Fortbildungsschule entsprechende Weiterbildung vorweisen konnten. Die Unterrichtsdauer umfasste 2 bis 3 Jahre mit 3 bis 4 Unterrichtsstunden pro Woche. Diese Stunden mussten der gesetzlichen Arbeitszeit entnommen werden. Trotzdem antworteten die obligatorischen Fortbildungsschulen auf ein dringendes soziales Bedürfnis der Frauen, da diese sich auf ihre Pflichten als Hausfrau und Mutter nur ungenügend vorbereitet sahen. Neben der praktischen beruflichen Ausbildung sollten sie daher eine geistige Weiterbildung erhalten, wenn ihre Eltern einen schlechten oder schwachen „erzieherischen Einfluss" ausgeübt hatten.[412]

3. Die Stellung der Frau in der Familie

Sowohl in der Schweiz wie auch in Russland unterschied sich die bäuerliche von der bürgerlichen Familienform vor allem durch die Einheit von Wohnen und Erwerb. Alle, die mitarbeiteten, gehörten zur „Familie", und das wichtigste Anliegen für alle bildete die Arbeit für den gemeinsamen Lebensunterhalt. Oberste Ziele der bäuerlichen Wirtschaft waren das Fortbestehen des Hofes, die Möglichkeit, von dem Ertrag leben zu können, und die Mitarbeit aller.

Das Zivilgesetzbuch von 1907 weist der Frau dabei folgende Rolle zu: „Die Ehefrau steht dem Mann mit Rat und Tat zur Seite und hat ihn in seiner Sorge für die Gemeinschaft nach Kräften zu unterstützen. Die Ehefrau erhält den Familiennamen und das Bürgerrecht des Ehemannes."[413] Die Frau hatte den Haushalt zu führen, beide Eltern hatten ihre Kinder „durch Gehorsam zum Genuss der Freiheit"[414] zu erziehen.

In ihrer Arbeit auf dem Hof waren Bäuerin und Bauer aufeinander angewiesen. Daher kam der Heirat für das Gedeihen der Hauswirtschaft eine sehr grosse Bedeutung zu. Mitgift, Arbeitsfähigkeit und Gesundheit

---

412 Ebd.

413 Zivilgesetzbuch. Altes Eherecht. Frauen in der Schweiz. Von den Problemen einer Mehrheit. Materialien zur Geschichten und Politik in der Schweiz. Hrsg. von Urs Altermatt und Hans Utz. Bearbeitet von Regina Wecker. Klett und Balmer. Zug 1983. S. 24–25.

414 Laur, Die schweizerische Bauernpolitik (oben Anm. 71), S. 11.

spielten bei der Wahl des Ehepartners eine entscheidende Rolle und galten als attraktive Eigenschaften. Das Leben der Generationen wurde untereinander durch eine patriarchale Ordnung geregelt, die geschlechts- und altersspezifische Klassen mit ungleich verteilten Rechten vorsah. Da die Arbeit der Bäuerinnen und der unverheirateten Frauen gegenüber derjenigen der Männer geringer bewertet wurde, ergaben sich für ledige Frauen Schwierigkeiten in Bezug auf die Altersvorsorge und daraus resultierend Sorgen um ihre Zukunft. Das erstes Mal machte auf diese Situation 1921 die Bäuerin und Gründerin der „Association des Productrices de Moudon“, Augusta Gilabert-Randin, in ihrem Artikel „La mission ou le rôle social de la fermière“ aufmerksam.[415] Dieser Text illustriert die Lebenswelt von Frauen auf dem Land und die Schwierigkeiten, mit denen Bäuerinnen auf der betrieblichen und der Familienebene konfrontiert waren. Gilabert-Randin engagierte sich für eine stärkere Stellung der Bäuerinnen innerhalb der Familie und der Landwirtschaft und setzte sich für den systematischen Ausbau der von Bäuerinnen dominierten Bereiche in der Landwirtschaft, wie z.B. Gemüsebau oder Eierproduktion, ein.

Das persönliche Glücksgefühl wurde an das Wohlergehen des Hofes geknüpft. Die sittliche Seite des Familienlebens wurde daneben auch von der Gemeinde geprägt, die das öffentliche Leben massgeblich bestimmte. Nach der Vorstellung der Landwirte war „ein souveränes Gemeindeleben [...] die wirksamste Schule für die Ausbildung der Bürgertugenden, für Gemeinschaftssinn, Opferwilligkeit, Verantwortlichkeit und für Eingabe an das öffentliche Wohl“.[416] Die Landwirte bevorzugten es, wenn sich ihre Gemeinde aus Einwohnern zusammensetzte, die aus lange ansässigen Familien stammten, da sie Zugezogenen eine Verantwortung für die Gemeinschaft absprachen. Die Gemeinde prägte das soziale Leben durch die Schule und die Kirche, wo alle wichtigen Zusammenkünfte und Ereignisse des öffentlichen Lebens stattfanden.

In der Landgemeinde übten die Nachbarn gegenseitig eine strenge „Sittenpolizei“ aus.[417] Die öffentliche Meinung im Dorf war eine strenge

---

415 Moser/Gosteli, Une paysanne entre ferme, marché et associations (oben Anm. 69), S. 175.

416 Laur, Die schweizerische Bauernpolitik (oben Anm. 71), S. 12.

417 Ebd.

„Zuchtmeisterin“: „Wer über seine Verhältnisse lebte, wer in der Woche regelmässig im Wirtshaus sass, wer einen liederlichen Lebenswandel führte, wurde verachtet.“[418] Die sogenannte „Vaterliebe“ und die „richtige Erziehung der Kinder“ konnte man nur innerhalb der dörflichen Gemeinschaft pflegen. Aus der Sicht der Landbevölkerung übte die Stadt einen verderblichen Einfluss auf die Sitten aus und vermochte die „schwachen Menschen in die Tiefe“ zu ziehen. Entsprechend sah man die Bewegung der Landbevölkerung in die Stadt als nicht nur wirtschaftlichen, sondern auch sittlichen Gewinn für die Städte an. Die soziale Kontrolle durch die Dorfgemeinschaft bei unverheirateten Jugendlichen war besonders stark ausgeprägt.

Gemeinsame Feste boten der Dorfgemeinschaft die Möglichkeit, die Kontaktaufnahmen zu überwachen. Wenn sich zwei junge Leute gefunden hatten, unterlag ihr Verhalten strengen Regeln. Männer konnten ihre Freundin am Tag und in der Nacht besuchen, ein intimer Kontakt zwischen unverheirateten Paaren wurde jedoch verurteilt und bestraft.[419] Eine bestrafte Person musste danach mit Sanktionen wie Verachtung im Dorf, Ausprügeln oder gar Katzenmusik vor dem Schlafzimmerfenster usw. rechnen. Einen Mann zu „besitzen“, der geheiratet werden konnte, war unter diesen Umständen für Mädchen eine ehrenvollebare Angelegenheit. Die Geburt eines Kindes galt dann nicht als Schande, sie beschleunigte vielmehr die Heirat.

Die Familiengrösse stand in Korrelation mit dem Besitz an Gütern.[420] Am deutlichsten zeigte sich dies bei den Heiraten. Eine Liebesheirat war zwar erwünscht und erfüllende persönliche Beziehungen waren wichtig, aber die Ansprüche des Hofes rangierten über den privaten Wünschen. Jede Heirat war in der dörflichen Gesellschaft eine öffentliche Angelegenheit.

Die Ideologen des bäuerlichen Lebens sprachen von der „Heiligkeit der Ehe“, damit schenkten sie ihre Aufmerksamkeit den Frauen und Kinder, deren „Schutz über der Unantastbarkeit des Familienleben“ bestanden musste.[421] Abgesehen von Ideologie kann man daraus schliessen, dass man

---

418 Ebd.

419 Frauen Geschichte(n) (oben Anm. 155), S. 63.

420 Gaby Sutter: Mütter in der Familienwirtschaft. Historisches Lexikon der Schweiz.: URL: http://www.hls-dhs-dss.ch/textes/d/D16101.php (Datum des Zugriffs: 18. Juni 2013).

421 Laur, Die schweizerische Bauernpolitik (oben Anm. 71), S. 10.

auf die Familie einen grossen Wert legt. Die Familie, nach der Meinung von Laur, musste nicht zum „ Geldzweck" gemacht werden, sondern sie müsse„Mittel zum Zweck" sein [422]. Die Verlobten hatten beim Gemeinderat eine Bewilligung der Heirat zu beantragen. Der Gemeinderat prüfte daraufhin den „Leumund" und den „Lebenswandel"[423] der zukünftigen Eheleute.

Oft gerieten Arme und Fremde besonderes leicht ins Gerede und wurden moralisch verurteilt. Armen die Ehe zu verbieten, wurde während des 19. Jahrhunderts als Mittel eingesetzt, um die Ausgaben der Armenkasse der Gemeinde zu verringern. Ledige wurden von der Gemeinde nicht unterstützt, diese mussten für sich selbst sorgen. Dieses Verbot wirkte sich ungünstig auf die demografische Situation aus, da in den ländlichen Gebieten mehr Männer als Frauen lebten. In Bauerngemeinden, in denen mehr als 70 % der Berufstätigen in der Landwirtschaft arbeiteten, bestand ein „Männerüberschuss" und in den Industriegemeinden, in denen mehr als 65 % der Berufstätigen in Industrie und Handwerk beschäftigt waren, ein „Frauenüberschuss".[424]

An dieser Stelle soll auf den Aspekt der Heirat in der Schweiz näher eingegangen werden. Gemäss den statistischen Angaben waren im Zeitraum von 1876 bis 1880 40 % der Frauen und 23 % der Männer bis zum Alter von 25 bzw. 30 Jahren bereits verheiratet.[425] Das durchschnittliche Alter bei der Heirat betrug bei den Männern 30 Jahre und bei den Frauen 28 Jahre.[426] Bei dieser Erhebung unterscheiden sich die städtische und die Landbevölkerung kaum voneinander. Frauen in der Schweiz waren bei der Hochzeit durchschnittlich fünf Jahre älter als Frauen in Russland. Ein wichtiger Grund für das hohe Heiratsalter war, dass in der Landwirtschaft erst geheiratet wurde, wenn die Eltern den Hof übergaben. Wer sich keinen eigenen Haushalt leisten konnte, musste ledig bleiben. So war die soziale Stellung einer Person von einer Heirat und der Führung eines eigenen Haushalts abhängig. Als

---

422 Ebd.
423 Ryter, Als Weibsbild bevogtet (oben Anm. 55), S. 256.
424 Escher, Entwicklungstendenzen der Frauenbewegung. (oben Anm. 47), S. 16,
425 Höpflinger, Bevölkerungswandel (oben Anm. 84), S. 31.
426 Statistische Mitteilungen über den Zivilstand von Basel-Stadt im Jahre 1870–1874. Trauungen. Schweighauserische Buchdruckerei, Basel 1870–1874.

Bedingung für die Ehe wurden von einer Frau ein gutes Leumundszeugnis und der Nachweis einer ehelichen Geburt verlangt.

Obwohl das Recht auf Eheschliessung der Bundesverfassung vom 25. Dezember 1874 zufolge durch die Einführung der Zivilehe gesetzlich voll verankert war, waren die Registerführung und die Eheformalitäten von Kanton zu Kanton unterschiedlich. Der Kanton Basel-Stadt bildete einen einzigen Zivilstandskreis, der die Gemeinden Riehen und Bettingen mit umfasste und führte schon früh mit dem „Gesetz betreffend Verkündung und Trauung" vom 6. November 1871 die obligatorische Ziviltrauung ein (dazu kam die Verordnung vom 27. Mai 1872 über den Vollzug der Trauung).[427] Das Ziel dieses Gesetzes war es, einen Überblick über alle geschlossenen Ehen zu erhalten. Die Zahl der Heiratstermine in der Schweiz nahm ab 1877 zu. Im Zeitraum von 1871 bis 1877 stieg diese Zahl von 19'514 im Jahr 1871 auf 29'590 im Jahr 1878.[428]

Dieser starke Anstieg resultierte zum einen aus der besseren Wirtschaftslage dieser Zeit und zum anderen aus der Einführung der Zivilehe durch die Bundesverfassung von 1874. Ein weiterer Grund lag in der Aufhebung von Ehebeschränkungen aus konfessionellen oder ökonomischen Gründen. Im Kanton Basel-Land ist der letztgenannte Zusammenhang sehr auffällig. 1878 wurden 500 Eheschliessungen registriert, im Vergleich dazu 1866 nur 300.[429] Annamarie Ryter stellte fest, dass seit dem Armengesetz von 1860 das Heiratsverbote für Arme vorsah, wurde im Kanton Basel-Land deutlich weniger geheiratet als früher. Die Ehebeschränkungen fungierten als „Schutzmechanismus" der Gemeinden, die mit dem Armengesetz ihre geplanten bevölkerungspolitischen Ziele erreichen konnten, nämlich eine durch den überregionalen Industrialisierungsschub drohende wachsende Anzahl an armen Gemeindemitgliedern zu verhindern.

Dennoch konnten auch nach 1874 nicht alle Erwachsenen ohne weiteres heiraten. Das Bundesgesetz sowie das Schweizerische Zivilgesetzbuch

---

427 StA BS. JD-REG 6 Zivilstandsamt, 1868–1992 (Fonds).

428 Schweizerische Statistische Mitteilungen. Herausgegeben vom Eidgenössischen Statistischen Bureau. X. Jahrgang, 1928. 4. Heft. X . Ehe, Geburt und Tod in der schweizerischen Bevölkerung während der Jahre 1901–1920. Die Eheschliessungen und Scheidungen. Teil 1, Bern 1928, S. 10.

429 Ryter, Als Weibsbild bevogtet (oben Anm. 55), S. 106.

von 1912 schränkten das Recht auf Ehe ein. So war „Geisteskranken" die Ehe untersagt.[430] Das Gesetz hob zwar frühere Heiratsbeschränkungen bzw. gemeinderätliche Heiratsabschläge oder Brauteinzugsgebühren auf, stiess aber damit bei der katholischen Bevölkerung auf Abneigung. Durch „Protesttrauungen" vor dem Inkrafttreten des Gesetzes machte sich die Katholiken Luft. Bevormundete Personen konnten jedoch nach wie vor nicht ohne die Einwilligung ihres Vormundes heiraten, dies änderte sich erst mit der Aufhebung der Geschlechtsvormundschaft 1879.[431] Im Kanton Basel-Land blieben viele Frauen auch danach, allerdings freiwillig, unter Vormundschaft. Da Frauen als abhängig und unselbstständig wahrgenommen wurden, konnte eine Vormundschaft ihre Lage absichern.[432]

Mit der eintretenden wirtschaftlichen Krise in den 1880er-Jahren änderte sich das Heiratsverhalten. Viele junge Leute blieben weiterhin arm. Nur 35 % der Frauen und 20 % Männer unter 25 Jahren waren verheiratet. Im Zeitraum von 1906 bis 1910 waren dagegen 61 % der Frauen und 66 % der Männer bis zum Alter von 30 Jahren verheiratet.[433]

Die wirtschaftliche Situation bedingte, dass die Anzahl an Heiraten im Zeitraum von 1901 bis 1911 um 14 % stieg.[434] Einzelne Kantone, unter ihnen auch Basel-Stadt, wiesen allerdings 1901/02 eine rückläufige Heiratsquote auf, da die chemische Industrie, die Textil- und vor allem die Seidenindustrie zu diesem Zeitpunkt eine wirtschaftliche Krise durchliefen.

Ab den 1890er-Jahren erfuhr die Schweiz die grösste wirtschaftliche Expansion in ihrer Geschichte. Die technische Entwicklung und die damit verbundenen wirtschaftlichen Verbesserungen des Lebens bei gleichzeitiger Senkung der Lebenshaltungskosten erhöhten den Heiratswillen. Auch der Zuzug von Ausländern wirkte sich aus. Diese vergrösserten das Angebot an Heiratskandidaten, welche dazu noch durch die geburtenstarken Jahrgänge der Jahre 1873/74 zahlreich waren. Im Jahr 1900 lebten in der Schweiz 86'254 Ausländer im Alter von 20 bis 39 Jahren, gegenüber 43'757 im Jahr

430 Ebd., S. 87.
431 Ebd., S. 95.
432 Ebd., S 100 ff.
433 Höpflinger, Bevölkerungswandel (oben Anm. 84), S. 31.
434 Schweizerische Statistische Mitteilungen, Jahrgang 1928 (oben Anm. 428), S. 10.

1888.[435] Anders als die Schweizer liessen sich die Ausländer vorzugsweise in den Städten nieder: 1910 lebten 520 von 1000 Ausländern in der Stadt und nur 49 auf dem Land, während es bei den Schweizern 227 bzw. 306 waren.[436]

Die meisten Ehen wurden im April/Mai und im Oktober/November geschlossen.[437] Der Grund dafür waren die religiösen Feste, die wirtschaftlichen Verhältnisse sowie die Miettermine bei der Begründung des Haushalts.

Der Familienstand der zukünftigen Brautleute spielte die entscheidende Rolle bei einer Heirat. Witwen hatten Schwierigkeiten, sich wieder zu verheiraten, ihr Anteil an Wiederheiraten war daher gering. Der Anteil an Trauungen von ledigen Männern mit Witwen an allen Heiraten lag bei nur 5 %, der Anteil der Trauungen von Witwern und mit ledigen Frauen bei 12 %. Die meisten Ehen, 81 %, wurden zwischen ledigen Personen geschlossen.[438] Das durchschnittliche Alter der getrauten Witwer betrug 44 Jahre, das der Witwen 36. Da dieses Verhältnis der Trauungen, bezogen auf den Familienstand der Brautleute, über Jahre gleich blieb, wurde es von der Zivilstatistik als Norm aufgefasst. Die jährlichen statistischen Berichte machten keine Angaben zur jeweiligen Dauer einer Ehe.

Im Zeitraum von 1871 bis 1913 heirateten die meisten Männer zwischen 25 bis 34 Jahren und die Frauen dagegen – zwieschen 20 bis 29 Jahren. Bei der bäuerlichen Bevölkerung betrug der Altersabstand 5 Jahre.[439] Das durchschnittliche Heiratsalter in der Schweiz blieb annähernd konstant: Ledige Frauen heirateten durchschnittlich mit 26, geschiedene mit 37, verwitwete mit 41 Jahren; ledige Männer heirateten durchschnittlich mit 28, geschiedene mit 40, verwitwete mit 44 Jahren.[440]

Im Zeitraum von 1870 bis 1913 lässt sich ein Anstieg der Trauungen im Kanton Basel-Stadt und ein Rückgang an Heiraten im Kanton Basel-Land

---

435 Höpflinger, Bevölkerungswandel (oben Anm. 84), S. 33.
436 Schweizerische Statistische Mitteilungen, Jahrgang1928 (oben Anm. 428), S. 88.
437 Ebd., S. 17.
438 Statistische Mitteilungen über den Civilstand von Basel-Stadt im Jahre 1874, Basel 1874, S. 29.
439 Schweizerische Statistische Mitteilungen. Jahrgang 1928 (oben Anm. 428), S. 23.
440 Ebd., S. 23.

feststellen. Aufgeschlüsselt nach einzelnen Zeiträumen, ergeben sich für die Kantone folgende Zahlen.[441]

Tabelle 13: Trauungen im Kanton Basel-Stadt und im Kanton Basel-Land

Kantone	1871–1880	1891–1899	1900	1911–1920
Basel-Stadt	822	885	905	791
Basel-Land	717	655	649	639

Diese Situation lässt sich durch die Entwicklung der erstarkenden Industrie in der Stadt erklären, die es jungen Leuten ermöglichte, ein selbstständiges Leben zu führen. Laut der Statistik von 1910 kamen zu diesem Zeitpunkt auf 1000 Männer, die in der Stadt arbeiteten, 23 die in der Landwirtschaft beschäftigt waren.[442] Obwohl die Statistik darüber nicht klar Auskunft gibt, ist anzunehmen, dass das Verhältnis bei den Frauen ähnlich ausfiel.

Trotz des Verbotes der Heirat von zwei mittellosen oder potenziell von Armut bedrohten Personen gab es auch Ausnahmefälle. Als Beispiel sei die Familie Correncourt-Wagner genannt: Eduard Correncourt richtete mehrere Beschwerden gegen das ihm und seiner Frau Lydia Wagner auferlegte Heiratsverbot an die Gemeinde Arlesheim. Correncourt und Wagner führten mehrere Jahre eine „wilde Ehe" und hatten ein gemeinsames Kind. Aus Sicht der Justizdirektion sprachen diese Umstände dafür, die Ehe zu bewilligen. Correncourts Hoffnung, „schliesslich doch heiraten zu können"[443], wurde erfüllt, die Eheschliessung wurde erlaubt und das unehelich geborene Kind anerkannt.

Ein Eheverbot konnten auch die Leute, die nicht zu den Ärmsten im Dorf gehörten, erhalten. Annamarie Ryter beschreibt in ihrer Arbeit den Fall der Posamenterin Esther Frey und des Schreinermeisters Heinrich Degen.[444] Die Frau hatte einen schlechten Leumund, sie war in ihrer Gemeinde Titterten als „Hure" verschrien. Der Mann war, abgesehen davon, dass er arm war,

441 Ebd., S. 39.
442 Schweizerische Statistische Mitteilungen. Jahrgang 1928 (oben Anm. 428), S. 40.
443 Nah dran, weit Weg. Geschichte des Kantons Basel-Landschaft. Band 5. Armut und Reichtum. 19. und 20. Jahrhundert, Liestal 2001, S. 120.
444 Ryter,Als Weibsbild bevogtet (oben Anm. 55), S. 261.

in seiner Heimatgemeinde Liedertswil als „Ehebrecher“ bekannt. Die beiden hatten uneheliche Zwillinge zusammen. Obwohl Degen zum Zeitpunkt, als er Frey heiraten wollte, bereits geschieden war, verweigerte die Gemeinde ihm eine zweite Heirat. Hierbei ging es nicht um ein Heiratsverbot aus ökonomischen Gründen, sondern es wurden der Charakter und das „gesellschaftswidrige“ Verhalten der beiden kritisiert. Das Paar wurde von der dörflichen Gesellschaft buchstäblich ausspioniert. Die Dorfbewohner verfolgten jede Handlung und hatten exakte Kenntnisse darüber, wie oft und wo die beiden sich getroffen hatten. Diese Form des Heiratsverbots stellte ein Sanktionsmittel des Dorfes gegen die Leute dar, die sich über die gesellschaftlichen Normen hinweggesetzt hatten. Diese Normen gingen an der Realität bisweilen vorbei. Dennoch war die Absicht einer Witwe und eines geschiedenen Mannes, die dazu noch gemeinsame Kinder hatten, eine Familie gründen zu wollen, mit der dörflichen Moral nicht zu vereinbaren.

Der Ruf einer Braut bzw. eines Bräutigams, die nicht aus der eigenen Gemeinde stammten, wurde ebenfalls genau geprüft. Durch aussereheliche Kinder, Ehebruch, mehrere sexuelle Beziehungen oder die Arbeit in einem „Zigarrenladen“[445] erhielten Frauen einen schlechten Leumund und als Folge verweigerte man ihnen die Heirat. War die potenzielle Braut aus einer anderen Gemeinde eine Mutter unehelicher Kinder und stammte sie aus der Unterschicht, so war dies für die Gemeinde Argument genug, die Heirat zu verhindern. Grundsätzlich waren Heiraten über die Gemeindegrenzen hinweg in der zweiten Hälfte des 19. Jahrhunderts jedoch keine Seltenheit.[446]

Frauen, die bereits mit dem Gesetz in Konflikt geraten waren, hatten grosse Schwierigkeiten in den Ehestand zu treten. Zu den sanktionierten

---

445 StA BS, Niederlassung H5. Kostkinder Pflegewesen 1850–1909. Da Bordelle in der Schweiz offiziell verboten waren, hatte sich in Basel ein spezielles System herausgebildet, um die gesetzlichen Bestimmungen zu umgehen. Bordelle waren oft als „Zigarettenladen“ oder Papeterien benannt. Sie boten für die „Ladenmädchen“ Unterkunft und Kost.Vgl. Janner, Mögen sie Verein bilden (oben Anm. 67), S. 72.

446 Annamarie Ryter stellte fest, dass zu den Zielgruppen dörflicher Eheverhinderungspolitik die Frauen gehörten, die mit einer Heirat das Bürgerrecht ihres Mannes erhalten hätten. Nur in 12 von 22 Rekursfällen, die sie untersucht hat, stammten die Verlobten aus der gleichen Heimatgemeinde. Vgl Ryter, .Als Weibsbild bevogtet, (oben Anm. 55), S. 105.

Delikten zählten Betteln, Diebstahl und Prostitution. Geschieden zu sein war damals keine Selbstverständlichkeit und gefährdete den Ruf sowohl von Frauen wie auch von Männern. Eine Scheidung bedeutete auch für die Gemeinde ein ökonomisches Risiko, da Frauen aus der Unterschicht mit geringem Verdienst sich und ihre Kinder nicht alleine unterhalten konnten. Da die Männer der Zahlung von Alimenten, zu denen sie gerichtlich verpflichtet wurden, häufig nur unzureichend nachkamen, sollte zumeist die Armenpflege die Kinder geschiedener Eltern unterstützen.

Die intensive Einwanderungsbewegung der Landbevölkerung in die Stadt spiegelt sich in der zeitgenössischen Statistik wieder. Im Jahr 1879 wurden vom Aufenthaltsbureau Basel-Stadt 7797 Aufenthaltsbewilligungen erteilt, darunter circa 1500 für Antragsteller aus der Landbevölkerung.[447] Nicht nur Baslerinnen, sondern auch mehrere Fabrikarbeiterinnen aus anderen Kantonen, befanden sich in einer Notlage. Sie waren bereit „lieber verhungern“, „verzichten auf alles“, „nur einmal im Tag essen“ oder „noch mehr [sich] einschränken“ wenn sie nur nicht heimgehen müsse, berichtete Polizei.[448]

Aus Angst, ihre Arbeitsstelle zu verlieren, verheimlichten viele junge Frauen ihre Schwangerschaft. Nach den statistischen Erhebungen zu urteilen, taten viele absichtlich nichts für einen erfolgreichen Verlauf ihrer Schwangerschaft. Im schlimmsten Fall trafen sie die Entscheidung, ihr neugeborenes Kind zu töten. Die betreffenden Frauen stammten meistens aus der ländlichen Unterschicht, waren fremd in der Stadt und arbeiteten in abhängigen Stellungen. Sie hatten sich bereits durch ihre nichteheliche sexuelle Beziehung strafbar gemacht, konnten aber wegen ihrer gesellschaftlichen Stellung keine eigene Familie gründen. Da sie zur Sicherung ihrer Existenz völlig auf ihre Arbeitskraft angewiesen waren, waren die Verheimlichung der Schwangerschaft und die Tötung des Neugeborenen der verzweifelte Versuch der betroffenen Frauen, in einer schwierigen Lage

---

447 Statistische Mittheilungen des Kantons Basel-Stadt. Bericht über den Civilstand, die Todesursachen und die ansteckenden Krankheiten im Jahre 1879, Basel 1880, S. 2.

448 StA BS, Armenwesen M 3. Reorganisation des städtischen Armenwesens. Freiwillige Armenpflege. Allgemeine Armenpflege 1907–1920. Aus Bericht des Polizei – Departements an den Regierungsrat . Basel . Den 11, Januar 1910.

selbst zu überleben. In Basel begingen junge Mädchen jedes erdenkliche Delikt, das unter die Rubrik „Kindsmord" fiel.[449] Für dieses Verbrechen kamen in Basel Frauen im Alter zwischen 20 und 40 Jahren vor Gericht, die bereits mehrere Kinder hatten.[450]

Die zwischenmenschlichen Beziehungen in der Familie wurden von den Zeitgenossen vielfach diskutiert. Während im Russischen Zarenreich Familien nach dem Prinzip lebten „Der Mann ist der Frau Gesetz"[451] führte in der Schweiz der Verfasser des Schweizerischen Zivilgesetzbuches Eugen Huber an, dass das «Prinzip der Handlungsfähigkeit der Ehefrau das natürliche Verhältnis der Ehegatten niemals zu ändern im Stande ist und der in Natur und Sitte begründeten persönlichen Autorität des Ehemannes über die Ehefrau keinen Abbruch zu tun bezweckt». Wir erachten «das Verhältnis der Geschlechter nach einem normalen Bestand durch eine Ordnung gegeben, (...) an der menschliche Satzungen wenig zu ändern vermögen. Namentlich bleibt der Ehemann das Haupt der Gemeinschaft auch da, wo die eheliche Vormundschaft zur Aufhebung gelangt ist. Der Mann sollte aber die Ehefrau als primus inter pares[452] durch überlegene Tüchtigkeit und natürliche Autorität in ihren persönlichen Angelegenheiten nach seinem Willen zu bestimmen habe».[453]

Das Eheleben verlief trist und eintönig. Zwischen Mann und Frau wurde im Laufe des Tages nur wenige Worte gewechselt, jeder ging seinen Aufgaben nach. Für die Wünsche und Bedürfnisse der Frauen interessierte man sich wohl nur ausnahmeweise. Die landwirtschaftliche Zeitschrift „Der Landwirth" unternahm einen Versuch das ideale Verhalten von Mann und

---

449 Grütter, Karin: 'Weil ich fürchtete, aus der Stadt entfernt zu werden ...': Kindstötung in Basel um 1850. In: Auf den Spuren weiblicher Vergangenheit. Serientitel: Itinera, Fasc. 2/3. Konferenz: Schweizerisches Historikerinnentreffen 2, 1984, Basel 1985, S. 106–119.

450 Ebd., S. 9.

451 Goehrke, Russischer Alltag. Eine Geschichte in neun Zeitbildern vom Frühmittelalter bis zur Gegenwart II. Band: Auf dem Weg in die Moderne 2003,S. 200.

452 Lat. für „Erster unter Gleichen". Bedeutet damit das in einer Gruppe zwar alle Mitglieder theoretisch gleichberechtigt sind aber einer eine Führungsrolle einnimmt.

453 Botschaft über die Änderung des Schweizerischen Zivilgesetzbuches (Wirkungen der Ehe im allgemeinen, Ehegüterrecht und Erbrecht) vom 11. Juli 1979 in: Bundesblatt 1979 Band 2. Heft 43, S. 1194.

Frau zu beschreiben. In dem Artikel „Zum ehelichen Frieden und häuslichen Glück“[454] mündet diese Beschreibung in eine Traumvorstellung der Männer: „Ein lachendes Weib und ein heiteres Daheim, was für ein Paradies würde dies sein!“

Dass Frauen die Hausarbeit erledigten, galt als selbstverständlich. Die Männer kümmerten sich nicht um den Haushalt. Wie gut eine Frau den Haushalt führte und wie gepflegt sie das Haus hielt, war kein Gesprächsthema zwischen den Eheleuten. Die Zufriedenheit in diesem Punkt war für einen Mann eine selbstverständliche Forderung. Diese Situation wurde Anfang des 20. Jahrhunderts in verschiedenen Artikeln landwirtschaftlicher Periodika kritisiert.

Die Kritiker sprachen sich für mehr Austausch unter den Eheleuten und eine stärkere Aufmerksamkeit der Männer im Hinblick auf die Hausarbeit der Frau aus, da dies die Grundlagen für eine gute Beziehung in der Familie seien, welche von den Landleuten entsprechend mehr gepflegt werden müssten. Zur Belehrung diente die Geschichte von Andreas Lenner.[455] Andreas Lenner war ein kleiner Unternehmer, der jeden Abend müde und schlecht gelaunt nach Hause zu seiner Frau kam. Stets suchte er einen Grund, um seiner Frau ein „zorniges Wort“ zuzuwerfen, trotzdem bezwang er sich zu schweigen. „Ein lachendes Weib und ein heiteres Daheim“ war alles, was er sich gewünscht hatte. Er versuchte, eine Begründung für seine schlechte Laune darin zu finden, wie seine Frau den Haushalt führte, doch damit stimmte alles. In seinem Haus konnte er nichts finden; es war ein idealer Zustand. Doch zeigte die Ehefrau keinerlei Emotionen. Hierin läge nun das Problem, das alle Eheleute beträfe – der Mangel an Dialog:

> Es würde ihn erfreut haben, wenn nur ein wenig Sonnenschein auf dem Gesichte der Frau gewesen wäre. „Bist du nicht wohl, Marie?“ Die Worte schwebten ihm auf den Lippen, aber er sprach sie nicht aus, denn das Gesicht seiner Frau war so abwehrend, dass er eine gereizte Antwort fürchtete. So blieben die beiden im Schweigen beieinander, bis Andreas sein Abendessen beendet hatte. Darauf räumte seine Frau das Licht ab, breitete eine grüne Decke darüber und liess ihren Mann mit seinen quälenden Gedanken allein. „Das ist unerträglich!“, sagte Lenner, indem er die Hände in die Hosentasche steckte und mit gesenktem Kopf im Zimmer auf- und abging. Nach einer Weile zog er ein Zeitungsblatt aus der Tasche und setzte sich

454 Der Landwirth. 15. Jahrgang 1882 vom 24. August, Luzern.
455 Ebd., S. 136.

ans Licht, um zu lesen. In einem Artikel stiess er auf den folgenden Satz: Lobe deine Frau! „Ich möchte wohl Ursache haben, sie zu loben", dachte er. Aber er las weiter: „Lobe deine Frau, Mann, ermutige sie ein wenig, dass wir sie nicht vergessen. Lob ist billig genug. Aber warum soll ich sie loben, dass sie so mürrisch ist und mein Haus zum unangenehmsten Ort auf der Welt macht?" Er blickte wieder auf das Kapitel und fand die Begründung. „Sie hat dein Haus bequem und deine Nahrung angenehm gemacht. Wenn aus keinem andern Grunde, so lobe sie doch aus Mitleid. Sie erwartet es nicht, aber es wird ihr und auch dir gut tun." Die Gedanken von Andreas klagten ihn der Ungerechtigkeit gegen seine Frau an. Trotzdem sagte er seiner Frau: „Du machst das sehr schön, Marie!" Sie antwortete nicht, aber er merkte, dass ihr Gesicht den strengen Ausdruck verlor. „Meine Hemden sind schöner und weisser als die von irgendwem in unserem Geschäft!" „Wirklich?", sagte sie. Sie blickte nicht auf, trotzdem war sie nicht so zurückhaltend wie vorher. „Und ich habe mehr als einmal gehört, was für eine gute Frau ich habe", murmelte er weiter. „Denkst du auch so?", fragte sie ganz trocken. „Ja, Liebe!", war seine innig gebrochene Antwort, und er beugte sich nieder und küsste sie. „Wenn du mir das nur von Zeit zu Zeit sagen wolltest, Andreas, es würde mir gut tun!"[456]

4. Die Wahrnehmung der Frauenrolle in der Gesellschaft

Unter welchen Bedingungen die Frauen in Basel lebten, zeigen die Arbeitsverhältnisse und die Wohnsituation. Von dem Zeitpunkt an, an dem sie von zu Hause fortgingen, mussten die Frauen selbst für ihr Leben aufkommen. In Basel arbeiteten sie als Dienstmägde oder Fabrikarbeiterinnen oder schlugen sich als Tagelöhnerinnen durch. Die Arbeit war hart und der Verdienst reichte gerade zum Überleben. Die Ergebnisse einer Fabrikinspektion zeigten, dass die zahlreichen Wöchnerinnen, die in der Fabrik beschäftigt waren, nach der Geburt ihrer Kinder bereits nach wenigen Wochen die Arbeit in einer anderen Fabrik wieder aufnahmen. Laut Fabrikgesetz war für eine junge Mutter ihr angestammter Arbeitsplatz für sechs bis acht Wochen gesperrt.[457]

Die Beziehungen, aus denen die unerwünschten Kinder stammten, waren sehr unterschiedlich. Einige Paare lebten längere Zeit zusammen und trugen sich mit festen Heiratsabsichten, die sie jedoch wegen der geltenden Heiratsbeschränkungen nicht umsetzen konnten. Andere Frauen waren aufgrund ihrer Schwangerschaft von ihrem Freund verlassen worden.

---

456 Ebd., S. 138.
457 Basel-landschaftliche Zeitung Nr. 54. 5. Mai 1880.

Oft haftete den jungen Frauen der negative Ruf an, mehrere Beziehungen geführt zu haben. In diesem Fall konnten sie vonseiten des Mannes nicht mit Unterstützung rechnen. Andere Frauen galten als Opfer einer Vergewaltigung. In jedem Fall versuchten sie, so lange wie möglich Geld zu verdienen und in der Stadt zu bleiben. Einige Frauen kehrten kurz vor der Geburt zurück zu ihren Familien, aber für die meisten bedeutete das, der Schandfleck der Familie zu sein. So überliessen sie ihr Leben dem Schicksal. Die meisten Kinder starben nicht infolge direkter Gewalt, sondern wegen Nachlässigkeit und mangelnder Pflege unmittelbar nach der Geburt.

Die Kirche erklärte vorehelichen Geschlechtsverkehr und illegitime Geburten zu einem moralischen Verbrechen. Nach der Reformation traten strenge Ehenormen in Kraft, durch die illegitime Geburten stigmatisiert wurden. Per Gesetz wurde 1824 ein neues Dekret über aussereheliche Schwangerschaft und die korrektionelle Gerichtsbarkeit für den Kanton Basel geschaffen.[458] Einer unehelich schwangeren Frau in der Stadt drohte eine Geldbusse, deren Mass sich bei wiederholter unehelicher Schwangerschaft erhöhte. Ab dem vierten „Fehltritt" wurde die unverheiratete Mutter mit Zuchthaus- oder Gefängnishaft bis zu vier Jahren bestraft.[459] In der Praxis wurden auf dem Land nicht alle unehelichen Mütter angezeigt und bestraft. In vielen Gemeinden blieben die Frauen, selbst, wenn sie bis zu fünf aussereheliche Kinder erzogen, ohne Strafe. Die Petitionskommission des Landrates[460] wies darauf hin, dass so eine Situation für die Gemeindebehörde günstiger war, als nach der Bestrafung einer Frau die Sorge für die Kinder selbst zu übernehmen. Obwohl der Kanton Basel-Landschaft den Ruf hatte, eine liberale Rechtssprechung zu praktizieren, waren die Frauen dort zum Teil schlechter gestellt als in Basel-Stadt. Das gemeinsam erarbeitete Strafgesetz der Kantone Basel-Land und Basel Stadt von 1872/73 sollte eine Bestrafung für die aussereheliche Schwangerschaft abschaffen. Im kantonalen Gesetz des Kantons Basel-Land blieb die dritte und weitere aussereheliche Schwangerschaft strafbar. Erst ab 1893 galt die

458 Gesetz über die korrektionelle Gerichtsbarkeit für den Kanton Basel, vom 6. Weinmonat 1824, Nr. 28. In: Gesetzsammlung Basel, Bd. 6, S. 83.

459 Joris/Witzig, Frauen Geschichte(n) (oben Anm. 155), S. 365.

460 StA BL, Justiz J 5, Aussereheliche Niederkunft und Vaterschaftssachen, Petitionskommission an den Landrat vom 21. Oktober 1843.

aussereheliche Schwangerschaft nicht mehr als anzeigenswerte Straftat[461] In den Dörfen sogar nach Inkrafttreten der Bundesverfassung von 1874, die die Eheschliessung als Individualrecht anerkannt hat, wurden die unehelichen Kinder angeführt, um den Frauen die Heirat zu untersagen.

Bis 1870 musste sich jede unehelich schwangere Frau beim Ehegericht melden, wo sie den Namen des Vaters und den Zeitpunkt des Schwangerschaftsbeginns anzugeben hatte. Kam es nicht zur Heirat, gaben die Frauen die Namen der Väter kaum preis, die Männer kamen ungeschoren davon.

Im Kanton Zürich vor der Einführung des kantonalen Zivilgesetzbuches 1854 erhielt das uneheliche Kind Name und Bürgerrecht des Vaters. In der Gesetzgebung von 1854[462] unterlag das Paternitätsprinzip einer wesentlichen Modifikation: der Kindsvater hatte seine Unterhaltspflicht nur gegenüber dem Kind, das unter gesetzlichem Eheversprechen gezeugt worden war. Uneheliche Kinder erhielten in jedem Fall Namen und Heimatrecht der Mutter. In Basel-Stadt konnten Kantonsfremde Frauen und Ausländerinnen wegen einer unehelichen Schwangerschaft bis zu vier Jahre ausgeschafft werden.[463] Diese Bestimmungen änderten sich in den 1870er-Jahren und wurden weniger restriktiv. Die Geburt eines Kindes wurde von 1870 bis 1876 von der Hebamme gemeldet. Dies wurde mit dem „Bundesgesetz betreffend Feststellung und Beurkundung des Civilstandes und die Ehe" von 1876 geändert, nun musste der Vater persönlich die Geburt anzeigen. Nachdem wiederum der Fall aufgetreten war, dass ein Kind angemeldet worden war, welches gar nicht geboren wurde, führte der Kanton Bestätigungsformulare für die Hebammen ein.[464]

Von Frauen, die älter als 24 Jahre alt waren, wurden Klagen gegen Männer nicht angenommen; das betraf auch junge Frauen unter 16 Jahren sowie

---

461 Vgl. Ryter, (oben Anm. 55), S. 48.

462 Sutter, Eva: Illegitimität und Armut im 19. Jahrhundert: ledige Mütter zwischen Not und Norm. In: Schweizerische Gesellschaft für Wirtschafts- und Sozialgeschichte, Band 7 1989. S. 48.

463 Vgl Grütter, 'Weil ich fürchtete, aus der Stadt entfernt zu werden ...' (oben Anm. 449), S. 10.

464 100 Jahre Ziviltrauung in Basel (19. September 1972): Hans Adolf Vögelin. Das Basler Zivilstandsamt von 1872 bis 1936. Ernst Götz. Das Zivilstandsamt Basel-Stadt 1937 bis 1972. In: Basler Stadtbuch 1973, S. 7ff.

diejenigen, die als Mägde gearbeitet hatten.[465] Die Anzahl der unehelichen Geburten nahm im 19. Jahrhundert zu. Von der Berner Obrigkeit wurde deshalb die Überbevölkerung auf die „ausserehelich geschwängerte[n] Weibspersonen“ zurückgeführt.[466] Die Analyse der statistischen Angaben zeigt, dass die Gesamtzahl illegitimer Geburten in der Schweiz zwischen 1870 und 1913 konstant blieb. Im Kanton Basel-Land stieg ab 1856 die Zahl illegitimer Geburten deutlich an und sank erst nach 1870 wieder.[467] Dagegen lässt sich im Kanton Basel-Stadt ein deutlicher Anstieg der unehelichen Geburten nach 1870 feststellen.

Tabelle 14: Anzahl ausserehelich Lebendgeborener 1870–1913[468]

	Basel-Stadt	**Basel-Land**	**Schweiz**
1870	141	110	4538
1875	247	69	4084
1880	264	67	4121
1885	234	64	4191
1890	202	70	3855
1900	307	81	4463
1910	276	92	4417
1913	228	96	4390

Eva Sutter und Annamarie Ryter[469] haben die These Michael Mitterauers aufgenommen, nach der der Anstieg der Zahl unehelicher Geburten vor

465 Fünfter Abschnitt von Schwangerschaften. Neue offizielle Sammlung der Gesetze und Verordnungen des Standes Zürich. Band 2, Zürich 1823, S. 312.

466 Joris/Witzig, Frauen Geschichte(n) (oben Anm. 155), S. 365.

467 Die Forschung von Ryter zeigt, dass von 1857 bis 1862 im Kanton Basel-Land stets über 120 uneheliche Geburten pro Jahr kamen. Ryter, Als Weibbild bevogtet (oben Anm. 55), S. 109.

468 Aussereheliche Geburten nach Kantonen 1867–1995 (1, 2). Ehe, Geburt und Tod. Historical Statistic of Switzerland online. C.23. URL: http://www.fsw.uzh.ch/hstat/nls/ls_files.php?chapter_var=./c (Datum des Zugriffs: 10. Januar 2013).

469 Sutter; Eva: «Ein Act des Leichtsinns und der Sünde». Illegitimität im Kanton Zürich: Recht,Moral und Lebensrealität (1800–1860), Zürich 1995, S 25ff; sowie Ryter, Als Weibsbild bevogtet (oben Anm. 55), S. 112ff, Michael: Ledige

der Hochindustrialisierung als Folge der Pauperisierung der ländlichen und städtischen Unterschicht zu interpretieren sei.[470] Bis in die 1890er-Jahre hatte sich die wirtschaftliche Lage der Bevölkerung generell verschlechtert. Christa Gysin-Scholer geht davon aus, dass nicht nur die Alltagsbedürfnisse – Wohnung, Kleider, Nahrung von Ein-Eltern- sondern auch von Zwei-Eltern-Familien schwierig waren. [471]

1878 waren unter den verheirateten Frauen von 267 Schweizerinnen 67 Bürgerinnen des Kantons Basel-Stadt.[472] Der Anteil der verheirateten Schweizerinnen aus anderen Kantonen gegenüber Basler Bürgerinnen nahm kontinuierlich zu: von 40,6 % Schweizerinnen gegenüber 14,9 % Kantonsbürgerinnen (1878) auf 43,04 % Schweizerinnen gegenüber 14,27 % Kantonsbürgerinnen (1880).[473] Immer mehr der Frauen, die in die Stadt kamen, heirateten im Alter von 21 bis 25 Jahren.

Für junge Frauen vom Land stellte das städtische Leben oft eine Gefahr dar. Schon die Ankunft in Basel war für die Mädchen, die auf der Suche nach Arbeit waren, gefährlich. Sie konnten als Opfer von professionellen Kupplerinnen oder aufgrund der Arbeitslosigkeit in die Prostitution geraten. Da die Prostitution wie auch die berufsmässige Kuppelei offiziell verboten war, hatte sich in Basel ein System herausgebildet, um dieses Verbot zu umgehen. Bordelle etablierten sich oft getarnt als „Zigarrenläden“ oder „Papeterien“. Angestellte von Stellenvermittlungsbüros waren häufig Frauen, die zugleich im Kuppeleigeschäft tätig waren. Diese boten den Mädchen als „Platziererinnen“[474] billige Übernachtungsgelegenheiten, bis sie für sie eine

Mütter: zur Geschichte illegitimer Geburten in Europa. C.H. Beck. München 1983, S 24 ff. Ryter untersucht solche wirtschaftlichen Veränderungen der 50er-Jahre des 19. Jahrhunderts wie die Ausrichtung der Landwirtschaft auf die Marktwirtschaft; Verdrängung des traditionellen Ackerbaus durch die Gras- und Viehwirtschaft.

470 Vgl Mitterauer, Michael: Ledige Mütter: zur Geschichte illegitimer Geburten in Europa, München 1983, S. 23.

471 Gysin-Scholer, Christa: Krank, allein, entblösst. „Drückendste Armut“ und „äusserste Not“ im Baselbiet des 19. Jahrhunderts, Liestal 1997, S. 105.

472 Statistische Mittheilungen des Kantons Basel-Stadt. Bericht über den Civilstand, die Todesursachen und die ansteckenden Krankheiten im Jahre 1878. Basel 1879, S. 32.

473 Ebd., S. 33.

474 Janner, Mögen sie Vereine bilden (oben Anm.67), S. 71.

Arbeitsstelle gefunden hatten. Diese kombinierten Bleibe- und Vermittlungsbüros stellten für die Mädchen, die alleine in die Stadt kamen, eine Gefahr dar, wenn sie sich verschuldeten und darüber in ein Abhängigkeitsverhältnis gerieten. Besonders gefährdet waren in dieser Hinsicht auch unverheiratete Mütter, die oft lange Zeit in den Absteigen leben mussten, ohne die Miete zahlen zu können.

Auf der Konferenz „Die Kinderschutz-Gesetzgebung in der Schweiz, wie sie ist und wie sie sein sollte“[475] in Bern 1914, rief die Gründung der Bahnhofsheime zum Schutz von Frauen eine heftige Diskussion hervor. Allein reisende Frauen betrachtete man als sittliche Gefahr. Die Tatsache weiblicher Ausbeutung wurde auf der Sitzung jedoch anerkannt und es wurden Massnahmen gegen die Prostitution ergriffen. Besonderes Interesse weckte der Vortrag von Frau Richter-Bienz aus Basel über die Fürsorge für alleinstehende Mädchen auf der Reise und in der Familie. Sie hob positiv hervor, dass die Fürsorge für Mädchen, die aus der Schule entlassen wurden, durch „sozial-denkende Frauen zur öffentlichen Aufgabe gemacht wurde“.

1890 gründete der „Internationale Verein Freundinnen junger Mädchen“ die Basler Sektion.[476] Deren Ziel war es, junge Mädchen, die in die Stadt kamen, am Bahnhof zu empfangen und ihnen bei der Arbeitssuche und der Suche nach Übernachtungsmöglichkeiten zu helfen. 1892 eröffneten die „Freundinnen“ ein Bahnhofsheim,[477] welches auch Plätze für junge Mütter anbot.

Auf dem Land wurden im frühen 19. Jahrhundert sittliche Vergehen über eine Form der sozialen Kontrolle sanktioniert. Ein Mann, der sein Mädchen „verführt“ hatte, verlor die Achtung seiner Mitmenschen und wurde von seinem Umfeld zur Heirat gezwungen.[478]

Die gesellschaftliche Wahrnehmung der Frau wurde durch ihre gesellschaftliche Funktion als Mutter und Hausfrau geprägt. Im öffentlichen

---

475 StA BL, NA 2080 Erziehung. F 15 Verhalten der Jugend ausserhalb der Schule. 1914–1915 Schweizerische Jugendfürsorge 1914 Bern. Berichterstattung über erwerbsmässige Kinderarbeit.

476 Janner, Mögen sie Vereine bilden (oben Anm. 67), S. 71.

477 Ebd., S. 72.

478 Ruppert, Wolfgang (Hrsg): Die Arbeiter. Lebensformen, Alltag und Kultur von der Frühindustrialisierung bis zum „Wirtschaftswunder“, München 1986, S. 194.

Leben musste sie sich innerhalb dieser Funktionen bewegen. Wie der Handlungsspielraum der Frau innerhalb der Gesellschaft konkret aussah, kann am Beispiel des Alltags und der Arbeit von Lehrerinnen auf dem Land aufgezeigt werden. Sie stammten meist vom Land und wurden als Lehrerinnen für die hauswirtschaftliche Schule ausgebildet. Trotzdem mussten sie, wenn sie heirateten, sofort ihre Tätigkeit im Schuldienst beenden. Ohne dass es hierfür eine gesetzliche Grundlage gegeben hätte, wurden die verheirateten Lehrerinnen aus der Schule entlassen. Der folgende Fall der Lehrerin Frau Meyer-Habi in Reinach[479] zeigt, inwiefern Frauen im Lehrberuf als „minderwertig" angesehen wurden:

Die Sektion Basel-Land des Schweizerischen Lehrerinnenvereins stellte in 1903 unter Bezugnahme auf den konkreten Fall Meyer-Habi ein Gesuch an den Regierungsrat. Das Gesuch beantragte, die arbeitsrechtliche Situation der Lehrerinnen so zu ändern, dass sie nach einer Verheiratung im Amt bleiben könnten. Die von zwei Sekundarlehrerinnen unterzeichnete Eingabe wurde mit folgenden Argumenten begründet:

1. Gesetzliche Bestimmungen. 2. Gleichstellung der Lehrerin mit verheirateten Frauen anderer Berufsarten. 3. Recht auf eigene Ehe. 4. Lehrermangel. 5. Die Situation der verheirateten Lehrerinnen in anderen Ländern und Kantonen. 6. Das pädagogische Problem. Die Vertreterinnen des Schweizerischen Lehrerinnenvereins sprachen über sogenannte Diskriminationen der Lehrerinnen in Basel-Land und verlangten, dass die Lehrerinnen sich als Mütter an der Erziehung und Ausbildung der Heranwachsenden beteiligen könnten. „Die Lehrerinnen an den Schulen anderer Kantone seien meist verheiratet und kämen ihren Schulpflichten nach, ohne der Sittlichkeit zu schaden. Es ist überhaupt ein grosses Unrecht, das Erwachsene den Kindern gegenüber begehen, wenn sie dieselben lehren, in ganz natürlichen Zuständen etwas Schlechtes, Unnormales zu erblicken. Wenn die verheiratete Lehrerin eine Mutter wird, so erfüllt sie indirekt eine Pflicht gegen dem Staat."[480] Gesetzliche Bestimmungen, die die Entlassung der Lehrerinnen aus dem Schuldienst nach einer Heirat vorschrieben, waren nicht vorhanden. Auch den Schulen entstand, so die Antragstellerinnen, durch

---

479 StA BL, N 2080 Erziehung E1. Lehrerschaft: Personalfrage. Bericht vom 5. Juni 1903.

480 Ebd.

die Entlassungen ein Nachteil. Warum also sollte eine Lehrerin nach ihrer Verheiratung vom Schuldienst zurücktreten?

Das Schulinspektorat gab eine ausführliche Erklärung dafür. Die gesellschaftlichen Rollen von weiblichen und männlichen Lehrern wurden verglichen und erörtert. Lehrer müssten ihre Lehrtätigkeit wegen des Militärdienstes auch unterbrechen. Um den Staat in finanzieller Hinsicht nicht zu schädigen, müssten die verheirateten Lehrerinnen nicht nur die Kosten der durch Schwangerschaft und Wochenbett verursachten Vikariate selbst tragen, sondern auch dafür sorgen, dass die Hausfrauenpflichten sie nicht vom Schuldienst abzögen. Falls sie nicht genug Zeit für die Hausarbeit hätten, sollten sie ihre Familienangehörigen um Hilfe bitten, was aber nach Ansicht des Schulinspektors weder für Familie noch für die Schule nicht gut war. Die Mägde konnten eine Familie nicht so gut wie die Ehefrau unterstützen.

Der Schulinspektor Fried Arni forderte, dass die Lehrerin sich zumindest während der Zeit ihrer Ehe vom Schuldienst zurückziehen solle. Das Argument der Lehrerin, dass nicht jede verheiratete Frau ein Kind bekommen könne, wurde von Herrn Arni als „absurd" eingestuft. Seiner Ansicht nach könne die Anstellung der verheirateten Lehrerin nicht mit einer eventuellen Kinderlosigkeit verknüpft werden. Im Gegenteil sei die Lehrtätigkeit einer Witwe, einer ledigen oder einer geschiedenen Frau zu begrüssen. Er kritisierte das Schulgesetz, das veraltet sei und dem jetzigen Leben nicht mehr gerecht werde. Eine Lehrerin, die ihre Stelle aufgeben möchte, schütze nicht nur sich selbst, sondern auch ihre Familie, so die Meinung des Schulinspektorats. Dann übernehme die Frau „höhere Pflichten in der Haushaltung. Sie wird Gattin, Mutter, die Eva ihres Mannes und der Familie".[481]

Die Lehrerin arbeite unter ganz anderen Voraussetzungen als Frauen in anderen Berufszweigen. Sie müsse ausserhalb der Familie arbeiten und könne ihre Tätigkeit nicht einfach unterbrechen, um sich in den Dienst der Familie zu stellen. Als Beispiel für Letzteres führte der Inspektor die Fabrikarbeiterin als Vorbild an, die diesbezüglich qua Gesetzgebung geschützt werde. Die Arbeit einer Frau solle aber nicht dem Gesetz, sondern dem „inneren Triebe" verpflichtet sein. Dass kein Gesetz existiere, nach dem die

481 StA BL, N 2080 Erziehung E1.Lehrersschaft: Personalfrage. 1903. Bericht von 5. Juni 1903.

verheiratete Lehrerin aus der Schule zu entlassen sei, wurde seitens der Behörde wie folgt erklärt: Gemäss einem anderen bereits vorhandenen Gesetz dürften Lehrerinnen keiner wirtschaftlichen Tätigkeit nachgehen, solange sie in der Schule angestellt seien. Deshalb könne auch der Lehrerin die Ehe kaum gestattet werden, denn die Ehe bedeute mehr als eine Nebenbeschäftigung, so der Schulinspektor.[482]

Hier erhob sich Widerspruch seitens der Lehrerinnen des Vereins: Einerseits spreche der Schulinspektor über die gesetzlichen Bestimmungen, die angesichts des realen Leben längst überholt seien. Danach bildeten die Lehrerinnen einen „integrierenden Bestandteil unseres Lehrkörpers“. Anderseits könne er kein Gesetz benennen, das Aussage, ob eine Lehrerin ledig oder verheiratet sein müsse, und verweise darauf, dass die Lösung dieser Frage lediglich Sache des Anstellungsvertrages sei. „Da auch dieser Einbezug auf die Verehelichung der Lehrerinnen irgendwelche Bestimmungen oder Vorbehalte nicht aufweist, so kann offenbar der Lehrerin der Anstellungsvertrag entgegengehalten werden.“[483] Das Argument der Tätigkeit der Frauen in anderen Berufen wurde bezweifelt. Die Lehrerinnen betonten in ihrem Gesuch, dass über 75 % der schweizerischen Frauen erwerbstätig seien. Ihre männlichen Kontrahenten bestritten diese Angabe und warfen ein, dass die Volkszählung keine entsprechenden Zahlen ergeben habe.

Die Tätigkeit von Hausfrauen könne für den Haushalt eine finanzielle Bedeutung erlangen. Wenn Frauen dem Gelderwerb durch Ausübung eines Berufes ausserhalb des Hauses nachgingen, müsse die Führung der Hausgeschäfte fremden Personen überlassen werden. Doch, so stellte Herr Arni fest, „diese Art von Frauen gehört wohl nicht in den Rahmen dieser Betrachtung, ebenso wenig wie jene, die durch Heirat ‚Geschäftsfrauen‘ werden“.[484] Eine Frau solle auch die Pflege ihres kranken Kindes fern von der Lehrtätigkeit durchführen. Stillen müsse eine Pflicht für jede Mutter sein. Keine Magd oder andere Leute sollten diese Aufgabe für sie übernehmen.

Umständlich versuchte der Schulinspektor anschliessend noch die anderen Argumente zu entkräften, die die Frauen des Vereins für den Verbleib

---

482 Ebd.

483 StA BL. N 2080 Erziehung E1. Lehrerschaft: Personalfrage. 1903. Bericht von 5. Juni 1903.

484 Ebd.

der verheirateten Lehrerin in der Schule angeführt hatten: Es gäbe keinen Lehrermangel, das Angebot von Lehrerinnen sei grösser als die Nachfrage. Die Regelung, dass Ehefrauen nicht als Lehrerinnen arbeiten dürften, werde durch die Nachbarländer Frankreich und Belgien bestätigt. In diesen Ländern läge die Erziehung der Jugend in den Händen von katholischen Schwestern, welche ohnehin nicht heiraten durften. Diese Länder könne man nicht zum Vergleich heranziehen, da sie fern der Schweiz seien, erwiderten die Vertreterinnen des Schweizerischen Lehrerinnenvereins.

Der Hinweis auf die Kantone Bern und Aargau, in denen es kein Problem sei, dass verheiratete Frauen einem Lehrberuf nachgingen, genüge nicht. „In der Umfrage an die Erziehungsdirektion ist diese Frage offen geblieben."[485] In mehreren Kantonen herrsche nach Meinung des Schulinspektors eine entschiedene Abneigung gegen die Anstellung verheirateter Lehrerinnen. Der Schulinspektor zitierte die Antwort eines anderen Erziehungsdirektors auf die Frage, ob eine verheiratete Frau unterrichten darf: „Immerhin halten wir es für sie [Frauen] besser, wenn eine Lehrerin, die Kinder hat, ihr Amt niederlegt."[486] Er sei davon überzeugt, dass die verheiratete Lehrerin zurücktreten müsse, da die Kantone mit schwangeren Lehrerinnen schon schlechte Erfahrungen gemacht hätten.

Der Schulinspektor nahm weiterhin Stellung zur Rolle der Frau als Arbeiterin und als Mutter vor dem Hintergrund der herrschenden gesellschaftlichen Normen. Für die Schule sei es gleichgültig, ob ein Mann, ein Mädchen oder eine Mutter unterrichte. Entscheidend sei lediglich, dass die unterrichtende Person tüchtig sei. Weiter führte er an: „Es ist eine Illusion, zu glauben, eine verheiratete Lehrerin könne einem Schulkinde die Mutter ersetzen. Es kann für die Schule ein Gewinn nicht sein, wenn eine Mutter in der Schulstube fremde Kinder erzieht, aber zu Hause ihre eigenen durch fremde Hände erziehen lässt."[487] Diese moralische Begründung beabsichtigte abermals, den Frauen den Anspruch auf Gleichberechtigung streitig zu machen, stand jedoch in eindeutigem Widerspruch zu dem, was der Schulinspektor zuvor betont hatte.

---

485 Ebd.

486 Ebd.

487 StA BL, N 2080 Erziehung E1. Lehrerschaft: Personalfrage. 1903. Bericht von 5. Juni 1903.

Die schwangere Frau mit ihrem „Leib“ sehe unmoralisch und für die Kinder nicht „natürlich“ aus. Deshalb sollte jede Schwangere ihre Körperform mit entsprechender Kleidung verhüllen. Für die schwangere Frau sei es aus moralischen Gründen besser, zu Hause zu bleiben. Die mit einer Schwangerschaft einhergehenden Folgen für eine Frau in der Familie und im Beruf kommentierte der Schulinspektor so: „Die Mutter lebt in der Familie, sie kann sich, wenn nötig, zurückziehen, der tägliche Verkehr mit ihr lässt die wachsende Veränderung unmerklich erscheinen. Die Lehrerin ist Hunderten von Augen und vermöge ihrer Tätigkeit der öffentlichen Kritik ausgesetzt.“[488] Eine schwangere Frau anzusehen, sei nach Ansicht des Schulinspektorats „Gift für die Kinderseele“. Der „Werdegang des Menschen“ solle dem unreifen Kind vorenthalten werden und ein Geheimnis bleiben. Bedauerlicherweise finde diese Vorstellung unter den Frauen keine Mehrheit. Besonders hervorzuheben ist das Argument des Schulinspektors, dass eine schwangere Frau nicht mehr sich selbst gehört, sondern „ dem keimenden Wesen“ (damit war das Kind gemeint)[489]. und die spätere Gesundheit des Kindes unmittelbar abhänge vom Verhalten der Mutter während der Schwangerschaft. Die Psychiater seien sich angeblich darüber einig, dass nicht nur die Vererbung, sondern sehr oft Krankheiten, „die das Kind im Mutterleibe durchmacht, durch das mütterliche Benehmen verursacht“[490] seien.

Die Lehrerin Frau Meyer-Habi indes wollte ihre Arbeitsstelle in der Schule nicht aufgeben. Sie arbeitete weiter und schrieb gleichzeitig Beschwerdebriefe. Wie lange sie im Amt bleiben konnte, ist nicht bekannt. Der Basel-Landschaftliche Lehrerinnenverein versuchte sie in ihrem Kampf gegen das System zu unterstützen. Die Vertreterinnen des Vereins schrieben an den Regierungsrat des Kantons Basel-Land einen offenen Brief, in dem sie darlegten, dass zwar kein Gesetz existiere, dass einer Lehrerin nach der Heirat ihre Stelle garantiere. Gleichwohl könnten Ärztinnen, Fabrikarbeiterinnen oder Angestellte in Geschäften ihre Arbeit nach der Heirat weiter ausführen.

488 Ebd.
489 Ebd.
490 Ebd.

Die Erziehungsdirektion reagierte auf diese Beschwerde und leitete die Anfrage an die Behörden der anderen Kantone weiter mit der Frage, welche Erfahrungen diese mit verheirateten Lehrerinnen in der Schule gemacht hätten. Als Antwort berichtete z.B. die Landesschulkommission Appenzell, dass unter den Lehrerinnen ihres Kantons keine verheirateten Frauen seien. Aufgrund eines Lehrermangels wurden im Kanton Zürich „ausnahmsweise" verheiratete Lehrerinnen beschäftigt. Die kantonale Behörde strebe jedoch an, diese später nur als stellvertretende Lehrerinnen im Vikariatsdienst einzusetzen. Der Kanton Solothurn verwies auf das neue Primarschulen-Gesetz vom 23. August 1899. Laut Gesetz dürften verheiratete Lehrerinnen in der Schule arbeiten.[491] Bevor dieses Gesetz verabschiedet worden war, gab es verheiratete Lehrerinnen nur in den Gemeinden Olten, Grenchen und Solothurn. Somit herrschte überwiegend die Regel, dass eine Lehrerin mit ihrer Verheiratung ihren Lehrberuf aufgab. In keinem Kanton galt diese Regel aufgrund von gesetzlichen Bestimmungen, vielmehr wurde die Praxis auf der Basis moralischer Normen und gesellschaftlicher Sanktionen durchgesetzt.

Der Anteil der Lehrerinnen in den Schulen blieb gering. Die Lehrerschaft bestand fast ausschliesslich aus Männern.[492] Den Protokollen des Regierungsrats des Kantons Basel-Landschaft (Gemeinden Eptingen, Liestal) ist zu entnehmen, dass es kaum Fälle gab, in denen Frauen als provisorische Lehrerin, Primarlehrerin oder als Oberlehrerin ausgewählt oder entlassen worden wären oder ein Vikariat für sie eingerichtet hätte. Nur in einem Fall wurde die Vikarin Frau Zubler als Verweserin für die Unterschule in Liestal von 1911 bis 1913 angestellt, da sich in dieser Zeit kein Lehrer für diese Stelle finden liess.[493]

Lehrkräfte hatten jung zu sein. Nach Meinung des Schulinspektors könnten Lehrer „in sehr vorgerücktem Alter" ihre Aufgaben nicht mehr bewältigen, weil sie nicht mehr über die nötigen „körperliche[n] und geistige[n]

491 StA BL, N 2080 Erziehung E1. Lehrerschaft: Personalfrage. 1903. Bericht von 5. Juni 1903.

492 StA BL, NA2080 Erziehung A1.: Allgemeines und Einzelnes. 1835–1869. NA2080 A1. Erziehung: Allgemeines und Einzelnes. 1832–1835.

493 StA BL, NA 2080 ErziehungH 4.5.3 Primarschule Eptingen: Lehrerinnen und Lehrer 1869–1954.

Kräfte" verfügten. Obwohl es den Kantonen eindeutig an erfahrenen Lehrkräften mangelte, sollten ältere Lehrer nach Ansicht der Behörden Platz für die „frische Kraft" machen.[494] Manche Lehrer bezogen zeitlebens nur eine geringe Besoldung, die kaum ausreichte, um eine Familie zu ernähren. Einige Gemeinden erhöhten den Verdienst nach 1890 daher um 200 bis 600 Franken pro Jahr.[495]

5. Geburtenraten und medizinische Hilfe für Frauen

Im untersuchten Zeitraum lag die Geburtenrate in den ländlichen Regionen durchgehend höher als in den industriell geprägten Gebieten. Insgesamt nahm die Anzahl an Geburten (erfasst bezogen auf eheliche Geburten) in der Schweiz im Zeitraum von 1870 bis 1914 langsam ab. Ab 1900 lässt sich diese Abnahme an der Zahl der ehelichen und unehelichen lebendgeborenen Kinder besonders deutlich ablesen.[496] Es ist hervorzuheben, dass die Geburtenzahlen sowohl in den europäischen Ländern als auch in Russland zurückgingen. Somit kann von einem allgemeinen sozialen und kulturellen Wandlungsprozess gesprochen werden. Die Anzahl an ehelich Lebendgeborenen pro 1000 15–44-jährige Ehefrauen im Zeitraum von 1891 bis 1900 betrug in landwirtschaftlichen Bezirken 305 und in gewerblich-industriellen Bezirken 266.[497] Laut Statistik lag die durchschnittliche Geburtenzahl je verheiratete Frau bei rund vier Kindern.[498]

Ausschlaggebend für die Gesamtstatistik sind die städtischen Regionen. In den Städten verringerten sich die Geburtenzahlen um über 50 %, in der übrigen Schweiz nur um 26 %.[499] Rund 60 % der 1870 vom Ehegericht Basel behandelten Vaterschaftsfälle betrafen junge Fabrikarbeiterinnen.[500]

---

494 StA BL, NA 2080.Erzieungdirektion A1, Zirkulare der Erziehungsdirektion 1890–1899.

495 Ebd., S. 2.

496 Schweizerische Statistische Mitteilungen,Jahrgang, 1928 (oben Anm. 428), S. 78.

497 Höpflinger, Bevölkerungswandel (oben Anm. 84),S. 73.

498 Ebd., S. 61.

499 Schweizerische Statistische Mitteilungen, Jahrgang, 1928 (oben Anm. 428), S. 93.

500 Schaffner, Martin: Die Basler Arbeiterbevölkerung im 19. Jahrhundert, Basel/Stuttgart 1972.

Für die Bauern stellten Kinder zusätzliche Arbeitskräfte dar. Viele Forschungen haben belegt, dass die Kinder der Familien, die von der Landwirtschaft lebten, unentbehrliche Hilfskräfte waren. Noch bis in die Zeit des Zweiten Weltkriegs hinein hätten die Produktionsgemeinschaften ohne die Arbeit der Kinder nicht existieren können. Im bürgerlichen Milieu dagegen hatten ledige Mütter mit unehelichen Kindern keinen Platz. Die Fabriken verlangten eine strenge Arbeitsdisziplin. Im Verlauf der wirtschaftlichen Entwicklung wurde die traditionelle familienwirtschaftliche Arbeitsorganisation durch Lohnarbeit ersetzt. Die Hausbediensteten wurden aus dem Familienhaushalt ausgegliedert. Auf dem Arbeitsmarkt konnten sie keine Löhne erzielen, die ausgereicht hätten, um eine eigene Familie zu gründen. Michael Mitterauer spricht von dieser Zeit als der „ersten sexuellen Revolution“.[501] Mitterauer zufolge bedingte die Pauperisierung der frühen Lohnarbeiter in der Stadt und auf dem Land in Verbindung mit dem gleichzeitigen Bedeutungsverlust der Kirche die zunehmende Zahl illegitimer Geburten.

Der allgemeine Geburtenrückgang ist auf verschiedene Faktoren zurückzuführen. Die zunehmende Industrialisierung und Verstädterung in der Schweiz erhöhte die Beschäftigungsquote von Frauen und ihren Zuzug in die Städte. Der Einführung und Durchsetzung einer allgemeinen Schulpflicht folgte die Einschränkung der Kinderarbeit. In der Schweiz wurde es 1877 verboten, Kinder unter 14 Jahren in der Fabrikarbeit einzusetzen[502]. In welchem der Faktoren der Hauptgrund für den Geburtenrückgang zu sehen ist, wird in den verschiedenen Studien unterschiedlich diskutiert. Kinderreichtum stellte für Familien immer mehr einen ökonomischen Nachteil dar, da er mit ständig steigenden Kosten verbunden war. Die Einführung der allgemeinen Schulpflicht und insbesondere der Ausbildung von Mädchen senkte die Geburtenrate.

Das Phänomen der „Entkirchlichung“ verbreitete sich in allen Bevölkerungsschichten als unmittelbare Auswirkung der Migration in die Städte. Hier war der Einfluss von Tradition und Kirche besonders schwach.

---

501 Mitterauer, Ledige Mütter (oben Anm. 470).

502 BAR .Bundesgesetz betreffend die Arbeit in den Fabriken. (Vom 23. März 1877). Bundesblatt. Band 2. Heft 18. 25–04.1877. Seite 483–494. Ref. No. 10 009 532.

Unbeeinflusst von den Verhältnissen in anderen europäischen Ländern und den Veränderungen der sozialen Bedingungen blieb die Anzahl illegitimer Geburten in der Schweiz konstant gering mit durchschnittlich 5 unehelichen Geburten pro 100 Geburten zwischen 1875 und 1910:[503]

Tabelle 15: Aussereheliche Geburten [504]

	Aussereheliche Geburten BS/BL/CH	Ausserehelich Lebendgeborene BS/BL/CH	Ausserehelich Totgeborene BS/BL/CH
1871	170/86/4643	154/82/4260	16/4/383
1881	184/62/4279	171/59/4009	13/3/270
1900	307/81/4463	296/77/4214	11/4/249
1910	276/92/4417	266/89/4204	10/3/213
1913	228/96/4390	220/94/4178	8/2/212

Auch die Anzahl der unehelichen Geburten für sich betrachtet nahm ab. Von 1870 bis 1910 verringerte sich die Anzahl um 5 % je Jahrzehnt und ab 1910 um 30 %.[505] Im Kantonsvergleich in Bezug auf uneheliche Geburten lag der Kanton Basel-Stadt auf Platz 1 mit 18 illegitimen auf 100 Geburten und der Kanton Basel-Land auf Platz 3 mit 9 auf je 100 Geburten.[506] Die höchste Rate an unehelichen Geburten wiesen die Städte auf. Aus protestantischen Familien gingen mehr illegitime Geburten hervor als aus katholischen Familien (das Verhältnis betrug 7:5).[507] Die überwiegende Zahl der Basler Bevölkerung war protestantisch, während die Bevölkerung des Kantons Basel-Land ausser Gemeinden Sissach, Waldenburg und teilweise

503 Höpflinger, François: Bevölkerungswandel in der Schweiz. Zur Entwicklung von Heiraten, Geburten, Wanderungen und Sterblichkeit, Grüsch, 1986, S 46.

504 Aussereheliche Geburten nach Kantonen 1867–1995 (1, 2). Historical Statistic of Switzerland online. C.23 http://www.fsw.uzh.ch/hstat/nls/ls_files.php?chapter_var=./c (Datum des Zugriffs: 27. April 2013).

505 Höpflinger, Enkelkinder (oben Anm. 85), S. 105.

506 Ebd., S. 108.

507 Aussereheliche Geburten nach Kantonen 1867–1995 (1, 2). Historical Statistic of Switzerland online. C.23 URL: http://www.fsw.uzh.ch/hstat/nls_rev/ls_files.php?chapter_var=./c (Datum des Zugriffs: 27. April 2013).

Liestal katholisch war. Starken Einfluss hatten Unterschiede zwischen Land und Stadt Kanton Basel- Stadt im wesentlich ist eine Stadt.[508]

Der erste Schritt dahin, Mütter und ihre ausserehelichen Kinder zu schützen, wurde mit dem 1912 in Kraft getretenen Schweizerischen Zivilgesetzbuch gemacht. Danach wurden aussereheliche Kinder im Hinblick auf ihr Verhältnis zur Mutter den ehelichen gleichgestellt. Zu diesem Zeitpunkt wurde ebenfalls die rechtliche Praxis der sogenannten „Zahlvaterschaft" eingeführt: Falls der Vater selbst seine Vaterschaft zugegeben hatte oder sie durch den Richter festgestellt worden war, war der Vater zu Unterhaltszahlungen verpflichtet. Das Gesetz sah aber auch den Schutz der ehelichen Kinder und der Mutter vor. Falls der mutmassliche Erzeuger des Kindes eine gesetzliche Familie und eine Ehefrau hatte, konnte die Mutter der unehelichen Kinder kaum mit Alimenten von ihm rechnen. Es gab verschiedene Faktoren für die Feststellung der Vaterschaft sowie der entsprechenden Leistungen, was vor Gericht oft zu Problemen führte. Falls die Mutter des ausserehelichen Kindes kein sittliches Leben geführt hatte, konnte die Vaterschaftsklage entkräftet werden. Belege für diesen Sachverhalt waren z.B. „Aufenthalt einer Frau in einem öffentlichen Hause", „Verkehr mit mehreren Männern" oder „Erregung öffentlichen Ärgernisses".[509]

Eine Geburt stellte für Mutter und Kind ein Risiko dar. Die Niederkunft war mit vielen Gefahren verbunden. Üblich war die Hausgeburt, die von einer Hebamme geleitet wurde. Die Hebamme fungierte als „Schutzengel der ihr anvertrauten Mütter und Kinder", so das „Handbuch für die Hebammen des Kantons Aargau" aus dem Jahr 1838.[510] Zu den erforderlichen Eigenschaften einer Hebamme zählten ein „gesunder und starker Körperbau" und dass sie „die Augen in den Fingern" hatte.[511] Sie musste über eine gewisse Erfahrung verfügen und hatte sich, wenn Probleme auftraten, an den Arzt zu wenden.

---

508 Siehe Anhang 2. Karte „f" Die Verteilung der Bevölkerung jeden Bezirks auf die Confesionen nach den Ergebnissen der Volkszählung vom 1. Dez. 1888.

509 Die Formulierungen wurden aus der Dissertation „Die Vaterschaftsklage des schweizerischen Zivilgesetzbuches und ihre historische Grundlage" von Gion Rud. Mohr Bern. Verlag von Stämpfli, 1912 übernommen

510 Felder, Die Entwicklung vom traditionellen zum modernen Beruf (oben Anm. 68), S. 16.

511 Ebd., S. 13.

In jeder baselbieter Gemeinde gab es in der Regel mindestens eine Hebamme. Ausnahmen bildeten die Gemeinden Schönenbuch, Hersberg, Känerkinden und Nusshof, die keine eigene Hebamme hatten. Die Hebamme wurde von den verheirateten Frauen und Witwen der Gemeinde gewählt. Den Beruf konnten nur Frauen im Alter von 18 bis 35 Jahren[512] ausüben, die einen guten Leumund hatten und die über die zur Erlernung des Berufs nötigen körperlichen und geistigen Eigenschaften verfügten. Entscheidend für die Beurteilung der Bewerberinnen waren Referenzen von Vertrauenspersonen sowie Schul- und Dienstzeugnisse. Der Sanitätsrat veranstaltete Hebammenkurse oder eröffnete auswärtige Lehranstalten. Die Kosten der Unterrichtskurse wurden zur Hälfte vom Kanton und zur Hälfte von der Gemeinde übernommen. Eine von der Gemeinde angestellte Hebamme, die auf öffentliche Kosten ausgebildet worden war, verpflichtete sich, wenigstens zehn Jahre lang als Hebamme in ihrer Gemeinde tätig zu sein.[513] Falls sie ihre Arbeit als Hebamme früher beenden wollte, musste sie eine Entschädigungssumme für die Unterrichtskosten leisten. Während der interkantonalen Konferenz zur Reform des Hebammenwesens in der Schweiz am 1. Dezember 1908 in Bern wurde auf die mangelnde Qualifikation der Hebammen hingewiesen.[514] In einem Schreiben des Regierungsrats des Kantons Zürich an den Regierungsrat des Kantons Basel-Landschaft vom 14. Dezember 1907 wurde mitgeteilt, „dass vonseiten des Staates jährlich zahlreiche Hebammen ausgebildet wurden, die sich aber lange keine lohnende Praxis erwerben können, sodass die Zahl der Hebammen in fast allen Kantonen eine viel zu grosse war, dass auf eine Hebamme eine sehr geringe Geburtenziffer entfalle“.[515] Als Konsequenz erfolgte die Aufnahme

512 StA BL, NA 2175 Sanität D. 08.11. Allgemeines: Anstellung, Besoldung, Säuglingsfürsorge 1834–1959/ Hebammen: Allgemeines. 1834–1931 Gesetz betreff. Hebammenwesen, 28.11 1908. Bericht des Regierungsrates an den Landrat zum Gesetzesentwurf des Hebammenwesens. Vom 21. Sept. 1907.

513 StA BL, NA 2175 Sanität D. 08.01 Hebammen: Allgemeines 1906– 1919. Vorlagen für die Volksabstimmung vom 15. November 1908. Liestal 1908, S. 13.

514 Ebd.

515 StA BL, NA 2175 Sanität D. 08.01 Hebammen: Allgemeines 1906- 1919. Schreiben des Regierungsrats des Kantons Zürich an den Regierungsrat des Kantons Basel-Landschaft vom 14. Dezember 1907.

der Schülerinnen in die Hebammenschulen nach einer strengen Auswahl und man führte eine Probezeit von vier Wochen ein. Während der Probezeit konnten Schülerinnen, die sich als ungeeignet erwiesen, entlassen werden.

Obwohl die Gemeinden zur Bezahlung eines Gehaltes gesetzlich nicht verpflichtet waren, bekam jede von einer Gemeinde angestellte Hebamme ein jährliches Gehalt von circa 150 Franken[516], wovon 75 Franken der Kanton bezahlte. Die Gemeinden Lauwil, Lampenberg, Arboldswil, Arlesheim und Muttenz zahlten ihren Hebammen kein Gehalt, weswegen ein Beitrag des Staats notwendig geworden war. Dazu bekam jede Hebamme in Basel-Landschaft ein Gehalt von 50 Franken im Jahr. In Ausnahmefällen bezahlten einige Gemeinden auch mehr, um die besten Hebammen zu bekommen. Beispielsweise betrug in Liestal der jährliche Beitrag für den Hebammendienst 200 Franken. Falls ein Kind bei der Geburt starb, musste sich die Hebamme beim Zivilstandesamt bezüglich der Todesursache und zur privaten Information der Familie melden.[517]

Auskunft über die Anforderungen an Hebammen gibt das „Lehrbuch für Hebammen“ von 1902. Darin heisst es, eine Hebamme solle „durch das fleissige Nachlesen in dem Lehrbuch ihre Kenntnisse immer mehr befestigen, auch die neuen Auflagen des Lehrbuches sich womöglich anschaffen, um mit den neuesten Vorschriften stets bekannt zu sein“.[518] Wegen des raschen medizinischen Fortschritts war es für Hebammen allerdings schwierig, sich immer auf dem neuesten Stand des medizinischen Wissens zu halten.

In Basel wurde 1842 in der „Neuen Vorstadt“, der heutigen Hebelstrasse, eine Geburtsanstalt mit fünf Räumen gegründet[519], die zunächst an die chirurgische Abteilung angegliedert war. In dieser ersten Wochenbettstation in Basel wurden 10 bis 20 Geburten jährlich registriert. Die Mütter waren ausschliesslich unverheiratete Frauen. Die Müttersterblichkeit in dieser

---

516 StA BL., NA 2175 Sanität D. 08.01 Hebammen: Allgemeines 1906–1919. Vorlagen für die Volksabstimmung vom 15. November 1908. Liestal 1908, S. 13.

517 StA BL, NA 2175 Sanität D. 08.11 Hebammen: Allgemeines. 1834–1931. Bericht des Regierungsrates an den Landrat zum Gesetzesentwurf für das Hebammenwesen. Vom 21. Sept. 1907.

518 Felder, Die Entwicklung vom traditionellen zum modernen (oben Anm.68), S. 17.

519 Kinderleben in Basel. (oben Ahm. 93), S. 52.

Anstalt war höher als die bei den traditionellen Hausgeburten und betrug 3 bis 10 %.[520] Dies resultierte aus unzureichenden hygienischen Massnahmen und der schwachen Gesundheit der Frauen, die aus der Unterschicht stammten.

Frauen aller Schichten entbanden ihre Kinder zu dieser Zeit üblicherweise zu Hause. Dennoch war deutlich geworden, dass die Stadt einer Gebäranstalt bedurfte. Hier konnten ärmere Frauen Unterkunft finden, deren Lebensverhältnisse es ihnen sehr erschwerten oder nicht gestatteten, ihre Niederkunft in der eigenen Wohnung abzuwarten. Die Notwendigkeit eines Geburtshauses war gekoppelt an die sozialen Zustände im Allgemeinen und insbesondere an die Wohnverhältnisse, die in den Arbeiterquartieren herrschten und von denen besonders in der Stadt Basel immer mehr Menschen betroffen waren. Dort war der Wohnraum beschränkt und oft nicht nur von der Familie, sondern auch von Kost- oder Schlafgängern besetzt. Unter diesen Umständen konnten die Mütter nicht zu Hause gebären.

Bis zur Gründung des ersten Frauenspitals (1896) fand nur ein Fünftel aller Geburten im Spital statt.[521] Gegen Ende des 19. Jahrhunderts begann die Geburtshilfe sich als eigenständiges medizinisches Fach zu etablieren. Im Jahr 1868 wurde die gynäkologische Abteilung im Spital in Basel gegründet. Sie entwickelte sich ausserordentlich rasch und diente der Behandlung der Frauenkrankheiten infolge der Fortschritte in der Chirurgie, namentlich der Antiseptik. Die Gynäkologie wurde zu einem selbstständigen Bereich der Heilkunde.

Die Anzahl der Klinikgeburten nahm zu. 1887 wurde ein eigener Lehrstuhl für Gynäkologie und Geburtshilfe eingerichtet und 1896 das neue Frauenspital an der Klingelbergstrasse eröffnet.[522] Den entscheidenden Fortschritt im Kampf gegen die Kinder- und Frauensterblichkeit bei der Geburt brachten die antiseptischen Massnahmen, auch bei den Hausgeburten, erst zu Beginn des 20. Jahrhunderts.

520 Ebd.

521 Ratschlag betreffend den Bau und Betrieb eines Frauenspitals. Gynäkologisch-geburtshilfliche Anstalt. Dem Grossen Rate vorgelegt den 23. Februar 1893. Basel Stadt Ratschläge 1893, S. 3–17.

522 Kinderleben in Basel. (oben Ahm. 93), S. 52.

Da bei Frauen aller Schichten die Geburt üblicherweise zu Hause unter der Leitung der Hebamme stattfand, galt bis Ende des 19. Jahrhunderts die Geburt im Spital als „entehrend“, da nur ledige Frauen dorthin eingewiesen wurden und uneheliche Schwangerschaften noch bis 1873 strafbar waren.[523] Bei schwierigen Hausgeburten war ein Arzt oder Geburtshelfer dabei, der auch geburtshilfliche Geräte zum Einsatz bringen konnte, um das Kind, vor allem aber die Mutter, zu retten.[524] In der Dienstanweisung für die Hebammen im Kanton Basel-Landschaft vom 23. September 1898 wurden die Verfahren und die Berufspflichten der Hebammen beschrieben.[525] Oberste Priorität räumte man dabei den hygienischen Massnahmen ein. Wenn die Hebamme zu einer Gebärenden gerufen worden war, so musste sie vor und nach den Untersuchungen der Frau die Arme bis zum Ellenbogen mit Seife und Bürste drei bis vier Minuten lang waschen und eine frische Ärmelschürze anziehen. Jede Frau sollte äusserlich gründlich untersucht werden, bevor die Entscheidung über ihren Zustand getroffen wurde. Falls die Hebamme allein die Geburt nicht leisten konnte oder wenn die zweite Geburtsperiode mehr als zwei Stunden dauerte und von starken Blutungen begleitet wurde, musste die Hebamme den Arzt rufen. Den Hebammen wurde der häufige Einsatz von Desinfektionsmitteln empfohlen. Alle Gerätschaften sowie die „Geschlechtsteile“ der Frauen mussten mit Karbol- und Lysollösung vorbereitet werden. Die Fingernägel der Hebamme mussten kurz und die Hände sorgfältig gepflegt sein. Vor dem Geburtsprozess hatte sie ihre Hände zu desinfizieren. Während der Geburt sollte die Hebamme ständig bei der Gebärenden bleiben. Die Hebamme musste sich in der ersten Stunde um das Neugeborene kümmern. Die Reinigung des Kindes erfolgte im warmen Wasser mit einer Temperatur von 28 bis 35 Grad. Sofort nach dem Austritt des Kindes sollte die Hebamme dessen geschlossene Augenlider sorgfältig mittels eines sterilen Wattebauschs reinigen.[526]

523 Vgl. Strübin, Kinderleben im alten Baselbiet (oben Anm. 90), S. 37.

524 Ebd., S. 52.

525 StA BL, NA 2175 Sanität D. 08.11. Hebammen: Allgemeines. 1834–1931. Gesetz betreff. Hebammenwesen, 28. 11.1908. Dienstanweisung für die Hebammen im Kanton Basel-Landschaft vom 23. September 1898.

526 StA BL, NA2175 Sanität D. 08.01. Hebammen: Allgemeines 1834–1931. Dienstanweisung für dic Hebammen im Kanton Basel-Landschaft vom 23. September 1898.

Sobald die Hebamme bei einem Neugeborenen erste Anzeichen einer Augenentzündung bemerkte, wie z.B. Rötung, Schwellung, Verklebung der Augenlider, sollte sie darüber den Arzt und die Familienangehörigen des Kindes informieren. Diese Präventivmassnahmen sollten eine mögliche Erblindung verhindern und stiessen auf eine starke Resonanz in der Generalversammlung des schweizerischen Zentralvereins für das Blindenwesen.[527] Die Statistik von 1906 erfasst 803 blinde Jugendliche, von denen 263 im Alter von 0 bis 5 Jahren als Folge von Erkrankungen bei der Geburt erblindeten – also ein Drittel aller jugendlichen Blinden.

Nach der Geburt besuchte die Hebamme jede Wöchnerin innerhalb von acht Tagen zwei Mal, um sie und das Kind zu untersuchen.[528] Auf dem Land war der Aberglaube sehr verbreitet. Deshalb wurden dort bei jeder Geburt folgende Massnahmen ergriffen: Die Nabelschnur wurde in ein Glas eingeschlossen. Die Nachgeburt durfte, um die Gesundheit des Kindes nicht zu gefährden, nicht aus dem Haus getragen werden, sondern musste im Keller vergraben werden.[529]

Das Risiko, im Kindbett zu sterben, blieb für Wöchnerinnen trotz der intensivierten hygienischen Massnahmen hoch. Zum Schutz der Mutter ergingen folgende Empfehlungen, die aber nur von bessergestellten Familien umgesetzt werden konnten: Während der ersten drei Wochen sollte die Mutter das Bett und in den weiteren drei Wochen das Haus nicht verlassen. Reiche Familien konnten sich eine Helferin für die Frau und das Neugeborene leisten. Landfrauen und Fabrikarbeiterinnen in der Stadt verliessen zumeist schon in der ersten Woche nach der Geburt das Kindbett. In den bürgerlichen Familien durfte die Wöchnerin zehn Tage nach der Geburt erste Besuche empfangen. Die Kindbettbesuche empfing sie in der Wochenstube. Die Besucherinnen und Besucher brachten für Mutter und Kind verschiedene Geschenke. Das Kind durfte früher als die Mutter das Haus verlassen, es wurde von der „Vorgängerin" spazieren getragen. Vorgängerin oder Helferin erhielten von den Grosseltern

527 Ebd.

528 StA BL, NA 2175 Sanität D. 08.11. Hebammen: Allgemeines. 1834–1931. Gesetz betreff. Hebammenwesen, 28. 11.1908. Auszug aus dem Protokoll des Regierungsrates des Kant'on Basel- Landschaft d. d. 19. November 1908.

529 Strübin, Kinderleben im alten Baselbiet (oben Anm. 90), S. 25.

und den Eltern 5 Franken. Weitere 5 Franken bekamen sie jeweils beim ersten Ausgang der Mutter und beim ersten Zahn des Kindes.[530] In Basel mussten arme Familien für die Besorgung der Geburt und des Wochenbetts bis zum Jahr 1900 18 Franken bezahlen. Von 1900 an wurde die Gebühr auf 22 Franken erhöht. Falls eine Frau unbemittelt war, übernahm die Armenpflege den Betrag für sie. Diese freigiebige Bestimmung hatte zur Folge, dass viele unbemittelte Schwangere von auswärts nach Basel kamen. Nicht nur Landfrauen, sondern auch Ausländerinnen (z.B. aus Italien oder Frankreich) wollten ihr Kind in Basel zur Welt bringen. In der Schweiz betrug die Mindestgebühr für die Besorgung der Geburt und der Pflege der Wöchnerin und des Neugeborenen während der ersten acht Tage 15 bis 20 Franken. Bei Zahlungsunfähigkeit unbemittelter Personen hatte die Gemeinde oder der Kanton die Mindestgebühren zu tragen.[531]

Die Hebammen leisteten nicht nur Geburtshilfe. Sie waren sogenannte „Familienärzte" und wurden auch bei Krankheiten von Familienmitgliedern beigezogen. Um 1900 wurde der Gesundheit der Neugeborenen und jungen Mütter grössere Aufmerksamkeit gewidmet. So veranstaltete die Schweizerische Gesellschaft für Schulgesundheitspflege gemeinsam mit der Konferenz der Schweizerischen Erziehungsdirektion und dem Vorstand des Schweizerischen Gemeinnützigen Frauenvereins 1908 einen Informationskurs zur Jugendfürsorge in Zürich. Im Rahmen dieses Kurses wurden die folgenden Themen behandelt:

- Wöchnerinnenfürsorge und Mutterschutzbestrebungen,
- Säuglingsfürsorge,
- Soziale Fürsorge zur Unterstützung der schutzbedürftigen Kinder,
- Fürsorge für physisch, intellektuell oder moralisch anormale und gebrechliche Kinder.[532]

Trotz der Fortschritte in der Medizin und ihrer Verbreitung unter der Bevölkerung lag die durchschnittliche Lebenserwartung in der Schweiz für

530 Kinderleben in Basel (oben Ahm. 93), S. 53.
531 StA BL, NA 2175. Sanität D. 08.01. Hebammen: Allgemeines 1834–1931. Bericht des Regierungsrates an den Landrat zum Gesetzesentwurf für das Hebammenwesen. Vom 21. Sept. 1907.
532 StA BL, NA2080 Erziehung A1. Zirkulare 1907–1908, S. 151.

Frauen bei 43 und für Männer bei 40,6 Jahren.[533] 1870 überlebten 24 % der Neugeborenen das erste Lebensjahr nicht, 32,1 % der Sterbefälle waren Kinder unter einem Jahr.[534]

6. Der sozialökonomische Aspekt der Lebensstellung der Kinder und Jugendlichen in Familie und Gesellschaft

a. Kinder-und Jugendschutz durch Vereine und Organisationen

Die Existenz der jungen Menschen der Gesellschaft war in verschiedenster Hinsicht bedroht.

Tuberkulose beispielsweise verursachte mehr Krankheitsfälle als andere Epidemien. 41.700 Menschen im Alter von 15 bis 39 Jahren starben infolge der Tuberkulose und anderer Krankheiten. Im Alter von 15 bis 20 Jahren litten 64 % aller erkrankten Frauen an Tuberkulose und 43 % aller erkrankten Frauen fielen der Tuberkulose zum Opfer[535]. Der Grund dafür waren die schlechten Wohn- und Arbeitsverhältnisse der Bevölkerung. Die Frauen wie auch die weiteren Mitglieder ihrer Familien wurden hinsichtlich ihres Gesundheitszustands von den Fürsorgeärzten untersucht. Fabrikarbeiterinnen waren in Bezug auf Lungenkrankheiten die grösste Risikogruppe der Bevölkerung. Zwar galt die schweizerische Landwirtschaft als davon „relativ verschont", dennoch waren auch hier 47 % aller Männer, die zwischen 1901 und 1910 im Alter von 15 bis 39 Jahren waren, Opfer der Tuberkulose.[536]

Die schlechten Wohnverhältnisse begünstigten die Ansteckung mit Tuberkulose und deren Verbreitung. Die alten Quartiere der Städte mit ihren Wohnungen ohne Luft, Licht und Sonne boten Schlupfwinkel für den Tuberkelbazillus. Das Bett eines monatelang Kranken war nicht selten in einem Raum, der zugleich als Wohn-, Ess- und Schlafzimmer benützt wurde. Das Zimmer wurde häufig nur trocken geputzt. Auf dem Boden spielende

533 Hunger, Bettina: Diesseits und Jenseits. Die Säkularisierung des Todes im Baselbiet des 19. und 20. Jahrhundertst, Liestal 1995, S. 25.

534 Ebd., S. 43.

535 StABL, NA 2080 Erziehung F15. Verhalten der Jugend ausserhalb der Schule. 1914–1919. Berichte: „Gegen die Tuberkulose", S. 4.

536 StABL, NA 2080 Erziehung F15. Verhalten der Jugend ausserhalb der Schule. 1914–1919. Berichte: „Gegen die Tuberkulose", S. 14.

Kinder wirbelten Staub auf und atmeten ihn ein. Auch durch verstaubtes Brot oder Spielzeug steckten sich die Kinder bald an.[537]

Für den Kampf gegen diese „Volksseuche" engagierte sich die Stiftung der Schweizerischen Gemeinnützigen Gesellschaft „Pro Juventute" mit Sitz in Zürich. Die Stiftung hatte zum Zweck, das Verantwortlichkeitsgefühl für die Jugend zu wecken und mitzuhelfen, „dem Übel vorzubeugen, welches die Kinder schädigen" könnte.[538] „Pro Juventute" veranstaltete eine Landesausstellung, die der Säuglingsfürsorge gewidmet wurde.

Im Rahmen der Massnahmen gegen die Tuberkulose in der Schweiz veranstaltete „Pro Juventute" 1913 den Verkauf von Marken. Es ist beachtenswert, dass im Rahmen dieser Massnahmen die Teilnahme von Kindern berücksichtigt wurde. Die Kommission der Sektion Liestal, z. B. die kantonale Liga, gestattete, „die Marken und Karten" durch Knaben der dritten Klasse der Bezirksschule von Haus zu Haus verkaufen zu lassen.[539]

Die wichtigste Unterstützung für „Pro Juventute" leisteten die Frauen, welche in der Schweiz Pioniere der Tuberkulosebekämpfung waren. Der Grund dafür war die höhere Sterblichkeit von Mädchen, die an Tuberkulose litten. Laut Statistik war 1913 bei 70 % aller verstorbenen Mädchen im Alter von 16 bis 19 Jahren Tuberkulose die Todesursache. So wurden die Marken von „Pro Juventute" für 3 Rappen vom Sekretariat an die lokalen Organe geliefert, um danach für 10 Rappen verkauft zu werden. Diese Marken erschienen in drei Sprachen und waren nur kurze Zeit im Handel. Der Verkauf fand ausschliesslich an Weihnachten und Silvester statt und überbrachte mit einem künstlerischen Bild zugleich einen Glückwunsch.

Die Einnahmen aus dem Marken-, Karten- und Broschürenverkauf nahmen von Jahr zu Jahr zu. Der Kanton Basel-Stadt ging dabei als Sieger hervor, da er 1913 auf diese Weise ca. 43.000 Franken sammelte. 1914 wandte sich der Lehrer U. Graf aus Basel mit der Idee einer

537 Basel-Landschaftliche Zeitung №13. 30. Januar 1895.

538 StA BL,NA 2080 Erziehung, F 15. Verhalten der Jugend ausserhalb der Schule 1851–1913.
[Pro Juventute] Vorschläge der Stifftungskomission an den Stiftungsrat für die Sitzung vom 17. Mai, 1914.

539 Ebd.

Arbeitslehrkolonie-Gründung für Schwachbegabte an den Stiftungsrat,[540] um solchen Kindern eine Ausbildung und gleichzeitig die nötige Kur anzubieten. Die Arbeitslehrkolonie wurde als eines der Mittel im Kampf gegen die Tuberkulose eingesetzt.

Bei der Verwendung des Geldes liess die Organisation viel Spielraum für die Kantone, womit zwischen den Bedürfnissen von Stadt und Land differenziert werden konnte. Der Stadt wurden für die Kinder Walderholungsstätten mit Waldschulen empfohlen, denn damit hatte man zu diesem Zeitpunkt in Deutschland und Lausanne gute Erfahrungen gemacht. In Basel und in Zürich existierten solche Schulen. Die Idee dahinter war, die schwächlichen Kinder an die frische Luft, an Licht und Sonne zu bringen und damit von der Stadt und von den schlechten Wohnverhältnissen möglichst weit zu entfernen. Als Mittel gegen die Tuberkuloseverbreitung veranstaltete man sogenannte Ferienkolonien und gründete Heilstätten für kranke Kinder. So sollten die oft auch sittlich gefährdeten Kinder ihren Eltern entzogen und stattdessen in Pflegefamilien untergebracht werden. Ähnliche Einrichtungen waren sehr erfolgreich in Frankreich und galten in der Schweiz als Vorbild. Jede Gemeinde sollte für gute Verhältnisse bei den schwächlichen Kindern sorgen, d. h. die entsprechende Nahrungsfürsorge leisten, damit sie frische Milch, Eier etc. und medizinische Untersuchungen erhalten konnten, sowie Hilfe zur Verbesserung der Wohnverhältnisse.

Die Ärzte waren sich darüber einig, dass der Alkoholismus ein anderer Grund für die Verbreitung der Tuberkulose war. Den Kindern wurden anstatt Milch und Hafersuppe häufig Kaffee und Bier angeboten. Eine solche Ernährung ruinierte nicht nur den körperlichen, sondern auch den geistigen Zustand der Kinder. Man muss darauf hinweisen, dass es seit der Zeit von Jean Baptiste van Helmont (1577–1644) üblich war, Kindern Bier als „prophylaktisches" Mittel gegen „Hexeneinfluss" zu geben. Säuglinge sollten diesem Glauben zufolge besser mit Brot, Bier, Honig oder Zucker als mit Milch ernährt werden.[541] „Da der Alkoholismus ein Krebsübel ist, das in beängstigender Weise an der Gesundheit und am Wohlstand unseres Volkes

540 StA BL, NA 2080 Erziehung F15. Verhalten der Jugend ausserhalb der Schule. 1914–1919. [Pro Juventute]. Vorschläge der Stiftungskommission an den Stiftungsrat für die Sitzung vom 17. Mai 1914.

541 Ritzmann, Sorgenkinder (oben Anm. 98), S. 33.

zehrt, musste etwas unternommen werden, um das Übel an der Wurzel zu fassen [...], wir müssen aus den Ruinen retten, was da noch zu retten ist."[542] So beschrieb im Jahr 1911 der Schweizerische Verein abstinenter Lehrer und Lehrerinnen in seinem Bericht an die hohe Regierung des Kantons Basel-Landschaft das Problem des Alkoholismus.

Der Alkoholismus verbreitete sich relativ schnell unter der schweizerischen wie auch der russischen ländlichen Bevölkerung. Dennoch war in Russland kein spezieller Verein bekannt, der sich dem Kampf gegen den Alkoholmissbrauch verschrieben hatte und mit der Jugend dieses Problem zielorientiert anging. Immerhin befassten sich die ländlichen Ärzte mit dem Problem, indem sie kontinuierlich versuchten, den Bauern die schädigende Wirkung des Alkoholkonsums zu erklären.

In der Schweiz wurde als öffentliche Massnahme gegen Alkoholismus präventiv schulische Jugendarbeit geleistet, indem ein spezielles Programm „zur Bekämpfung der Trunksucht" eingeführt wurde. Entgegen dieser Verpflichtung waren die Schulen dem Antialkoholismus-Unterricht jedoch kaum nachgekommen. Im Kanton Basel-Landschaft wurde auf Anfrage der Schweizerischen Zentralstelle zur Bekämpfung des Alkoholismus im Jahr 1912 an den Vorsteher des Erziehungs-Departements Basel-Landschaft vermerkt, dass ein spezieller Antialkoholismus-Unterricht nicht eingeführt worden sei. Den Primarschulen wurde vorgeschrieben, Belehrungen über Alkoholismus abzuhalten. Dazu wurde jedem Lehrer das Buch von Denis Marthaler mit dem Titel „Die Aufgabe der Schule in der Bekämpfung des Alkoholismus" ausgehändigt.[543] Die Schulbehörden und die Lehrer wurden darauf aufmerksam gemacht, dass jedes Schulfest oder jeder Schulausflug ohne Alkohol durchzuführen sei. Anstelle „geistiger Getränke" sollten die Kinder neben Milchkaffee auch Tee und Sirup erhalten. Gleichzeitig wurden unter der Bevölkerung verschiedene Broschüren über die Abstinenz und den Kampf gegen den Alkohol verbreitet. Sie verfolgten das Ziel, die Kinder und Erwachsenen für das Alkoholismus-Problem zu sensibilisieren und eine Einstellungsänderung herbeizuführen. Den Lehrern war zwar aufgefallen, dass den Kindern Alkohol und Alkoholismus vertraut waren, doch nahmen

542 StA BL, NA 2080, Erziehung, F.16.1, Arbeitsbewegung und Schule 1895–1925. Die Schule und der Kampf gegen den Alkoholismus. № 46.
543 Ebd. № 46 u. 47.

sie dieses Problem nicht ausreichend ernst. Im Gegenteil: Sie verlachten die Trunkenheit partiell, da sie selbst die Haltung vertraten, es sei eines Mannes würdig, viel zu trinken.[544] Neben der Abstinenzpolitik in der Schule wurde auch ein umfassendes Rauchverbot erlassen.

1908 entstanden in der Schweiz zwei Vereinigungen, die durch Veranstaltungen von Jugendspielen und Wanderungen nicht nur einen Beitrag zur Erziehung der schulpflichtigen und schulentlassenen Jugend leisten wollten, sondern sich mit dem Alkoholismus-Problem beschäftigten:

Die „Schweizerische Vereinigung für Jugendspiel und Wandern" zum Beispiel wurde 1908 gegründet.[545] Nach einigen Jahren fand sie die Unterstützung vieler Lehrerinnen und Lehrer. Die Veranstaltungen und Spielkurse dieser Organisation wurden von der Behörde der Kantone Basel-Stadt und Basel-Landschaft gefördert. Die „Schweizerische Vereinigung für Jugendspiel und Wandern" hatte geistige und ethische Werte sowie die körperliche Erziehung der Kinder zum Ziel. Das Gewicht wurde auf freiwillige Tätigkeit der Kinder ausserhalb der Schule gelegt. Um die schweizerischen Lehrer in der Leitung eines richtigen Spielebetriebes zu fördern, veranstaltete dieser Verein regelmässig verschiedene Spielkurse in Basel. Lehrerinnen beider Kantone nahmen an Spielkursen in Bern und Zürich teil. Im April 1910 fanden diese Kurse in Basel statt. Spiele, Wanderungen und weitere „passende Beschäftigungen im Freien" sowie die Integration der ausländischen Kinder stellte dieser Verein in den Vordergrund. Kinder aus allen „Kulturländern" sollten mithelfen, „eine lebensfrohe, tüchtige Jungmannschaft heranzubilden".[546] Besonders gut waren die Spiele den Bedürfnissen von Knaben angepasst, da bei ihnen Turnunterricht und militärische Übungen vorausgesetzt wurden.

Jedoch wurden Kinder, die ihre Schulpflicht nicht erfüllt hatten, in keinem der überlieferten Dokumente erwähnt. Ihr Leben blieb im Schatten.

---

544 StA BL, NA 2080 Erziehung F.16.1. Arbeitsbewegung und Schule 1895–1925. Die Schule und der Kampf gegen den Alkoholismus. № 46.

545 StA BL, NA 2080 Erziehung F15.Verhalten Jugend ausserhalb der Schule. 1851–1913. Protokolen . Schweizerische Vereinigung für Jugendspiel und Wandern.

546 Ebd.

Die soziale Kontrolle erfolgte in solchen Fällen durch die Polizei, aber die kümmerte sich nicht sehr effektiv um das Wohl der Kinder.[547]

Der zweite Verein, der neben dem soeben genannten zur Förderung der Jugend gegründet wurde, ist der „Wandervogel, schweizerischer Bund für abstinente Jugendwanderungen". Dieser entwickelte sich Anfang 1913 aus bescheidenen Anfängen zu einem Bund von mehr als tausend Mitgliedern. Die Berichte enthalten Informationen über die folgenden Tätigkeiten des Vereins: 1913 führten 32 Ortsgruppen zusammen 131 Wanderungen verschiedener Art durch wie auch Skiausflüge mit 1008 Teilnehmern. Ein wichtiges Anliegen des Vereins war die Beschaffung von billigen Standquartieren für Schulwanderungen. Vergleichbare Bewegungen und Vereine im Zusammenhang mit der Erziehung Jugendlicher hatten sich auch in Deutschland, Schweden und Österreich etabliert. Beim „Wandervogel" arbeitete man mit Institutionen des Militärs zusammen, die ihnen Kasernen-, Zeughaus- oder Unterrichtslokalitäten als Orte für die geplanten Tätigkeiten überliessen.

b. Schulische Erziehung

In der zweiten Hälfte des 19. Jahrhunderts entwickelte sich in der Schweiz sowie in Russland die Schulpflege, d.h., dass sich die Aufmerksamkeit des Staates nun speziell auf den Gesundheitszustand der Kinder richtete. Ab den 1860er-Jahren wurden im Rahmen medizinischer Studien Tausende von Schulkindern in ganz Europa untersucht. Die Ergebnisse dieser Untersuchungen führen zur Forderung nach einer ärztlichen Überwachung der Lernende. In der Schweiz wurde von medizinischen Kreisen gefordert, dass die Kontrolle der physischen Entwicklung der Schulkinder Aufgabe eines Arztes sein sollte. Den Ärzten öffnete sich im Schulsystem ein neues Berufsfeld. Sie konnten alle Kinder zwischen 7 und 15 Jahren zu erreichen und ihnen den Wert der Gesundheit zu vermitteln. In Genf und Basel wurde bereits in den 1880er-Jahren der schulärztliche Dienst zuerst von Privatärzten im Nebenamt versehen. Dort war in jeder Schulkommission ein Schularzt tätig, der eine beratende Funktion in schulhygienischen Fragen ausübte.[548]

---

547 StA BL, NA 2080 Erziehung. F15, Kirchendirektion. Zirkulare vom 1892.

548 Jahrbuch der Schweizerischen Gesellschaft für Schulgesundheitspflege. Band 1. 1900. S13.

Den Ausgangspunkt schulgesundheitlicher Bestrebungen auf nationaler Ebene stellte die Gründung der Schweizerischen Gesellschaft für Schulgesundheitspflege (SGSG) in 1899 dar.

Die SGSG hatte zum Ziel „die Möglichkeit schaffen, schulhygienische Fragen auf breitester Grundlage und unter allseitiger Berücksichtigung der verschiedenen Interessen zu behandeln und so den Behörden ein Berater, der Jugend ein Hüter ihres physischen, geistigen und sittlichen Wohles, der Lehrerschaft von der untersten bis zur höchsten Stufe des Unterrichtsgebietes eine Stütze bei der Anbahnung einer naturgemässen Schulung des jungen Geschlechtes werden".[549]

Während der VI. Jahresversammlung beschloss die SGSG die hygienische Überwachung der Schule in Stadt und Land auf die gesamte Schweiz ausdehnen. Zudem sollten die Studierenden der Medizin auf den schweizerischen Universitäten sich in Schulhygiene speziell auszubilden.[550]

Die Schulpflege des Kantons Basel-Landschaft war zuständig für die Gesundheit der Kinder und Jugendlichen. Sie musste mindestens zweimal im Monat die Schulen besuchen und die Lernende untersuchen. Die Inspektion hatte unter anderem zum Ziel, die alkoholgeschädigten Kinder herauszufinden und den physischen Zustand der Schüler festzustellen. Die abschliessenden Bemerkungen der Inspektion erhielt die Erziehungsdirektion des Kantons, die dann die Lehrerschaft sämtlicher Bezirksschulen informierte. „Es fällt bei den Jahresprüfungen unangenehm auf, dass so viele Schüler in den Klassen sitzen bleiben müssen", so die Erziehungsdirektion des Kantons Basel-Landschaft an die Lehrerschaft in Liestal im Jahr 1901.[551] Besonders bemerkt wurde, dass die Lernende schwächer geworden sei und jedes Jahr weniger leisteten. Viele Kinder blieben bis zu 3 Jahren in der gleichen Klasse, weil sie die Aufnahmeprüfung für andere Schulen nicht bestanden.

In der zweiten Hälfte des 19. Jahrhunderts wurde die Ausbildung der Kinder und Jugendlichen zu einem sehr wichtigen Thema. Die Kreisschulen sorgten für die Bildung der Kinder. Unter Kreisschulen wurden solche

549 Ebd. S. 4

550 StA BL, NA 2080 Erziehung A 1. 1906–1913. An die Erziehungsdirektion des Kantons Baselland. 18. Dezember 1905.

551 StA BL, NA 2080 Erziehung A 1. Bericht von 1901. Zirkulare vom 1. Jan.1900 bis 31. Dez. 1904.

Sekundarschulen verstanden, welche von mehreren nahe gelegenen Gemeinden gemeinsam unterhalten und besucht wurden. So stand beispielsweise 1888 in Arlesheim eine Schule für vier Kreisgemeinden zur Verfügung: Reinach, vom Schulort 3 km entfernt, hatte rund 3000 Einwohner, Aesch, 4 km vom Schulort entfernt, hatte 1555 Einwohner, Pfeffingen, in 5,5 km Entfernung vom Schulort, besass 300 Einwohner, Münchenstein mit 2,4 km Entfernung vom Schulort hatte 5800 Einwohner. Die Schule in Diegten diente den Kreisgemeinden Eptingen, Bennwil, Tenniken und Känerkinden, die vom Schulort 2–3 km entfernt lagen, und wurde von 200–700 Schülern besucht.[552]

Ab 1895 musste die Jugendlichen im Alter von 16 bis 18 Jahren die Fortbildungsschule neben einer beruflichen Tätigkeit abends oder sonntags besuchen, falls es keine „höhere Schule" wie die Bezirksschule, das Basler Gymnasium oder eine Realschule gab. Die Jugendlichen besuchten die erste Klasse der Bezirksschule nur zwei Jahre, dann gingen sie in Gymnasium oder Realschule.

Hohe Aufmerksamkeit wurde der körperlichen Gesundheit der Kinder gewidmet. Gemäss Art. 81 der Verordnung der Militärorganisation vom 13. November 1874 war jedes Kind im Alter von 10 bis 15 Jahren verpflichtet, den Turnunterricht zu besuchen und entsprechende Prüfungen zu leisten, unabhängig davon, ob es an anderen Fächern teilnahm oder nicht.[553]

Nicht nur die physische, sondern auch die geistige und seelische Entwicklung des Kindes war ein Thema in der Schule. Sie kümmerte sich ausserdem um die patriotische Erziehung der Jugend. So nahmen die Kinder beider Basler Kantone an der Pestalozzi-Feier 1896 und an der Bundesfeier 1891 teil. Die erste Bundesfeier vom August 1891 war als einmalige Erinnerung an den ersten Bund der Eidgenossen gedacht. Sie sollte eine Feier für das

552 StABL, NA 2080 Zirkulare A.1. 1872–1914. Zirkulare der Erziehungsdirektion 1890–1899.
Bericht des Regierungsrates an die Budgetkommission zuhanden des Landrates zum Beschlussesentwurf betreffend die Regelung der Unterstützung der Sekundarschulen des Kantons Basel-Landschaft. S. 119. Vom 2. 11 .1898.

553 StABL, NA 2080 Erziehung A1. Zirkulare der Erzuehungsderektion vom 1.Jan.1900 bis 31. Dez. 1904. Verordnung über die Einführung des Turnunterrichts für die männliche Jugend vom 10. bis zum 15. Altersjahre. Vom 16. April. 1874, S. 48.

ganze Volk sein. Dafür hatten die Kinder verschiedene patriotische Lieder, Ansprachen und Rezitationen gelernt, welche „die wesentlichen Bestandteile bilden mussten“[554]. Die Erinnerung an den Eintritt Basels in den Schweizerbund war eine der grossen Gedenkfeiern in der Region. Höhepunkt für die Baselbieter Schulen war das prunkvolle Festspiel in Basel vom 12. –15. Juni 1901. Für diese Veranstaltung wurden etwa 400 Kinder beschäftigt.

Auch Religion war ein Bestandteil der Erziehung der Kinder in der Schule. Insgesamt wurden acht Jahre dem sehr ausführlichen Unterricht in Religion gewidmet. Die Kinder fingen mit dem Alten Testament und den biblischen Geschichten aus dem „Leben Jesu“ in der IV. Klasse an. In der VII. und VIII. Klasse erhielten sie den grossen Katechismus- und den Kommunionsunterricht.[555]

Nach dem ersten Basellandschaftlichen Schulgesetz 1835 waren die Kinder verpflichtet, die Schule vom sechsten bis zum zwölften Lebensjahr täglich fünf Stunden zu besuchen. Falls sie ohne „erwiesene Krankheitsentschuldigung sowie ohne Erlaubnis des Lehrers oder des Präsidenten der Schulpflege mehr als drei Tage (sechs Halbtage) der monatlichen Schulzeit“ versäumten, zahlten die Schulleiter oder die Pflegeeltern laut Schulgesetz eine Strafe[556]. Nach dem Schulgesetz von 1911 mussten die Jugendlichen wöchentlich noch sechs Stunden Repetierschulunterricht nehmen.[557] 1811 wurde in Basel die Repetierschule geschafft[558] Nach der Entlassung aus der allgemeinen Schule bis zur Konfirmation und bis nach zurückgelegtem 16. Altersjahr im katholischen Kantonsteil hatte die Jugend wöchentlich sechs Stunden den sogenannten Repetierunterricht zu besuchen. Damit war die Grundlage für die Primarschule geschaffen.

Die Gesundheit der Kinder war ebenfalls ein wichtiges Thema in der Schule. Die Schulinspektion bereitete jedes Jahr einen Bericht über den Gesundheitszustand der Schülerinnen und Schüler vor. Das Schulinspektorat

---

554 Ebd.

555 StA BL, NA 2080 Erziehung F 9. Schulfach: Religionsunterricht und biblische Geschichte. 1910–1957 Lehrplan für den Religionsunterricht an den Schulen. Vom 15. Oktober 1913. S. 3.

556 StABL, NA 2080 Erziehung A1. Zirkulare der Erziehungsdirektion 1890–1899, S. 4.

557 Strübin, Kinderleben im alten Baselbiet (oben Anm. 90), S. 117.

558 Zeitschrift für schw. Statistik 1892, S. 45, nach Kinkelin.

stellte darin beispielsweise fest, dass mehrere Kinder „mangelhaft genährt“ wurden und nicht passende oder sogar gar keine Schuhe hatten. Aus diesem Grund blieben einige Kinder oft zu Hause. Seitens der Erziehungsdirektion wurde sämtlichen Schul- und Armenpflegern, den Lehrern und Pfarrern besondere Aufmerksamkeit im Hinblick auf den Gesundheitszustand und die Bekleidung der Kinder angeraten mit der Bitte, solche „Übelstände zu lösen“. Für die notleidenden Schulkinder wurde auch durch die Gemeinde oder den „Verein Mittagessen“, den sogenannten Suppen-„Freitisch“, passende Bekleidung organisiert.[559] Jenen Kindern, die mit schlechter „Fussbekleidung“ versehen und daher bei nasser Witterung der Gefahr der Erkältung ausgesetzt waren, wurden „Strohfinken“ empfohlen, welche warm hielten, wenig kosteten und während des Unterrichts von den Kindern im Schulzimmer getragen werden konnten. So „lässt sich mit geringem Kostenaufwande an armen Schulkindern in böser Zeit ein gutes Werk thun“, schrieb J. J. Brodbeck in seinem Aufruf im Auftrag der Erziehungsdirektion vom 31. Dezember 1886.[560]

In der Schweiz beschäftigte sich nicht nur die Schule mit der Erziehung der Jugend. Für die ethische und seelische Erziehung engagierten sich auch fortschrittliche Vereine. So wurde durch die Vereine für die Verbreitung guter Schriften in Basel, Bern und Zürich Jugendliteratur herausgegeben. Die Bevölkerung wurde, wie es im Bericht der Erziehungsdirektion von 1895 heisst, auf diese Weise in grossem Ausmass mit guten Schriften bekannt. Eine weitere Erklärung für die Verbreitung von Büchern ist die Gründung von Volksbibliotheken, die durch den Landrat direkt subventioniert wurden.[561]

c. „Engelmacherei“ und „Kinderhandel“

Im Jahr 1908 gründete der Schweizerische Gemeinnützige Frauenverein als einer der Hauptinitiatoren der Schweizerischen Vereinigung für Kinder- und

---

559 StABL, NA 2080 Erziehung A1. Allgemeines und Einzelnes. Kreisschreiben 1873–1890. Bericht von JJ Brodbeck im Auftrag der Erziehungsdirektion. Vom 31.12. 1886, S. 46.

560 Ebd.

561 StABL, NA 2080 Erziehung A1. Zirkulare der Erziehungsdirektion 1890–1899. Bericht der Erziehungsdirektion von Märzt 1895, S. 133.

Frauenschutz das zukünftige „Pro Juventute". Als Präzedent trat der Pfarrer A. Wild in Mönchaltorf auf. 1912 wurde durch diese Vereinigung ein Gesuch an den Regierungsrat gerichtet, um ein Verbot des Besuches der Kinematographentheater durch schulpflichtige Kinder zu erzielen[562]. Im Jahr 1913 setzte sich die Schweizerische Vereinigung für Kinder- und Frauenschutz gemeinsam mit der Amtsvormundschaft in Bern, dem Pflegekinderwesen in Basel und verschiedenen Jugendfürsorgevereinen zum Ziel, den „Kinderhandel"[563] in der Schweiz aufzudecken. Man sah darin ein Übel wie Kindesmisshandlung, -verwahrlosung und -ausbeutung.

Unter den Begriff „Kinderhandel" fallen die folgenden Fälle:

1. Der Ankauf oder die sogenannte Adoption der Kinder auf dem Insertionswege gegen einmalige Entschädigung, die in dem Bereich von 1000 bis 10'000 Franken schwankte. Das Kind war hier Verdienstobjekt und litt meistens unter Misshandlung, Verwahrlosung etc.
2. Der Verkauf oder das Verschenken von ausserehelichen Söhnen und Töchtern durch ihre Mütter oder von Kindern aus kinderreichen Familien. Die Jungen und Mädchen wurden kinderlosen Ehepaaren zur Adoption gegen eine Abfindungssumme oder auch zur unentgeltlichen Aufnahme durch die Zeitung angeboten.
3. Die Verschleppung von Kindern ins Ausland, meistens nach Frankreich, durch Genfer Hebammen, welche nicht verheiratete Frauen an Grenzorten Frankreichs entbanden und deren Babys als französische Staatsangehörige in Pariser Findelhäuser unterbrachten. Es wurde bewiesen, dass auf diese Weise jährlich etwa 100 Kinder schweizerischer Herkunft aus ihrer Heimat verbannt und einem ungewissen Schicksal ausgeliefert wurden.
4. Die „Engelmacherei", worunter man den Kindsmord im Allgemeinen versteht, stellten für die ganze Schweiz ein grosses Problem dar. Die Opfer waren Kinder verlassener, lediger Mütter.Unter „gewerbsmässiger Engelmacherei" befanden sich Frauen, die gegen eine einmalige Abfindungssumme die Adoptiv- oder Pflegekinder durch schlechte, ungenügende

562 StABL, NA 2080 Erziehung A 1. Zirkulare der Erziehungsdirektion. 1911–1913, S. 70.

563 StABL, NA 2080 Erziehung. F 15.Verhalten der Jugend ausserhalb der Schule 1914–1919. Schweizerische Jugendfürsorge 1914 in Bern.

Kost und Misshandlung eines langsamen „natürlichen Todes" sterben liessen.[564]

Die schweizerische Öffentlichkeit hat sich mit den Ursachen des Kinderhandels auseinandergesetzt. Wirtschaftliche Verhältnisse verursachten die Destruktion der Familie. Als Folge wurde es einer sozial verelendeten, kinderreichen Familie verunmöglicht, für die Pflege und Erziehung ihrer Kinder aufzukommen. Gesellschaftliche Doppelmoral rückte die Mutter und ihr aussereheliches Kind in ein schlechtes Licht. Als Konsequenz wurden wirtschaftlich und sozial schwache Frauen gezwungen, ihr Kind auf diese oder jene Art zu beseitigen. Der Mangel und das schlecht organisierte Kost- und Pflegekinderwesen der Kantone begünstigten diese Situation.

Bemerkenswert sind die Ursachen des Kinderhandels, welche während der Konferenz „Die Kinderschutz-Gesetzgebung in der Schweiz, wie sie ist und wie sie sein sollte", die in Bern 1914[565] stattfand, festgestellt wurden. Zur Bekämpfung des Kinderhandels wurden folgende Massnahmen festgelegt:

1. Bekämpfung der gesellschaftlichen Doppelmoral, d.h., für Mann und Frau sollte eine einheitliche Moral gelten und damit die väterliche und mütterliche Verantwortung für alle Kinder und gleiche Rechte des Kindes gegenüber Vater und Mutter
2. Verbesserung der geistigen Natur der Menschen
3. das Frauenstimmrecht, welches den Frauen das Recht gibt, als Mitglieder der Behörden und als Stimmberechtigte insbesondere auf die Jugendschutz- und Fürsorgegesetzgebung einen direkten Einfluss auszuüben
4. staatliche Unterstützung der ledigen sowie der unbemittelten ehelichen Mütter durch Gewährung von Stillprämien und Verabreichung von Milch für Mutter und Kind

564 StABL, NA 2080 Erziehung. F 15. Verhalten der Jugend ausserhalb der Schule 1914–1919. Schweizerische Jugendfürsorge 1914 Bern. Der Kinderhandel in der Schweiz und die Massnahmen zu dessen „Bekämpfung. Korreferat von B. Bünzli, Lehrerin in St. Gallen, S. 2.

565 StABL, NA 2080 Erziehung. F 15. Verhalten der Jugend ausserhalb der Schule 1914–1919. Schweizerische Jugendfürsorge 1914 Bern. Der Kinderhandel in der Schweiz und die Massnahmen zu dessen „Bekämpfung. Korreferat von B. Bünzli, Lehrerin in St. Gallen, S. 2.

5. Schaffung staatlicher oder privater Kinder- und Säuglingsheime und Verbesserung bestehender gesetzlicher Bestimmungen

7. Kindersterblichkeit

Da Kinder auf die Zuneigung und den Schutz von Erwachsenen angewiesen sind, waren sie zum damaligen Zeitpunkt in der Schweiz sowie im Russischen Reich das verletzbarste Glied der Gesellschaft. Die Zahlen zur Kindersterblichkeit sind ein Ausdruck davon, wie schlecht die Gesellschaft sich um ihre Kinder kümmerte. Die Säuglings- und Kindersterblichkeit blieb bis zum Ende des 19. Jahrhunderts hoch und erreichte sogar höhere Werte als noch zuvor. Die Industriekantone, zu denen beide Basler Halbkantone gehörten, verzeichneten eine auffallend hohe Sterblichkeit. Insgesamt starb in der Schweiz 1891 bis 1900 ein Sechstel der neugeborenen Knaben und ein Siebtel der neugeborenen Mädchen während des ersten Lebensjahres.[566] Im Kanton Basel-Landschaft überlebten im Zeitraum von 1870 bis 1880 gegen 30 % und in der Stadt gegen 25% der Neugeborenen das erste Lebensjahr nicht[567]. Rund 50 % aller Kinder erreichten nicht das 15. Lebensjahr.[568] So mussten die Eltern also immer mit dem Tod eines Kindes oder mehrerer Kinder rechnen.

Eine äusserst interessante Tatsache ist folgende Beobachtung: In der Schweiz und in Russland belegen die statistischen Erhebungen eine erhöhte Sterblichkeit der Knaben seit dem 19. Jahrhundert. Die von Ärzten gelieferte Erklärung dafür geht von einer natürlichen Schwäche von Knaben im Alter bis zu einem Jahr aus. Sonst profitierten von den verbesserten Lebensumständen und medizinischen Fortschritten eher die Mädchen, während die Sterblichkeit der Knaben nur langsam zurückging.

566 Ritzmann, Iris: Kinderkrankheiten und Kindersterblichkeit. Unterschiedliche Blickwinkel früher und heute. In: Kind sein in der Schweiz. Eine Kulturgeschichte der frühen Jahre. Paul Hugger (Hg) .Schweizerische Gesellschaft für Volkskunde, Basel 1998, S. 301–317. Hier S. 304.

567 Siehe Anhang 2. Karte „d" Die Sterblichkeit während des ersten Lebensjahres 1876–1885.

568 Gysin, Gudrun Piller: Krankheit und Tod. In: Kinderleben in Basel. Eine Kulturgeschichte der frühen Jahre. Historisches Museum Basel Barfüsserkirche, Basel 2005, S. 137.

Krankheit und Tod der kleinen Kinder gehörten zum Leben dazu. Die von den Pfarrern geführten Sterberegister mit den Angaben über die Todesursachen sind vielsagend. Unter den häufigsten Todesursachen waren Infektionskrankheiten wie Steckfluss, Brechruhr, Ruhr sowie die Ernährungssituation, weshalb viele Kleinkinder an Rachitis litten. Ausser an Lebensmitteln selbst mangelte es auch an Kenntnissen über eine gesunde Zusammensetzung der Nahrung. Unverträgliche Breie oder verdorbene Milch führten zu Magenstörungen. Auch die schlechten sanitären und hygienischen Bedingungen wirkten sich verheerend aus. Erkrankte ein Kind an einer Infektion wie z. B. den Pocken, galt es, das Kind zu pflegen und zu Gott zu beten. Die Eltern versuchten häufig, solche Erkrankungen mit magischen Methoden abzuwehren. Zum Beispiel wurden den Kindern zur Schmerzlinderung die Pfoten getöteter Maulwürfe umgehängt[569]. Die sozialen Verhältnisse bildeten den wichtigsten Faktor für das Überleben der Kinder. Die Säuglinge unverheirateter Mütter starben häufiger als ehelich geborene Kinder. Gemäss den ärztlichen Totenscheinen starben überdurchschnittlich viele Arbeiterkinder.

Das Sterben wurde in der Schweiz wie auch in Russland als der Wille Gottes verstanden. „Der Herr hat's gegeben, der Herr hat's genommen."[570] In armen ländlichen vielköpfigen Familien betrachtete man den Tod des Kindes sogar als eine Erleichterung. Die häufigen Todesfälle der Kinder führten in der Familie zu einer fatalistischen Lebenseinstellung. Man tröstete sich damit, dass die Kinder die irdische Welt verlassen und, von Engeln abgeholt, selbst zu Engeln würden.

Äusserst interessant ist die Beziehung zu verstorbenen Kindern in den protestantischen und katholischen schweizerischen Familien. Zum Andenken an ein verstorbenes Kind wurde ein Bild gemacht, ab dem 19. Jahrhundert ein Foto. Die Bilder von verstorbenen Kindern rundeten das Fotoalbum ab, in dem jede Phase des Kinderlebens zu sehen war. Die unten dargestellten Bilder illustrieren dies: Das Kind lebte nur sieben Jahre und wurde auf dem Totenbett dargestellt.

---

569 Strübin, Kinderleben im alten Baselbiet (oben Anm. 90), S. 35.
570 Gysin, Krankheit und Tod (oben Anm. 568), S. 139.

Bild 7[571]

571 Die Schweizerischen Landesmuseen. Fotoalbum „Unser Kind" Robert Philippi 1900–1907. Velerie Philippi. Nachlass Philippi. (2 Teil) Fotoalbum „Unser Kind" mit losen Fotos Totenbett. Keine Datumsangabe. NEG 141302 LM-78545.108.

Bild 8[572]

Solche Bilder hatten eine Erinnerungsfunktion. Historisch betrachtet unterscheidet sich die Haltung dem Tod gegenüber in Europa von jener in Russland. Bis zum Anfang des 19. Jahrhunderts wurden tote Kinder nicht kirchlich bestattet und in katholischen Regionen nur ausserhalb des Friedhofs begraben. Im evangelischen Baselbiet wurde für das verstorbene Kind manchmal zwar kein spezieller Sarg gemacht, dafür war es aber erlaubt, es auf dem Friedhof zu begraben. Die früh verstorbenen Säuglinge wurden von manchen armen Familien nicht als Menschen, sondern als „Wesen" wahrgenommen.

In der Schweiz kultivierte man eine religiöse Kunst des Sterbens. Der Grund dafür war, dass die Menschen den Bedrohungen des Lebens

572 Die Schweizerischen Landesmuseen. Fotoalbum „Unser Kind" Robert Philippi 1900–1907. Velerie Philippi. Nachlass Philippi. (2 Teil) Fotoalbum „Unser Kind" mit losen Fotos Totenbett. Keine Datumsangabe. NEG 141304 LM-78545.129.

gegenüber ohnmächtig waren. Bettina Hunger hat zwar die Säkularisierung des Todes im Baselbiet erforscht, aber das Thema des Kindermordes nicht als einzelne Erscheinung untersucht. Man kann sagen, dass der Tod eines Kindes quasi durch ein religiöses Prisma betrachtet wurde. Einerseits musste man sich über den Tod freuen, da die Menschen direkt „zur Herrlichkeit, zur Freude des Herrn eingehen, wo kein Leid“ ist[573]. Andererseits wurde das massenhafte Sterben als „göttliche Strafe für begangene Sünden“ interpretiert.[574]

Parallel zu den Fortschritten der Medizin änderten sich die häufigsten Todesursachen der Kinder in den Kirchenbüchern. Die Verbreitung der Krankheiten ist bis zum Jahr 1876 nicht bekannt.[575] In der Schweiz erfolgte die Einführung der ärztlichen Anzeigepflicht für Infektionskrankheiten erst im Jahr 1875. 1876 wurde die Eidgenössische Statistik der Todesursachen eingeführt. In den ersten zehn Jahren waren die Angaben unvollständig, weil viele Todesfälle nicht ärztlich bescheinigt wurden.

So benutzten die Kinderbücher seit 1876 anstatt „Tod“ bei Neugeborenen den Begriff „Lebensschwäche“, und zwar nicht nur in der Schweiz, sondern auch in Russland. Die zeitgenössischen medizinischen Krankheitsbezeichnungen waren „Cholerine“, „Bräune“, „Pest“ und „Enteritis der kleinen Kinder“.[576]

Im Jahr 1882 entdeckte R. Koch den Tuberkelbazillus. Dadurch konnte gezeigt werden, wie viele Menschen, insbesondere Kinder in den Städten, an Tuberkulose erkrankt waren. In Basel-Landschaft war die Ziffer der erkrankten Menschen niedriger als in Basel-Stadt, dafür war der Rückgang der Sterblichkeit wesentlich grösser, was für den Erfolg der medizinischen Hilfe in den Städten sprach. 1891–1895 starben jährlich durchschnittlich 34 Menschen in Basel-Stadt und 27 in Basel-Landschaft. 1911 reduzierte sich

573 Hunger, Diesseits und Jenseits. (oben Anm. 533), S. 2.u 7.
574 Hunger, Diesseits und Jenseits. (oben Anm. 533), S. 29.
575 Die Tuberkulosesterblichkeit in Basel-Stadt 1870–1919. In: Statistisches Jahrbuch des Kantons Basel-Stadt. 1921 Erster Jahrgang. Herausgegeben vom Statistischen Amt Basel, 1923. S. 314.
576 Hunger, Diesseits und Jenseits. (oben Anm. 533), S. 52.

die Zahl der Verstorbenen in Basel-Stadt auf 19 und in Basel-Landschaft auf 18,5 Menschen.[577]

Mit der Etablierung des medizinischen Blicks wurden Krankheiten nicht mehr als Wille Gottes angesehen, sondern als eine Angelegenheit der Menschen, der es sich anzunehmen galt.

8. Erziehung in der Familie

Auf dem Land wohnten die Bauernfamilien in kleinen Häusern. Die eine Hälfte gehörte oft zu Stall und Scheune. Ein Haus teilten sich oftmals bis zu zwei oder drei Familien, jede hatte bis zu acht Kinder. Fürs Essen, Arbeiten und Schlafen wurde dieselbe Wohnstube verwendet. Die Luft war schmutzig, da die Küche keine Fenster hatte. Man schlief auf Strohsäcken, denn Matratzen konnten sich nur reiche Leute leisten. Drei bis vier Kleinkinder schliefen zusammen in einem Bett neben den Eltern. Die erwachsenen Kinder wurden auf dem Estrich platziert.

Das häusliche Essen war sehr einfach und notdürftig. Brot und Kartoffeln waren die Hauptspeise der Kleinbauern. Aus wirtschaftlichen Gründen leisteten sich nur wenige Kleinbauern, Kleinhandwerker oder Posamenter Schweine- oder Kalbfleisch – im Unterschied zu den kleinstädtischen Haushaltungen und vielen Handwerkern, bei denen mehrmals in der Woche Rindfleisch auf den Tisch kam. In den schlechten Erntejahren litten die Bauernfamilien Hunger. „Arme gönnten sich etwa eine Katze."[578] Die Kinder freuten sich daher auf die Festtage: auf Taufen, Hochzeiten, Neujahr oder den fastnächtlichen Hirsmontag, die auch als „Esstage" galten.

Wegen der schwierigen ökonomischen Lage war das Leben für mehrköpfige Familien ein Kampf „ums Dasein".[579] Der Tag einer Bäuerin wie auch der einer Fabrikarbeiterin begann um 4 oder 5 Uhr morgens. Die Frauen hatten den ganzen Tag über keine einzige Stunde frei. Die Kinder wurden den Grosseltern überlassen. Zwar waren die Generationen in Familien nicht

577 Die Tuberkulosesterblichkeit in der Basel-Stadt 1870–1919 (oben Anm. 575), S. 319.

578 Strübin, Kinderleben im alten Baselbiet (oben Anm. 90), S. 100.

579 Ebd., S. 106.

so verbereitet, gehörte die Grossmutter zur Familie und galt als „Seele des Hauses".[580] Sie spielte die Hauptrolle in der Kindererziehung.

Die Erziehung in der Familie stützte sich auf christliche Traditionen und so war die Sonntagsschule obligatorisch für die geistliche Jugenderziehung und zugleich war sie Instrument frühzeitiger Glaubensförderung. 1878 bestanden im Kanton 29 Sonntagsschulen, die Zahl der Kinder war 1890 auf 4000 gestiegen.[581] Diese Schulen waren vom Pfarrer eingerichtet worden und standen unter der Leitung der Pfarrfrau. Der Schulplan umfasste Beten, Singen geistlicher Lieder und Erzählen von biblischen Geschichten. Diese Schulen waren sehr beliebt bei der ländlichen Bevölkerung und genossen hohes Ansehen. Besucht wurden sie von den Kindern bis zu dem Jahr vor der Konfirmation. Laut der Zirkulare des Erziehungs-Departements mass das Schulzimmer 12,4 Meter in der Länge und 9 Meter in der Breite.[582]

Gemäss des ersten Basel-landschaftlichen Schulgesetzes von 1835 wurden in der Schweiz für jede Gemeinde Arbeitsschulen für Mädchen sowie Schulen für Kleinkinder eingerichtet, die vom Frauenverein und dem Pfarrer geleitet wurden.

Nach 1850 wuchs die Zahl der Kinderschulen besonders in den grossen Industriegebieten stark an, so etwa im Kanton Basel-Stadt, denn für die ständig arbeitenden Eltern war dies eine notwendige Entlastung. Die Kinderschulen wurden im Sinne von Kindergärten eingerichtet. Erste Äusserungen dazu findet man im Einladungszirkular des Gemeindepfarrers von Langenbruck von 1886.[583] In der Regel gab es für ungefähr 80 Kinder eine Kindergärtnerin. Um 1900 bestanden im Basel-Land 22 solcher Kleinkinderschulen mit 2100 Kindern, die von 28 Erzieherinnen betreut wurden.[584]

Die Kinder aus bäuerlichen Familien besuchten die Schule hauptsächlich in der Winterzeit, denn im Sommer mussten sie zusammen mit den Erwachsenen landwirtschaftliche Arbeit leisten und im Herbst beim Sammeln helfen. Die Jugendlichen aus Arbeiterfamilien hatten praktisch keine Chancen

580 Höpflinger, Enkelkinder (oben Anm. 85), S. 19.
581 Strübin, Kinderleben im alten Baselbiet (oben Anm. 90), S. 159.
582 StA BL, NA 2080, Erziehung A1. Zirkulare 1911–1913, S. 107.
583 Strübin, Kinderleben im alten Baselbiet (oben Anm. 90), S. 162.
584 Ebd.

auf schulische Bildung, da sie ständig arbeiten mussten. Nur die jüngeren Kinder besuchten die Sekundarschule.

Von Mädchen aus der Handwerkerfamilien wurde gefordert, dass sie sich im Spinnen, Weben, Nähen und Sticken auskennen. Lesen durfte sie nie, da das „die reinen Seelen der jungen Mädchen verderben“[585] könnte.

9. Kinderarbeit

Die Kindererziehung konnte gut überwacht werden, da die Kinder ihre Arbeit unter der Aufsicht der Eltern zu verrichten hatten. Einerseits stellte eine grosse Anzahl an Kindern für eine bäuerliche Familie eine grosse Belastung dar, andererseits waren die halb erwachsenen Kinder unentbehrliche Hilfskräfte. Kinder aus Handwerkerfamilien wurden früh in den Arbeits- und Bildungsprozess einbezogen, weil auf diese Weise der Lohn für eine fremde Person eingespart werden konnte. Durch spielerische Nachahmung lernten bereits die Kleinen die Arbeit kennen.

Die Kinder aus Arbeiterfamilien befanden sich in einer schlimmen Situation, denn diese Familien wurden in Folge der Industrialisierung gezwungen, sich verschiedene Verdienstquellen zu suchen. Kinder mussten in der Fabrik einen eigenen Lohn dazuverdienen. Zusätzlich gingen die Mütter der Heimarbeit nach und die Knaben übernahmen Boten- oder Transportgänge, z.B. schleppten sie die Waren der Bäuerinnen zum Markt. Dabei verdienten sie sich ein paar Rappen sowie etwas zum Essen. Mädchen hatten weniger Chancen auf Bildung und genossen fast keine Freizeit, da sie den Müttern im Haushalt und bei der Feldarbeit helfen mussten.

Neben der Hausarbeit waren Kinder vom fünften Lebensjahr an im Landbau und Seidenbandweben tätig. Etwa vom sechsten Lebensjahr an oder sogar früher wurde ein Bauernkind zu allerlei Dienstleistungen herangezogen.

Je nachdem, welche Haupt- und Nebenerwerbsquellen zur Verfügung standen, definiert man im Hinblick auf die Bauersfamilien zwei Familientypen, bei denen Kinder Arbeit leisten mussten. Heidi Witzig unterscheidet

---

585 Simon-Muscheid, Katharina: Das Kind in der Handwerksfamilie. In: Kind sein in der Schweiz. Eine Kulturgeschichte der frühen Jahre. Paul Hugger (Hrsg.) Schweizerische Gesellschaft für Volkskunde, Basel 1998, S. 50.

verarmende Kleinbauernfamilien von Kleinbauernfamilien in Gegenden mit einem grossen Angebot von Nebenerwerbsmöglichkeiten.[586]

Die Kinder aus armen Familien wurden aufgrund des Verarmungsprozesses für einen immer grösseren Teil des Familienunterhalts verantwortlich. Oft mussten sie auch für die eigenen Mahlzeiten sorgen. So verkauften oder tauschten sie z. B. Pferdeäpfel gegen ein Brot. Häufig standen sie vor Aufgaben, die über ihre Kräfte gingen. Sie halfen begüterten Bauern beim Viehhüten, im Stall sowie auf den Äckern und erhielten dafür Verpflegung. Die Mädchen hatten weniger Möglichkeiten, sich ihr Essen zu verdienen, da sie die ganze Zeit Hausarbeit leisten und beim Kinderhüten helfen mussten. So litten sie häufig Hunger.

Schon während der Primarschulzeit lernten die Kinder, beim Kornbinden die Garben- oder Strohbänder in bestimmten Abständen bereitzulegen und zusammenzupacken. Sechs Jahre später, während der Repetierschule mit sechs Wochenstunden, arbeiteten sie fast Vollzeit. Für eine bäuerliche Familie war es in Ordnung, dass die Kinder den Pflug ersetzten oder das Getreide schnitten und zusammenbanden. In der Winterzeit mussten sie zusammen mit dem Vater unter härtesten Bedingungen Bäume fällen und zersägen. Die Kinder waren schon um vier Uhr wach und begannen mit den Eltern die Arbeit. Ganze Schulferien waren der Landarbeit gewidmet. Auch Mithilfe im Rebberg war die Aufgabe der Kinder.

Die Arbeit beherrschte das Leben nicht nur der Eltern, sondern auch der Kinder. Diese stellten „ein Kapital von Arbeitskräften“[587] für den Landbau und die Posamenterei dar. Das Zürcher Privatrechtliche Gesetzbuch bestätigte faktisch die Kinderarbeit. „Die Kinder sind verpflichtet, solange sie noch unter Vormundschaft stehen, die Eltern nach Kräften in ihrem Fortkommen zu unterstützen.“[588] Die Kinder in Bauern-, Handwerker- und Arbeiterfamilien wuchsen ohne Lehre in die Arbeit hinein, es galt das Prinzip von Vormachen und Nachmachen. Auch Kinder, deren Eltern beim Bandwebstuhl in Basel

---

586 Vgl. Witzig, Bäuerlich-ländliche Kindheit(oben Anm. 92), S. 37–47.

587 Strübin, Kinderleben im alten Baselbiet (oben Anm. 90), S. 117.

588 Beatrix, Mesmer in ihrem Buch „Ausgeklammert-Eingeklammert. Frauen und Frauenoganisationen in der Schweiz des 19. Jahrhunderts“ Frauen und Frauenorganisationen in der Schweiz des 19. Jahrhunderts, Basel/Frankfurt 1988 wiest auf Kommentar von Johann Caspar Bluntschli zu dem Privatrechtliches Gesetzbuch, Bd 1, Kommentar zu Paragraph 130, S. 118.

beschäftigt waren, wurden zu dieser Arbeit herangezogen. Beim Spulen sassen die Kleinen stundenlang in der gleichen Stellung. Bald kamen das Seidenwinden und das Linzenknüpfen dazu.

In den Handwerkerfamilien mussten die Jungen und Mädchen ebenfalls möglichst früh ihren Teil zum Familieneinkommen beitragen. Jedes Kind hatte zu Hause eigene Aufgaben, wie z.B. Holz in die Küche tragen, während der Vater auf dem Feld und die Mutter am Webstuhl arbeiteten, das Vieh umsorgen, kochen oder den Stall und den Holzschopf sauber halten. Besonders die Mädchen waren als Hilfskräfte der Mutter unentbehrlich: Sie mussten stricken, Holz und Wasser für die Küche heranschleppen, Hühner und Gänse füttern, Botengänge machen, Feldarbeit leisten, misten, heuen und den Acker bestellen. In ärmlichen Verhältnissen war die Hilfe gerade der Mädchen für die Familien überlebenswichtig: Sie sassen im Winter zusammen mit der Mutter beim Seidenwinden in den Fabriken und leisteten im Sommer die Feldarbeit. Im Herbst wurden sie als Arbeitskräfte auf dem Kartoffelacker gebraucht, wo sie harte Arbeit leisteten. Die Mädchen halfen beim Giessen des Gartens oder auch beim Füttern der kleinen Geschwister. Einige Mütter führten ihre Töchter in das Brotbacken oder das Durchführen der grossen Wäsche ein und zeigten ihnen die Kunst des Nähens und Flickens von Weisszeug und Kleidungsstücken. Verschiedene Botengänge wurden ihnen zugemutet: Den Mädchen oblag das Sammeln von Holz und Reisig für den Küchenbedarf, sie mussten Produkte ausliefern und zum Einkaufen in andere Städte gehen. Die Knaben leisteten wie die Mädchen verschiedene Botengänge, waren auch als Träger tätig, sammelten Beeren und Kräuter im Wald und verkauften sie. Auch sie mussten immer der Mutter beistehen, die kleinen Geschwister hüten und sie in den Schlaf wiegen.

In Industriegegenden wie z.B. in Gelterkinden und Sissach arbeiteten häufig beide Eltern in der Fabrik. In solchen Familien wurden die Kinder den ganzen Tag sich selbst überlassen. 1896 betrug die wöchentliche Arbeitszeit 65 Stunden, 1914 wurde diese Zeit gesetzlich auf 59 Stunden verkürzt.[589] Es wurde den Frauen erlaubt, gegen elf Uhr nach Hause zu gehen und bis 13 Uhr das Mittagessen für die Familien auf den Tisch zu bringen. In den Familien, in denen beide Eltern in der Fabrik beschäftigt waren, brachten

589 Strübin, Kinderleben im alten Baselbiet (oben Anm. 90), S. 127.

die Kinder das Essen für die Eltern in den Betrieb. Es war Pflicht, erst nach dem Schulschluss dorthin zu gehen, und bestimmt keine einfache Leistung, gegen elf Uhr schnell den mehrere Kilometer langen Weg zur Fabrik zurückzulegen und um ein Uhr wieder in der Schule zu sein.

Das eidgenössische Fabrikgesetz von 1877[590] verbot die Beschäftigung von Kindern unter 14 Jahren auf nationaler Ebene. Es verpflichtete die Fabrikbetreiber, Vorschriften zum Schutz der Arbeitenden einzuhalten und machte sie bei Unfällen haftbar. Wo es keine gesetzlichen Bestimmungen gab, wurde versucht, über die obligatorische Schulzeit die Kinderarbeit einzuschränken. Bereits im August 1868 hatte Kanton Basel-Landschaft mit dem „Gesetz betreffend Regulierung des Fabrikwesens“ [591] ein Beispiel gegeben. In erster Linie wurde die Fabrikarbeit alltagsschulpflichten Kinder verboten. Das Basler Fabrikgesetz vom 15. November 1869 begrenzte die tägliche Normalarbeitszeit auf 12 Stunden und verbot die Sonntags-und Nachtarbeit. Es untersagte die Beschäftigung von schulpflichtigen Kindern und ermächtigte den Kleinen Rat, in besonderen Fällen für die Zulassung jugendlicher Arbeitskräfte ein höheres Minimumalter bis zu 18 Jahren festzusetzen sowie die Arbeitszeit der weiblichen und Jugendlichen Arbeit nach Bedürfnis zu reduzieren. Dennoch wurden die Gesetze nicht immer eingehalten. Zudem war Kinderarbeit noch zu Beginn des 20. Jahrhunderts weit verbreitet, insbesondere in der Landwirtschaft und der Heimarbeit.1896 wurde eines der ersten schweizerischen Jugendschutzgesetze erlassen.[592] Der Landrat hielt darin fest, dass die Fabrikarbeit nach dem Abschluss der Alltagsschule (d.h. ab dem 12. Lebenjahr) beginnen dürfe. Die Fabrikarbeit für Alltagsschulpflichtige wurde damit also verboten. Repetierschulpflichtige durften höchstens zehn Stunden und nur zwischen 10 Uhr morgens und 9 Uhr abends beschäftigt werden. Im Kanton Basel-Landschaft betrug die Anzahl der sogenannten Repetierschüler und Repetierschülerinnen im Jahr 1896 300, die durchschnittliche Arbeitszeit betrug 12 bis 14 Stunden. Das Schulgesetz von 1911 brachte zwar den obligatorischen Alltagsunterricht

590 URL: http://www.geschichtedersozialensicherheit.ch/synthese/1877/ (Datum des Zugriffs: 1. Februar 2016).

591 Bauer; Hans: Basel, gestern-heute-morgen: 100 Jahre Basler Wirtschaftsgeschichte. Hrsg. Von d. Basler Handskammer, Basel 1981. S. 43

592 Ebd., S. 128.

von acht Jahren, doch die Repetierschule mit ihren sechs Wochenstunden begünstigte nach wie vor die Fabrikarbeit. Eine 1884 in Arisdorf wohnende Repetierschülerin ging zu Fuss mehrere Kilometer in die Florettspinnerei Niederschönthal – Arbeitsbeginn war um 6 Uhr und ihr Tageslohn betrug 30 Franken.[593] Pro Stunde erhielt ein 14-jähriges Kind etwa neun Rappen. Auch dieser Lohn bedeutete für die Eltern eine finanzielle Hilfe.

In der Fabrik konnten die Kinder eine Lehre anfangen und häufig arbeiteten sie in zwei Fabriken gleichzeitig. Meist begannen die Kinder in jenen Fabriken zu arbeiten, in denen bereits ihre Eltern tätig waren. Dies begünstigte die Entstehung ganzer Handwerks- oder Posamenten-Dynastien.

Die Kinderarbeit war ein ständiges Thema im Erziehungs-Departement und im Landeskollegium. Im Jahr 1896 verbreitete der Nationalrat Dr. Joos eine Anfrage an alle schweizerischen Kantone, derzufolge sie möglichst vollständige Erhebungen über die Kinderarbeit in den Fabriken vorbereiten und die Ergebnisse der Bundesversammlung vorlegen sollten.[594]

Das Baseler Landeskollegium stellte die Daten von jeder Fabrik des Kantons Basel-Stadt zusammen. Gemäss dieser Statistik befanden sich im Kanton 17 grosse Fabriken, in denen Kinderarbeit verbreitet war.[595] Anhand dieser Daten kann man sich ein Bild von der Anzahl und dem Alter der Kinder machen: Im Alter von unter 16 Jahren wurden 5 (Fabrik Sarasin & Comp.) bis 125 Mädchen (Fabrik Richter-Linder) beschäftigt. Mädchen zwischen 12 und 16 Jahren arbeiteten zwölf Stunden täglich, obwohl Laut dem Gesetz[596] dürften sie nach 8 Uhr abends zu keinerlei Dienstleistung in Anspruch genommen wurden. Meistens kamen sie von Basel-Landschaft, Zürich und Bern. Aus dem Bericht des Landeskollegiums geht hervor, dass die Arbeitszeit in der Nacht regelmässig um eine halbe bis ganze Stunde

593 Strübin, Kinderleben im alten Baselbiet (oben Anm. 90), S. 128.

594 StA BS, Handel und Gewerbe AA 15, Jugendarbeit. Kinderarbeit. Jugendschutz. 1855–1864–1886–1888–1900–1918–1936. Bericht von Herrn Nationalrat Dr. Joos. Basel. Den 15. Januar 1869.

595 Ebd.

596 Gesetz betreffend den Schutz der Arbeiterinnen, vom 23. April 1888 n: Sammlung der Gesetze und Beschlüsse wie auch die Polizei – Verordnungen, welche vom 1. Januar 1888 bis 31. Dezember 1893 für den Kanton Basel – Stadt erlassen worden, Bd. 15, 1893: 13–16 (PDF). Sammlung der Gesetze BS, Bd. 15, 1893: 13–16.

überschritten wurde. Für das Morgenessen hatten die Mädchen eine halbe Stunde und für das Abendessen nur eine Viertelstunde Zeit. Der Arbeitslohn der Kinder betrug durchschnittlich 0.08 Franken. Zwar sollten alle Mädchen zwischen 12 und 16 Jahren die Schule besuchen, aber man gewährte ihnen nur vier bis zwölf Stunden pro Woche. Eine Übersicht über die Anzahl der im Jahr 1869 in der Industrie beschäftigten Kinder bietet, sortiert nach Fabrik, folgende Zusammenfassung:

Tabelle 16: Fabriken in Basel 1869[597]

Fabrik	**Anzahl der Kinder**
Gebrüder Bischoff	16
Rudolf Trüb	16
Richter-Linder	125
Müller-Hauser	9
Hanzfranz Sarasin	100
Horandt & Söhne	15
Ryhiner & Sonne	12
Joh. De Bary & Sonne	32
J. J. Linder	18
Trüdinger & Comp.	9
Vest & Comp.	11
T. Kern-Bischoff	43

Ein Arbeitstag in der Fabrik betrug für Frauen und Männer 11 bis 12 Stunden oder mehr. 1869 gab es 245 Frauen bei der Hanzfranz Sarasin-Fabrik, deren Arbeitszeit 11 bis 13 Stunden pro Tag umfasste. Jugendliche ab 16 Jahren arbeiteten bis zu 12 Stunden. Das Gesetz betreffend die Arbeitszeit der weiblichen Arbeit, von 11. Februar 1884 bestimmte 11 Stunden die Dauer der regelmässigen Arbeitszeit für Frauen, welche gegen Lohn oder als

597 StA BS, Handel und Gewerbe AA 15. Jugendarbeit. Kinderarbeit. Jugendschutz. 1855–1864–1886–1888–1900–1918–1936. Bericht von Herrn Nationalrat Dr. Joos. Basel. Den 15. Januar 1869.

Lehrlinge in Werkstätten beschäftigte.[598] Seit 1901 wurde für die Arbeiterin die Arbeitszeit bis auf 10 Stunden unter der Woche und auf 10 Stunden an den Vorabenden von Sonn – und Festtagen verkürzt.[599]

Über die Verletzung der Gesetze zur Kinderarbeit wurden verschiedentlich Bekanntmachungen seitens des Erziehungs-Departements veröffentlicht: So schreibt Dr. J.J.Burckhard am 22. August 1883, dass mehrmals in den ansässigen Fabriken Kinder angestellt seien, welche nach Art. 50 des Schulgesetzes von 1880 noch bis zum Schluss des laufenden Schuljahres schulpflichtig wären. Sie würden erst nach dem 30. April 14 Jahre alt und hätten keine amtliche Bewilligung zum vorzeitigen Austritt aus der Schule erhalten. Er betonte, dass sich die Fälle wiederholten, in denen gegen das Schulgesetz verstossen würde. Das Erziehungs-Departement ersuchte laut seinen Berichten oft die Fabrikanten und Arbeitgeber, die Kinder, welche nach gültigem Schulgesetz noch schulpflichtig waren, nur dann anzustellen, wenn sie eine amtliche Bescheinigung über eine Ausnahmegenehmigung einer früheren Entlassung aus der Schule vorweisen konnten. Man sieht hier, dass die Kinder also einen Austrittsschein bekamen, sobald sie 14 Jahre geworden waren, in dem eine Entlassung des Kindes auf Ansuchen seiner Angehörigen von der Schule bestätigt wurde. Trotz der Bemühungen verbargen mehrere Kinder ihr wahres Alter, um in den Fabriken arbeiten zu können. Zu diesem Zeitpunkt wurde das Thema Kinderarbeit häufiger in der Periodik aufgegriffen.

Das Ziel der publizierten Aufnahmen war es, darauf aufmerksam zu machen, dass Kinder gesetzlich vor der Heimarbeit, der Tätigkeit in der Landwirtschaft und der Arbeit in den Fabriken geschützt werden mussten.

---

598 Gesetz betreffend die Arbeitszeit der weiblichen Arbeit, von 11. Februar 1884. In: Sammlung der Gesetze und Beschlüsse wie auch der Polizei – Verordnungen, welche vom 1. Januar 1882 bis 31. Dezember 1887 für den Kanton Basel – Stand erlassen worden, Bd.14. 1887: 218–219 (PDF). Sammlung der Gesetze BS, Bd. 14, 1887: 218–219.

599 Gesetzt betreffend den Schutz der Arbeiterinnen, vom 27. April 1905. In: Sammlung der Gesetzte und Beschlüsse wie auch der Polizei – Verordnungen, welche vom 1. Januar 1901 bis 31. Dezember 1905 für den Kanton Basel – Stadt erlassen worden, Bd. 18, 1906: 298–307. (PDF). Sammlung der Gesetz BS, Bd. 18, 1906: 298–307.

Im Jahr 1873 widmete sich der ganze „Schweizerische Volksfreund" dem Thema der Kinderarbeit in den Fabriken.[600] Solche Kinderarbeit wurde vielerorts eingeführt. Frühzeitig sollten die Kinder an nützliche Arbeit gewöhnt werden, ohne dass man jedoch ihre Kräfte überforderte oder ihnen in körperlicher und geistiger Hinsicht Schaden zufügte.

Auf nationalem Niveau bildete sich die Idee eines strengen Verbots jeglicher Form von Kinderarbeit heraus. Um dem bestehenden Übel gegenzusteuern, setzte auch der Nationalrat den „Fabrikartikel" in den Verfassungsentwurf. Dadurch wurde der Bundesbehörde die Kompetenz eingeräumt, ein einheitliches Gesetz über Kinderarbeit in den Fabriken zu schaffen, etwa im Sinne des baslerischen, das in Fabriken kein Kind vor dem 14. Lebensjahr zuliess.

Die damaligen Zeitgenossen zogen einen Vergleich zwischen der Fabrikarbeit und der landwirtschaftlichen Arbeit: „Die Landwirte strengen ihre Kinder oft weit mehr an. Das ist zu bedauern, aber dort (auf dem Land) gibt es frische Luft, menschlichen Umgang und Abwechslung."

Anfang 1914 zählte man in der Heimarbeit gegen 35.000 schulpflichtige und vorschulpflichtige Kinder. Ein beträchtlicher Teil davon war bis in die Nacht hinein erwerbstätig. Die Heimarbeit hatte deshalb die Tendenz zur Ausbeutung. Das Ziel des Kinderschutzes war die gänzliche Ausschaltung der Kinderarbeit. Da Kinderarbeit jedoch aus ökonomischer Sicht unverzichtbar erschien, konnte dieses Ziel nur „nach und nach erreicht werden."[601] So wurde am Anfang zunächst einmal nur empfohlen, die Kinderarbeit nach 20.00 Uhr abends auszusetzen.

Man muss darauf hinweisen, dass die ganztägige Arbeit der Kinder zu Hause und in der Fabrik faktisch vom Schulamt anerkannt wurde. So wurde in der Fortbildungsschule die Unterrichtzeit absichtlich auf den Abend verschoben. Die Klasse fing um 20.00 Uhr an und dauerte bis 22.00 Uhr. Der sogenannte „Nachtzeit"-Unterricht wurde seitens der Erziehungsdirektion

---

600 StA BS, Handel und Gewerbe AA 15. Jugendarbeit, Kinderarbeit. Jugendschutz. 1855–1864–1886–1888–1900–1918–1936. „Schweizerischer Volkstrend". № 299. 18. Dez. 1873.

601 StA BL, NA 2080 Erziehung. F 15. Verhalten der Jugend ausserhalb der Schule. 1914–191 Schweizerische Jugendfürsorge 1914 Bern. Berichterstattung über erwerbsmässige Kinderarbeit.

kritisiert. „Wenn aber schulpflichtige Jünglinge den ganzen Tag über gearbeitet, zum Teil in den Ferien, in der Kälte gearbeitet haben, so sind sie am Abend oder bei Nacht in der Schule ermüdet, daher geistig nicht frisch, sogar oft schläfrig, zeigen wenig oder gar keine Interesse an der Sache."[602] Es wurde darauf aufmerksam gemacht, dass von der Arbeit rund um die Uhr weder die Schule noch die Lehrer profitierten. Darum untersagte die Neue Verordnung zur Organisation der Fortbildungsschulen vom 13. Dezember 1882 den „Nachtunterricht" nach 19 Uhr[603].

Der Übergang von der Haus- zur Fabrikarbeit hatte einen starken Einfluss auf die Kindererziehung. Seit früher Kindheit sich selbst überlassen, emanzipierten sich die Jungen und Mädchen bei der Fabrikarbeit schliesslich vollends. Sie verdienten Geld, womit sie ihre Familie teilweise unterstützen konnten, jedoch verlangten sie auch einen eigenen Anteil davon. Die schädlichen Wirkungen der Fabrikarbeit auf die Gesundheit der Kinder waren gross. „Im Ganzen wird die junge, noch unentwickelte Konstitution abgeschwächt, das Wachstum gestört, die Widerstandskraft gelähmt. An die Stelle jugendlicher Lebhaftigkeit und Energie tritt geistige Trägheit und Gleichgültigkeit. Das Schlimmste aber ist die sittliche Verschlechterung."[604] Die Kinder übernahmen die Art und Weise des Benehmens von Erwachsenen. Sie lernten, wie man schimpft, trinkt und raucht.

10. Kinderpflege in der Schweiz

Im Zuge des pädagogischen Konzepts von Johann Heinrich Pestalozzi in der ersten Hälfte des 19. Jahrhunderts sowie infolge der Massenverelendung und des Bevölkerungsüberschusses in jener Zeit entstand in der Schweiz das System der „Armenerziehungsanstalten". Das alte Vormundschaftsgericht war zuvor durch einige progressive Zeitgenossen, beispielsweise durch Jeremias Gotthelf oder Pfarrer Peter Scheitlin, kritisiert worden. Durch die Fortschritte in der Sozialpädagogik und der Medizin und nicht zuletzt durch die theoretische Begründung der Pädagogik, Heilpädagogik, Psychologie und Soziologie veränderten sich die Erziehungsmethoden in

602 StA BL, NA 2080 Erziehung A 1. Zirkulare der Erziehungsdirektion 1890–1899, S. 13.

603 Ebd.

604 Strübin, Kinderleben im alten Baselbiet (oben Anm. 90), S. 130.

den Waisenhäusern. So stand man nun dem Kind eigenen Persönlichkeitsrechten zu und nahm es in der Gesellschaft als „eigenständiges Wesen in einer Entwicklungsphase“ wahr. Bis zum Jahr 1850 gab es in der Schweiz insgesamt 46 Armenerziehungsanstalten und Waisenhäuser sowie 35 Rettungs- und Zwangserziehungsanstalten.[605] Um 1900 engagierten sich rund 3000 private Institutionen für Kinder und Jugendliche.[606] Bis 1912 fehlte aber in deren Tätigkeit die effektive Koordination, das Pflegekinderwesen war damals noch unbekannt. Seit 1912 übernahm die neu gegründete und bis heute existierende Stiftung „Pro Juventute“ die Koordinationsfunktion zwischen den Organisationen und Institutionen der Jugendhilfe. Dies führte unter anderem als effektive Massnahme der Tuberkulosebekämpfung zu einer Linderung der Not. Später sollte „Pro Juventute“ die Funktion der Unterstützung und Verteidigung der Kinder und Jugendlichen übernehmen und verschiedene Jugendprojekte in der Schweiz vereinigen. Mit dem Aufkommen von Waisenhäusern entstanden zur gleichen Zeit verschiedene Armenschulen und Rettungshäuser sowie die Idee der Pflegefamilien, die sich in der zweiten Hälfte des 19. Jahrhunderts in Europa und Russland entwickelt hatten. Aufgrund neuer sozialer und pädagogischer Ideen erkannte man, dass es dem Kind in der eigenen Familie besser ging als in einem Heim. In einer Notlage allerdings, nach dem Tod der Eltern oder des Vaters als Ernährer, wurde das Kind in einer Pflegefamilie aufgenommen. In ländlichen Gebieten fehlten Waisenhäuser oftmals, weil es auf dem Land diverse Schwierigkeiten mit solchen Anstalten gab. Einen Ausweg sah man daher in der Gründung von Pflegefamilien. Die meisten dieser Pflegefamilien befanden sich auf dem Land, doch sie übernahmen auch Säuglinge, Kinder und Jugendliche aus der Stadt. Anfang des 19. Jahrhunderts setzte sich in Europa die Betreuungsform der „Unterbringung in Pflegefamilien“ auf dem Land durch. Zugunsten dieser Pflegefamilien wurden folgende Argumente

605 Ott, Lukas / Schnyder, Arlette: Daheim im Heim?: Die Geschichte des Waisenhauses „Mariahilf“ im Laufen und seine Entwicklung zum modernen Kinder – und Jugendheim (1908–2008), Liestal 2008, S. 12.

606 Schoch, Jörg/ Tuggener, Heinrich/ Wehrli, Daniel (Hrsg): Verdingkinder Heimkinder Pflegekinder Windenkinder. Aufwachsen ohne Eltern. Zur ausserfamiliären Erziehung in der deutschsprachigen Schweiz, Zürich 1989, S. 44.

angeführt: Sie waren billig und die Kinder bekamen in dieser als gut geeignet angesehenen Umgebung Zuwendung.

Um der Verwahrlosung der Jugend und dem Fortschreiten der Armut in Basel-Landschaft entgegenzutreten, unterstützten die Gemeinden arme Kinder, indem sie diese den Familien oder Anstalten zuwiesen. Am 10. Dezember 1848 wurde der Basellandschaftliche Armenerziehungsverein gegründet. Seit dem konnten arme Kinder in geeigneten Familien untergebracht werden. Trotz dieser Initiative war Basel-Landschaft kein ausgesprochener Armenkanton und lag im schweizerischen Vergleich auf dem siebten Rang. Vorrangig war die Aufhebung der Gemeindearmenhäuser und das Verbot von „Mindersteigerungen", das heisst das Verbot der Überlassung des Pflegekindes an denjenigen Bietenden, der das Kind zum niedrigsten Kostgeld aufnahm.[607]

Die Statuten des Basellandschaftlichen Armenerziehungsvereins bestimmten die besonderen Verträge für die Kinderversorgung. In der Regel übernahm der Verein die Hälfte der allgemeinen Erziehungskosten. Zur Arbeit des Vereins wurde jede Gemeinde herangezogen. Der Armenerziehungsverein bestand jeweils aus einem oder mehreren Vertretern der Gemeinden. Die Vertreter wurden durch die Bezirksversammlungen jeweils im Mai und Oktober gewählt. In jedem Dorf wurden Vertrauensleute ernannt, welche Pflegefamilien vermittelten, Pflegeverträge abschlossen und die Pflegeverhältnisse begleiteten. Die Hauptorgane des Vereins waren der Kantonalvorstand und das Inspektorat. Der Kantonalvorstand setzte sich aus den Vertretern der Bezirksvorstände sowie dem Kantonalkassierer zusammen. Der engere Vorstand leitete samt der Anstaltskommission (Augst/Schillingsrain) die provisorische Funktion.[608] Das ausführende Organ des Vereins war das Inspektorat, zu dem ein Inspektor und eine Fürsorgerin gehörten. Der Inspektor war zuständig für die Anzeigen an die betreffenden Lehrer, Pfarrer und die Erziehungsdirektion hinsichtlich der Versetzung der

---

607 StA BL, Findmittel: BIR 0"0, Basel-Landschaftlicher Armenerziehungsverein 1848–1965. S .3 (S. 54). Die folgenden Kapitel stammen aus : Lüthy, Kurt: 160 Jahre Basellandschaftlicher Armenerziehungsverein (AEV) 1848–2008. Zur Geschichte des AEV und seiner Birmann – Stiftung, Liestal 2008, 2. Auflage.

608 StA BL, Na 2064, Armensachen F 1.1, .Armenerziehungsverein 1888–1902. Statuten des Basel-Landschaftlichen Armenerziehungsvereins 1897, S. 6.

Kinder des Vereins in andere Gemeinden. Er schloss die Verträge mit den Pflegeeltern und den Armenpflegern ab und sorgte für die Beschaffung der Heimatscheine. In seinen Bereich fielen auch die Kontrolle der Kostgelder und die Führung der Buchhaltung.[609] Die an sich autonomen, aber im Kantonalvorstand als Dachverband zusammengeschlossenen Bezirksversammlungen unterbreiteten dem Kantonalvorstand Aufnahmegesuche von Pflegekindern und waren mit der Gemeinde in Kontakt. Der Kantonalvorstand traf sich jährlich zu einer ordentlichen Versammlung im Oktober, eine ausserordentliche Versammlung konnte er jederzeit einberufen. Er hatte die allgemeinen Interessen zu vertreten und bestimmte den allgemeinen Gang des Vereins, sorgte für die Inspektion der vom Verein übernommenen Kinder, schloss den Anstellungsvertrag mit dem Inspektor ab und bestimmte die Besoldung dieses Beamten und weiterer Angestellten.[610]

Der Armenerziehungsverein wurde sowohl von Einzelpersonen als auch von gemeinnützigen Gesellschaften angeregt, die durch ihre Tätigkeit mit der Armut von Waisen und verwahrlosten Kindern vertraut waren. Unter den Armeninspektoren waren aufgeklärte, engagierte Personen, sogar ein gewisser Teil der Oberschicht. Martin Birmann, Kandidat der Theologie, späterer Präsident des Basler Ständerats (1884) und Ehrendoktor der Universität Basel, wurde 1853 von der basel-landschaftlichen Regierung in das Armeninspektorat berufen. In diesem Jahr verabschiedete der Landrat auch das Gesetz über die Versorgung verwahrloster Kinder. Darin wurde der Armenerziehungsverein offiziell als Organisation anerkannt. Die Benennung „verwahrloster Kinder" hielten die Mitglieder der Erziehungsdirektion für unzureichend. Zunächst änderte sich nichts an der Begrifflichkeit, doch Anfang des 20. Jahrhunderts wurde diese Wendung oftmals ersetzt durch den Ausdruck „sittliche gefährdete Kinder", womit Kinder gemeint waren, die „sittlicher Gefahr ausgesetzt" waren.[611] Der Ausdruck „verwahrloste Kinder" wurde als Unterbegriff betrachtet. Die Ursachen der sittlichen Gefährdung der Kinder wurden dreifach definiert: 1. mangelhafte, ungünstige

609 Ebd.

610 Ebd., S. 5.

611 StA BL, NA 2080 Erziehung F 10. Gesundheitspflege in der Schweiz 1900–1905. Jahresversammlung von Schweizerische Gesellschaft für Schulgesundheitspflege 9.–10. Juni 1900.

oder verderbliche Familienverhältnisse; 2. schädliche Einwirkungen anderer Personen; 3. individuelle Veranlagung.

Martin Birmann wurde selber als Adoptivkind von Juliane Birmann-Vischer erzogen. Sie unterstützte seit 1853 die Tätigkeit der Rettungsanstalt in Augst, wo Martin ihr auch stets als Präsident zur Verfügung stand. Birmann oblag es, die armen Kinder im Kanton zu betreuen und deren Erziehung zu überwachen. Aufgrund seiner Initiative bezüglich der kantonalen Armengesetze und eines neuen Kantonsspitals in Liestal war er sehr angesehen. Die erste Professionalisierung der Jugendfürsorgetätigkeit auf der Versorgerseite wurde durch seine Arbeit ermöglicht. 1874 wurde er Präsident des Vereins. Nebenbei ging Birmann einer literarischen Tätigkeit nach. Seine gesammelten Erfahrungen wie auch seine Lebensgeschichte lässt sich in seinem Buch „Reichtum und Armut“ nachlesen.

Als Armeninspektoren wurden nun von 1874 bis 1965 jeweils bewährte Lehrer vom Vorstand des Armenerziehungsvereins gewählt und vom Regierungsrat im Amt bestätigt. Es amteten in dieser Zeit die Armeninspektoren Emil Gyslin (1874–1909), Nathan Tschopp-Fehr (1910–1919), Hans Schaub-Grieder (1920–1959) und Kurt Lüthy-Heyer (1959–1965).

Der Armenerziehungsverein war als eine privatrechtliche Organisation für das Gebiet der Jugendfürsorge im Kanton verantwortlich und erfüllte für Kanton und Gemeinden diverse Aufgaben. Diese wurden durch die Haussammlungen in allen Gemeinden sowie durch Kollekten der Kirche und Beiträge des Kantons finanziert.

Im Februar 1902 wurde durch die Erziehungsdirektion des Kantons Basel-Landschaft ausserhalb des Armenerziehungsvereins eine Patronage-Kommission gegründet „mit dem Zweck, Pfleglingen des Armenerziehungsvereins und anderer Erziehungsanstalten von Basel-Landschaft eventuell auch von Basel-Stadt zur Erlernung eines Berufes behilflich zu sein“.[612] Nach Ansicht der Initiatoren sollte sich der Staat beteiligen, d. h. den Privatverein unterstützen. Kinder, welche die Erziehung in der Anstalt verbrachten, sollten nicht, wie dies wiederholt vorgekommen war, nach einem oder zwei Jahren aus der Anstalt entlassen werden und der vollen Freiheit oder gar

612 StA BL, Na 2064 Armensachen F 1.1. Armenerziehungsverein 1888–1902. Die Erziehungsdirektion des Kantons Basel – Landschaft an Regierungsrat. Liestal, den 8. März 1902.

dem früheren „verkehrten" Leben zurückgegeben werden, sondern auch über das 16. Lebensjahr hinaus unter Aufsicht der allgemeinen Patronage-Kommission gestellt werden können. Die Aufsicht des Armenerziehungsvereins sollte in der Regel bis zum vollendeten 16. Lebensjahr der Pfleglinge dauern, aber in den meisten Fällen blieben die Kinder sogar bis zum 20. Lebensjahr unter Vormundschaft.[613]

Die Gründung des Armenerziehungsvereins hatte zum Zweck, das System der „Verkostgeldung" zu verbessern. Ins „Verkostgeldsystem" gerieten Waisen, Halbwaisen, Findel- und Scheidungskinder sowie unehelich geborene Kinder, wenn der Mann seine Vaterschaft nicht anerkennen und nicht für den Unterhalt aufkommen wollte. Dazu gehörten vor allem die Kinder von ledigen Müttern und alle Kinder, deren Eltern aus finanziellen oder persönlichen Gründen ihrer Erziehungspflicht nicht gerecht wurden.

Schon im Laufe des 19. Jahrhunderts, im Engagement gegen die Ausbeutung von Verdingkindern, entwickelten private Organisationen Alternativen zur Fremdplatzierung von Kindern. Aus diesen gemeinnützigen Initiativen entstand das eigentliche Pflegekinderwesen: die kindgerechte, beaufsichtigte Vermittlung von Jungen und Mädchen in geeignete Pflegefamilien. Je nach Fall, Gegend und Gewohnheiten wurde von der Erziehungsdirektion vorgeschrieben, solche Kinder an Ackerbau treibende oder einem Handwerk nachgehende Familien zu vermitteln.[614] Die Armenerziehungsvereine suchten Pflegefamilien, sorgten für die Finanzierung und übernahmen auch die Aufsicht der Pflegeplätze. Zum Teil entwickelte sich aus diesen privaten Vereinen die spätere öffentliche Jugendfürsorge.

Die Armenpflege einer Gemeinde achtete darauf, dass die schwangere, von ihrem Mann verlassene Frau in der Gemeinde finanziell unterstützt wurde, sofern die Mutter eheliche Kinder hatte. Uneheliche Kinder sollten in Pflegefamilien untergebracht werden, weil das für die Armenpflege günstiger war, als die Säuglinge bei der Mutter zu lassen. Warum war es billiger? Laut dem Zivilgesetzbuch von 1907 wurden alleinerziehende Mütter nicht mehr zusammen mit ihren Kindern bevormundet, sondern nur noch das Kind

---

613 Ebd.

614 StA BL, NA 2080, Erziehung F10, Gesundheitspflege in der Schweiz. 1900–1905. Jahresversammlung von Schweizerische Gesellschaft für Schulgesundheitspflege 9.–10. Juni 1900.

alleine.[615] Bei Krankheit und schwacher Konstitution konnte durch den Armenerziehungsverein die Entscheidung getroffen werden, das Kind von der Mutter versorgen zu lassen. Ein Gesuch der Eltern oder der Witwen an das Armeninspektorat mit der Begründung, dass sie die Hilfe ihrer Kinder zu Hause bräuchten, war eine Möglichkeit, dass die Kinder zurückkehrten. Die Witwe Änischänslin von Gelterkinden bedurfte z.B. in Folge ihrer Krankheit einer Unterstützung durch ihre Töchter. Sie hatte ein Gesuch an den Inspektor E. Gysin eingereicht, damit ihre 18-jährige Tochter, welche vom Armenerziehungsverein versorgt wurde, zurückgegeben werden konnte. Karolina Änischänslin wurde von der Fürsorge des Armenerziehungsvereins entlassen und kehrte zu der kranken Mutter zurück. In der Ordnung die armen Familien betreffend (Protokoll des Regierungsrates des Kantons Basel-Landschaft vom 14. September 1895) wurde angemerkt: „Wenn einer Witwe, die nur annähernde Garantie für die richtige Erziehung der Kinder bietet, der Regierungsrat das Kindererziehungsrecht nicht entzieht, soll der Armenerziehungsverein der Mutter die Kinder zur Erziehung überlassen" und ihr die entsprechenden Beiträge zuerkennen, die den Verein belasten würden, wenn er die Kinder bei Pflegeeltern untergebracht hätte.[616]

Das Ausmass der von einer Fremdplatzierung betroffenen Kinder in der Schweiz sieht man in einer Erhebung, die von Pfarrer Albert Wild nach Anfrage beim Eidgenössischen Statistischen Bureau erstellt wurde. Im Jahre 1910 waren in der Schweiz insgesamt 47.032 Kinder, 40.236 Schweizer und 6796 ausländische Kinder, in fremder Familienpflege. Jedes 25. Kind unter 14 Jahren lebte in einer fremden Familie. In den Kantonen Basel-Stadt waren es 2,7 % und in Basel-Landschaft 5,2 %. Letzteres war eine der höchsten Prozentzahlen von fremdplatzierten Kindern, denn die Anzahl betrug im schweizerischen Durchschnitt nur 4 %. Im Kanton Basel-Landschaft wurden 1347, in Basel-Stadt 1014 Kinder in fremden Familien untergebracht[617]. Allein die Jahresberichte der Gemeindearmenpflege in 1888 zeigten die grosse Anzahl an den in den Familien platzierten Kindern. Die Armenpflege Diegten platzierte 22 Kinder in den Familien und 5 in den

---

615 Häsler, In fremden Händen (oben Anm.,96), S. 19.

616 StA BL, Na 2064 Armensachen F 1.2. 1872–1910. Zöglinge des Armenerziehungsvereins 1893–1900.

617 Häsler, In fremden Händen (oben Anm.96), S. 17.

Anstalten; in der Gemeinde Eptingen wurden 16 Kinder in den Familien untergebracht und 2 wurden „sonst unterstützt“, in der Gemeinde Langenbrück wurden 31 Kinder in den Familien verkostgeldet und nur 1 Kind brachte man in eine Anstalt.[618]

Bis 1907 hatten die Kantone kein einheitliches Gesetz, das die Verantwortung für Pflegekinder regelte. Stattdessen existierten verschiedene regionale Gesetzgebungen. Basel-Stadt war gegenüber anderen Kantonen in Hinsicht des Kinderrechtsschutzes einer der fortschrittlichsten Kantone. Gemäss dem Polizeistrafgesetz von 1872 war dort die Verletzung der Fürsorgepflicht durch Verwahrlosung und Misshandlung von Kindern strafbar. In 13 anderen Kantonen (z. B Appenzell-Innerrhoden, Bern, Freiburg, Genf, Graubünden, Obwalden, Schaffhausen) waren Kindesmisshandlungen unter Strafe gestellt. Das erste eidgenössische Recht, das Schweizerische Zivilgesetzbuch, wurde am 10. Dezember 1907 von den eidgenössischen Räten einstimmig angenommen. Mit Rücksicht auf die umfangreiche Vorbereitungsarbeit, die für die Einführung des Gesetzes in den Kantonen notwendig war, trat es erst am 1. Januar 1912 in Kraft. Mit der Einführung des Zivilgesetzbuches (ZGB), das die Bereiche Personenrecht, Familienrecht, Erbrecht und Sachenrecht regelte, übernahmen die Gemeindebehörden in den Kantonen diese Jugendfürsorgefunktionen. Innerhalb des ZGB, das vom Parlament einstimmig angenommen worden war, bildete die Familie nach dem Personenrecht den zweiten Teil. Anschliessend wurden das Erbrecht und das Sachenrecht geregelt. Der Verfasser Eugen Huber stellte das Personenrecht und die Familie an den Anfang, und zwar im Sinne von „Grundlagen der ganzen Privatrechtsordnung, die als Voraussetzungen der Existenz aller Vermögensrechte betrachtet werden müssen“.[619] Das ZGB regelte das Verlöbnis, die Ehefähigkeit, die Verkündung, die Trauung, die Ungültigkeit der geschlossenen Ehe, die Ehescheidung, die Wirkungen der Ehe und das Ehegüterrecht, die Entstehung und Wirkung des Kindesverhältnisses, die Vaterschaft und deren Anerkennung, die Adoption, die

618 StA BL, NA 2064 Armensahen C1, Jahresberichte der Gemeindearmenpflegen 1867–1882.

619 Schnyder, Bernhard: Historisches Lexikon der Schweiz Zivilgesetzbuch (ZGB) URL: http://www.hls-dhs-dss.ch/textes/d/D30734.php. (Datum des Zugriffs: 1. Februar 2012).

elterliche Gewalt, das Kindesvermögen, die Familiengemeinschaft und das Vormundschaftsrecht.

Für den rechtlichen Kinderschutz in Basel-Stadt wurden die folgenden Schritte unternommen: 1904 wurde die Fürsorgekommission für kleine Kostkinder durch den Basler Frauenverein gegründet.[620] Doch das Pflegekinderwesen selbst wurde aufgrund der Verordnung betreffend Schlaf- und Kostgänger, Zimmermieter und Pflegekinder vom 25. August 1906 dem Sanitätsdepartement übertragen. Durch das Sanitätsdepartement wurde die ausführliche spezielle Form der Bewilligung zur Aufnahme von Pflegekindern entwickelt. Gemäss dem neuen Reglement war ein Gesuch an das Sanitätsdepartement einzureichen, das den Ort, die Zahl der aufgenommenen Kinder und die Angaben der Eltern enthalten musste. Das Sanitätsdepartement überprüfte den Lebensumstand der Pflegeeltern. Bei Fehlen eines guten Leumunds, sittlichen oder gesundheitlichen Missständen, ungenügender Pflege und Beaufsichtigung sowie bei Krankheiten konnte die Bewilligung entzogen werden. Laut § 10 des Reglements zur Ausführung der Verordnung betreffend „Halten von Schlaf- und Kostgängern, Zimmermietern und Pflegekindern vom 25. August 1906"[621] wurde auch die Kontrolle der Pflegekinder festgelegt. Jedes Pflegekind sollte durch die zuständigen Beamten oder freiwilligen Hilfskräfte (Mitglieder des Frauenvereins, Armenpfleger, Ärzte) wenigstens viermal im Jahr besucht werden. Der Kanton Basel-Stadt nahm damit schweizweit eine Vorreiterrolle ein, denn nur noch Zürich (seit 1893) und St. Gallen (1896 und 1905) besassen kantonale Regelungen in Bezug auf das Pflegekinderwesen. In der Verordnung zur Verpflegung von Kostkindern vom 10. August 1893 (Zürich) werden die Pflegeeltern beschrieben als „nicht almosengenössig; nicht schlecht beleumdet, nicht der Kuppelei oder des Haltens von Dirnen verdächtigt, nicht Krankheiten leidend, durch welche die Kostkinder gefährdet werden könnten, eine den sanitarischen Anforderungen in Bezug auf Licht, Luft und Trockenheit genügende Wohnung innehabend, in welcher oder in deren Umgebung auch

620 Häsler, In fremden Händen (oben Anm.96), S. 20.

621 StA BS, Niederlassung H5.1. Kostkinder Pflegewesen 1850–1909. Bekanntmachung betreffend das Niedergelassungs, Aufenthalts – und Kontrollwesen. Von Polizeidepartament.31. August.1906.

kein gesundheitsschädliches Gewerbe getrieben wird".[622] Es wurde verlangt, dass jedem Kind die „Gewähr für zweckentsprechende Ernährung, Erziehung und Behandlung" geboten werden solle. Jedes Kind wurde als schulpflichtig bezeichnet. Die Gesundheitsbehörden waren verpflichtet, durch einen Arzt alle Kostkinder vierteljährlich mindestens einmal zu besuchen. Diese sollten in zweckmässiger Lebenslage sein und es war ihnen verboten zu betteln oder zu hausieren. Falls gewisse Übelstände nachgewiesen wurden, sollte das Kind aus der Pflegefamilie herausgenommen werden. Personen, die Kostkinder aufnahmen und sich bei der Sanitätsdirektion nicht angemeldet hatten, wurden bestraft. Die Straftäter mussten eine Busse bis zu 15 Franken zahlen.[623]

Bis 1906 existierten in Basel-Stadt keine Bestimmungen zur Anmeldepflicht von Kost- und Pflegekindern, in denen definiert war, welche Kinder überhaupt in diese Kategorien fielen. Die hohe Sterblichkeit unter den Pflegekindern infolge von Vernachlässigung war der Grund für den Erlass dieser Verordnung. Zahlreiche Berichte des Chirurgen, Arztes und Politikers Ludwig Georg Courvoisier (1843–1918) wiesen auf die hohe Erkrankungshäufigkeit der Kostkinder und die geringe Kontrolle der Pflegeplätze hin. Nach seiner Untersuchung schreibt Courvoisier: „Höchst armselige Haushaltung, in welcher die Kostkinder wesentlich zur Erhaltung der Kosteltern beitragen. Armut und Unreinlichkeit teilen sich hier die Herrschaft. Das dreijährige Kind sieht etwa wie einjähriges aus, rachitisch und skrofulös im höchsten Grad." Die hygienischen Verhältnisse an diesem Kostort waren laut Schilderung von Courvoisier desolat. Oft hatten die Familien baufällige Hütten, in denen im Winter die Familienangehörigen samt Vieh oder Hühnern übernachten mussten. Unter solchen Bedingungen hatte die ganze Familie mit Krankheiten zu kämpfen. Selbstverständlich wurden die Einsparmöglichkeiten im Ernährungsbereich aufs Äusserste strapaziert. Oft wurde Prof. Courvoisier, welcher im Auftrag von Sanitäts-Departements gearbeitet hatte, über die ungenügende Kinderverpflegung in Pflegefamilien informiert. In seinem Bericht zeigte er sich überrascht. Die Konsequenz war, dass manche Familien infolge eigener Armut ihre Pflegekinder abgeben mussten. Nach der

622 Ebd.
623 Ebd.

Untersuchung der Kostorte in Riehen und Bettingen sprach er von sogenannten „Engelmacher-Höhlen". Aufgrund von Aussagen von Ärzten, die bei ihren Hausbesuchen immer wieder auf Pflegefamilien trafen, kannte man die Realsituation. Unzählige Familien litten an Kälte und unter den Krankheiten, die die Folge ungenügender und unzureichender Nahrung und Verpflegung waren. Oft hatten sie keine andere Nahrung als „morgens und abends je ein Stück trockenes Brot".[624] Wegen des Verdienstes nahmen die Familien aus niedrigen Schichten bis zu zehn Kinder auf. Für die Kostgeberinnen und Kostgeber stellte die „Haltung von fremden Kindern" einen Erwerb dar. In einer „Engelmacher-Familie" wurde das Kind so stark vernachlässigt oder misshandelt, dass es krank wurde oder starb. Die meisten Pflegefamilien lebten von der „Kostkinderhaltung", deswegen verpflegten sie regelmässig bis zu fünf Kinder. Die Kinder wurden häufig durch die Pflegefamilien ausgewechselt, damit sie eine optimale Kostkind-Vergütung erhielten. Die sogenannten „Kostfamilien von Beruf" hielten regelmässig Kostkinder und taten dies oft seit 20 oder 30 Jahren. Laut Schilderung von Prof. Courvoisier befanden sich unter den Kostkindern Neugeborene sowie kleine Kinder bis zu 6 Jahren. Gemäss dem Verzeichnis des Basellandschaftlichen Armenerziehungsvereins und den Berichten lag das Alter der Pflegekinder zwischen einem Monat und 15 Jahren. Die Durchschnittszahl der in einer Pflegefamilie in der Stadt untergebrachten Kinder war höher als die auf dem Land.

In seinem Bericht markierte Prof. Courvoisier die Schwerpunkte bezüglich der Kost- und Wohnungsverhältnisse der Kostfamilien. Die „Grundspeisekarte" der Kostkinder bestand aus Milch, Milchsuppe, Brot, Kartoffeln und allem anderen, „was auf den Tisch kam". Nur in den drei Kostfamilien in Riehen, die von Prof. Courvoisier inspiziert worden waren, hatte die Kleinen ein- bis viermal pro Woche Fleisch. Die Mehrheit der Kinder bekamen Kartoffeln und Milch als Hauptnahrungsmittel. In Bettingen hatten nur zwei von fünf Familien die Möglichkeit, zwei- bis dreimal wöchentlich Fleisch zuzubereiten. Eine typische „Engelmacher-Höhle" in Bettingen gehörte zu einer Familie von Tagelöhnern. Seit 20 Jahren hielten sie gleichzeitig vier bis fünf Kostkinder, vom Neugeborenen bis zum Alter

624 Trevisan, Das Wohnungselend (oben Anm. 83), S. 47.

von sechs Jahren, die aus Riehen, Bettingen, Basel und Basel-Landschaft stammten. Zur Zeit des Besuchs von Courvoisier hatten sie zwei Säuglinge und drei Kinder im Alter von drei bis sechs Jahren aus Basel, Bettingen und Riehen. Als Kostgeld erhielten sie monatlich nicht mehr als 5 Franken für die Säuglinge und 50 Franken für die anderen Kinder. Als Speise hatten sie selten Fleisch, hauptsächlich ernährten sie sich von „Pflanzen" mit Brot, die Kleinen bekamen Milch und Tee. Die Familie lebte in einer baufälligen Hütte, die Wände waren teilweise aus Gips. Die Kleinen schliefen in zwei „elenden" Wiegen und in einem „kistenähnlichen Bett", die anderen bei ihren Pflegeeltern im grossen, „lumpigen" Bett. Im Winter schliefen alle Kinder zusammen. Unter dem Ofen befand sich der Hühnerstall. Wegen der „schmutzigen und elenden" Haushaltung galt diese Familie als die ärmste in Bettingen. Die Bewohner gaben ehrlich zu, dass sie von den Kostkindern leben müssten. Im erläuternden Bericht der „Pflege" beschrieb Courvoisier, dass in dieser Familie die Blattern ausgebrochen (1870 gab es eine Variola-Epidemie in Basel-Landschaft) und während seines Besuches zwei Kinder schwer erkrankt waren. Dennoch wurde kein Arzt gerufen. Das eine Kind sah „blass, schlecht genährt aus"[625].

Nach seiner Inspektionsreise bei sieben Familien in Riehen und fünf Familien in Bettingen schrieb Prof. Courvoisier 1875 in einem Brief an einen Ratsherrn, dass er ungeachtet der Verordnung des Sanitäts-Kollegiums über die Kostkinderinspektion von den Ärzten immer wieder Familien gesehen habe, bei denen die Kinder ohne jegliche Kontrolle blieben: „Überhaupt treffe ich da und dort neu aufgenommene Kostkinder, die hinter meinem und höchstwahrscheinlich auch hinter des Präsidenten Rücken ohne Erlaubnis eingeschmuggelt worden sind." Um solche Fälle zu vermeiden, schlug er vor, dass „für jedes Kostkind eine Aufenthaltskarte gelöst werden müsste, was bis dahin nur selten geschah."[626] Dazu ersuchte er das Sanitäts-Kollegium darum, das „hiesige Gemeindehaus einem Augenschein zu unterziehen". Nach seiner Aussage hatte das alte Haus einen defekten Boden. Licht und Luft erhielten sie „nur durch ein auf ein schmutziges Häufchen mit Misthaufen und Abfall schauendes Fenster mit zum Glück

625 StA BS, Niederlassung H.5.1..Kostkinder Pflegewesen 1850–1909. Brief von Prof. Courvoisier.1875.

626 Ebd.

zerbrochenen Scheiben." In diesem Haus lebte eine von der Gemeinde dort untergebrachte Familie von vier Personen. Im Gemeindezimmer, wo jeden Sonntag die Gemeindeversammlung stattfand, wurden bis zu fünf Personen platziert. „Man könnte dort eine interessante Sammlung bekommen"[627], bemerkte Courvoisier. Aufgrund schlechter Ernährung und der hygienischen Verhältnisse verbreiteten sich diverse Krankheiten wie Skrofulose, Nierenkoliken, Dyspepsie, Bronchitis, Rachitis und andere, die dazu führten, dass die Kindersterblichkeit anstieg.

Am 1. Januar 1907 trat die Verordnung über Kostkinderhaltung in Kraft.[628] Nach dem Erlass der Verordnung betreffend der Aufnahme von Pflegekindern vom 25. August 1906 und den dazugehörigen Ausführungsreglements vom 13. Oktober 1906, worin die entsprechenden Details festgehalten waren, wurden durch das Sanitäts-Departement des Kantons Basel-Stadt geleitete Kontrollen durchgeführt. Im Anschluss wurden viele Pflegekinder von ihren Kostorten weggenommen und den Pflegeeltern die Bewilligung zum Halten eines Pflegekindes entzogen. Der Grund dafür war nach den Polizeiberichten ein schlechter Leumund der Eltern.

Die folgenden Fälle dienen als Beispiel dafür: Seit zwei Jahren sorgte die Familie Sur-Jäck für einen zweijährigen Knaben, ohne eine Bewilligung dafür zu besitzen. Wegen Trunksucht, Bettelei und Strassenstreits des Mannes wurde der Knabe durch den Beschluss des Regierungsrates aus dieser Familie herausgenommen und in eine andere Pflegefamilie umplatziert.[629]

Ebenso wie die Familie Sur erhielt Frau Mueller-Enderlin von der Polizei einen Leumund als „zweifelhafte Weibsperson", da sie im Zigarrenladen tätig war. Das Sanitäts-Departement war in seinem Entschluss unerschütterlich. Der Beschwerde des Mannes ungeachtet, dass sie seit vier Jahren den Knaben Hans Heinrich Stierle, geb. am 17. 06. 1902, als „leiblichen" Sohn hielten, lehnte die Behörde ihre Bewilligung zur Aufnahme eines Pflegekindes ab. Während des Rechtsstreits, der zwei Jahre dauerte, hatten die Behörden des Pflegekinderwesens drei Beschwerden gegen die Ablehnung des Gesuches an die Behörden des Sanitäts-Departements eingereicht. In

627 Ebd.

628 Häsler, In fremden Händen (oben Anm.96), S. 63.

629 StA BS, Niederlassung H.5.1.Kostkinder Pflegewesen 1850–1909, Polizeibericht. Fall der Familie Sur-Jäck.

einer Beschwerde stellten die Pflegeeltern dar, dass sie den Knaben „wie ein eigenes Kind lieben. Wie leibliche Eltern um den Besitz ihres eigenen Kindes kämpfen, so versuchten sie alles, es wieder zu erlangen und so sind sie bereits im Besitz einer Bewilligung der Bürgergemeinde des Knaben, ihn an Kindesstatt annehmen zu dürfen." Sie bewiesen damit, dass der Knabe gut verpflegt und versorgt war. „Frau Mueller geht hin und da zum Putzen und Waschen, da der Mann mit einer verstümmelten Hand nicht mehr voll arbeitsfähig ist, aber Herr Mueller arbeitet zu Hause und somit sei der Knabe nie ohne Aufsicht. Es tut mir wirklich leid, dass im obliegenden Fall die Strenge des Gesetzes unerbittlich ausgeübt werden muss." Es wurde darauf hingewiesen, dass der Knabe keinen besseren Pflegeort hätte finden können. Man beantragte einen Vormund für das Kind, damit er bei seiner Pflegefamilie bleiben konnte. In seinem endgültigen Beschluss schrieb der Beamte des Sanitäts-Departements, dass das Verbot des Haltens von Pflegekindern begründet sei. Das Urteil ziele nicht nur „auf die moralische Qualifikation der Frau Mueller, sondern auch auf die mangelhafte Beaufsichtigung des Pflegekindes", d.h. auf die unbestrittene Tatsache, dass Frau Mueller sich tagsüber in einem „Zigarrenladen" aufhalte und den Knaben sich selber überlasse. Hinzu kam ein Bericht der Polizeidetektive. Darin stand, dass der Knabe in körperlicher Hinsicht gut gehalten worden sei, was aber von der Behörde nie bezweifelt worden war. Nachträglich übte das Sanitäts-Departement starke Kritik an der Behörde des Pflegekinderwesens aus. „Es ist bedauerlich, dass die Vorsteherin des Pflegekinderwesens ausschliesslich auf die genügende Verpflegung des Pflegekindes abstellte, als ob es hierauf allein ankäme, und dass sie, offenbar durch das gute Mundstück der Mueller-Enderlin beeinflusst, diesen Pflegeort als ein richtiges Elternhaus bezeichnen konnte. Es ist bemerkenswert, dass die Möglichkeit der ‚späteren Adoption' des Kindes durch die Familie Mueller nicht ausgeschlossen wurde." Nach einigen Monaten, so geht aus dem Polizeibericht hervor, befand sich der Knabe „angeblich" bei den Eltern des Pflegevaters August Müller in Benningen, wo er die Schule besuchen musste.[630]

Auf dem Land wurden mehr Kinder bei einer Familie platziert als in der Stadt – trotz der dort hohen Sterblichkeit. Den Berichten der verschiedenen

630 StA BS, Niederlassung H5.1. Kostkinder Pflegewesen 1850–1909. Berichte des Pflegekinderwesens. Fall der Familie Mueller.1906.

Gemeinden zufolge nahmen die Landfamilien durchschnittlich bis zwei und in seltenen Fällen bis fünf Kinder auf. Durch die Armenpflege der Gemeinde Aesch wurden fünf Kinder im Alter zwischen 3 und 13 Jahren bei ihrer Grossmutter, der Witwe Parrer, platziert. Laut Verzeichnis der landschaftlichen Armenpflege vom 31.Dezember 1876 waren 210 Kinder in verschiedenen Anstalten untergebracht worden. Von diesen Kindern waren je zwei entlaufen oder gestorben.[631]

Ausser der Platzierung der Kinder übernahmen die Erziehungsvereine die Aufgabe, das Geld zu sammeln, das dazu nötig war, um den Familien ein Pflegegeld entrichten zu können und um die Kinder mit dem Nötigsten zu versehen. Da die Kinder eine geeignete Erziehung bekommen sollten, standen solche Familien unter der scharfen Kontrolle des Fürsorgers. Durch Vorträge und Schriften sowie teilweise auch durch direkte politische Initiativen waren die Vertreter der privaten Vereine und Kommissionen auch an Revisionen der Gesetzgebung in verschiedenen Kantonen beteiligt.

Der Basellandschaftliche Armenerziehungsverein sowie die Vormundschaftsbehörde des Kantons Basel-Stadt schlossen einen Vertrag mit den Pflegeeltern ab, welcher die Rechte und Pflichten beider Parteien regelte.

Jede Gemeinde musste Kostgeld an die Pflegefamilie bezahlen. Die unqualifizierte pädagogische Praxis der Pflegeeltern stiess auf Kritik. Aufgrund dessen mussten die Pflegeeltern bezüglich des Standes des Kindes jährlich einen Bericht verfassen und Auskunft darüber geben, dass sich dessen Gesundheit und Bildung gut entwickelten.

Die Liste der Pflegeeltern setzte sich zusammen aus Witwen, Verwandten der Kinder, Brüdern oder Geschwistern. Unter den bei Pflegeeltern verbreiteten Berufen finden sich Schneider, Posamenter, Armenschaffner, Landwirte, Schmiede und Maler. Eigentlich waren nur Familien aus handwerklich geprägten oder bäuerlichen Schichten bereit, fremde Kinder aufzunehmen. Diese Familien hatten meist selbst viele eigene Kinder und waren oftmals sehr arm. Die Bauern wurden aus der Sicht ehemaliger Bauerntöchter, die Landflucht begingen, als sehr konservativ beschrieben, als verschlossene Leute, die keine Zeit für ihre Kinder hatten.

631 StA BS, Neues Archiv, Armensachen F 1.1. Armenerziehungsverein: Statistiken, Rechnungen, statist. Angaben, Berichte, Inspektorat, Staatsbeiträge. 1846–1885.

Das für diese Kinder erhaltene Kostgeld variierte je nach Alter der Zöglinge, ihrem psychischen Zustand und dem Kostort. Es ist bemerkenswert, dass die Engelmacherinnen im Todesfall des Kindes eine Abfindungssumme erhielten. Das durchschnittliche Kostgeld für ein gesundes Kind im Alter von über 4 Jahren betrug 0.50–3,00 Franken und im Alter von über 5 Jahren 5,00–6,00 Franken monatlich.[632] Lag ein Ausnahmefall vor, wies von Courvoisier eine Pflegefamilie mit drei Ausrufezeichen aus. Drei Kostkinder der Familie eines Landarbeiters wurden durch die Gemeinde versorgt und bekamen wöchentlich 2,00–2.50 Franken Kostgeld. Der Armenerziehungsverein des Bezirks Waldenburg bat in einem Schreiben vom 30. Okt. 1898 um die Bewilligung eines Staatsbeitrages von 50,00 Franken zu den Kosten der Versorgung eines sogenannten „schwachsinnigen" Knaben in Kienberg bei Gelterkinden. Nach Antrag der Erziehungsdirektion wurde dem Armenerziehungsverein des Bezirks Waldenburg für die Versorgungskosten ein Beitrag von 50,00 Franken bezahlt, was dem Viertel des Pflegegeldes entsprach. D.h., jede Familie, die ein behindertes Kind pflegte, sollte 200,00 Franken im Jahr bekommen.[633]

In der Schweiz waren aufgrund der entsprechenden Pflegeplätze und wirtschaftlichen Erwägungen des Armenpflegers die meisten Pflegefamilien auf dem Land. Um 1870 bemühte sich Basel-Landschaft ebenso wie die Kantone Aargau, Fribourg, Obwalden, Zürich und Solothurn sowie andere ländliche Kantone um besonders viele Pflegeplätze. Der Anteil der Ersatzfamilien war daher auf dem Land höher als in der Stadt. 1870 befanden sich in Basel-Landschaft 54 Kinder im Heim und 427 in Verding- oder Pflegefamilien. In Basel-Stadt wurden mehr Kinder in Anstalten als in Pflegefamilien aufgenommen (206:189).[634] Die Jahrgänge 1877–80 zeigen bei einer Zahl von 8240 in der Stadt geborenen Kindern (4121 Knaben, 4119 Mädchen) eine Abwanderung von 521 Kindern unter 10 Jahren (248 Knaben, 273 Mädchen).[635] Die Abwanderung so kleiner Kinder erklärt sich jedoch als Folge der Versorgung derselben im Landbezirk. Die Kinder im

632 StA BS, Niederlassung H5.1. Kostkinder Pflegewesen 1850–1909.
633 StA BL, Na 2064 Armensachen F 1.2. 1872–1910, Zöglinge des Armenerziehungsvereins 1893–1900.
634 Schoch, et al,. Aufwachsen ohne Eltern (oben Anm. 606), S. 42.
635 Kinkelin, Die Bevölkerung (oben Anm. 81), S. 18.

Alter von über 10 Jahren waren im städtischen Waisenhaus untergebracht. Nach Angaben der Volkszählung vom 1. Dezember 1888 war die Altersgruppe der Kinder bis fünf Jahre in Basel-Stadt weniger stark vertreten, als dies vom Altersaufbau der Bevölkerung her hätte angenommen werden können. In dieser Angelegenheit stellte der Nationalökonom Karl Bücher (1847–1930) fest, „dass in ziemlich weitem Umfang in Basel geborene Kinder an die Landgemeinden zur Pflege abgegeben werden".[636] Die Anzahl der Pflegekinder stieg jahrelang an. Die Berichte des Kontroll-Bureaus (des Kantons Basel-Stadt) sprechen deutlich dafür. Im Jahre 1907 hatte sich die Aufsichtskommission des Pflegekinderwesens mit 842 Pfleglingen beschäftigt, d. h., es waren circa 300 Kinder mehr als 1904. Von denen waren 1907 331 unter zwei Jahre alt, im Jahr 1908 waren es 400. Laut Jahresbericht des Pflegekinderwesens von 1908 wurden diese Kinder an 656 Pflegeorten platziert: 69 waren bei Verwandten und 49 an einem Pflegeort untergebracht, wobei die Kontrolle wegfiel.[637] Trotz Bekanntmachung der neuen Verordnung gab es viele unangemeldete Pflegekinder, deren Eltern keine Ahnung hatten, dass ausser der Aufenthaltsbewilligung noch eine andere Bewilligung erforderlich war.

Die Todesfälle bei Kostkindern in Pflegefamilien machten einen grossen Anteil der allgemeinen Sterblichkeit aus. 1885 wurde ein Sterbeüberschuss bei Kindern von 10 bis 14 Jahren ausgewiesen. Von je 1000 Sterbefällen fielen 83 auf 10- bis 14-jährige Kinder, hingegen waren unter den Einjährigen nur 75 Todesfälle zu verzeichnen.[638] Im Jahr 1885 fielen Kinder bis 10 Jahre leicht der Lungenschwindsucht zum Opfer. Aber unter den Kindern von 10 bis 14 Jahren war die Erkrankungshäufigkeit nicht hoch. Im Jahresbulletin von 1888 wurde für den Kanton Basel-Stadt die grosse Zahl (174) kleiner Kinder erwähnt, die Darmentzündung hatten, eine Krankheit, die als Folge des Hungers oder ungeeigneter Nahrung entstand.[639] Gemäss den statistischen Angaben von 1888 starben in Basel-Stadt 1318 Menschen, darunter

---

636 Häsler, In fremden Händen (oben Anm.96), S. 63.

637 StA BS, Niederlassung H5.1. Kostkinder Pflegewesen 1850–1909. Jahresbericht des Pflegekinderwesens von 1908.

638 Schweizerische Statistik. 66 Lieferung. Die Bewegung der Bevölkerung in der Schweiz im Jahre 1885. Bern 1887 S. XI.

639 Schweizerische Statistik. 76 Lieferung. Die Bewegung der Bevölkerung in der Schweiz im Jahre 1888. Bern 1889, S. 32.

waren 122 Kinder unter einem Jahr. und in Basel-Landschaft -1280 Menschen, darunter-132 Kinder unter einem Jahr.[640] Bei Sterbefällen, welche kurze Zeit nach der Geburt eintraten, wurde in der Regel eine Bescheinigung durch eine Hebamme ausgestellt. Aus diesem Grund gibt es kein statistisch signifikantes Datenmaterial. Für die Kindersterblichkeit wurde von den Ärzten meistens die Art der Ernährung der Kinder verantwortlich gemacht. Sie hatten hierbei neben der unmittelbaren Ernährung durch die Mutter auch verschiedene Ersatzmittel in Betracht zu ziehen.

Es ist schwierig, objektiv zu beurteilen, wo es den Kindern eigentlich besser ging – in der Pflegefamilie oder im Heim. Doch letztlich ist festzuhalten: Ob im Waisenhaus versorgt oder in Familien verdingt, die Kinder wurden nicht angemessen betreut. Schon im 19. Jahrhundert zeigte sich, dass das grösste Problem im Versorgungssystem das Finden von geeigneten Pflegeeltern war. Diese mussten die Kinder rechtschaffen erziehen, sie „zur Arbeit, zum Gehorsam, zur Frömmigkeit und zur Sittlichkeit anhalten".[641] Die Kinder, die bei Verwandten aufwuchsen, wurden nicht aktenkundig, der Statistik fehlen Daten, wie viele es waren und wie es ihnen dort erging. Die meisten Kinder wurden über mehrere Pflegeorte verteilt und kehrten dann in ihre angestammten Familien zurück, wo sie die Eltern bei dem Verdienen des Lebensunterhaltes unterstützen mussten oder zur Schule gingen. Nicht alle Pflegefamilien konnten die verantwortbaren und pädagogischen Kriterien erfüllen. Es passierte oft, dass durch die Armenpflege verschiedener Gemeinden gesetzwidrige Bescheide getroffen wurden. Als Ergebnis gerieten die Kostkinder zu armen Familien, die sich bereits in der Armut und im moralischen Verfall befanden. Exemplarisch für diese Situation seien die folgenden Fälle aufgeführt:

Trotz der Proteste von Armeninspektor E. Gysin beispielsweise gestattete die Armenpflege Arisdorf einem im Armenhaus wohnenden Ehepaar ein Kostkind aufzunehmen. Es war eine erwachsene Tochter aus erster Ehe des Mannes. Jahrelang schlief das arme Kind in einer Kiste und hatte die Fähigkeit zu gehen verloren.

In einem anderen Fall wurde ein elfjähriges Kind, das in einer im Armenhaus Pratteln wohnenden Familie untergebracht worden war, sofort

640 Schweizerische Statistik. 76 Lieferung (oben Anm. 89), S. 8–9.
641 Gysin-Scholer, Krank, allein, entblösst (oben Anm. 471), S. 188.

umplatziert, denn die Familie war arm und galt als trunksüchtig. Im Gegensatz dazu wurde die „richtige Familie" positiv hervorgehoben, weil dort die Kinder gesund, gut verpflegt, „kugelrund und lustig" seien.

An einem anderen Kostort in Riehen „bekam die Kostgeberin, eine Witwe, nur Franken 2,00 zur Verpflegung ihres sechs Jahre alten Kostkindes". Dennoch sah Courvoisier in dieser ärmlichen, aber reinlichen Haushaltung keinen Grund zur Beanstandung der Pflege, das Mädchen sehe gut aus und sei munter.[642]

Im Jahr 1899 wies die Kommission der Pestalozzi-Gesellschaft auf Folgendes hin: „Es ist nicht ausser Acht zu lassen, dass die Zahl der Familien, die sich für die Erziehung verwahrloster Kinder eignen und sich zur Übernahme einer guten Aufgabe bereitfinden lassen, nicht besonders gross ist."[643] Das Problem waren oftmals die Witwer solcher Pflegefamilien. Nach der Inspektion der Familien, in denen die Pflegemutter gestorben war, sollte der Pflegling in den meisten Fällen weiter zur Verpflegung gehen. Aber es blieb immer die Frage, wann das Pflegekind von seinem Pflegevater als eigenes Kind wahrgenommen wurde. Inspektor E. Gysin entschied, den Pflegling, einen 15-jährigen Knaben aus der Pflegefamilie Schaefer in Liestal, nach dem Tod der Pflegemutter aus der Familie herauszunehmen. Die Inspektion von Pfarrer Hotz hatte deutlich eine „Unregelmässigkeit der Mahlzeit wegen Schwierigkeiten der Zubereitung und Kochen der Speisen, Schwierigkeit der Verpflegung bei Erkrankung des Knaben und Branntweingenuss" des Vaters gezeigt.[644] Als Antwort wurde vom Witwer Salomon Schäfner ein Beschwerdeprotest an den Regierungsrat eingereicht. Nach drei Monate andauernder Diskussion wurde vom Präsidenten des Regierungsrates die Verordnung erlassen, dass der Knabe noch ein halbes Jahr zu Hause beim Pflegevater bleiben solle und dort immer wieder vom Inspektor besucht werde.

---

642 Häsler, In fremden Händen (oben Anm.96), S. 61.

643 StA BS, Privat Archive 146, P 14. Archiv der Gesellschaft zur Beförderung des Guten und Gemeinnützigen in Basel. Anstalt für verwahrlosten Mädchen 1899–1900.

644 StA BL, Na 2064 Armensachen F 1.2. 1872–1910. Zöglinge der Armenerziehungsverein 1893–1900.

Es geschah häufig, dass das Kind bei Bauern auf dem Land ihm zugewiesene Arbeiten verrichten musste. Kinder, die arbeiten mussten, hatten viele Bezeichnungen: Kostkinder, Verdingkinder, Güterkinder, Loskinder oder Haltekinder. In der Schweiz wurden fremdplatzierte Kinder, die in der Stadt wohnten, in den baselstädtischen Akten als Kostkinder bezeichnet. Verdingkinder waren Kinder aus der Stadt oder aus Landbezirken, die von Armen- oder Waisenbehörden an fremde Familien gewissermassen „verkostgeldet" wurden. Im Grunde genommen waren sie sowohl von der Behörde als auch von der Pflegefamilie abhängig. Bei der Verdingung im Einvernehmen mit den Familien wurden in gewissen Fällen die Arbeitsleistung, deren Entschädigung und die Fristen des Aufenthaltes des Kindes in der Familie aufgezeichnet. Dort findet man aber keine Angaben, dass Pflegekinder als Arbeitskräfte eingesetzt wurden. Das Leben eines Verdingkindes lässt sich dennoch anhand des Romans „Der Bauernspiegel" von Jeremias Gotthelf gut nachempfinden. „Ich wusste nun schon, was ‚verdingen' heisse, und erwartete düster das Schicksal, das mir werden sollte,"[645] so schildert der Autor die Kindheit eines Knaben. Dieser Roman ist die realistische Darstellung des Lebens eines Güterkindes und zeichnet ein Elendsbild voll Not und Verworfenheit. So meldeten auch Fabrikinspektoren immer wieder Verstösse gegen das Fabrikgesetz, die allerdings zwischen 1890 und 1900 immer seltener wurden. Manchmal reichte der Verwandte der kleinen Pfleglinge, die auf dem Land arbeiten mussten, seine Beschwerde ans Pflegekinderwesen Basel-Landschaft. Die gesetzliche Basis für ein Verbot der Kinderarbeit bildeten das baslerische Schulgesetz von 1869 und 1880 und das Eidgenössische Fabrikgesetz von 1877. Sie untersagten den Kindern vor dem 14. Lebensjahr den Eintritt in Fabriken sowie die Nacht- und Sonntagsarbeit.[646]

Erst im Jahr 1914 im Laufe der bernischen Konferenz zur „Kinderschutz-Gesetzgebung in der Schweiz, wie sie ist und wie sie sein sollte" zog Dr. Alfred Silbernagel, Zivilgerichtspräsident in Basel, besondere Aufmerksamkeit auf sich. Es ging um die Erhöhung des gesetzlichen Schutzalters des Kindes auf 18 Jahre. Die neue Gestaltung des Schweizerischen Strafgesetzbuches war

645 Der Bauernspiegel oder Lebensgeschichte des Jeremias Gotthelf von ihm selbst beschrieben.Walter Muschg(Hrsg), Basel 1989, S. 133.

646 Häsler, In fremden Händen (oben Anm.96), S. 240.

begrüssenswert, da durch deren neuen Artikel die seelische Misshandlung des Kindes, „die grausame Behandlung, die die geistige Entwicklung des Kindes gefährdet", und auch der Mädchenhandel strafbar geworden waren.[647] Seit dem Beginn der Vorarbeiten an den eidgenössischen Strafgesetzentwüfren waren mehr als 30 Jahre verflossen. Das eidgenössische Strafgesetzbuch wurde erst 1942 in Kraft gesetzt.[648]

Laut Verordnung des Grossen Rates des Kantons Basel-Stadt sollte die Schule für die Feststellung und für die Besserung verwahrloster Kinder und Jugendlicher, die bestraft worden waren, sorgen. Das Gesetz beinhaltete die Versorgung verwahrloster Kinder und Jugendlicher, die Errichtung einer kantonalen Rettungsanstalt auf Klosterfichten von 1893. Bei „andauernder Widersetzlichkeit oder besonderen Vergehen sowie in Fällen von Verwahrlosung" sollten die Schüler durch die betreffende Inspektion aus der Schule entfernt werden. Diese wurden „vom Regierungsrat auf Antrag des Erziehungs-Departements zwangsweise bis auf die Dauer der Schulpflicht", d.h. bis zum 16. Lebensjahr in Rettungsanstalten oder Pflegefamilien untergebracht. Das Kostgeld sollte von den Familien, der Heimatgemeinde oder in „Fällen von Bedürftigkeit vom Staat teilweise oder ganz" übernommen werden.[649] Dafür wurde zur Unterstützung des Erziehungs-Departements eine Versorgungskommission eingerichtet.

Das Gesetz vom 23. April 1888 den Schutz der Arbeiterinnen betreffend erlaubte im Gegensatz dazu die Jugendarbeit. Der Grosse Rat des Kantons Basel-Stadt beschloss in der Absicht, diejenigen Arbeiterinnen, welche in Gewerben beschäftigt wurden, die nicht unter das eidgenössische Fabrikgesetz fielen, ebenfalls unter den Schutz eines Gesetzes zu stellen: Zu den Gewerben, auf welche dieses Gesetz Anwendung fand, zählten alle, in denen drei Frauenpersonen oder mehr gewerbsmässig arbeiteten oder in welchen überhaupt Mädchen unter 18 Jahren als Arbeiterinnen oder Lehrtöchter beschäftigt wurden. Die Dauer der regelmässigen Arbeitszeit sollte nicht mehr als 11 Stunden, an den Vorabenden von Sonn- und Festtagen nicht

647 StA BL, NA 2080 Erziehung. F 15 Verhalten der Jugend ausserhalb der Schule. 1914–1919. Schweizerische Jugendfürsorge 1914. Bern, S. 1
648 Berner Zeitschrift für Geschichte und Heimatkunde. Band 62 (2000), S 52.
649 Rettungsanstalt auf Klosterfichten. Basel-Stadt Ratschläge 1893, S. 2.

mehr als 10 Stunden betragen. Die Arbeit musste in die Zeit von 6 Uhr morgens bis 8 Uhr abends verlegt werden.

Die landwirtschaftliche Arbeit der Kinder wurde nicht gesetzlich geregelt. Im Wesentlichen war diese nicht nur erlaubt, sondern sie wurde als Grunderziehungsmittel durch jede Armenerziehungs- oder Rettungsanstalt wahrgenommen. Zu den Heimen in ländlichen Gegenden gehörten oft grosse Gärtnereien oder Landeigentum und diese wurden integriert ins Erziehungsprogramm. Denn auch in diesem Punkt war man sich in katholischen, evangelischen oder eher weltlich orientierten Institutionen einig: Die armen Kinder sollten zu nützlichen Gliedern der Gesellschaft erzogen werden. Erziehung durch Arbeit galt als Schlüssel zur Lösung der sozialen Frage. Die Erziehung in jeder Armenschule oder jedem Rettungshaus erfolgte wiederum meistens durch landwirtschaftliche Arbeit.

„Vielmehr ging es darum, die Armut zu kultivieren und ein weniger bedrohliches Verhältnis der Armen zu den Wohlhabenden zu erzielen“, schrieb Johann Konrad Zellweger 1845 über die Armenschule. Damit meinte er die sogenannte Erziehung der Gesellschaft, um die Armen als deren eigenen Teil wahrzunehmen. Zu solchen Anstalten zählte man beispielsweise die Wehrli-Schule in Hofwil oder die Schule Friedheim in Bubikon. Freiwillige Armenschulen und die Armenkinderanstalt in Hofwil und Zellers sind europaweit bekannte Einrichtungen und wirkungsreiche Ausbildungsstätten.[650]

Vermutlich lebten die Kinder in fremden Familien so lange zur Kost, bis sie alt genug waren, um wieder in ihre angestammten Familien zurückzukehren oder um anderenorts arbeiten zu können. Die Mitarbeit im Haushalt oder im Familienbetrieb schloss vielfältiges alltägliches Leben der Kinder im Pflegeort ziemlich aus.

Die Kinderarbeit im Heimwerk sollte bezahlt werden, aber nicht jedes Kind erhielt seinen Lohn. Oft wurden die Kinder grob behandelt und ohne jeden erzieherischen Anspruch ausgenutzt. Es lässt sich diesbezüglich belegen, dass sich in der Stadt geborene und aufgewachsene Kinder nicht dem Leben auf dem Land und der damit verbundenen Arbeit anpassen konnten. Infolge von Unkenntnis in der landwirtschaftlichen Arbeit mussten sie dort schwer dienen. Eine eindrückliche und unglückliche Geschichte hierzu findet

---

650 Schoch, et al, Aufwachsen ohne Eltern (oben Anm. 606), S. 157.

sich in der Mitteilung des Anwaltes Dr. Förter vom 28. November 1908 an den Hohen Regierungsrat des Kantons Basel-Landschaft in Liestal. In seiner Mitteilung sprach dieser im Namen seines Klienten, welcher seinen jüngeren Bruder Hermann vom Pflegeort bei Rudolf G. in Oltingen (Rudin Restaurant in Ardolbswil) wegnehmen wollte. Der Knabe war aus seiner Pflegefamilie geflohen und zu seinem Bruder, dem Klienten, gekommen. „In Folge von schweren Misshandlungen habe Hermann (das Pflegekind) einen Leistenbruch, Bruch des rechten Arms von einer Gabel und Spuren von Geisselhieben im Gesicht gehabt", beklagte sich der Anwalt des Jungen.[651] An diesem Pflegeort, im Rudin Restaurant in Ardolbswil, hatte der Knabe vier Jahre als Hilfsarbeiter gearbeitet. Er hatte ausschliesslich schwere Dienste leisten müssen: Mist fahren, Karren schieben usw., aber er hatte keinen Lohn dafür erhalten. Der Knabe war in der Stadt aufgewachsen und daher mit dem landwirtschaftlichen Beruf nicht vertraut gewesen. Während dieser vier Jahre auf dem Land hatte er weder die Schulbildung noch eine angemessene Versorgung erhalten. Sein Bruder behauptete, dass keinerlei Versorgungsbeschlüsse vorgelegen hätten, um seinen Bruder Hermann auf das Land zu verweisen. Später wurde der Knabe vom Armeninspektor E. Gysin dem Herrn G. zurückgegeben. Der Anwalt forderte, dass der Knabe seinen vollen Lohn bekommen solle und vom Vormund der Familie Gass sofort freigelassen werden müsse. Zudem sollte die getroffene Massnahme aufgeklärt werden. Nach der Anklage des Anwalts über das Misshandeln des Knaben ordnete Herr Pfarrer G. die Aufklärung durch den Arzt an, der diese Pflegefamilie inspiziert hatte. Der Arzt Baumgartner schrieb dazu: „Ich habe den Knaben zur Zeit behandelt, während er bei Frau Witwe R. im Arboldswill untergebracht war, und zwar im Jahr 1903 wegen Bettnässen. Anfangs 1906 konzentrierte ich mich auf eine ‚Geschwulst im Unterleib', die ihm angeblich in der letzten Zeit gewachsen sei. Es handelte sich um einen Leistenbruch, der im Laufe des Tages während der Arbeit heraustrat und gewöhnlich nachts beim Liegen zurückging. Ich übergab ihm dafür ein passendes Bruchband. Der Bruch ist nicht durch Misshandeln entstanden, sondern beruht, wie gewöhnlich, auf einer angeborenen Naturanlage. Seit

651 StA BL, Na 2064 Armensachen F 1.2. 1872–1910. Zöglinge der Armenerziehungsverein 1901–1910. Mitteilung des Anwaltes Dr. Förter an den hohen Regierungsrat des Kantons Basel-Landschaft in Liestral. Basel. 28. Nov.1908.

dem der Knabe nicht mehr bei Witwe R. sich aufhält, habe ich ihn nicht mehr gesehen. Von irgendwelchen Misshandlungen ist mir nichts bekannt.“[652] Trotz der eindeutig schwachen Gesundheit des Knaben kann angenommen werden, dass der Arzt – sicherheitshalber – nicht die tatsächlichen Umstände verraten wollte. Um allen Anforderungen des Präsidenten des Armenerziehungsvereins und der Beschwerde des Anwalts gerecht zu werden, wurde von Seiten des Regierungsrates ein Entscheid getroffen, um den Knaben gemäss Protokoll des Regierungsrates zu seinem Bruder gehen zu lassen. Nach der Verordnung des Sanitätskollegiums war „die Entwicklung von Kosthaltung für Säuglinge und Kinder im Landbezirk an die Bewilligung seitens des Gemeindepräsidenten gebunden, der seinerseits vorher die Ansicht der untersuchenden Ärzte einholen“ sollte.[653]

In allen Forschungen, die sich dem Thema „Verdingkinder“ gewidmet haben, wurde nach „Missbrauch“ und dem „Erwerb durch Kinderhalten“ gefragt. Beide Begriffe lassen sich mit der zeitgenössischen Betrachtungsweise und Mentalität erklären. Missbrauch des Kindes fand nicht nur in vielen Pflege-, sondern auch in vielen leiblichen Familien statt. Wie aufgezeigt werden soll, war die Mitarbeit der Kinder bei der eigenen sowie bei anderen Bauern-, Handwerker- oder Heimfamilien selbstverständlich. Die Kinder waren in erste Linie Arbeitskräfte und wurden als solche geschätzt. Sie arbeiteten seit frühester Jugend mit und wuchsen in die Arbeitswelt der Eltern hinein. Aufgrund der Wohnverhältnisse von Handwerkerfamilien, wo Werkstatt und Wohnzimmer nicht getrennt waren, hatten die Kinder keine Zeit für sich. Oftmals wuchsen sie in einem Klima der Gewalt auf. Das „Erziehen“ und „Strafen“ eines Kindes gehörten gewissermassen zusammen. Der Armenerziehungsverein und die Behörde der Waisenhäuser setzten Strafnormen fest, die zum Beispiel Arbeitsmassnahmen, den Entzug von Freizeit und sogar von Mahlzeiten beinhalteten.[654]

Nach Ansicht der Ärzte, die die Pflegefamilien besuchten, waren an den meisten Kostorten uneheliche Kinder untergebracht. Die gesellschaftliche

---

652 StA BL, Na 2064 Armensachen F 1.2. 1872–1910. Zöglinge der Armenerziehungsverein 1901–1910. Erklärung des Arztes Dr.Baumgartner.

653 StA BS, Niederlassung H5. Kostkinder Pflegewesen 1850–1909.

654 StA BS, Armenwesen L.1. Allgemeines und Einzelnes 1782–1901. Statuten der Bürgerlichen Waisenanstalt in Basel 1898.

Haltung gegenüber solchen Kindern war von vornherein negativ. Mit einem Aufruf, die Aufmerksamkeit auf den grossen Anteil unehelicher Kinder und auf ihre Mütter zu richten, wendete sich der Frauenerziehungsverein an die Öffentlichkeit. Der Basler Frauenverein war absichtlich vom Sanitätsdepartement für die Aufsichtsarbeit engagiert worden. Seit 1904 kümmerte sich der Verein um die Fürsorge kleiner Kostkinder, „nämlich unehelicher Kinder", und deren Mütter. Die Vorsteherin Anna Herzog-Widmer schrieb dazu wie folgt: „Wir bestreben uns, darauf zu achten, dass die armen Geschöpfchen, von denen ungefähr 2/3 illegitim geboren sind, genügende Nahrung, Pflege und ihrem Alter angepasste Erziehung erhalten." Die Vermittlung alleinstehender Mütter an den Verein erfolgte durch das Frauenspital und das Zufluchtshaus. Der Verein kümmerte sich darum, einen geeigneten Kostort für das Kind zu finden und der Mutter einen Verdienst zu verschaffen, damit sie über genügend Geldmittel oder Bekleidung verfügen konnte. Meist waren solche Mütter, die ihre Pflicht erfüllen wollten, aber ökonomisch nicht dazu in der Lage waren, ihr Kind allein zu unterstützen. Auch sorgte sich der Frauenerziehungsverein darum, das Kind in seine Heimat zurückzubringen, „wenn sonst niemand da war, der sich um das Kind bekümmert" und die Mutter „leichtsinnigerweise" ihre Pflicht nicht getan hatte. Der Verein bemühte sich, den rechtmässigen Vater des Kindes zu ermitteln und „ihn zu einer einmaligen Entschädigungssumme oder zu monatlicher Zahlung" zu verpflichten. Trotz solcher Bemühungen kam es selten zu einem gerichtlichen Urteil die Leistungen des Vaters betreffend. In den meisten Fällen zog dieser an einen anderen Ort, um sich seiner Verpflichtungen zu entledigen.

Nach Aussage des Vereins wurden meistens die Mütter als Vormund des Kindes eingesetzt. Nicht selten verbrauchten sie das Kindergeld für sich und liessen die Entschädigungssumme nicht dem Kind zukommen. Im Ausnahmefall, wenn die Mutter krank oder arbeitslos war, wurde das Kostgeld für die alleinerziehende Mutter von der Vereinskasse als vierteljährlicher Betrag gezahlt. Der Verein wirkte offensiv mit dem Waisen- und Armenamt sowie unter Zuhilfenahme von polizeilicher Unterstützung an der Kinderpflege mit. In ihren Briefen an den Regierungsrat beklagt Frau Herzog-Widmer den grossen Geldmangel. „Wir Frauen wollen gerne tun, was wir können, aber ohne die Hilfe der Behörde sind wir unfähig, durchgreifende Veränderungen herbeizuführen."[655]

Um sich angemessen um die Pflegekinder zu kümmern, hatte der Verein eine Aufsichtskommission eingerichtet, die im Jahr 1908 aus 22 Aufsichtsdamen bestand. Der grossen Zahl der Kinder entsprechend wurde sie in den folgenden Jahren immer wieder erweitert. Jede dieser Damen war zuständig für die Kontrolle eines Rayons, der durchschnittlich aus 15–20 Kindern bestand. Die Frauen besuchten ihre Pfleglinge mindestens viermal und Säuglinge und kranke Kinder sechsmal pro Jahr. Laut dem Bericht dieser Damen wurden im Jahr 1908 über 2000 Besuche verabredet. Zu jedem Pflegling wurde beim ersten Mal ein Formular ausgefüllt. Die Besuche der Aufsichtsdamen wurden „fast durchwegs" begrüsst. Die Fortschritte und Schwierigkeiten, mit denen die Aufsichtsdamen konfrontiert wurden, schildern uns die vielseitigen Berichte. In einem dieser Berichte merkte Frau Herzog-Widmer an, dass manches Kind in fremden Händen besser gepflegt würde als bei der eigenen Mutter. Viele Kostgeberinnen meldeten sich, weil sie das Kostgeld als Möglichkeit zum Hausverdienst betrachteten. Diese Tendenz setzte sich fort, auch stellte sich manch eine Kostgeberin als eine ungeeignete Kinderbetreuerin heraus. In einem Bericht an das Sanitätsdepartement schrieb Frau Herzog-Widmer: „Wir haben der Pflegemutter T. Baret für ihr Pflegekind Karten für einen ärztlichen Besuch geschickt. Fast alle Pflegemütter begrüssen diese Einrichtung und bringen ihre Kinder gerne zu einer ärztlichen Untersuchung. Frau Baret widersetzt sich jeder Kontrolle, sie will nicht selbst hingehen. Wohnung des Kindes peinlich sauber gehalten, die Kinder sehen bleich und leblos aus, als ob ihnen die frische Luft fehle. Die Pflegemutter war eine fanatische Katholikin, darum stand sie unter der Aufsicht einer katholischen Dame."[656] Weiter wurde die Pflegemutter verdächtigt, „narkotische Mittel an ihre Pflegekinder" verabreicht zu haben. Frau Baret wiederum wurde vom Sanitäts-Departement aufgetragen, zusammen mit dem Arzt diesen Ort zu besuchen.

Kostkinder, die in verschiedenen Anstalten oder Pflegefamilien erzogen wurden, konnten durch die Behörde des Armenerziehungsvereins oder

---

655 StA BS, Niederlassung H5.1. Kostkinder Pflegewesen 1850–1909. Bericht von Herzog-Widmer 1908.

656 Ebd.

durch das Erziehungs-Departement Basel-Stadt in den meisten Fällen in ein falsches Licht gerückt werden: als „Kinder mit schlechten Neigungen und der schlechten Erblichkeit“. In den verschiedenen Akten und Berichten der Behörden des Armenerziehungsvereins, der Armen- oder der Polizeidirektion findet man keine direkte Verurteilung der familiären Gewalt. Im besten Fall traf zwar eine Klage des Anwaltes ein, trotzdem bekam das Kind eine negative Rückmeldung von der Behörde. In seinem Bericht vom 8. November 1904 stellte Herr Alb. Burckhardt, der Vorsteher des Erziehungs-Departements Basel-Stadt, der sich auf die Meinung des Inspektors der Mädchenschule berief, ein Mädchen in negativem Licht dar: „Vor zirka einem Jahre kam von Rickenbach (Basel-Landschaft), die Familie des Heinrich S-H. in unsere Stadt. Ihr Töchterchen Martha, geb. 14. Oktober 1892, besucht die Klasse 3B der St. Johannschule. Das Kind zeichnete sich von Anfang an aus durch ein verschlagenes, lügenhaftes Wesen, liess sich dann in einem Konsumladen einen Gelddiebstahl zuschulden kommen und unterschlug die schriftlichen Mahnungen, die vom Lehrer ins Haus geschickt wurden, sowie 2 Zitationen vom Schulinspektor. Die Sache führte endlich zur Klage vor dem Polizeigericht: allein die energische Mahnung des Gerichtspräsidenten an Herrn S.-H. fruchtete gar nichts, denn das Mädchen schwänzt fortgesetzt die Schule, mit und ohne Wissen der Eltern, ganze und halbe Tage. Es muss betont werden, dass Lehrer und Lehrerinnen das Mädchen nicht etwa durch scharfe Behandlung abschreckten und auch keine Körperstrafen applizierten. Im Gegenteil, das Kind wurde schon wegen der bedenklichen häuslichen Verhältnisse mit Nachsicht und Güte behandelt. Die Eltern glauben, es leide seit der Geburt an einer Gehirnschwäche, in Gelterkinden soll es zweimal Anfälle gehabt haben.“[657]

Dabei wurde nicht in Betracht gezogen, dass diese „schwer zu erziehenden Kinder“ aus armen Familien stammten, die sich in ständiger Not befanden oder einen Unfall erlitten hatten. In der Regel wechselten solche Kinder mehrfach von einer Pflegefamilie in die nächste und hatten Probleme mit dem Anstaltszutritt und der Schulpflicht. Der Vater des Mädchens, Heinrich S., war Bürger von Buckten, Basel-Landschaft, die Mutter stammte

---

657 StA BL, Na 2064 Armensachen F 1.2.1872–1910.Zöglinge der Armenerziehungsverein 1901–1910. Bericht des Vorstehers des Erziehungs-Departements Basel-Stadt Herr Alb. Burckhardt. Vom 8. November 1904.

aus Rickenbach. Beide gehörten der reformierten Kirche an. Wegen eines schweren Vergehens hatte der Mann neun Monate im Zuchthaus in Liestal verbracht. Nach seiner Entlassung arbeitete er mit Unterbrechungen in der örtlichen chemischen Fabrik mit Franken 3.50 als Tagelohn, aber nach kurzer Zeit war er aufgrund eines „Nichtwohlbefindens“ wieder arbeitslos. Er litt unter Trunksucht und verübte in trunkenem Zustande zu Hause „allerlei Unfug“. Zudem hatte er „früher die Frau und die Kinder misshandelt; dagegen versichern beide Eheleute, dass empörende Familienauftritte in letzter Zeit nicht mehr vorgekommen“ seien. Die Frau „machte den Eindruck einer braven, aber durch Leiden und Not heruntergekommenen Person.“ Zu der Familie gehörten sieben Kinder im Alter von 10 bis 19 Jahren, viele der Kinder waren noch schulpflichtig, drei verdienten 2,00 bis 3,00 Franken täglich mit Posamenten in einer Fabrik, ein Sohn verdiente im Hotel „Bären“ in Basel monatlich 20,00 Franken. „Vermögen besass die Familie keines, man lebt so kümmerlich von der Hand in den Mund.“ Vater und Mutter S.-H. erklärten vor dem Schulinspektor, dass sie es nicht vermochten, das Mädchen selbst zu erziehen, und deshalb mit einer Versorgung des Kindes durch andere einverstanden waren. Allein die Kosten dafür konnten sie nicht bezahlen. Sie wünschten, dass ihr Kind in der Anstalt Frenkendorf untergebracht werde. Das Erziehungs-Departement richtete die Bitte an den Regierungsrat in Basel-Stadt und erhielt ein Drittel der Finanzierung.[658] Die weiteren Ausgaben übernahmen die Gemeinde, der Staat und die Gemeinde in Basel-Landschaft. Durch die persönliche Mitwirkung des Armeninspektors E. Gysin wurde das Kind schliesslich in einer Pflegefamilie untergebracht.

Auf dem Land hatten Pflegekinder keinen rechtlichen Schutz. Die „ungehorsamen Kinder einmal zu schlagen“ wurde von den Erziehungsanstalten als ein probates Erziehungsmittel betrachtet. Aus dem Protokoll von Februar 1909 (№ 476) des Regierungsrates des Kantons Basel-Landschaft geht Folgendes hervor: Herr M.-R. aus Basel-Stadt bat in seinem Gesuch vom 5. Februar 1909, man möge ihm seine Tochter Emma, geb. 1891, von Dietgen, welche bis dahin vom Basellandschaftlichen Armenerziehungsverein

658 StA BL, Na 2064 Armensachen F 1.2. 1872–1910. Zöglinge der Armenerziehungsverein 1901–1910. Bericht des Vorstehers des Erziehungs-Departements Basel-Stadt Herr Alb. Burckhardt. Vom 8. November 1904.

versorgt wurde, wieder zurückgeben. Das Mädchen sei an seinem letzten Pflegeort in Diegten wiederholt misshandelt worden und deshalb fortgelaufen. Durch den engeren Vorstand wurde beschlossen, dass das Mädchen zusammen mit den Eltern in Basel bleiben durfte. Nach Untersuchungen der Polizeidirektion wurde folgende Erklärung abgegeben: „Wohl ist das Mädchen einmal wegen Ungehorsam geschlagen worden, was nicht gebilligt werden kann, bei dem störrischen Wesen des Mädchens aber entschuldbar war. Da aber den Eltern das Erziehungsrecht nicht entzogen worden ist und sie sich nicht schriftlich verpflichtet haben, das Mädchen bis zum 20. Lebensjahr dem Armenerziehungsvereine zu unterstellen, muss dem gestellten Gesuche um Rückgabe desselben beziehungsweise um Belassung bei ihnen entsprochen werden."[659]

Nicht alle Eltern liessen sich von ihren Kindern trennen oder waren damit einverstanden. In jenen Fällen, in denen das Kind stark unter der Trennung von der Familie litt, wurde den Eltern verboten, es zu besuchen. Aus Protest flüchteten viele Kinder von ihren Pflegefamilien. Zahlreiche Berichte der Polizeidirektion an den Regierungsrat sowie der Schriftverkehr des Inspektorats mit dem Erziehungs-Departement zeugen von solchen Fällen von Kinderflucht. Einige Familien nahmen ihre Kinder ohne die Erlaubnis der Erziehungsanstalt zurück. Einen interessanten Einblick in die Praxis der Fremdkinderhaltung geben uns zahlreiche Berichte des Polizei-Departements Basel-Stadt und Basel-Landschaft.

Aus dem Bericht des Polizei-Departements Basel-Stadt, Liestal, den 13. September 1909, geht Folgendes hervor: „Der Zögling des Basellandschaftlichen Armenerziehungsvereins G. R., geb. am 14. Dez.1893, von Eptingen, ist an seinem bisherigen Pflegeort in Füllinsdorf entlaufen. Er hat sich wahrscheinlich zu seiner Mutter nach Basel: Witwe R.-M., begeben. Sofern der Knabe sich dort befindet, ersuchen wir Sie, ihn uns zu Händen des Armeninspektors zuführen zu lassen."[660]

Folgenden Fall veranschaulicht der Bericht der Polizeidirektion an das Grossh. Bad. Bezirksamt, Lörrach, Liestal, den 7. Januar 1909r: „Das

659 Ebd.

660 StA BL, Na 2064 Armensachen F 1.2.1872–1910. .Zöglinge der Armenerziehungsverein 1901–1910. Bericht der Polizeidirektion an Regierungsrat. Liestal, den 13, September 1909.

Mädchen Luise S., geb. 1891, von Wenslingen, das dem Basellandschaftlichen Armenerziehungsverein unterstellt ist und sich schon wiederholt ohne Erlaubnis zu seiner Mutter, der jetzigen Ehefrau des Andreas N., Teichstr. 53, in Lörrach begeben hat, ist kürzlich wieder von seinem Pflegeort entwichen und wird sich wahrscheinlich wieder in Lörrach aufhalten. Wir ersuchen Sie, die Zuführung des Mädchens an uns veranlassen zu wollen."

Aus dem Bericht der Polizeidirektion an das Polizei-Departement des Kantons Solothurn, Liestal, vom 24. März 1908, geht Nachstehendes hervor: „Der Witwe L. Ley. von Arlesheim, ist durch Beschluss des Regierungsrates das Kindererziehungsrecht entzogen worden, und es sollte ihr Kind R. L. L., geb. am 31. August 1902, durch den Armenerziehungsverein versorgt werden. Frau Ley weigert sich, das Kind herauszugeben und ist nach Dornachbrug gezogen, wahrscheinlich, um dasselbe den hierseitigen Behörden zu entziehen. Wir ersuchen Sie, uns das Kind zu Händen des Armeninspektorats zuführen lassen zu wollen."[661]

In dem Bericht der Polizeidirektion an das Bürgermeisteramt, Mülhausen, vom 18. Juli 1906, heisst es: „Der Knabe Jakob N., geb. am 25. Aug. 1890, von Bubendorf, der von den Heimatbehörden versorgt war, ist durch seine Mutter, eine nunmehrige Frau Katharina H. geboren in Loew, von ihrem Pflegeort entführt worden. Sie soll in Mülhausen, Nepertstrasse 91, wohnhaft sein und hat den Knaben aller Wahrscheinlichkeit nach zu sich genommen. Wir ersuchen Sie, veranlassen zu wollen, dass der Knabe, der jedenfalls ohne gehörige Ausweisschriften ist, uns zugeführt wird zwecks Zuführung an seinen Pflegeort.[662]

Zugleich sieht man, dass „Kinderhaltung" als zusätzliche oder sogar als einzige „Erwerbsmöglichkeit" nichts Ungewöhnliches ist und zu damaligen Zeiten als Normalität betrachtet wurde. Man muss sich die historischen Umstände vorstellen, unter denen die Menschen gelebt haben, und die Mentalität und Psychologie der Zeitgenossen bei der Untersuchung der

661 StA BL, Na 2064 Armensachen F 1.2. 1872–1910 Zöglinge der Armenerziehungsverein 1901–1910. Aus dem Bericht der Polizeidirektion an das Polizeidepartement des. Kts. Solothurn. Liestal. Den 24. März 1908.

662 StA BL, Na 2064 Armensachen F 1.2. 1872–1910 Zöglinge der Armenerziehungsverein 1901–1910. Aus dem Bericht der Polizeidirektion an das Bürgermeisteramt. Mülhausen. den 18, Juli 1906.

Fälle berücksichtigen. In § 2 des Gesetzes betreffend die öffentliche Gesundheitspflege und die Lebensmittelpolizei vom 4. April 1876 wird in der Verordnung betreffend die Verpflegung von Kostkindern vom 10. August 1893 Folgendes ausgeführt: „Diejenigen Personen, welche aus der Pflege von Kostkindern eine Erwerbsquelle machen, bedürften hierzu der Bewilligung der Sanitätsdirektion, welche ihrerseits das Gutachten der örtlichen Gesundheitsbehörde einholt.“[663] Aus diesem Beispiel ist zu ersehen, dass die Kinder durch mehrere Ersatzfamilien und Heime gingen und ihnen die Menschen gleichgültig und kalt gegenüberstanden, statt sie zu erziehen.

Der nächste Fall veranschaulicht eine typische Geschichte eines Pflegekindes des Armenerziehungsvereins auf dem Land: Das Mädchen Marie B., geb. 1876, entstammte einer kinderreichen Familie mit sieben Kindern. Die Familie war arm und der Vater litt an einer schweren Krankheit, ausserdem wurde er wegen Diebstahl gesucht. Marie wurde ihren Eltern weggenommen und unter die Aufsicht des Armenerziehungsvereins gestellt. Sie wurde in zwei Pflegefamilien untergebracht und entfloh dem letzten Pflegeort in Eptingen. Der Vater wollte eine gerichtliche Anklage einreichen wegen Missbrauchs seiner Tochter durch den Pflegevater. Dieses Mädchen arbeitete „nur“ 3 Tage in einer Fabrik, daneben galt sein Schicksal als leidgeprüft (Unzucht). Der Vater versuchte, die „Zuchtstrafe“ zu erstreiten. Von der Mutter bekam das Mädchen kaum Aufmerksamkeit, deswegen sah es vernachlässigt aus, hatte keine „geeignete Kleidung“ und litt zudem an einer angeborenen Lungenkrankheit. Der Polizeiinspektor teilte mit, dass das Mädchen „zu Hause in einem Abort übernachte“. Vom Regierungsrat wurde daher beschlossen, das Mädchen zwecks seiner Wiederversorgung einem Heim zuzuführen.[664]

Im Laufe des 19. und Anfang des 20. Jahrhunderts begann bereits eine erste Annäherung der Anstalten an das sogenannte „Familienmodell“. Sich nach dem Ausspruch „Mit Gott!“ richtend, entwickelte sich in den Städten das System vielfältiger Anstalten für Verwahrloste, Waisen und im Allgemeinen für arme Kinder. Anstalten nach der Art des Waisenhauses, welche

663 StA BS, Niederlassung H5.1. Kostkinder Pflegewesen 1850–1909. Die Verordnung betreffend die Verpflegung von Kostkindern vom 10. August 1893.

664 StA BL, Na 2064 Armensachen F 1.2. Zöglinge der Armenerziehungsverein 1872–1892. Fall des Mädchens Marie B.

eine gewisse Anzahl von Kindern zusammen aufnehmen konnten, wurden als „Erziehungs-“ und „Besserungsanstalten“ definiert. In die erste Gruppe wurden zwecks Internierung sittlich verdorbene Kindern eingeteilt und in die zweite Kinder, „die von Natur tief lasterhaft“ waren.[665]

Unter diesen Anstalten findet man folgende: die Richter-Kinderlich Anstalt, die Anstalt Augst, die Schulpflege und Anstalt Diegten sowie die städtische kantonale Rettungsanstalt auf Klosterflechten. In sogenannten Rettungs- oder Armenerziehungsanstalten standen je eine Hausmutter und ein Hausvater bis zu fünfzig Kindern vor. In der kantonalen Rettungsanstalt auf Klosterflechten wurden „verwahrloste“ Knaben sowie jugendliche Straftäter im Alter von 10 bis 16 Jahren untergebracht. Die Anstalt stand unter der Aufsicht des Erziehungs-Departements und unter der Oberleitung der Versorgungskommission. Der Leiter bzw. Hausvater sorgte an Stelle eines Lehrers für die geistige und moralische Entwicklung der Jugend.

1852 verwirklichte der Armenerziehungsverein in einem Landsitz in Augst eine Rettungsanstalt für verwahrloste Knaben aus Basel-Landschaft. Ausnahmeweise durften auch Nicht-Kantonsbürger aufgenommen werden. Ab dem 1. Januar 1895 erhielt die Anstalt von den basel-landschaftlichen Staatsbehörden die regelmässige Finanzierung. Dennoch gab es für die Aufnahme hohe Anforderungen: Der Knabe musste gesund und bildungsfähig sein, durfte nicht unter 9 und in der Regel nicht über 15 Jahre alt sein. Für den Eintritt in die Anstalt sollte jeder Knabe mit angemessener Kleidung ausgestattet werden, z. B. sollte er einen „Sonntagsanzug, sechs gute Hemden, vier Paar gute Strümpfe und zwei Paar gute Schuhe“[666] besitzen. Sicherheitshalber wiesen sie ein halbjährliches bezahltes Kostgeld vor, in der Regel 150 Franken pro Jahr. Neben der Schule und der Religionsausbildung, die ein wesentlicher Bestandteil war, hatten die Zöglinge hauptsächlich manuelle, vorwiegend landwirtschaftliche Arbeit sowie Tätigkeiten im Zusammenhang mit den Posamenten zu verrichten.

---

665 StABL, NA 2080 Erziehung. F 10 Gesundheitspflege in der Schweiz. 1900–1905. Jahresversammlung von Schweizerische Gesundheitspflege 9.–10. Juni 1900.

666 StABL, Na 2064 Armensachen F 1.1. Armenerziehungsverein 1888–1902. Statuten für die Basellandschaftliche Rettungsanstalt. Augst. Liestal. Buchdruckerei von Gebrüder Lüdin. 1898, S. 4.

Aus diversen Quellen geht hervor, dass die Anstalt Augst ein bedeutendes Vermögen besass und damit über grössere finanzielle Mittel verfügte als der Armenerziehungsverein. 1908 stellte der Inspektor des Basellandschaftlichen Armenerziehungsvereins, E. Gysin, ein Gesuch an die Basler Landschaftsregierung um 2500 Franken Staatsbeitrag und forderte, den Betrag statt an die Anstalt Augst doch besser an den Armenerziehungsverein für die Familienversorgung zu überweisen. Der Grund dafür war ein bedeutendes Vermögen der Anstalt Augst, das sich auf 300'000 Franken belief. Das Gesuch wurde allerdings durch den Regierungsrat als „irrtümliche Ansicht“ abgelehnt[667].

Neben den Rettungsanstalten, die sich an der Familie orientierten und den Kindern wirklich ein Heim bieten wollten, kam es in den industrialisierten Gegenden der Schweiz zur Gründung von sogenannten „industriellen Anstalten“. Dies geschah mit der Absicht, zusätzliche Arbeitskräfte zu rekrutieren. Fabrikanten gründeten solche Kinderheime, nahmen Kinder auf und liessen sie dann in ihren Fabriken arbeiten.

Die Anstalt von Richter-Linder in Basel war als Erziehungsort für die Kinder auf dem Land vorgesehen. Ab 1852 beschäftigte der Seidenbandfabrikant Jakob Richter in seiner Anstalt, einer „industriellen Erziehungsanstalt“, arme Mädchen aus dem Baselbiet. Die Frauen erlernten gegen ein Entgelt die Posamenterei, sie erhielten Repetier- und Religionsunterricht und übten sich in hausfraulichen Tätigkeiten, indem sie ihre Unterkunft ordentlich halten mussten.[668] Eigentlich hätten die Mädchen als Nachwuchs für die Baselbieter Posamenterei ausgebildet werden sollen. Sie blieben für drei bis vier Jahre in der Anstalt. Im Kanton Basel-Stadt wurden in der Seidenbandweberei „Kinder vom zartesten Alter an zum Spulen“ eingesetzt. 1905 gingen 20 % aller schulpflichtigen Kinder einer Arbeit nach. Die meisten von ihnen (47 % aller Arbeiter) wurden im Handwerk beschäftigt.

---

667 StA BL,.Na 2064, Armensachen F.1.1. Armenerziehungsverein: Statuten, Rechnungen, Statistik, Ausgaben, Berichte, Inspektorat, Staatsbeiträge. 1908–1948. Auszug aus dem Protokoll des Regierungsrates des Kantons Basel – Landschaft.

668 Gysin-Scholer, Krank, allein, entblösst (oben Anm. 471), S. 87.

Aus Not dienten 1906 ungefähr 36.000 Kinder in der Schweiz in der Heimindustrie.[669]

Im 19. Jahrhundert entwickelten sich die Waisenhäuser in der Schweiz weiter, wobei sie sich vor allem auf die Städte konzentrierten. Gebaut und betrieben wurden sie von den staatlichen Obrigkeiten. Schon Anfang des 20. Jahrhunderts wurde die Waisen- und die Familienerziehung jedoch als konkurrierende Unterbringungsmöglichkeiten betrachtet.

In der Regel wurden die zu versorgenden Kinder auf zwei behördlichen Wegen ins Heim eingewiesen: entweder über die Armenbehörde oder, nach Einführung des schweizerischen Zivilgesetzbuches (ZGB) im Jahr 1912, über die Vormundschaftsbehörde.

Die Zahl der im Waisenhaus untergebrachten Kinder stieg im Laufe des 19. Jahrhunderts aufgrund des Bevölkerungswachstums stetig an. Ende des Jahres 1870 lebten 141 Kinder im Waisenhaus, in auswärtigen Pflegefamilien waren 153 Kinder untergebracht. Am 1. Januar 1873 wurden in den Waisenhäusern 196 Kinder gezählt, am 1. Januar 1874 waren es noch 162 Kinder: 89 Knaben und 73 Mädchen.[670] Im Jahr 1874 traten zwölf Knaben und neun Mädchen aus und sechs Knaben und elf Mädchen ein. 1875 gab es 158 Kinder im Waisenhaus. In den meisten Fällen handelte es sich um vaterlose, verwaiste Kinder (62) und mutterlose Kinder (31), oft aus unehelichen Beziehungen.

1854 entstand eine spezielle Kinderpflegeanstalt für Kinder unter fünf Jahren.[671] Ab diesem Zeitpunkt nahm das Waisenhaus Kinder jeden Alters, sowohl aus Basel-Stadt als auch aus Basel-Landschaft.

Bei Erkrankungen standen das Kinderspital und das Stadtleichenspital zur Verfügung. Es muss betont werden, dass sich die hygienischen Bedingungen im Waisenhaus auf relativ hohem Niveau befanden, sodass es dort nur wenige Krankheitsfälle gab (im Durchschnitt ein Fall auf sieben Kinder).

---

669 Häsler,In fremden Händen (oben Anm.96), S. 103.

670 StA BS, Armenwesen L.1. Allgemeines und Einzelnes. 1782–1901. Bericht über den Zustand des Waisenhauses der Stadt Basel im Jahre 1874 nebst den betreffenden Rechnungen, S. 52.

671 StA BS, Armenwesen L.1. Allgemeines und Einzelnes. 1782–1901. Organisation des Waisenhauses in Basel 1861, S. 23.

Das pädagogische Grundprinzip von Waisenhäusern folgte der Vorstellung von der „freien Entwicklung des Kindes“. Dieses Ideal war bereits von der Pflegeanstalt für Kinder im Alter von ein bis acht Jahren mit der Einführung des Spiels geprägt worden. Die freie Entwicklung der Kinder wurde auch in der Schule in den Mittelpunkt gerückt. Infolgedessen waren in Basel seit 1836 mehr Elementarschulen (14) geschaffen worden. In der Schule hatten die Bedürfnisse jedes einzelnen Kindes Priorität. Die Bauschule des Waisenhauses hatte sich als eine weitere Form öffentlicher Schulen entwickelt. Früher war sie „mangelhaft organisiert und ausgestattet“ gewesen. Nachdem sich die Pestalozzi-Methode weiterverbreitet hatte, fand diese auch im Waisenhaus ihre Anhänger. Man war davon überzeugt, dass der Hausunterricht im Sinne einer einheitlichen Erziehung der Waisen war nur dann förderlich sei, wenn er für die Mädchen ausschliesslich und für die Knaben nur bis zu einer gewissen Stufe beibehalten wurde. „Zur Erziehung von Knaben ohne väterliche Hilfe und Autorität gehörte eben noch mehr als Liebe, Rechtschaffenheit und mütterliche Sorgfalt. Dabei unterliess man nicht, diesen Teil der Waisenerziehung, seiner Wichtigkeit entsprechend, in zeitgemässer Weise auszubauen und mit den nötigen Mitteln zu versehen.“ Knaben, welche bereits eine gewisse Begabung und Vorkenntnisse für den Hausunterricht mitbrachten, eigneten sich gut für die öffentlichen Schulen. Die Waisen, die sich für das Realgymnasium angemeldet hatten, stiessen hingegen oft auf Schwierigkeiten. Ihre Anmeldungen wurden auf Wunsch des Rektorats oft zurückgezogen und um ein Jahr hinausgeschoben, weil die Klassen nicht selten mit maximaler Schülerzahl belegt waren. Die Schulen der Waisenhäuser wurden eingerichtet, um auch bei einem Mangel an Bildungsplätzen je nach Geschlecht, Alter und geistiger Entwicklung die Gelegenheit zur Bildung anzubieten.

Die private wohltätige Initiative der Finanzierung des Waisenhauses stiess auf grosse Resonanz in der Gesellschaft. So gründete beispielsweise Herr Ohl eine eigene Stiftung. In seinem Testament war besonders vermerkt, dass „dem Waisenhaus, dem Spital, dem Almosenamt, der freiwilligen Armenpflege und der Gesellschaft des Guten und Gemeinnützigen je 1000,00 Franken vermacht werden, ebenso dem Kinderspital, der Landwirtschaftlichen Armenschule und dem Augenspital. Weiter sollten der Diakonissenanstalt und der Taubstummenanstalt je 500,00 Franken zukommen".[672] Dieses Kapital war für die durch den Tod des Vaters zu Waisen gewordenen Kinder der Bürger der Stadt Basel gedacht, damit diese, anstatt im Waisenhause versorgt zu werden, bei ihren Müttern oder Verwandten bleiben konnten. Auch Kinder aus dem Waisenhaus besuchten öffentliche Schulen wie zum Beispiel die Primarschule, die Realschule, das Realgymnasium, das Humanistische Gymnasium und die Gewerbeschule.

1880 übernahm das neu geschaffene Waisenamt Basel-Stadt von den Zünften das Vormundschaftsgericht. Unter der Jurisdiktion der Waisenanstalt von Basel-Stadt fielen jene Bürgerkinder, welche beide Eltern oder einen Elternteil verloren hatten oder deren Eltern für ihre Ernährung und Erziehung nicht selbst zu sorgen im Stande waren. Solche Kinder wurden entweder in das Waisenhaus aufgenommen oder anderweitig versorgt, damit sie „zu rechtschaffenen und tüchtigen Gliedern der Gesellschaft und des Gemeinwesens erzogen werden"[673] konnten. Die Unterstützung der bürgerlichen Familien mit erwachsenen Kindern, die sich in einer Notsituation befanden, wurde von den Waisenanstalten durch Geldbeiträge gewährleistet. Solche finanzielle Hilfe wurde in der Regel bis zum vollendeten 16. Lebensjahr gezahlt. Über eine weitergehende Unterstützung, insbesondere zum Zwecke des Erlernens eines Berufs, entschied die jeweilige Inspektion des Waisenhauses von Fall zu Fall. Eltern, deren Kinder bereits unter der Fürsorge der Waisenanstalt standen und denen es aufgrund des Alters, wegen Gebrechlichkeit oder eines ungenügenden Verdienstes nicht möglich war, den gesamten Unterhalt zu bestreiten, erhielten von der Waisenanstalt ebenfalls die nötige Unterstützung, und zwar bis zu dem Zeitpunkt, an dem ihr letztes Kind aus der Fürsorge entlassen wurde. Des Weiteren war das Almosenamt für die Unterstützung der Erwachsenen zuständig.

Die Kinder wurden durch das Waisenhaus und durch auswärtige Institutionen erzogen. Dazu gehörten Erziehungsanstalten oder geeignete Familien. Wenn die Familienverhältnisse eine ordentliche Erziehung der Kinder erwarten liessen, nahm man das Kind nicht aus seiner Familie heraus, sondern

---

672 StA BS, Armenwesen L1. Allgemeines und Einzelnes. 1782–1901. Organisation des Waisenhauses in Basel. 1861, S. 18.

673 StA BS, Armenwesen L1. Allgemeines und Einzelnes. 1782–1901. Statuten der Bürgerlichen Waisenanstalt in Basel 1898, S. 27.

unterstützte diese vielmehr finanziell. Der Entscheid über die Art der Hilfe wurde ausschliesslich von der Anstalt getroffen. Das Kriterium für die Aufnahme ins Waisenhaus war der physische und geistige Zustand des Kindes. Man nahm an, dass kleine und schwache Kinder in den Pflegefamilien auf dem Land besser aufgehoben seien als im Waisenhaus.

Für die Behandlung, Verpflegung und Erziehung der Kinder im Waisenhaus galten folgende Grundsätze: Den Kindern sollte die liebevolle Fürsorge, die sie bei gewissenhaften Eltern erhalten hätten, möglichst auch hier zukommen; sie sollten alles erhalten, was sie in Bezug auf leibliche Bedürfnisse (Nahrung, Kleidung usw.) brauchten; jedes Kind sollte seiner Begabung und christlicher Sittlichkeit gemäss für die jeweils geeignete Berufsart vorgebildet werden.

Die Beaufsichtigung der von der Anstalt in Fürsorge genommenen Kinder sowie die Erziehung der in das Waisenhaus aufgenommenen Zöglinge wurde einem Waisenvater übertragen, der von der Inspektion durch absolutes Stimmenmehr für eine Amtsdauer von jeweils sechs Jahren ernannt worden war. Seine Wahl unterlag der Genehmigung des Eng. Bürgerrats. Er hatte eine Bürgerschaft von 3000 Franken zu leisten. Die Besoldung des Waisenvaters betrug 3000–4000 Franken nebst freiem Wohnen für sich, seine Familie und der Unterstützung durch eine Magd im Waisenhaus.

Zu den Aufgaben des Waisenvaters gehörten: die Überwachung der von der Inspektion unterstützten Familie mit Rücksicht auf richtige Pflege und Erziehung der Kinder; die Versorgung derjenigen, die durch Beschluss der Inspektion auf Kosten der Waisenanstalt im Waisenhaus, in auswärtigen Anstalten oder in Privatpflege erzogen werden sollten; die Beihilfe der Waisenmutter mit den Angestellten und Dienstboten; die Überwachung der richtigen Ausführung der von der Inspektion gefassten Beschlüsse; die Kontrolle des Schulbesuchs und der diesbezüglichen Leistungen der Kinder. Die Finanzangelegenheiten des Waisenhauses standen ebenfalls unter seiner Kontrolle.

Um den Kindern eine vielseitige Unterstützung zukommen zu lassen, wurde gemeinsam mit dem Waisenvater eine Waisenmutter eingesetzt. Sie war zuständig für das alltägliche Leben der weiblichen Zöglinge und kümmerte sich folglich um die häusliche Ausbildung der Mädchen und um ihre Arbeit und Bekleidung. Beispielsweise wechselte sie wöchentlich die Leib- und Bettwäsche der Zöglinge. Jeder Zögling hatte für Sommer und

Winter je drei Kleidungssets: für den Sonntag, für werktags und für das Haus; ausserdem drei Paar Schuhe und die nötige Kopfbedeckung. Jedes Kind schlief in einem eigenen Bett.

Im Waisenhaus gab es ausserdem einen Verwalter, einen Arzt und einen Lehrer mit den Gehilfinnen, die ihrerseits vornehmlich mit der Beaufsichtigung der Zöglinge und für alle anderen Verrichtungen beauftragt waren. Die Zöglinge standen unter der Kontrolle des Arztes und der Waiseneltern. Das Leben im Waisenhaus wurde stark von der religiös-sittlichen Ausbildung und einem entsprechenden Gehorsam geprägt. Die Angestellten des Waisenhauses trugen eine gewisse Verantwortlichkeit für die geistige Bildung und die Disziplin der Zöglinge. Bei Verstoss gegen die Ordnung hatten die Zöglinge die Anstalt zu verlassen, weil sie sonst einen verderblichen Einfluss auf die anderen ausübten oder ein schlechtes Beispiel boten. Bestenfalls wurden sie bestraft, d. h., ihnen wurden zusätzliche Arbeiten aufgetragen oder die Freizeit und sogar die Mahlzeit entzogen.

Die Zöglinge blieben bis zum Konfirmationsalter (15 Jahre) unter der Fürsorge der Anstalt. Ausnahmsweise konnten einige schon vor der Konfirmation in passender Weise von der Inspektion versorgt werden oder sie wurden zu den Verwandten zurückgeschickt.

Die Mädchen und die Jungen hatten sich bei ihrer Berufswahl nach den Weisungen des Vormunds zu richten. Den Jungen wurde in einem persönlichen Gespräch mit dem Vormund die Empfehlung für eine geeignete Lehrstelle mitgeteilt. Für die Mädchen bot sich als vordringlichste Aufgabe das Studium der häuslichen Geschäfte an, damit sie sich auf das spätere häusliche Leben vorbereiten konnten. Nach ihrer Entlassung erhielten die Zöglinge eine finanzielle Unterstützung, deren Umfang von den Lehrkosten, den Beiträgen der Stiftungen, den Verwandten und schliesslich auch von der finanziellen Situation des Waisenhauses abhing.

Die Hausordnung des Waisenhauses stellte eine Tischgenossenschaft dar, die von den Zöglingen samt des Waisenvaters und anderen Angestellten gebildet wurde. Nach dieser Ordnung war es den Zöglingen erlaubt, ihr Frühstück in ihren Zimmern zu sich zu nehmen. Das Frühstück bestand aus Milch, Kaffee, Brot oder abwechslungsweise aus Suppe. Vonseiten der Inspektion wurde kontrolliert, ob jeder Zögling täglich durchschnittlich 0,6 Liter Milch, 400–450 Gramm Brot und 100–110 Gramm Fleisch erhielt. Erstaunlich ist, dass jedes Kind zum Mittagessen „ein Glas voll gutem Wein, nach Proportion seines Alters gereicht"[674], erhielt, wenn Fleisch auf dem Speiseplan stand. Sehr wahrscheinlich nahm man Alkohol als Nahrungs- und Stärkungsmittel wahr.

Im Laufe der ersten Hälfte des 19. Jahrhunderts fanden immer mehr Problemkinder aus zerrütteten Familien ihren Platz im Waisenhaus. Um diese zu glücklichen Menschen zu erziehen und den „Schwierigkeiten" des Kindes gegenzusteuern, verwendete man als Massnahme die alltägliche Arbeit. Freizeit hatten die Kinder nur zwischen drei und vier Uhr nachmittags, der Rest des Tages wurde mit körperlicher Arbeit verbracht.[675]

Seit der Bezirk Laufen 1989 zu dem Kanton Basel-Landschaft übertrat, war man bei der Heimerziehung hauptsächlich auf private Initiative angewiesen. Am 4. Dezember 1908 versammelten sich in Laufen „christliche Menschen" zwecks Gründung eines Waisenhausvereins für den gleichnamigen Amtsbezirk, um Waisen sowie arme und verwahrloste Kinder zu unterstützen.[676] Der neu gegründete Verein schuf die Grundlage zuerst für eine Haushaltungsschule und ein Jahr später für das Waisenhaus „Mariahilf" in Laufen.

Dieses Waisenhaus übernahm zu einem gewissen Teil die Funktionen der amtlichen Kinderfürsorge. Gesuche von Eltern zum Zweck der Unterbringung ihrer Kinder wurden direkt über das Waisenhaus abgewickelt. So war es auch im Fall einer Familie, die sich in Laufen als Arbeitskraft aus Italien ausgewiesen hatte. Beide Elternteile waren erwerbstätig. Aufgrund dessen mussten sie im Jahr 1910 ihren dreijährigen Knaben im Waisenhaus platzieren. Das Kostgeld wurde dabei direkt mit dem Verdienst des Vaters bei seinem Arbeitgeber, der Portland-Zement-Fabrik Zwingen, verrechnet, um über eine Garantie für die Bezahlung zu verfügen.[677] Viele Eltern hatten das Kostgeld selbst zu tragen, weil es aufgrund der Höhe ihres Einkommens nicht von der Sorgepflicht der Gemeinde übernommen wurde. Aus diesem Grund war das Waisenhaus in Laufen attraktiv für die armen Familien.

674 Häsler, In fremden Händen (oben Anm. 96), S. 25.
675 StA BS, Armenwesen L.1. Allgemeines und Einzelnes 1782–1901. Bericht über den Zustand des Waisenhauses der Stadt Basel im Jahre 1874 nebst den betreffenden Rechnungen, S. 52.
676 Ott/Schnyder, Daheim im Heim? (oben Anm.605), S. 25.
677 Vgl. Ebd., S. 104.

Darüber hinaus kamen die Kinder auf amtlichem Weg ins Waisenhaus. Durch die Gemeindebehörden des Bezirks Laufen, des Bezirks Thierstein und der Stadt Solothurn gingen zwecks Versorgung bis zu 1930 Kinder ins Heim. Das Waisenhaus „Mariahilf" wurde für Waisen, Arme und verwahrloste Kinder eingerichtet.

Ein wichtiges Merkmal der neuen Armenfürsorge war die praktische Ausbildung von Erziehern aus dem Kreise der Zöglinge. Seit 1908 entwickelten sich die Ausbildungsstätten für Erzieherinnen und Erzieher in der Schweiz. Zugleich entstanden soziale Frauenschulen. Diese Schule war auf den Bereich Haushalt und Familienversorgung ausgerichtet. Die Stifterin des Heims „Mariahilf", die verwitwete Marie Gester-Schumacher (1873–1955), engagierte sich nicht nur für die Waisenanstalt, sondern auch für die Frauenhauserziehung. Aufgrund ihrer eigenen traurigen Familiengeschichte gründete Marie Gester-Schumacher eine Haushaltungsschule, die eine hauswirtschaftliche Ausbildung für Mädchen aus armen Familien anbot.

Der Umstand, dass eine spezielle Anstalt zur Aufnahme von kriminellen und verwahrlosten Mädchen fehlte, und zwar in der Weise, dass ihr Hauptzweck nicht in der Bestrafung, sondern in der Besserung der Mädchen bestand, rief eine Diskussion über eine angemessene Frauenerziehung durch die verschiedenen wohltätigen Gesellschaften hervor. Es muss darauf hingewiesen werden, dass die ersten Versuche der Gründung einer solchen Erziehungsanstalt für Mädchen zu dieser Zeit stattfanden. Am 9. Februar 1858 wurde in Frenkendorf die neue Erziehungsanstalt für arme und verwahrloste Mädchen eröffnet. Laut Bericht des Jahres 1860 waren in der Anstalt 20 Mädchen im Alter von 8 bis 16 Jahren, die aus Basel-Landschaft, Aarau, Bern, Thurgau, Zürich, Glarus, Baden und Württemberg stammten. Sie erlernten dort die Hausarbeit, und nach dem Abschluss wurden die Zöglinge teilweise in den Heimatorten sesshaft oder als Dienstmägde beschäftigt.[678] 1899 wandte sich die Kommission der Pestalozzi-Gesellschaft an den Vorstand der Gemeinnützigen Gesellschaft Basel mit der Petition, eine besondere Anstalt für verwahrloste Mädchen aufzubauen. Nach zwei Jahren stellte sich die Behörde des Landwaisenhauses Basel die Frage, „ob eine Anstalt für Versorgung verwahrloster Mädchen notwendig sei". Als Ergebnis dieser

---

678 StA BS, Privat Archive 594 KK III 14.

Diskussion erliess der Grosse Rat des Kantons Basel-Stadt 1903 ein Gesetz die Errichtung einer kantonalen Erziehungsanstalt für Mädchen betreffend. Die Notwendigkeit dieser Anstalt zeigte das Erziehungs-Departement auf: „Bis jetzt war gar keine derartige Anstalt in Basel vorhanden. Eine sofortige Versorgung von Mädchen ist nötig und jeder Verzug gefährlich. Ferner kommen sehr oft Fälle vor, da eine Versorgung in einer Familie auf dem Land ungenügend ist, weil eine ständige scharfe Beaufsichtigung vorhanden sein muss. In schweren Fällen das Unterbringen von verwahrlosten Kindern in einer rechtschaffenen Bauernfamilie der Anstaltsversorgung vorzuziehen ist."[679] Die kantonale Erziehungsanstalt „Zur guten Herberge" nahm die „gefährdeten" und verwahrlosten Mädchen sowie jugendliche Bestrafte weiblichen Geschlechts im Alter von 8 bis 16 Jahren auf. Die Finanzierung wurde aus dem Kostgeld der Zöglinge, den freiwilligen Beiträgen und Erträgen aus der Landwirtschaft bestritten. Zum Zweck der Ausführung und Überwachung wurde eine Kommission eingerichtet, in die zwei weibliche Mitglieder bestellt werden mussten. 1905 wurde das Anstaltsgebäude „Zur guten Herberge" in Riehen errichtet, das sich jedoch schon bald als nicht gut geeignet für einen Anstaltsbetrieb erwies. Ursprünglich sollte es zur Aufnahme von 26 Zöglingen dienen, tatsächlich aber war nur für 20 Zöglinge ausreichend Raum vorhanden. Gemäss Angabe von 1902 wurden 11 Mädchen in auswärtigen Anstalten und 13 in Familien untergebracht. Der Anstalt wurde das sogenannte Familiensystem zugrunde gelegt, d. h., jeweils zwölf Zöglinge bildeten eine „Familie". Jede Familie hatte einen Schlafsaal, ein Arbeitszimmer, einen Waschraum und einen Kleiderraum zur Verfügung und stand unter der besonderen Aufsicht eines ihr zugeteilten Lehrers. Von allen Zöglingen gemeinsam wurden der Speisesaal, zwei Klassenzimmer, das Krankenzimmer, der Baderaum sowie Liegezimmer und Aborte benutzt. Der Hausvater, Arthur G., der langjährige Erfahrungen mit erholungsbedürftigen Kindern hatte, übernahm 1903 die neue Mädchen-Erziehungsanstalt. Vorher hatte er in Klosterfichten zwölf Jahre mit Jungen gearbeitet. Über die Jahre hinweg war es der Anstalt schliesslich gelungen, genügend Kapazität für 32 Zöglinge zu schaffen.

679 StA BS, Bau-Akten EE 14, Anstalt zur guten Herberge. 1901–1933.

Die Eltern übergaben ihre Töchter der Kantonalen Mädchen-Erziehungsanstalt „Zur guten Herberge“ in Riehen und verpflichteten sich, für die Dauer der Versorgung an die Erziehungsanstalt einen jährlichen Beitrag von ungefähr 350,00 Franken zu überweisen. Mädchen, die in der Anstalt versorgt wurden, hiessen „schwer zu Erziehende“. Die folgende Geschichte gibt eine Vorstellung von den typischen Zöglingen dieser Anstalt. Mit der Familie B.-U. hatte sich die Vormundschaftsbehörde zufällig befasst. Die Veranlassung war ein Urteil des Polizeigerichts vom 9. August 1912, wonach Frau Boller wegen Misshandelns ihrer Kinder zu zwei Tagen Haft verurteilt worden war. Das Appellationsgericht, bei welchem Frau Boller Berufung eingelegt hatte, bestätigte das Urteil der Polizeigerichts und informierte die Vormundschaftsbehörde über den Fall. Gleichzeitig schickte die Schule sehr schlechte Berichte über Marie Boller. Die Lehrer und die Fürsorgerin behaupteten, dass „das Mädchen sich nicht gebessert hat“. Sie erklärten, das Herausnehmen von Marie aus dem bisherigen „Milieu sei dringend notwendig“. „Das Mädchen sei nach wie vor lügenhaft und besitze eine schon aufs Geschlechtliche eingestellte verdorbene Phantasie, sodass hierdurch auch andere Mädchen in Schule und Nachbarschaft äusserst gefährdet seien.“ [680] Folgende Beobachtungen der Lebensweise des Mädchens wurden gemacht: Sie sei nicht in die Schule gegangen und auf der Strasse häufig in Begleitung von Männern gesehen worden. Die Vormundschaftsbehörde beharrte auf einer sofortigen freiwilligen Versorgung des Kindes in der „Guten Herberge“. Nach allen organisatorischen Fragen wurde Marie Boller vorsorglich in die Anstalt „Zur guten Herberge“ gebracht.

Das Mädchen Marie Bitterli, geb. am 25. April 1900 in Solothurn, wurde von seinem Vater durch einen Versorgungsantrag in die Anstalt eingewiesen. Schon früher hatte der Vater Bitterli sich mit einem Versorgungsgesuch an den Frauenverein gewandt. Doch diese ersten Bemühungen waren erfolglos. Man beschrieb das Mädchen zwar als „geistig nicht ganz entwickelt“ und auch körperlich „hinter andern Kindern in seinem Alter zurückgeblieben“, doch die Familiensituation und das „häusliche Milieu“, in dem das Kind und seine Geschwister aufwuchsen, hatte den Kriterien zur Aufnahme nicht

680 StA BS, ED-REG 32a (1) 1, 1910–1950. P. Kinderakten, die 1993 ausgeschieden wurden: Familiennamen mit dem Anfangsbuchstaben B ca. 1939–ca. 1986.

entsprochen. Als sich die Eltern scheiden liessen, wurden von den vier Kindern zwei dem Vater zur Erziehung und zum Unterricht zugesprochen. Auf Anraten des Arztes brachte der Vater seinen Sohn Paul nach Wintersingen zu einem Landwirt in eine Pflegefamilie – dies war eine damals typische Praxis der Fremdplatzierung. Um möglichst wenige Kinder abweisen zu müssen, versorgten seit Beginn des 20. Jahrhunderts die verschiedenen Erziehungsanstalten schwächliche Kinder in Familien auf dem Land. Es wurde ein Vertrag abgeschlossen, wonach sich Herr Bitterli verpflichtete, seinen Sohn bis zum 16. Lebensjahr an dem Versorgungsort zu lassen. Die Pflegeeltern wiederum versprachen, Paul ohne Entgelt bei sich zu behalten und ihm eine angemessene Erziehung zukommen zu lassen. Weniger als ein Jahr später berichtete die Polizei, dass sich Paul wieder bei seiner Mutter befände. Seine Flucht erklärte er mit Misshandlung und Hunger am Pflegeort. Dem Vater allerdings ging die Geduld aus und so wurde der ungehorsame Junge samt seiner Schwester auf Vorschlag des Vaters in Klosterfichten, einer anderen Erziehungsanstalt, untergebracht. Laut der Charakteristik seiner Lehrerin sei er ein „verlogenes Bürschlein", der seinen Pflegeeltern Schaden zugefügt habe.[681] Mit 18 erschien das Mädchen Bitterli in der Pflegefamilie von G. Gysin in Maisprach. Ihr alltägliches Leben dort war von Arbeit auf dem Felde und im Haus geprägt. Sie bat in ihren Briefen an den Vater immer wieder um Geld.

Mädchen, für die nach Ansicht des Armenerziehungsvereins eine Familienerziehung „aussichtslos war", wurden in der Anstalt „Zur guten Herberge" untergebracht. Die Zöglinge sollten, „wenn überhaupt noch Besserung möglich sei, in stramme Behandlung genommen werden, wie sie nur in einer Anstalt möglich ist, wo auch ständige Aufsicht ausgeübt und die Möglichkeit zu weiteren Delikten auf ein Minimum beschränkt werden kann." Die Anstalt öffnete ihre Tore vorzugsweise für Mädchen, deren Eltern tagsüber arbeiten mussten, sodass die Kinder sich selbst überlassen und der Gefahr der Verwahrlosung ausgesetzt waren.

---

681 StA BS, ED-REG 32a (1) 1, 1910–1950. P. Kinderakten, die 1993 ausgeschieden wurden: Familiennamen mit dem Anfangsbuchstaben B ca. 1939–ca. 1986.

Die Erziehung in der Anstalt verlief offensichtlich positiv für die Mädchen, denn noch Jahre später erhielt die „Gute Herberge“ Briefe von ehemaligen Zöglingen, in denen sich diese für die Zeit in der Anstalt bedankten.

Die Arbeits- und Lehranstalt für Töchter der Schwestern Brunner in Schaffhausen, die um 1869 ins Leben gerufen wurde, stellt ein gutes Beispiel der Mädchenbildung im 19. Jahrhundert dar. Den Eltern wurde eine praktische Bildung zu der Haushaltsarbeit vorgeschlagen, die z.B. das Kochen, Glätten, Ausbessern der Lingerie, Weissnähen und die Anfertigung von Kleidern und Modearbeiten umfasste. Neben der praktischen Tätigkeit ging es auch um „Geistesbildung“, worunter Religion, Französisch, Kalligraphie, Geografie und Zeichnen verstanden wurden. Die Anstalt bestand aus fünf Abteilungen, unterschieden nach Preis und Bildungsprogramm, und nahm Zöglinge im Alter von 14 bis 20 Jahren auf. Die Mädchen der teuersten Abteilung für 500,00 Franken pro Jahr übten von 7 bis 12 Uhr Glätten, Ausbessern der Lingerie, Weissnähen, Kleiderfertigen und Modearbeit. An den Wochenenden wurden sie bis 15 Uhr in Rechnen, Deutsch und Geografie unterrichtet, bis 20 Uhr wieder in Französisch. In der fünften Abteilung (200,00 Franken pro Jahr) hatten sich die Mädchen von 7 bis 20 Uhr nur mit häuslichen Arbeiten zu beschäftigen.[682]

Tausende aus armen Verhältnissen stammende schweizerische Kinder waren im 19. und 20.Jahrhundert verdingt worden. Sie wurden als kostenlose Arbeitskräfte auf Bauernhöfe vermittelt. «Das Schicksal der Verdingkinder ist vergleichbar mit Zwangsarbeit im Dritten Reich», sagt Walter Zwahlen, Präsident des Vereins Netzwerk-Verdingt,[683] nur mit dem Unterschied, dass Deutschland diese Zwangsarbeiter entschädigte. Es waren meist arme Betriebe, die Kinder aufnahmen. Sie konnten sich weder Mägde noch Knechte leisten. Jedes Verdingkind war eine willkommene Arbeitskraft. Überdies erhielt man Geld von den Gemeinden. So waren die Kinder gefragte Güter. Bis zum Ersten Weltkrieg wurden sie auf dem Verdingkindermarkt feilgeboten. Die rechtliche Grundlage war unsicher, denn jeder Kanton handelte eigenmächtig. Eine eidgenössische Verordnung fehlte bis 1978. Behörden

682 StA BS, ED-REG 32 a (1), 1 1910–1950, Kinderakten, die 1993 ausgeschieden wurden: Familien mit dem Anfangsbuchstaben B ca 1939–ca. 1986.

683 Zwahlen, Walter. Präsident des Vereins Netzwerk- Verdingt. Sonntagsblick 6. November 2011. 20 Milliarden für Verdingkinder.

bogen die Gesetze zurecht. Das 1877 (eidg. Fabrikgesetz) verabschiedete Arbeitsverbot für Kinder unter 14 Jahren galt in Fabriken, aber nicht für die Landwirtschaft und also auch nicht für Verdingkinder. Die leiblichen Kinder hatten es oft nicht besser. In der arbeitsintensiven Landwirtschaft mussten sie ebenfalls viel mithelfen und hatten oft keine schöne Kindheit. Verdingkinder waren in dieser Hierarchie zuunterst. Sie bekamen die Nöte noch härter zu spüren.

Zusammenfassung

Diese Untersuchung hat Gemeinsamkeiten und Unterschiede zur Lebenssituation der Frauen und Kinder in der Schweiz, insbesondere in den Kantonen Basel-Land und Basel-Stadt, und im Russischen Reich – hier vor allem in der Region Woronesch – aufgezeigt. Erforscht wurden die Struktur der Familie, die Rollenverteilung in der Familie, die Kindererziehung und Kinderpflege sowie die Frauenarbeit.

Seit dem Mittelalter schrieb die Geschlechtsvormundschaft in der Schweiz den Frauen und Männern unterschiedliche soziale Funktionen zu. Hier waren die Auswirkungen dieser Rechtsinstitution je nach Region und Zeit unterschiedlich. Mit der Verehelichung kam die Frau unter die Vormundschaft ihres Mannes. Nach der Aufhebung 1876 im Kanton Basel-Stadt und 1879 im Kanton Basel-Land entschieden sich dennoch einige Frauen, freiwillig bevormundet zu bleiben, um sozial gesichert zu sein. Die Ehe blieb nach der Einführung der Zivilform durch das eidgenössische Zivilstandsgesetz von 1874[684] sowie nach der Revision von 1912 weiterhin einer patriarchalischen Ordnung verpflichtet. Das schweizerische Zivilgesetzbuch (ZGB), das 1912 an die Stelle des kantonalen Privatrechts trat, beseitigte zwar die eheliche Vormundschaft als rechtliche Einrichtung. De facto blieben die verheirateten Frauen in ihrer Handlungsfähigkeit aber massiv eingeschränkt. Das heisst z.B., dass der Mann das Recht besass, seiner Frau eine ausserhäusliche Erwerbstätigkeit zu verbieten. Das Leitbild für den Gesetzgeber war die Vorrangstellung des Mannes gegenüber der Frau. Das Zivilgesetzbuch von 1912 weist der Frau ihre Rolle in der Familie zu, sie musste dem Mann „mit Rat und Tat zur Seite stehen".[685] De jure beseitigte es die eheliche Vormundschaft als rechtliche Einrichtung. De facto blieben

684 Nur Genf (1821), Neuenburg (1853), das Tessin (1855) und Basel-Stadt (1871) kannten schon die obligatorische Ziviltrauung, als die eidg. Räte in Anwendung der neuen Bundesverfassung von 1874 (Art. 54 und 60) die Vereinheitlichung und die Verweltlichung des Zivilstandswesens und der Ehe für die ganze Schweiz beschlossen. In: Alfred Dufour: Eherecht. URL:http://www.hls-dhs-dss.ch/textes/d/D9608.php (Datum des Zugriffs: 1. Februar 2016).

685 Zivilgesetzbuch. „Altes Eherecht" (ZGB 1912). Frauen in der Schweiz. Von den Problemen einer Mehrheit. Materialien zur Geschichten und Politik in der

die verheirateten Frauen dennoch in ihrer Recht- und Handlungsfähigkeit massiv eingeschränkt. Der Ehemann war als Verwalter des eingebrachten Frauenguts zuständig. Gerechtfertigt wurde dies mit der fehlenden Selbständigkeit und Erfahrung der Frau. Die Historikerinnen Regina Wecker und Beatrix Mesmer deuten die Vormundschaft vor allem als ein Mittel, die männliche Verfügungsgewalt über das Familienvermögen zu wahren.[686]

Aufgrund der jahrhundertelangen Tradition des Patriarchats nahmen die Frauen in der russischen Gesellschaft lange eine unterprivilegierte Position ein. Welche Mechanismen trugen dazu bei, um Patriarchalität und eine strikte Hierarchie in der Gesellschaft zu sichern? Die Vorstellungen über das russische Leben, besonders auf dem Land, fanden in den gesellschaftlichen Verhältnissen des 15. und 16. Jahrhunderts ihren Ursprung. Regelungen, die früher als Gesetz erlassen wurden, setzten sich nach deren Aufhebung in der traditionellen Lebensweise fort. Der im 16. Jahrhundert eingeführte Sittenkodex über den Haushalt (Domostroj) regelte de facto die Familienhierarchie bis ins 19. Jahrhundert hinein. Der Frau wurde dabei der unterste Platz im Haus des Ehemannes zugewiesen. Der Staat übertrug dem Hausvater die Macht über die ganze Familie. Die Frau und die Kinder waren dem Mann Gehorsam schuldig und ihm rechtlich nicht gleichgestellt. Sie waren verpflichtet, nie ohne Erlaubnis des Mannes das Haus zu verlassen oder den Wohnort zu wechseln. Die Kreisgerichte (Volostnie Sudi) sorgten für Ordnung. Zu bestrafende Frauen oder ihre Familien erfuhren Sanktionen wie Geldbussen, öffentliche Arbeiten, Verhaftung oder Prügelstrafe. De jure wurde das Leben der Frau weiterhin durch die Universalgesetzgebung über die Bäuerin (russisch = Полный свод законов о крестьянах) geregelt, welche sie als rechtsunfähig bezeichnete.[687] Allerdings war sie in ihren Eigentumsrechten keineswegs vollkommen ihrem Ehemann ausgeliefert. Sie verfügte noch über einen kleinen Besitz – ihre ehemaligen Mitgift-Gegenstände.

Schweiz. Urs Altermatt und Hans Utz(Hrsg.). Bearbeitet von Regina Wecker, Zug 1983. S. 24–25.

686 Wecker, Regina: Geschlechtsvormundschaft im Kanton Basel-Stadt (oben Anm. 39), S. 111; Beatrix, Mesmer: Ausgeklammert-Eingeklammert. Frauen und Frauenorganisationen in der Schweiz des 19. Jahrhunderts, Basel/Frankfurt 1988, S. 30 ff.

687 Полный свод законов о крестьянах Часть 1-ая, 2-ая (oben Anm. 280).

Es war üblich, dass sie ihren Verdienst, den sie aus ihrer Hand- oder Fabrikarbeit erlöste, nicht behalten durfte.

Auf dem russischen Land traf der Familienvorstand alle Entscheidungen in der Familie und der Gemeindeversammlung. Am Ende des 19. Jahrhunderts tauchten neue Elemente im traditionellen System auf, ohne es jedoch grundsätzlich zu verändern. Frauen weigerten sich, mit ihrem Mann zusammenzuleben, und beklagten sich bei Dorfgerichten wegen der entstandenen miserablen Lebenslage in der Familie. Obwohl der zukünftige Mann einer Frau durch deren Familienrat ausgewählt wurde, konnte die Tochter sich manchmal dieser Wahl verweigern. S.V. Voroshilova, Erforscherin des weiblichen Rechts in Russland, weist darauf hin, dass die Meinung der Töchter bei der Partnerwahl im Dorf manchmal berücksichtigt wurde.[688] Übrigens durften Töchter nicht ohne Erlaubnis der Eltern, des Vormunds oder der Pfleger eine Ehe eingehen. Ausserdem blieb in Russland bis tief ins 19. Jahrhundert die Zwangsheirat verbreitet. Diese wurde mit Sittlichkeit begründet und je nach Region unterschiedlich gehandhabt. In den Woronescher Familien der Kleinrussen wurde sie selten durchgeführt.

In der Schweiz dagegen durften die volljährigen Frauen freiwillig eine Ehe eingehen. Ob sie es gegen den Willen der Eltern wagten, hing dann sehr von den persönlichen und familiären Verhältnissen ab. Interessanterweise erwähnt Ryter, dass in der Schweiz im 19. Jahrhundert „Alter als Autorität“ nur auf Männer bezogen wurde.[689] Demnach genossen Männer in der Familienhierarchie mehr Rücksicht als Frauen.

In Russland erteilte die dörfliche Selbstverwaltung (Obschina) bei Erwerbsabwanderung des Mannes der Frau das Hausrecht und gewisse Freiheiten im Alltag, nämlich in folgenden Fällen:

1. Die Frau konnte bei der Vollversammlung das Wort für die ganze Familie erhalten, wenn sie den Haushalt gut führte.
2. Falls der Mann sämtliche für die Existenz der Familie bestimmten Mittel ausgegeben hatte, erteilte das Kreisgericht der Frau eine Wohnbewilligung, damit sie separat von ihrem Mann existieren konnte.

---

688 Ворошилова С. В.: Правовое положение женщин в России в XIX- начале XX вв. : диссертация ... доктора юридических наук, Саратов 2011.

689 Ryter, Als Weibsbild bevogtet (oben Anm. 55), S. 241.

Eine russische Witwe verfügte über die Rechts- und Handlungsfähigkeit. Nach dem Tod des Mannes übernahm sie die Hauptrolle in der Familie und damit die Rechte ihres Mannes. Die Obschina erlaubte der Witwe für den Hof zu sorgen. Sie hatte das Recht, von ihrem Sohn eine finanzielle Unterstützung zu erhalten und verfügte damit lebenslang über ein Grundstück. Kinderlose Witwen hingegen mussten häufig in ihr Elternhaus zurückkehren. Sie hatten nur Rechte an ihrer eigenen Aussteuer.[690]

In der Schweiz genossen die Witwen nach der Aufhebung der Geschlechtsvormundschaft mehr Rechte und Freiheiten als Ehefrauen. Sie hatten Rechts- und Handlungsfähigkeit: Sie konnten ausreisen oder Geschäfte ohne Vormund erledigen. Dafür aber bezeichnete man ihr Leben als trauriges „Los".[691]

Allerdings gab es Vorteile in der russischen gegenüber der schweizerischen Gesetzgebung. Das russische Recht bestimmte den Grundsatz der Trennung des ehelichen Vermögens und sorgte für eine gewisse Unabhängigkeit der verheirateten Frauen bei der Handhabung von Eigentumsfragen. Ihre Handlungsfreiheit blieb jedoch begrenzt. Nach der Charta des Handels konnten verheiratete Frauen nicht verpflichtend Rechnungen ohne die Zustimmung der Ehemänner oder Väter ausstellen, Frauen konnten auch keine Geschäfte erledigen.

Die Unterordnung und Benachteiligung von Frauen gab es in der russischen wie in der schweizerischen Gesellschaft. Am politischen Leben nahmen sie nicht teil, in der Geschäfts- und Wirtschaftswelt traten sie kaum in einflussreicher Stellung in Erscheinung, und sie besassen keine gesetzliche Selbstständigkeit. Allerdings waren Wirtschaft und Familie auf das „weibliche Arbeitstier" angewiesen. Frauen erledigten Haushalt und Heimarbeit ebenso wie die Arbeit in den Werkanstalten oder Fabriken. Der Ehemann vertrat die Familie nicht nur nach aussen, sondern trug auch die Hauptverantwortung für das geistige und leibliche Wohl der Familie. Im Russischen Reich besass er bis 1917 als Oberhaupt seiner Familie die Macht, seiner Frau eine ausserhäusliche Erwerbstätigkeit, eine Reise oder ein Studium zu verbieten.

---

690 Ворошилова, Правовое положение женщин в России в XIX- начале XX вв. : диссертация … доктора юридических наук, S.200.

691 Ryter, Als Weibsbild bevogtet (oben Anm. 55),S. 241.

Die orthodoxe Frau auf dem russischen Land fügte sich traditionellen Regeln. Dies zeigte sich darin, dass sie sich passiv verhielt und keine Anstrengung unternahm, ihre Lage zu verbessern oder am öffentlichen dörflichen Leben teilzunehmen. Sie betrachtete ihre eigene Ehe mehr als Schicksalsgemeinschaft. Frauenvereine entwickelten sich im Wesentlichen nur in Moskau oder Sankt Petersburg. Frauen beteiligten sich auch an der internationalen Frauenbewegung.

Im Gegensatz dazu übten die Frauen in der Schweiz allmählich in grösserem Rahmen Tätigkeiten im Frauenverein aus, trugen zur Entwicklung der Bildung der Landfrauen bei oder spielten eine bedeutende Rolle bei der Entstehung des Vormundschaftssystems für Kinder.

Die Erkrankungshäufigkeit von Frauen, die grosse Kindersterblichkeit und die schlechten Lebensbedingungen wurden in Russland von damaligen Zeitgenossen in Verbindung gebracht mit der Stellung der Frauen in der Familie und ihrer Wahrnehmung durch die Gesellschaft. In den 1880er- und 1890er-Jahren stellte man auf verschiedenen Sitzungen und Konferenzen, die von den ärztlichen Gesellschaften und dem russischen Semstwo veranstaltet wurden, demografische Statistiken vor, die vergleichende Informationen über den Gesundheitszustand sowie über die Wirtschaftslage im europäischen Russland und in europäischen Ländern lieferten. Die Ergebnisse basierten auf Untersuchungen aus westeuropäischen Ländern wie Frankreich, Deutschland, der Schweiz und Schweden. So sind nach Angaben der Russischen Ärztlichen Gesellschaft (Obschestvo Russkich Vrachej) von 1870 bis 1877 in der Schweiz von 1000 Personen durchschnittlich 27 gestorben und 30 geboren worden, während in Russland das Verhältnis 50 zu 37 betrug.[692] Die Berichte über die medizinische Versorgung zeigen, dass im Jahr 1906 auf je 1000 Personen im europäischen Russland 46 Neugeborene und 29 Verstorbene kamen und damit die Bevölkerungszunahme 17 Personen betrug, wohingegen in der Schweiz 28 Menschen geboren wurden und 17 starben, die Bevölkerung hier somit um 11 Personen zunahm.[693] Besondere Aufmerksamkeit schenkten die Ärzte und Landeshauptmänner

---

692 Эйхвальд, К вопросу об уменьшении смертности в России (oben Anm. 250), S. 8.

693 Отчет о состоянии народного здравия и организации врачебной помощи в России за 1906 год, СПб. 1908, S. 6.

(Semskije Natschalniki) der Kinder- und Säuglingssterblichkeit. Der Grund für deren hohe Sterblichkeit in Russland waren die Hungerjahre 1905 bis 1907 und andauernde Cholera- und Typhusepidemien, die vor allem die Woronescher Region betrafen. Die demografischen Unterschiede führte man ausserdem auf soziale, kulturelle und wirtschaftliche Bedingungen zurück, insbesondere auf die Stellung der Frau in der Familie und in der Gesellschaft.

Am Ende des 19. Jahrhunderts ging der Anteil der weiblichen Bevölkerung im Woronescher Gouvernement zurück. Man beobachtete eine hohe Sterblichkeit bei den 28- bis 60-jährigen Frauen. Zwar war der Anteil der männlichen Bevölkerung im Jahr 1883 um 20% geringer als der der weiblichen Bevölkerung, doch änderte sich dies schnell: So überstieg die Zahl der Männer im Jahr 1887 die der Frauen um 15% und im Jahr 1892 um 25%. Anfang des 20. Jahrhunderts sollte die Säuglingssterblichkeit innerhalb der männlichen Bevölkerung diesen Unterschied ausgleichen. Die Schweiz wies in dem Zeitraum 1870 bis 1914 einen Geburtenüberschuss bei den Männern und Frauen auf. Im Jahr 1870 betrug der Geburtenüberschuss der männlichen Bevölkerung 12% gegenüber 13% der weiblichen, im Jahr 1900 waren es 34% gegenüber 31% und im Jahr 1913 waren es in beiden Fällen 38%.[694]

Die folgende Tabelle zeigt, dass bei der Geburt der Anteil von Jungen in der Schweiz über dem Anteil der Mädchen lag. Die hohe Sterblichkeitsrate in der weiblichen Bevölkerung sorgte ausserdem für eine überwiegend männliche Gesamtbevölkerung in der Schweiz.

694 Geburt und Tod 1867–1995: Männer und Frauen. C.5b. Ehe, Geburt und Tod. Historical Statistic of Switzerland online. URL: http://www.fsw.uzh.ch/hstat/nls_rev/ls_files.php?chapter_var=./c (Datum des Zugriffs: 20 Februar 2013).

Tabelle 17: Geburt und Tod: Männer und Frauen[695]

Jahr	Geburten%		Todesfälle%	
	Männer	Frauen	Männer	Frauen
1870	52	48	52	48
1880	51	49	54	46
1900	55	45	51	49
1913	52	48	51	49

Vergleicht man die Eheschliessungen in Russland und in der Schweiz, so sieht man, dass sich in der Schweiz eine Tradition der späten Familiengründung entwickelte. Damit gehörte die Schweiz zu den europäischen Regionen, in denen im 19. und zu Beginn des 20. Jahrhunderts spät geheiratet wurde und eine hohe Ledigenquote dominierte. Dieses Phänomen wird mit dem Schlagwort „European marriage pattern" beschrieben.[696] Die 16- bis 34-jährigen ledigen Frauen machten im Jahre 1910 79,4% sämtlicher unverheirateter Frauen in der Schweiz aus.[697] Im Gegensatz dazu waren im Jahr 1897 im europäischen Russland bis zum 25. Lebensjahr 82% und bis zum 35. Lebensjahr 95% der Frauen verheiratet.[698] Ein wichtiger Grund für das hohe Heiratsalter in der Schweiz war die wirtschaftliche Abhängigkeit der Söhne und Töchter von der Familie. In der schweizerischen Landwirtschaft wurde erst dann geheiratet, wenn man den Hof von den Eltern erhalten hatte. In den Städten geschah dies etwa erst, wenn eine Meisterstelle frei wurde oder sich sonst eine gute Verdienstmöglichkeit bot. Wer sich keinen eigenen Haushalt leisten konnte, musste ledig bleiben. So war die soziale Stellung einer Person aus den Arbeiter- und Bandweberhaushalten von einer Heirat und der Führung des eigenen Haushalts abhängig.

Das kaiserliche Russland wies eine andere Familiensituation auf. Eine Frau, die bis zum 20. Lebensjahr noch nicht verheiratet war, konnte als

---

695 Ebd.

696 Vgl. Höpflinger, Enkelkinder (oben Anm. 85), S. 2.

697 Schweizerische Statistische Mitteilungen, Jahrgang, 1928 (oben Anm. 428), S. 106.

698 Захаров С.В.: Меняющиеся параметры матримониального поведения // Демографическая модернизация России 1900–2000. Под ред. А.Г. Вишневского, М. 2006. S.109.

familienunfähig bezeichnet werden und hatte einen schlechten Ruf. Bis tief ins 20. Jahrhundert fiel Russland durch eine ausgesprochen hohe Heiratsquote auf: Laut der ersten gesamtrussischen Volkszählung von 1897 lebten sämtliche Männer und Frauen im Alter bis zu 50 Jahren in einer Ehe.[699] Während die Frauen in der Schweiz zwischen 25 und 26 Jahren ihre erste Ehe eingingen, heirateten Frauen in Russland früher.[700] Der Grund dafür ist ebenfalls wirtschaftlicher Art. Im russischen Dorf lebte man in einer Grossfamilie, die generationenübergreifend aus verwandten Personen bestand. Das junge Ehepaar hatte keinen eigenen Haushalt und teilte das Haus mit der Familie des Mannes oder der Frau. In der Familie wurde ein Mädchen als Arbeitskraft betrachtet. So hatten die Eltern ein grosses Interesse daran, dass ihre Söhne möglichst bald heirateten. Es war üblich, dass der junge Mann seine Ehefrau mit nach Hause brachte, während die Tochter die eigene Familie verliess, um mit der Familie ihres Ehemannes zu leben. Somit stellte die Ehe zwischen einem 18-jährigen Mann und einer 20-jährigen oder noch älteren Frau keine Seltenheit dar. In der Landwirtschaft wurde die Frau so sehr gebraucht, dass es weit und breit weder ledige, arbeitsfähige Mädchen noch ledige, arbeitsfähige Witwen gab. Auch Witwer suchten schnell eine neue Frau. Die Kirche unterstützte tatkräftig die frühzeitige Eheschließung, um einer vorehelichen „Unzucht" der Frauen und dadurch der Schande eines unehelichen Kindes vorzubeugen. In den russischen traditionell geprägten Landwirtschaftsregionen betrachtete man die Trauung und die Ehe als Sakramente, welche die Grundlage des Lebens bildeten. Die Ehe wurde in der Kirche geschlossen und kaum jemals aufgelöst. 1913 wurden bei 98,5 Millionen Orthodoxen in der russischen Bevölkerung nur 3790 Ehen aufgelöst.[701] Dies galt als schwere Sünde und war nur unter bestimmten Voraussetzungen erlaubt, etwa bei der ungeklärten Abwesenheit oder dem Verlust aller Standesrechte des Ehepartners bzw. der Ehepartnerin. Erst die Frauenbewegung führte dazu, dass es zu Scheidungen im russischen Adel kam. Aufgrund der hohen Sterblichkeitsrate der russischen Bevölkerung war die durchschnittliche Dauer einer Ehe kurz. Am Ende des

699 Вишневский А. Г.: Эволюция российской семьи// «Экология и жизнь» №7, 2008.
700 Höpflinger,Bevölkerungswandel (oben Anm. 84), S. 21.
701 Вишневский, Эволюция российской семьи (oben Anm. 699).

19. Jahrhunderts waren 13,4% der Frauen und 5,5% der Männer bis zum 30. Lebensjahr bereits verwitwet. Der Anteil der verwitweten Frauen unter 60 Jahre betrug 50%.[702]

Die gesellschaftliche Bewertung einer Ehe in der Schweiz unterschied sich stark von jener in Russland. Die Eheschliessung wurde in der Schweiz je nach Konfession in den Kantonen unterschiedlich geregelt. Der Kanton Basel-Stadt führte die obligatorische Zivilehe im Jahr 1871 ein.[703] Das bedeutete, dass die Ziviltrauung vor der kirchlichen Trauung stattfand. Der Kanton Basel-Land kannte wie die Mehrzahl der übrigen Kantone bis 1874 nur die kirchliche Eheschliessung[704]. Die Trauung erfolgte zunächst in einer religiösen Form, bis schliesslich das „Bundesgesetz zur Feststellung und Beurkundung des Zivilstandes und der Ehe" vom 24. Dezember 1874 in Kraft trat. Es führte die obligatorische Zivilehe ein und brachte die allgemeine, konfessionsneutrale Anerkennung der Scheidung, wobei die Regelung der Scheidungsfolgen bei den Kantonen verblieb. Neben dem gemeinsamen Scheidungsbegehren und der tiefen Zerrüttung galten als spezielle Scheidungsgründe Ehebruch, Nachstellung nach dem Leben, schwere Misshandlungen, tiefe Ehrkränkung, Verurteilung zu entehrender Strafe, böswilliges Verlassen und Geisteskrankheit.

Das Schweizerische Zivilgesetzbuch (ZGB) von 1907/1912 führte erstmals ein einheitliches Eherecht für die Schweiz ein. In den reformierten Kantonen, zu denen Basel-Stadt und Basel-Land gehörten, wurden schon nach der Reformation neue staatliche Instanzen zur Behandlung der Eheangelegenheiten geschaffen, die die Scheidung ermöglichten. In Basel hiess dieses obrigkeitliche Gericht Ehegericht, zu dessen Aufgaben auch die Aufsicht über die öffentlichen Sitten gehörte.[705] Basel-Land wandte nach der Landestrennung von 1833 noch bis 1875 die alte Basler Ehegerichtsordnung von 1747 an.

702 Ebd.
703 Die Entwicklung des kantonalen Eherechts seit der Helvetik: In: Zeitschrift für schweizerische Kirchengeschichte = Revue d'histoire ecclésiastique suisse. Band 73, 1979. S. 18.
704 Ebd., S. 23.
705 Ebd.. S. 33.

Die Scheidung an sich stellte aber keine „Sünde“ dar. So wurden Normverstösse im Bereich der Ehe und Sittlichkeit wie etwa „Unzucht“ bestraft, wie es dem kirchlich geprägten Moralsystem aus dem 18. Jahrhundert entsprach. Scheidungsrecht und Zivilehe waren bürgerlichem Gedankengut verpflichtet, das besonders im Kanton Basel als liberal galt. Eine geschiedene Frau in kleinen Dörfern musste allerdings mit offener gesellschaftlicher Ächtung rechnen. Allein wirtschaftlich gesehen waren auch Alleinerziehende mit vielen Schwierigkeiten konfrontiert. Die baselstädtische Ehegerichtsordnung von 1837 kannte nur vier bestimmte Scheidungsgründe: Ehebruch, böswilliges Verlassen, Verurteilung zu einer mindestens vierjährigen Freiheitsstrafe oder zu einer sechsjährigen Landesverweisung infolge Nichterfüllens der ehelichen Pflicht, später kam noch der generelle Scheidungsgrund der Zerrüttung vor.[706]

Der Heilige Synod der Russisch-Orthodoxen Kirche[707] schrieb die lebenslange Treue der Ehegatten sowie die Unauflösbarkeit der orthodoxen Ehe vor, hierbei die Worte des Herrn Jesus Christus anführend: „Was aber Gott verbunden hat, das darf der Mensch nicht trennen“. Nach der Bauernbefreiung durften Frauen im Russischen Reich gesetzlich eine Scheidung verlangen. Einerseits waren solche Situationen Seltenheit, andererseits war eine reguläre Scheidung durch eine kirchliche Behörde nach wie vor nur schwer möglich. Solche Scheidungsgesuche landeten bei dem lokalen Wolost-Gericht, in welchem Bauern diese Angelegenheiten prüften. Das Urteil „Trennung“ – eine informelle Scheidung – wurde auf Grund von Trunksucht, Gewalttätigkeit oder ansteckender Krankheit gefällt.[708] Der Ehebruch galt nicht als Scheidungsgrund. Im Jahr 1913 gab es im Russischen Reich bei einer orthodoxen Bevölkerung von rund 98,5 Millionen

706 Vgl. S. 34.

707 Der Heilige Synod (Священный Синод Русской Православной Церкви) ist ein ständiges Gremium, das sich an der Spitze der orthodoxen Kirchen befindet. Bereits 1721, 132 Jahre nach Gründung des Patriarchats, wurde der Patriarch unter dem westlich denkenden Zaren Peter I. nach deutsch-lutherischem Vorbild durch einen Heiligen Synod ersetzt, der weltlicher Kontrolle unterstand. Hauptmann, Peter/ Sticker, Gerd: Die Orthodoxe Kirche in Rußland. Dokumente ihrer Geschichte (860–1980), Göttingen 1988.

708 Кулишер М.И. Развод и положение женщины, СПб. 1896.

nur 3791 (0,0038%) Ehescheidungen.[709] Im Russischen Reich wurde erst 1918 mit dem Erlass des Dekrets über die Trennung von Kirche und Staat die Eheschließung gemäss Kirchenrecht für nichtig erklärt.

In Russland, wo der Alltag der Bevölkerung stark durch die Kirche geprägt wurde, sowie in der Schweiz, wo Sittlichkeit durch die Gemeinde geschützt wurde, blieb die Scheidungszahl im Untersuchungszeitraum gering.

Interessant ist der Vergleich, aus welchen Gründen ein Recht auf Ehe eingeschränkt werden durfte.

Seit 1860 schützten sich die schweizerischen Gemeinden vor der Unterstützung der Mittellosen oder Familien von Aussenseitern durch das Heiratsverbot, das je nach Kanton ganz unterschiedlich geregelt war. Wer heiraten wollte, musste eine Existenzgrundlage haben. Die Gemeinden im Kanton Basel-Land machten von diesem Recht häufig Gebrauch. Sie verwendeten dieses Sanktionsmittel nicht nur gegen Bedürftige, sondern auch gegen jene, die sich den gesellschaftlichen Normen widersetzt hatten: Trinker, Arbeitsscheue, Bettler und Vaganten. Erst in der Bundesverfassung von 1874 wurde die Eheschliessung als Individualrecht anerkannt und Heiratsverbote aus ökonomischen Gründen untersagt.

Im kaiserlichen Russland sorgte die Kirche für die Einhaltung der sittlichen und moralischen Normen. Die russische Gesetzgebung kannte kein Heiratsverbot. Häufig verbot jedoch die orthodoxe Kirche ihrer Jurisdiktion unterstehenden Personen eine Ehe einzugehen. Solche Situationen entstanden aus religiösem Grund oder infolge eines Scheidungsverbots. Der Ehebruch wurde mit Eheverbot bestraft. Zwar wurde 1904 diese Strafe aufgehoben, dennoch verbot man dem Ehepartner nach weiterem Ehebruch die erneute Heirat.[710]

Trotz der wachsenden Verarmung und der Einführung der allgemeinen Wehrpflicht 1874 blieb die Ehelosigkeit auf dem Land und sogar in der Stadt eine absolute Ausnahme. Im Vergleich mit der Schweiz musste man möglichst früh eine Ehe eingehen. Um aussereheliche Beziehungen auszuschliessen und die Familie mit jungen Arbeitskräften zu versorgen, wurde

---

709 Яненко О. Ю.: Расторжение брака в Российской империи на рубеже XIX—XX вв //Вестник Южно-Уральского государственного университета. Серия: Социально-гуманитарные науки. Выпуск № 1.том 13. 2013, S 194.

710 Шершеневич Г. Ф.: Учебник русского гражданского права, M. 1915.

1830 das frühestmögliche Heiratsalter für Mädchen auf 16 und für Männer auf 18 Jahren festgelegt.[711] Ein Heiratsverbot bestand für Menschen, die über 80 Jahre alt waren. Höchstwahrscheinlich war diese Sanktion wirtschaftlich bedingt.

Die russisch-orthodoxe Kirche war in Russland fest verankert. Ihr Verhältnis zum Staat war seit je her ein fundamental anderes als das der Kirchen in der Schweiz. Die politische Theologie der orthodoxen Kirche prägte das politische Selbstverständnis Russlands. Dies lässt sich durch die folgende Situation illustrieren: Am 12. Juni 1902 wurde in Den Haag die Familienrechts-Konvention unterschrieben. Es handelte sich um ein Abkommen, das das Eherecht, die Vormundschaft über Minderjährige sowie die Entmündigung regelte. Zusammen mit der Schweiz wurde dieses Dokument von Belgien, Deutschland, Frankreich, Luxemburg, Italien, den Niederlanden, Rumänien und Schweden unterschrieben.[712] Russland weigerte sich, sich mit dieser Konvention einverstanden zu erklären. Schon ab 1900 forderte die russische Delegation von den Kongressteilnehmern, die ursprüngliche obligatorische kirchliche Trauung zu belassen. Unter anderem regelte dieses Abkommen eine spezielle Form der Trauung – die sogenannte „diplomatische Heirat",[713] die von den diplomatischen oder konsularischen Vertretern ohne Erlaubnis der Kirche vollzogen wurde. Diese hatte erst Bedeutung, wenn ein Eheverbot bestand. In diesen Belangen waren damals Staat und Kirche – noch bis weit in das Jahr 1917 hinein –verbunden, die Kirche hatte hier uneingeschränkt das Sagen.

In der Schweiz trat 1905 das Abkommen zur „Regelung des Geltungsbereiches der Gesetze und der Gerichtsbarkeit auf dem Gebiete der Ehescheidung und der Trennung von Tisch und Bett", das in Den Haag unterschrieben worden war, in Kraft.[714] Bereits 1906 wurden die Folgen sichtbar: Man beobachtete eine sprunghafte Erhöhung der Zahl von Ehescheidungen in

711 Шершеневич Г. Ф.: Учебник русского гражданского права, М. 1915.

712 Schweizerische Statistische Mitteilungen,. Jahrgang, 1928 (oben Anm. 387), S. 59.

713 Брун М.И.: Гаагские конференции. Энциклопедический словарь. / под ред. проф. И.Е. Андреевского, проф. К.К. Арсеньева, проф. Ф.Ф. Петрушевского. СПб: Ф.А. Брокгауз, И.А.Ефрон. 1890–1907.

714 Schweizerische Statistische Mitteilungen, Jahrgang 1928 (oben Anm. 387), S. 59.

der Schweiz, während das zaristische Russland bis zum Jahr 1917 praktisch keine Scheidungen kannte. Dieses Abkommen legte fest, dass Personen sich nicht mehr in ihrem Heimatort scheiden lassen mussten, sondern sich in ihrem Wohnort scheiden lassen konnten. Im Kanton Basel-Stadt, mit einem hohen Anteil an Ausländern, trugen die Scheidungen innerhalb der ausländischen Bevölkerung zu diesem Anstieg bei. In beiden Basler Halbkantonen stieg die Scheidungszahl nur auf 0,5% an. Bis zum Beginn des 20. Jahrhunderts wurden auch sonst in der Schweiz eher wenige Scheidungen ausgesprochen, da abgesehen von der gesetzlichen Grundlage die Scheidung ebenfalls gesellschaftlich verpönt blieb. Eine Wiederverheiratung nach dem Tod des Ehegatten war in der Schweiz möglich. Die Gesetzgeber legten aber als Zeichen des Respekts gegenüber dem Verstorbenen Wartefristen zwischen drei und neun Monaten fest, vor deren Ablauf eine Wiederverheiratung verboten war.

Die russisch-orthodoxe Kirche erlaubte „nur“, drei Mal eine Ehe einzugehen. Die Familie oder die Verwandten der ledigen Frau wurden als Vormund ernannt. Sie sollten sich um die Heirat der Tochter und um ihre Aussteuer kümmern.[715]

Bis zu Beginn des 20. Jahrhunderts nahm die sogenannte interne Migration zu, d.h. die Bevölkerungsverschiebung zwischen dem ländlichen und dem urbanen Raum aufgrund der Industrialisierung. Das betraf auch die weibliche Bevölkerung. Schweizerische wie russische Landfrauen nahmen Stellen in städtischen Fabriken oder als Dienstboten an. Im Woronescher Gouvernement entfielen auf je 100 Bäuerinnen 7 Beschäftigte in den Fabriken. In der Landwirtschaft betrug der Frauenanteil 1/7, in Werkanstalten und Fabriken 1/5 der gesamten Arbeiterschaft.[716] Der Anteil der Fabrikarbeiterinnen in Basel-Land betrug im Jahr 1905 16%.[717]

In beiden Ländern entstanden nun Bildungsmöglichkeiten für Frauen. Für die russischen Landfrauen galt dies aber nur begrenzt. In Russland erhielten lediglich Kleinbürgerinnen oder Mädchen aus Kaufmannsfamilien

---

715 Канторович, Законы о женщинах (oben Anm. 158), S. 7.

716 Для крестьянина. Сборник сведений полезных в деревенском обиходе (oben Anm.171), S. 21.

717 Meier, Die Industrialisierung im Kanton Basel-Landschaft (oben Anm. 79), S. 456.

eine Bildung z.B. als Hebamme.[718] In der Schweiz dagegen wurde es gefördert, dass eine Landfrau eine Hauswirtschaftsschule besuchte.

Die Verurteilung unehelicher Mütter war in der Schweiz grundsätzlich ähnlich wie in Russland. Die Ehe stellte eine Institution zur Regelung von Geburten und Kindererziehung dar. Unehelich geborene Kinder und deren Mütter hingegen wurden mit verschiedenen Problemen konfrontiert. Illegitimität im Dorf war verbreitet, aber nicht sozial akzeptiert. Ausserehelich geborene Kinder in Russland wurden bis zum Jahr 1917 nicht voll anerkannt. Der erste Schritt, um uneheliche Kinder zu legitimieren, wurde erst 1902 gemacht, als ein entsprechendes russisches Gesetz in Kraft trat. Im Unterschied zum Kanton Basel-Stadt, wo die uneheliche Schwangerschaft ein Strafdelikt darstellte, wurden aussereheliche Schwangerschaften und Geburten in der russischen Stadt Woronesch nicht nur durch das Gesetz bestraft, sondern auch von der Kirche stark verurteilt. Eine Frau, die eine aussereheliche Beziehung einging, musste in den Basler Halbkantonen folgende Konsequenzen hinnehmen: Die Mutter wurde verhört, sie und die Hebamme mussten sich während der Schwangerschaft beim Amt melden. Daraufhin folgten Gerichts- und Strafverfahren. Stigmatisiert waren die unverheirateten Mütter in der Schweiz wie auch in Russland. In Russland hatten beide Eheleute im Hinblick auf die Kinder die gleichen Rechte. Falls es die Mutter nicht billigte, wie mit ihren Kindern umgegangen wurde, hatte sie das Recht, sich beim Kreisgericht zu beschweren.

Das Pflegekinderwesen war ein grosses Thema für die Schweiz, dessen Entstehung und Entwicklung kann den Frauen als Verdienst angerechnet werden. Der 1848 ins Leben gerufene entsprechende Verein bestand fast ausschliesslich aus Frauen, die sich durch die gemeinnützige, wohltätige Arbeit für die Kindererziehung einsetzten. Die später entstandene öffentliche Jugendfürsorge entwickelte sich intensiv durch private Initiative. Im Kanton Basel-Land wurde den Funktionären der Vereine der offizielle Titel „Armeninspektor“ verliehen. Im 20. Jahrhundert übernahmen Gemeinden und Kantone mehrere Funktionen der Kinderfürsorge, mit dem Zivilgesetzbuch von 1907 gingen sie an öffentlich-rechtliche Träger wie Vormundschaftsbehörden oder Jugendämter über. Die Gemeindearmenpflege verpflichtete

718 Канторович, Законы о женщинах (oben Anm. 158).

sich nach dem ersten Armengesetz von 1859, selbstständig den bedürftigen Erwachsenen und Kindern zu helfen. Neben der staatlichen Armenunterstützung engagierten sich auch Privatpersonen, Vereine und Stiftungen. Kinder aus dem Kanton Basel-Land wurden durch den Armenerziehungsverein betreut.

Das Vormundschaftssystem in der Schweiz sowie in Russland entstand durch ein Netz von verschiedenen Erziehungshäusern, Landständeheimen, Sommerkrippen und Waisenhäusern. Die schweizerischen Waisenhäuser und Heime bekamen nicht nur die bessere Unterstützung, sondern zeigten selbst eine grosse Vielfalt. Neu waren für Russland industrielle oder hauswirtschaftliche Anstalten für Mädchen, unter schweizerischen Zeitgenossen waren diese umstritten.

Das Pflegekinderwesen sowie soziale Einrichtungen im russischen Reich entstanden als private Angelegenheiten des Semstwo. In diese 1865 eingerichtete Institution wurden ausser den Vertretern des Staates vor allem Delegierte von Adel und Bauernschaft berufen. Am Anfang zeigten die letzteren entweder passives oder sogar widerständiges Verhalten gegenüber allen Aktivitäten: der Einrichtung von Grundschulen, Waisenhäusern, Volksbibliotheken oder Spitälern. Im Woronescher Gouvernement entwickelte sich die Kinderfürsorge erst nach 1865. Im Jahr 1864 wurden die Provinz-Wohlfahrtsämter (Приказ общественного призрения) aufgelöst und ihre Einrichtungen sowie ihr Vermögen an die neu geschaffenen Selbstverwaltungsorgane übergeben. 1865 beteiligte sich dann in der Woronescher Region der Semstwo freiwillig an den Einrichtungen der Kinderheime.[719] Allerdings zeigte sich, dass die Tätigkeit des Semstwo in diesem Bereich einerseits nur sporadisch und andererseits nicht erfolgreich war. Die neuen Kreisheime entstanden nur dann, wenn bestätigt wurde, dass in der Region eine hohe Säuglingssterblichkeit und viele Kinderkrankheiten herrschten. Die staatlichen Erziehungsanstalten befanden sich im Vergleich zu den Semstwo-Kinderheimen in einem besseren finanziellen Zustand. Ausserdem kümmerte sich die russische kaiserliche Regierung um die staatlichen Erziehungsanstalten. Jedoch war die Tätigkeit der Landhauptmänner der Ausgangspunkt der vormundschaftlichen Fürsorge für die Landbewohner.

719 РГИА .Ф. 759. Оп. 35. Д. 433. Л. 4.

Jene legten mit ihrem Engagement den Grundstein für die wohltätige Arbeit, die Volksverpflegung und das Volksunterrichtswesen auf dem Land, was später stetig ausgebaut, reflektiert und weiterentwickelt wurde. Das Hauptziel der russischen Erziehungsanstalten war die Bekämpfung der hohen Säuglings- und Kindersterblichkeit, während man sich in der Schweiz dafür einsetzte, die Kinder schnellstmöglich in den Arbeitsprozess zu integrieren.

In der zweiten Hälfte des 19. Jahrhunderts verbreitete sich in europäischen Ländern und in Russland die Idee der Pflegefamilie. Als wichtigste Grundlagen dafür dienten die neuen sozialen und pädagogischen Ideen, dass es dem Kind in einer Familie besser gehe als in einem Heim. Ausserdem hatte man auf dem Land keine Wahl. Da sich die Waisenhäuser auf die Städte konzentrierten, gab es in den ländlichen Gebieten bis ins 19. Jahrhundert praktisch keine Anstalten, um elternlose Kinder unterzubringen.

In der Schweiz wurde ein besonderes System der Pflege entwickelt: das Verdingwesen. Kinder, welche nicht von ihren Verwandten versorgt werden konnten, wurden verdingt. Das bedeutete nichts anderes, als dass die Kinder an diejenigen Pflegeeltern gegeben wurden, welche für das Kind am wenigsten verlangten. Die Gemeinde bezahlte den Pflegeeltern das sogenannte Kostgeld. Anfang des 19. Jahrhunderts setzte sich in Europa die Betreuungsform der „Unterbringung in Pflegefamilien" auf dem Land durch. Zugunsten der Pflegefamilien auf dem Land wurden folgende umstrittene Argumente angeführt: Sie waren billiger und die Kinder bekamen mehr Zuwendung, und zwar in einer als gut geeignet angesehenen Umgebung.

Die Unterbringung von Zöglingen aus Waisenhäusern in Pflegefamilien verbreitete sich auch auf dem russischen Land, denn laut der „Einheitlichen Verordnung über russische Bauern" sollten die Waisen unter Vormundschaft stehen oder adoptiert werden. Es zeigte sich aber, dass es entweder gar keine Vormundschaft über die kleinen Kinder gab oder diese nur formell war und „zur Täuschung der Vorgesetzten" diente.[720] Die Siedlungsgemeinschaften genossen völlige Handlungsfreiheit, kümmerten sich nicht um die Kleinen und ihr Eigentum oder ernannten unpassende Personen mit schlechtem Ruf oder Arme als Vormund. Manche Pfleger der Waisen brachten diese zu

720 Тур, Голос жизни о крестьянском неустройстве (oben Anm. 289),S. 76.

Familien, erhielten eine Vorauszahlung und liessen die Kinder dann ohne jegliche Aufsicht im Stich.

Im Gegensatz zu Russland, wo die meisten Eltern oder Verwandten selbst die Entscheidung trafen, ob sie die Kinder in einer Anstalt unterbringen wollten oder selbst erziehen wollten, fand in der Schweiz oftmals eine gewaltsame Wegnahme der Kinder statt: Kinder wurden ihren Eltern entrissen und in Erziehungsanstalten und Pflegefamilien untergebracht. Häufig hatte eine Mutter zu Unrecht einen schlechten Ruf, was in mehreren Fällen die Zwangstrennung von den eigenen Kindern zur Folge hatte.

Ob im Waisenhaus versorgt oder in Familien verdingt – die Kinder wurden selten angemessen betreut. Die Familienplatzierung war in der Schweiz meist beliebt. Es hiess, die Pflegefamilien seien billiger, die Kinder bekämen mehr Zuwendung und sie wüchsen in einer „normalen" Umgebung auf. Schon damals aber zeigte sich, dass das grösste Problem bei diesem Versorgungssystem in der Schweiz wie in Russland darin bestand, geeignete Pflegeeltern zu finden. Eigentlich waren nur Familien aus handwerklichen oder bäuerlichen Schichten bereit, fremde Kinder aufzunehmen, und diese oft kinderreichen Familien waren meistens sehr arm.

Erstaunlich ist, dass in der Schweiz wie in Russland Kinder wegen ihrer hohen Sterblichkeit in Pflegefamilien als „Engel" bezeichnet wurden. Die Bauernfamilien, die die Kinder aus den Pflegeheimen zur Erziehung aufnahmen, nannte man „Engelfabriken", weil die Sterblichkeit der Pflegekinder dort sehr hoch war. Da die armen Bauern auf jede Weise etwas dazuzuverdienen versuchten, nahmen sie für eine kleine monatliche Bezahlung Kinder aus Pflegeheimen auf.

Die „Engelmacherei", unter welcher man den Kindsmord im Allgemeinen versteht, stellte ein Problem für die ganze Schweiz dar. Die Opfer waren Kinder verlassener, unverheirateter Mütter. Unter „gewerbsmässiger Engelmacherinnen" verstand man Frauen, die gegen eine einmalige Abfindungssumme die Adoptiv- oder Pflegekinder durch schlechte, ungenügende Kost und Misshandlung einen langsamen „natürlichen Tod" sterben liessen.[721]

721 StA BL, NA 2080 Erziehung F 15. Verhalten der Jugend ausserhalb der Schule. 1914–1915. Schweizerische Jugendfürsorge 1914 Bern. Der Kinderhandel in der Schweiz und die Massnahmen zu dessen Bekämpfung. Koreferat von B. Bünzli, Lehrerin in St. Gallen, S. 2.

Die schweizerische Öffentlichkeit setzte sich im Jahr 1914 intensiv mit den Ursachen des Kinderhandels auseinander. Wirtschaftliche Verhältnisse verursachten die Zerrüttung der Familie. Als Folge wurde es der sozial verelendeten, kinderreichen Familie verunmöglicht, für die Pflege und Erziehung ihrer Kinder aufzukommen. Die gesellschaftliche Doppelmoral rückte die ausserehelich geborenen Kinder und ihre Mütter in ein schlechtes Licht. Als Konsequenz wurden wirtschaftlich und sozial schwache Frauen gezwungen, ihr Kind auf diese oder jene Art zu beseitigen. Der Mangel und das schlecht organisierte Kost- und Pflegekinderwesen der Kantone begünstigten diese Entwicklung.

In fremden Familien platzierte Kinder nannte man in der Schweiz Kostkinder, Verdingkinder, Güterkinder, Loskinder oder Haltekinder. In Russland bekamen sie keine speziellen Namen, obwohl auch dort die Arbeit der Waisenkinder auf dem Land sehr weit verbreitet war. Verdingkinder waren Kinder aus der Stadt oder aus Landbezirken, die von Armen- oder Waisenbehörden an fremde Familien verkostgeldet wurden. In der Schweiz wurden bei Verdingungen im Einvernehmen mit den Familien in gewissen Fällen die Arbeitsleistung, deren Entschädigung und die Fristen des Aufenthaltes des Kindes in der Familie aufgezeichnet. In Russland sollte die fremde Familie eigentlich für die Erziehung der Kinder zuständig sein. In der Realität setzte man sie aber auch hier als Arbeitskräfte ein. Der russische Semstwo bestätigte, dass nicht nur Waisen, sondern auch eigene Kinder aus Bauernfamilien in dieser Hinsicht ausgenutzt werden konnten. Kinder wurden damals vor allem als Arbeitskräfte wahrgenommen. Dies entsprach dem Zeitgeist. Nach dem Hauptprinzip der Erziehungsanstalten in der Schweiz solte es jedem Kind ermöglicht werden, durch die Erziehung zur Arbeit selbstständig zu werden. Laut der durch die Zeit der Leibeigenschaft geprägten russischen bäuerlichen Moral musste jeder Mensch zu einem „brauchbaren“ Arbeiter für die Gesellschaft werden.

Die Erziehung sollte die Kinder davor bewahren zu verwahrlosen. Doch bei der schlechten Ausbildung, die sie erhielten, konnten sie kaum aus dem mittellosen Stand herausfinden.

Im 19. und zu Beginn des 20. Jahrhunderts herrschten in Russland und in der Schweiz konservative patriarchalische Konzepte, die den Frauen untergeordnete gesellschaftliche Stellungen zuwiesen. Solche Denkweisen stellten im kaiserlichen Russland die Basis der Gesetzgebung dar und wurden seitens des Staates und des Volkes unterstützt. Theoretisch und moralisch basierten diese Konzepte auf christlichen Vorstellungen: Die Frau sei nach dem und für den Mann „geschaffen" und seine Helferin. Dazu galten Frauen in Russland bis zum Anfang des 20. Jahrhunderts als schwächer und weniger intelligent als Männer. Dies waren die Voraussetzungen, warum Frauen und Männer nicht gleichberechtigt waren.

Abgesehen von den neuen Gesetzen, die am Ende des 19. und zu Beginn des 20. Jahrhunderts der Frau erste Rechte verliehen, übte die Kirche im kaiserlichen Russland immer einen starken Einfluss auf die Gesellschaft aus. Diese Situation spiegelte sich innerhalb der Familie wider. Trotz der Entwicklungen im gesetzlichen Bereich versuchte die orthodoxe Kirche, die im 16. Jahrhundert entstandene und im Domostroj beschriebene Familienhierarchie sowie die überlieferten Familienverhältnisse beizubehalten.

In der Schweiz spielte die Kirche zwar eine gewisse Rolle im Ehebereich und sie missbilligte den Ehebruch, jedoch galt hier das Gesetz. Die Einführung der Zivilehe, die in den meisten Kantonen schon vor 1874 realisiert worden war, zeigt das Primat des Staates gegenüber der Kirche. Ehebeschränkungen und Geschlechtsvormundschaft waren nicht religiös begründet, sondern gingen auf Interessen der Gemeinden zurück. Die ledigen Frauen, Witwen und Minderjährigen zu bevormunden galt als „löblicher Gebrauch."[722] Der Vogt musste eine Frau mit „Tat und Rath"[723] unterstützen. In der Schweiz des 20. Jahrhunderts hatte die Ehebeschränkung dann keinerlei Bedeutung mehr.

Der geringe Druck seitens der Kirche und des Staates liess grossen Raum für die Entwicklung von privaten Initiativen etwa in den Bereichen der Kinder- und Frauenversorgung oder der Ausbildung. In Russland hingegen wurden private Initiativen viel stärker vom Staat kontrolliert. Nicht zuletzt infolge der zunehmenden Bürokratie führte dies zu schlechteren Verhältnissen für Frauen und Kinder.

---

722 Auszug aus der Gerichts-Ordnung eines Teils von Kontrakten. In der Vogts-Ordnung für die Stadt Basel, nebst den dahin einschlagenden Gesetzen und Verordnungen. Von Basel-Stadt mit Bewilligung des Stadtrats herausgegeben von der Kanzlei der Stadt Basel 1872, S. 22.

723 Ebd.

Bibliografie

Ungedruckte Quellen

Staatsarchiv Baselland (StA BL)

NA 2080 Erziehung A1: Allgemeines und Einzelnes 1832–1835.

NA 2080 Erziehung A1. Allgemeines und Einzelnes 1835–1869.

NA 2080 Erziehung A1. Zirkulare 1890–1899.

NA 2080 Erziehung A 1. Zirkulare 1909–1910.

NA 2080 Erziehung A1. Zirkulare 1905–1906.

NA 2080 Erziehung A1. Zirkulare 1907–1908.

NA 2080 Erziehung A 1. Zirkulare 1872–1914.

NA 2080. Erziehung A1. Kreisschreiben 1873–1890.

NA 2080. Erziehung A 1. Zirkulare 1911–1913.

NA 2080 Erziehung E1. Lehrerschaft: Personalfrage 1903.

NA 2080 Erziehung H 4.5.3. Primarschule Eptingen: Lehrerinnen und Lehrer 1869–1954.

NA 2064 Armensachen B 3.2 Konferenz der kant. Armendirektion 1906–1949

NA 2064 Armensachen F.1.1. Armenerziehungsverein 1908–1948.

NA 2064. Armensachen F 1.1. Armenerziehungsverein 1888–1902.

Na 2064 Armensachen F 1.2. Armenerziehungsverein 1872–1910. Zöglinge der Armenerziehungsverein 1893–1900.

NA 2080 Erziehung F9. Schulfach: Religionsunterricht und biblische Geschichte. 1910–1957.

NA 2080 Erziehung F10. Gesundheitspflege in der Schweiz 1900–1905.

NA 2080 Erziehung F 15. Verhalten der Jugend ausserhalb der Schule 1851–1913.

NA 2080 Erziehung F15. Kirchendirektion Zirkulare vom 1892.

NA 2080 Erziehung F 15. Verhalten der Jugend ausserhalb der Schule. Aufgaben, Organisation und Ziele der Fürsorge für die schulentlassene Jugend 1914–1919.

NA 2080 Erziehung. F.16.1. Arbeitsbewegung und Schule 1895–1925.

Justiz J 5. Aussereheliche Niederkunft und Vaterschaftssachen, Petitionskommission an den Landrat vom 21. Oktober 1843.

NA 2175 Sanität D. 08.11. Hebammen: Allgemeines 1834–1931

NA 2175 Sanität D. 08.01. Hebammen: Allgemeines 1906– 1919.

NA 2064 Armensahen C1. Jahresberichte der Gemeindearmenpflegen. 1867–1882.

PA 6002 Frauenverein Liestal. C. 01. 1843–1971 Abl. 1994/014 Protokollen.

Staatsarchiv Baselstadt (StA BS)

Handel und Gewerbe AA 15. Jugendarbeit. Kinderarbeit. Jugendschutz. Akten: 1855–1864–1886–1888–1900–1918–1936.

JD-REG 6 Zivilstandsamt, 1868–1992 (Fonds).

ED-REG 32a (1) 1 1910–1950. P. Kinderakten, die 1993 ausgeschieden wurden: Familiennamen mit dem Anfangsbuchstaben B ca. 1939–ca. 1986.

Niederlassung H5. Kostkinder Pflegewesen 1850–1909.

Neues Archiv Armensachen F 1.1. Armenerziehungsverein: Statistiken, Rechnungen statist. Angaben, Berichte, Inspektorat, Staatsbeiträge 1846–1885.

Privat Archive 146 P 14. Archiv der Gesellschaft zur Beförderung des Guten und Gemeinnützigen in Basel. Anstalt für verwahrlosten Mädchen 1899–1900.

Privat Archive 594. KK III 14.

Bau-Akten EE 14. Anstalt zur guten Herberge 1901–1933.

Armenwesen L.1. Allgemeines und Einzelnes 1782–1901.

Armenwesen M 3. Reorganisation des städtischen Armenwesens. Freiwillige Armenpflege. Allgemeine Armenpflege 1907–1920.

Archiv für Agrargeschichte in Bern

Findmittel des Bestandes № 311 Schweizerischer bäuerlicher Dienstbotenverband. 21–02.

Archiv zur Geschichte der schweizerischen Frauenbewegung in Bern

Anderegg, Felix: Die Heranbildung unserer baeuerlichen Hausfrauen und der ländlichen weiblichen Dienstboten im 19. Jahrhundert. Bern 1901.

Guterhofn-Kingg, K.: Unsere Töchter und die Landwirtschaft. Eine Anregung, Luzern 1900.

Schweizerische Bundesarchiv (BAR)

Bundesgesetz betreffend die Arbeit in den Fabriken. (Vom 23. März 1877). Bundesblatt. Band 2. Heft 18. 25–04.1877. Seite 483–494.Ref. No 10 009532.

Die Schweizerischen Landesmuseen

Fotografie. Kinderporträt. 2–4 järiges Kind. H. Wember, Basel. UM 1890–1900. NEG 144284 LM-100610.

Fotografie. Doppelrahmen mit Porträts je zweier Mädchen. J. Jungmann, Basel. UM 1890. NEG 143911 LM-80541.

Porträt. Knabe mit Spielpferd. Fotograf: J.C. Javelle, Basel. Um 1860 Fotoalbom. NEG 141300 LM-101205.15.

Fotografie. Frau mit Schürze. Armut. Basel. Aufnahme vermutlich 1863–1890. DIA 22075. LM-100368.

FR. Broc. Eine Frau auf der Dorfstrasse. Wagen mit Milchsachen. Datiert 1900. COL 7961 LM-1000320.25.

Frauenarbeit. Putzmacherinnen. Probst. Um 1900. COL 3782. LM-100940.

Frauenarbeit. Glätterinnen. Jacob Jucker. Herisau. UM 1860–1870. COL3784. LM 100941.

Fotoalbum „Unser Kind" Robert Philippi 1900–1907. Velerie Philippi. Nachlass Philippi. (2 Teil) Fotoalbum „Unser Kind" mit losen Fotos Totenbett. Keine Datumsangabe. NEG 141304 LM-78545.129.

Fotoalbum „Unser Kind" Robert Philippi 1900–1907. Velerie Philippi. Nachlass Philippi. (2 Teil) Fotoalbum „Unser Kind" mit losen Fotos Totenbett. Keine Datumsangabe. NEG 141302 LM-78545.108.

Russland

Staatsarchivs der Woronescher Region ГАВО (Gosudarstvenij Archiv Voronezhskoj Gubernii- GAVO)

ГАВО Ф. И-84. Оп. 2. Д. 47. Л. 252.

ГАВО Ф. И-84. Оп. 2. Д. 44. Л. 484.

ГАВО Ф. И-84. Оп. 2. Д. 45. Л. 798.

ГАВО Ф. И-84. Оп. 2. Д. 36 (а). Л. 670.

ГАВО Ф. И-20. Оп. 1. Д. 68. Л. 69.

ГАВО Ф. И-20. Оп. 1. Д. 2406. Л. 26.

ГАВО Ф. И-20. Оп. 1. Д. 243. Л. 31.

ГАВО Ф. И-20. Оп. 1. Д.242. Л. 15.

ГАВО Ф. И-20. Оп. 3. Д. 80. Л.49.

ГАВО Ф. И -20. Оп. 3. Д. 90. Л.21.

ГАВО Ф. И-20. Оп. 3. Д 89. Л.61.

ГАВО Ф. И-20. Оп. 1. Д. 853. Л. 183 об.

ГАВО Ф. И-20. Оп. 1. Д. 7792. Л. 36.

ГАВО Ф. И-20. Оп. 1. Д. 7292. Л. 4. Л. 14.

ГАВО. Ф. И-20. Оп. 1. Д. 2899. Л. 59.

ГАВО. Ф. И-20. Оп. 1. Д. 2899. Л. 2, 77, 127 ob.

ГАВО. Ф. И-20. Оп. 1. Д. 7773. Л. 39, 111, 178.

ГАВО. Ф. И-20. Оп. 1. Д. 6779. Л. 472.

ГАВО. Ф. И-20. Оп. 1. Д. 2408. Л. 36.

ГАВО. Ф. И-20. Оп. 1. Д.3056. Л. 47, 48, 56, 80.

ГАВО. Ф. И-20. Оп. 1. Д.3053. Л. 56,175 ob, 178, 211.

ГАВО. Ф. И-19. Оп. 1. Д. 2233. Л.2, 11, 14.

ГАВО Ф. И-19. Оп. 1. Д.1917. Л. 5.

Das russische staatliche historische Archiv РГИА (Rossijskij Gosudarstvenij Istoricheskij Archiv- RGIA)

РГИА.Ф. 759. Оп. 35. Д. 433. Л. 24, Л. 11, Л. 4–5.

РГИА. Ф. 1284. Оп. 241. Д. 143. Л. 234.

РГИА. Ф. 387. Оп. 73. Д. 41826. Л. 65.

РГИА. Ф. 1233. Оп. 1. Д. 32.

РГИА. Ф. 767. Оп. 2. Д. 283. Л.2.

РГИА . Ф. 1405. Оп. 532. Д. 612. Л. 167.

Gedruckte Quellen

Botschaft über die Änderung des Schweizerischen Zivilgesetzbuches (Wirkungen der Ehe im allgemeinen, Ehegüterrecht und Erbrecht) vom 11. Juli 1979 in: Bundesblatt 1979 Band 2. Heft 43.

Der Landwirth vom 14. Dezember 1882. Der Landwirth. Organ des Bauernverein des Kantons Luzern, 15. Jahrgang 1882 Luzern.

Der Landwirth vom 24. August 15. Jahrgang 1882 Luzern.

Die Tuberkulosesterblichkeit in Basel-Stadt 1870–1919. In: Statistisches Jahrbuch des Kantons Basel-Stadt. 1921 Erster Jahrgang. Herausgegeben vom Statistischen Amt Basel 1923, S. 313–319.

Der schweizerische Bauernverband 1897–1922. Festschrift hrsg. zum 25-jährigen Jubiläum des Schweizerischen Bauernverbandes. Verlag des schweizerischen Bauernsekretariates, Brugg 1922.

Fünfter Abschnitt von Schwangerschaften. Neue offizielle Sammlung der Gesetze und Verordnungen des Standes Zürich. Band 2, Zürich 1823. S. 312ff.

Joris, Elisabeth &Witzig, Heidi (Hrsg): Frauengeschichte(n). Dokumente aus zwei Jahrhunderten zur Situation der Frauen in der Schweiz, Zürich 2001.

Gesetz betreffend die Arbeitszeit der weiblichen Arbeit, von 11. Februar 1884, in Sammlung der Gesetze und Beschlüsse wie auch der Polizei – Verordnungen, welche vom 1. Januar 1882 bis 31. Dezember 1887 für den Kanton Basel – Stand erlassen worden, Bd.14. 1887: 218–219 (PDF). Sammlung der Gesetze BS, Bd. 14, 1887, S. 218–219.

Gesetz betreffend den Schutz der Arbeiterinnen, vom 23. April 1888, in: Sammlung der Gesetze und Beschlüsse wie auch die Polizei – Verordnungen, welche vom 1. Januar 1888 bis 31. Dezember 1893 für den Kanton Basel – Stadt erlassen worden, Bd. 15, 1893: 13–16 (PDF) Sammlung der Gesetze BS, Bd. 15, 1893, S. 13–16.

Gesetzt betreffend den Schutz der Arbeiterinnen, vom 27. April 1905, in Sammlung der Gesetzte und Beschlüsse wie auch der Polizei – Verordnungen, welche vom 1. Januar 1901 bis 31. Dezember 1905 für den Kanton Basel –Stadt erlassen worden Bd. 18, 1906: 298–307. (PDF). Sammlung der Gesetz BS, Bd. 18, 1906, S. 300.

Gesetz über die korrektionelle Gerichtsbarkeit für den Kanton Basel, vom 6. Weinmonat 1824, Nr. 28, in Gesetzsammlung Basel, Bd. 6, S. 83ff.

100 Jahre Ziviltrauung in Basel (19. September 1972): Hans Adolf Vögelin. Das Basler Zivilstandsamt von 1872 bis 1936. Ernst Götz. Das Zivilstandsamt Basel-Stadt 1937 bis 1972. In: Basler Stadtbuch 1973, S. 7–44.

Rettungsanstalt auf Klosterfichten . Basel-Stadt Ratschläge 1893, S. 2–14.

Ratschlag betreffend den Bau und Betrieb eines Frauenspitals. Gynäkologisch-geburtshilfliche Anstalt. Dem Grossen Rate vorgelegt den 23. Februar 1893. Basel Stadt Ratschläge. 1893. S. 3–17.

Schweizerische Statistik. 88. 90–92. 94–96 Lieferung 1888–1892, Bern, 1888–1892, S. 216ff.

Schweizerische Statistik 51–55. Bewegung der Bevölkerung in der Schweiz im Jahre 1881, Bern 1883. S. 129., 297–298.

Schweizerische Statistik 66 Lieferung. Eidgenössische Volkszählung vom 1. Dezember 1880. Bewegung der Bevölkerung in der Schweiz im Jahr 1885. Schweizerische Statistik 61–70. S. nach XX, Bern. 1887.

Statistische Mittheilungen des Kantons Basel-Stadt. Bericht über den Civilstand, die Todesursachen und die ansteckenden Krankheiten im Jahre 1878. Basel. 1879,S. 32–34.

Schweizerische Statistik. 66 Lieferung. Die Bewegung der Bevölkerung in der Schweiz im Jahre 1885, Bern 1887, S. XI.

Schweizerische Statistik. 76 Lieferung. Die Bewegung der Bevölkerung in der Schweiz im Jahre 1888, Bern 1889, S. 32.

Statistische Mitteilungen über den Civilstand von Basel-Stadt im Jahre 1871. Trauungen, Basel 1872.

Statistische Mitteilungen über den Civilstand von Basel-Stadt im Jahre 1872. Trauungen, Basel 1873.

Statistische Mitteilungen über den Civilstand von Basel-Stadt im Jahre 1873. Trauungen, Basel 1874.

Statistische Mitteilungen über den Civilstand von Basel-Stadt im Jahre 1874, Basel 1875, S. 29–30.

Statistische Mittheilungen des Kantons Basel-Stadt. Bericht über den Civilstand, die Todesursachen und die ansteckenden Krankheiten im Jahre 1879, Basel 1880.

Schweizerische Statistische Mitteilungen herausgegeben vom Eidgenössischen Statistischen Bureau.X. Jahrgang, 1928. 4. Ehe, Geburt und Tod in der schweizerischen Bevölkerung während der Jahre 1901–1920, Die Eheschliessungen und Scheidungen. Teil 1, Bern1928.

Zivilgesetzbuch. Altes Eherecht. Frauen in der Schweiz. Von den Problemen einer Mehrheit. Materialien zur Geschichten und Politik in der Schweiz. Altermatt/Urs(Hrsg). Bearbeitet von Regina Wecker,, Zug 1983, S. 24–25.

Vogts-Ordnung für die Stadt Basel, nebst den dahin einschlagenden Gesetzen und Verordnungen. Von Basel-Stadt mit Bewilligung des Stadtrats herausgegeben von der Kanzlei der Stadt Basel, 1872, S. 7–29.

Russische Gedruckte Quellen

Брун М.И.: Гаагские конференции. Энциклопедический словарь./ под ред. проф. И.Е. Андреевского, проф. К.К. Арсеньева, проф. Ф.Ф. Петрушевского. СПб: Ф.А. Брокгауз, И.А.Ефрон, 1890–1907.

Статистико – экономический словарь Воронежской губернии/ Под ред. Ф.К. Рындина, Воронеж 1921.

Доклады Воронежской губернской земской управы губернскому земскому собранию очередной сессии 1909 года, Воронеж 1910.

Воронежское земство. Историко – статистический обзор 1865–1889. Под ред. Ф.А. Щербины, Воронеж 1891. S. 501.

Журналы Воронежского губернского земского собрания очередной сессии 1911 г., Воронеж 8–23 января 1912 г., S. 40–60.

Журналы Воронежского губернского земского собрания очередной сессии 1866 г., Воронеж 1867, S. 60–68.

Журналы Воронежского губернского земского собрания очередной сессии 1872 г., Воронеж 1873.

Канторович Я. А: Законы о женщинах, СПб. 1899.

Канторович Я. А.: Женщина в праве. С приложением всех постановлений действующего законодательства, относящегося до лиц женского пола, СПб. 1895.

Канторович Я. А.: Законы о детях. Сборник постановлений действующего законодательства, относящихся до малолетних и несовершеннолетних, с приложением свода разъяснений по кассационным решениям сената, СПб.1899.

Канторович Я. А.:Законы о браке и разводе. Сборник постановлений действующего законодательства, относящихся к союзу брачному и расторжению браков, с приложением свода разъяснений по кассационным решениям сената, СПб. 1899.

Народное здравие. 29 июля 1901 г. №25, СПб.1901, S. 780.

Народное здравие. 29 июля 1901 г. №25, СПб. 1901, S. 781.

Народное здравие. 18 ноября 1901 г. №41, СПб., 1901, S. 783.

Отчет о состоянии народного здравия и организации врачебной помощи в России за 1902 г., СПб. 1904.

Отчет о состоянии народного здравия и организации врачебной помощи в России за 1903 г.,СПб. 1905.

Отчет о состоянии народного здравия и организации врачебной помощи в России за 1904 год, СПб. 1906.

Отчет о состоянии народного здравия и организации, Отчет о состоянии народного здравия и организации врачебной помощи в России за 1905 год, СПб. 1907.

Отчет о состоянии народного здравия и организации врачебной помощи в России за 1906 год, СПб. 1908.

Полный свод законов Российской Империи. Издание неофициальное, заключающее в себе действие 16 томов Свода законов с Продолжениями к ним и дополнительными узаконениями /Под ред. Г.Г. Савина. Том 3, СПб. 1903.

Полный свод законов о крестьянах. Книга для крестьян. Издание неофициальное, новое 2-ое, пересмотренное и с дополнениями в 6 частях. Т.I, Часть 1-ая, 2-ая, Москва 1908.

Полный свод законов о крестьянах. Книга для крестьян. Издание неофициальное, новое 2-ое, пересмотренное и дополнениями в 6 частях. Т II.Часть 3-ая, 4-ая, Москва 1908.

Памятная книжка Воронежской губернии на 1895 год, Воронеж 1895, S. 34–40.

Памятная книжка Воронежской губернии на 1898 год, Воронеж 1898, S. 55–60.

Памятная книжка Воронежской губернии на 1900 год, Воронеж 1900.

Памятная книжка Воронежской губернии на 1901 год, Воронеж 1901, S. 40–44.

Памятная книжка Воронежской губернии на 1902 год, Воронеж 1902.

Памятная книжка Воронежской губернии на 1903 год, Воронеж 1903.

Памятная книжка Воронежской губернии на 1914 год, Воронеж 1914, S. 75–82.

Сборник статистических сведений по Воронежской губернии. Том одиннадцатый. Выпуск I. Бирюченский уезд, Воронеж 1892.

Сборник статистических сведений по Воронежской губернии. Том седьмой. Выпуск II. Оценочные материалы по крестьянскому землевладению Павловского уезда, Воронеж 1895

Сельскохозяйственный обзор Воронежской губернии за 1886 г. I период (зима, весна), Воронеж 1886.

Труды VIII съезда г.г. земских врачей и председателей управ Воронежской губернии. 25-го августа – 3-го сентября 1903 г. Том 2-й. Часть 1-ая и 2-ая.С картограммами и диаграммами, Воронеж 1903, S. 200–288.

Online Quellen

Aussereheliche Geburten nach Kantonen 1867–1995 (1, 2). Ehe, Geburt und Tod. Historical Statistic of Switzerland online. C.23. URL: http://www.fsw.uzh.ch/hstat/nls/ls_files.php?chapter_var=./c (Datum des Zugriffs: 10. Januar 2013).

Geburt und Tod 1867–1995: Männer und Frauen. C.5b. Ehe, Geburt und Tod. Historical Statistic of Switzerland online. URL: http://www.fsw.uzh.ch/hstat/nls/ls_files.php?chapter_var=./c. (Datum des Zugriffs: 20 Februar. 2013).

Wohnbevölkerung nach Kantonen 1798–1990: mittleres jährliches Bevölkerungswachstum (auf 1000 Einwohner) B. 1c URL: http://www.fsw.uzh.ch/hstat/nls/ls_files.php?chapter_var=./b (Datum des Zugriffs: 18. Mai 2013).

Wanderungsbilanz zwischen zwei Volkszählungen nach Kantonen und nach Heimat 1837–1990. E.1a. http://www.fsw.uzh.ch/hstat/nls/ls_files.php?chapter_var=./e (Datum des Zugriffs: 18. Mai 2013).

Wohnbevölkerung der Kantone nach Geschlecht und Zivilstand 1860–1990.

Historical statistic of Switzerland online. B.13. Bevölkerungstand. URL: http://www.fsw.uzh.ch/hstat/nls/ls_files.php?chapter_var=./c. (Datum des Zugriffs: 10. April 2013).

Literaturverzeichnis

Zeitschriften

Basel-landschaftliche Zeitung Nr. 54, 5. Mai 1880.

Basel-Landschaftliche Zeitung №13, 30. Januar 1895.

Sonntagsblick 6. November 2011. 20. Milliarden für Verdingkinder.

Literatur

Alt, Marianna/ Sutter, Eva: „Bethört, verführt, gefallen…“: zur Situation der unverheirateten Mütter in der Stadt Zürich um die Wende zum 20. Jh. In: Ryter Annamarie/ Wecker, Regina /Burghartz, Susanne (Hrsg.): Auf den Spuren weiblicher Vergangenheit. Serientitel: Itinera, Fasc. 2/3. Konferenz: Schweizerisches Historikerinnentreffen 2, 1984, Basel 1985, S. 120–148.

Ariès, Philippe: Die Geschichte der Kindheit, München 1975.

Baumann, Werner: Bauernstandsideologie und Rolle der Bauern in der Schweizer Politik nach der Jahrhundertwende. In: Albert Tanner, Anne-Lise Head-König (Hrsg.): Die Bauern in der Geschichte der Schweiz. Reihe: Schweizerisches Jahrbuch für Wirtschafts- und Sozialgeschichte (vormals Schweizerische Gesellschaft für Wirtschafts- und Sozialgeschichte). Band 10, Zürich 1992, S. 207–218.

Bloch, Marc: Für eine vergleichende Geschichtsbetrachtung der europäischen Gesellschaften. In: Matthias Middell u.a. (Hrsg.). Alles Gewordene hat Geschichte: Die Schule der Annales in ihren Texten 1929–1992, Leipzig 1994, S. 121–167.

Bock, Gisela: Geschichte, Frauengeschichte, Geschlechtergeschichte. In: Geschichte und Gesellschaft 14. Jahrg., H. 3, Sozialgeschichte in der Erweiterung 1988.

Brugger, Hans: Die schweizerische Landwirtschaft 1914 bis 1980. Agrarverfassung, Pflanzenbau, Tierhaltung, Aussenhandel, Frauenfeld 1985.

Brugger, Hans: Die schweizerische Landwirtschaft 1850 bis 1914. Verlag Huber. Frauenfeld. 1978.

Burckhardt, Albrecht: Demographie und Epidemiologie der Stadt Basel während der letzten drei Jahrhunderte 1601–1900, Basel 1908.

Burghartz, Susanne / Ryther, Annamarie: Anmerkungen zur historischen Frauenforschung in der Schweiz. In: Ryter Annamarie/ Wecker, Regina /Burghartz, Susanne (Hrsg.): Auf den Spuren weiblicher Vergangenheit.

Serientitel: Itinera, Fasc. 2/3. Konferenz: Schweizerisches Historikerinnentreffen 2, 1984, Basel 1985.

Bois-Reymond, M. du/Büchner, P./Krüger, H.-H. u.a.: Kinderleben. Modernisierung von Kindheit im interkulturellen Vergleich, Opladen 1994.

Cajanov, Aleksandr V.: Bäuerliche Wirtschaft in der Schweiz. Moskau 1912. Sonderdruck aus der Zeitschrift „Vestnik selskogo hozjajstva" [Bote der Landwirtschaft] 1912. In: Schweizerische Zeitschrift für Geschichte,Vol. 47. 1997, S. 9–26.

Collmer, Peter: Die Schweiz und das Russische Reich 1848–1919: Geschichte einer europäischen Verflechtung, Zürich 2004.

Der Bauernspiegel oder Lebensgeschichte des Jeremias Gotthelf von ihm selbst beschrieben. Walter Muschg Birkhäuser (Hrsg), Basel 1989.

Düring, Sonja: Wilde und andere Mädchen. Die Pubertät, Freiburg 1993.

De Mause, Lloyd: Evolution der Kindheit. In: Lloyd de Mause (Hg.). Hört ihr die Kinder weinen: eine psychogenetische Geschichte der Kindheit. (6. Aufl.), Frankfurt am Main 1989.

Epple, Ruedi/Schnyder, Albert: Die Landwirtschaft des Baselbiets im 19. Jahrhundert, Liestal 1996.

Escher, Nora: Entwicklungstendenzen der Frauenbewegung in der deutschen Schweiz 1850–1918/19. Abhandlung zur Erlangung der Doktorwürde der Philosophischen Fakultät der Universität Zürich. 1985. Vorgelegt von Nora Escher. Angenommen auf Auftrag von Herrn Prof. Dr. P. Stadler, Zürich 1985.

Eckardt, Julius/ Wilhelm, Albert: Russlands ländliche Zustände seit Aufhebung der Leibeigenschaft: Drei russische Urteile, Leipzig 1870.

Felder, Verena: Die Entwicklung vom traditionellen zum modernen Beruf der Hebamme unter Berücksichtigung der Situation der freischaffenden Hebamme heute. In: Ryter Annamarie/ Wecker, Regina /Burghartz, Susanne (Hrsg.): Auf den Spuren weiblicher Vergangenheit. Serientitel: Itinera, Fasc. 2/3. Konferenz: Schweizerisches Historikerinnentreffen 2, 1984, Basel 1985, S. 16–244.

Frevert, Ute: „Mann und Weib, und Weib und Mann": Geschlechter-Differenzen in der Moderne, München 1995.

Frauen. Macht. Geschichte. Zur Geschichte der Gleichstellung in der Schweiz 1848–2000. Die Frauenbewegung von ihren Anfängen bis zum

Ersten Weltkrieg. Hg. Eidg. Kommission für Frauenfragen EKF, Bern 2001.

Frauen auf dem Land. Fotografien von Monique Jacot. Texte von Christophe Gallaz. Nachwort von Charles-Henri Favrod. Aus dem Französischen übersetzt von Barbara Erni und Pierre Imhasly. J. Genoud. Le Mont-sur-Lausanne 1989.

Goehrke, Carsten: Russischer Alltag. Eine Geschichte in neun Zeitbildern vom Frühmittelalter bis zur Gegenwart II. Band: Auf dem Weg in die Moderne 2003.

Gosteli, Marthe (Hrsg)/ Zürcher, Regula (Hrsg): Vergessene Geschichte – Illustrierte Chronik der Frauenbewegung 1914–1963. [Gebundene Ausgabe] 2 Bände, Bern 2000.

Goffman, Erving: Das Arrangement der Geschlechter. In: Goffman, Erving/ Knoblauch, Hubert (Hrsg.): Interaktion und Geschlecht, Frankfurt am Main 1994, S. 105–130.

Grütter, Karin: 'Weil ich fürchtete, aus der Stadt entfernt zu werden ...': Kindstötung in Basel um 1850. In: Ryter, Annamarie/ Wecker, Regina / Burghartz, Susanne (Hrsg.): Auf den Spuren weiblicher Vergangenheit. Serientitel: Itinera, Fasc. 2/3. Konferenz: Schweizerisches Historikerinnentreffen 2, 1984. Basel 1985, S. 106–119.

Gysin-Scholer, Christa: Krank, allein, entblösst. „Drückendste Armut" und „äusserste Not" im Baselbiet des 19. Jahrhunderts, Liestal 1997.

Gysin, Gudrun Piller: Krankheit und Tod. In: Kinderleben in Basel. Eine Kulturgeschichte der frühen Jahre. Historisches Museum Basel Barfüsserkirche, Basel 2005.

Hardmeier, Sibylle: Frühe Frauenstimmrechts-Bewegung in der Schweiz (1890–1930): Argumente, Strategien, Netzwerk und Gegenbewegung 1997.

Haumann, Heiko: Geschichte Russlands, Zürich 2003.

Haumann Heiko/ Baumann, Werner: „...um die Organisation des typischen Arbeitsbetriebes kennenzulernen." Zu Aleksandr Cajanovs Schrift „Bäuerliche Wirtschaft in der Schweiz". In: Schweizerische Zeitschrift für Geschichte. Vol. 47. 1997, S. 4–12.

Häsler, Mirjam: „In fremden Händen." Die Lebensumstände von Kost- und Pflegekindern in Basel vom Mittelalter bis heute. Schwabe Verlag, Basel 2008.

Heretz, Leonid: Russia on the Eve of Modernity: Popular Religion and Traditional Culture under the Last Tsars, Cambridge 2008.

Hermsen, Edmund: Faktor Religion: Geschichte der Kindheit vom Mittelalter bis zur Gegenwart, Köln 2006.

Hohm, Charles: Social Security and Fertility: An International Perspective. Demography 12 No 4.1975.

Höpflinger, François: Enkelkinder und ihre Grosseltern: Intergenerationelle Beziehungen im Wandel, Zürich 2006.

Höpflinger, François: Bevölkerungswandel in der Schweiz. Zur Entwicklung von Heiraten, Geburten, Wanderungen und Sterblichkeit, Grüsch 1986.

Honig, Michael-Sebastian: Entwurf einer Theorie der Kindheit, Frankfurt am Main 1999.

Hunger, Bettina: Diesseits und Jenseits. Die Säkularisierung des Todes im Baselbiet des 19. und 20. Jahrhunderts, Liestal 1995.

Hauswirtschaftliches Bildungswesen in der Schweiz. Referat von Leny Völlmy, Eidgenössische Inspektorin für das hauswirtschaftliche Bildungswesen, gehalten am 6. Februar 1962 in Bern an der Schulungstagung des „Schweiz. Verbandes katholischer Bäuerinnen" in Luzern. Neu bearbeitet im August 1965.

Janner, Sara: Mögen sie Verein bilden. In: 173. Neujahrsblatt für das Gute und Gemeinnützige, Basel 1995.

Jeklin, Ursula: „Während der Dauer ihrer Schwangerschaft liess sie es sich nicht nehmen, an der Bsatzig in St. Peter mitzutanzen." Unterschiedliche Beurteilungen von Müttern und Vätern ausserehelicher Kinder. In: Frauenkulturarchiv Graubünden (Hrsg): Frauen und Geschlechtergeschichte Graubünden. Fremde Frau. Band 4. Das Gedächtnis von Frauen in Graubünden, Zürich 2003.

Kinkelin, Hermann: Die Bevölkerung des Kantons Basel-Stadt am 1. Dezember 1880, Basel 1884.

Kohl, Johann Georg: Reisen vom Inneren von Russland und Polen. Zweiter Teil. Die Ukraine. Kleinrussland. Mit einem Titelkupfer, einem plane der wintermesse in Charkow und einer Karte von Kleinrussland, Dresden/ Leipzig 1841.

Kerstin Konrad, Christine Firk, Peter J. Uhlhaas: Hirnentwicklung in der Adoleszenz: Neurowissenschaftliche Befunde zum Verständnis dieser Entwicklungsphase. In: Deutsches Ärzteblatt International. (Dtsch

Arztebl Int) 2013; 110 (25), S. 425–31. Gudemann, W.-E: Bertelsmann Universal Lexikon, Gütersloh 1987.

Kreis, Georg/ Wartburg, Beat (Hrsg.): Basel – Geschichte einer städtischen Gesellschaft. Vom Anfang des 19. bis zum Anfang des 20. Jahrhunderts, Basel 2000.

Kubli, Sabine/ Meyer, Pascale (Hrsg): Alles was RECHT ist! Baselbieterinnen auf dem Weg zu Gleichberechtigung und Gleichstellung, Liestal 1992.

Krüger, Heinz-Herman/Grunert, Cathleen (Hrsg): Handbuch Kindheits- und Jugendforschung, Opladen 2002.

Kinderleben in Basel. Eine Kulturgeschichte der frühen Jahre. Erscheint anlässlich der Ausstellung „Kinderleben in Basel. Eine Kulturgeschichte der frühen Jahre“ im Historischen Museum Basel, Barfüssekirche, 20 Oktober 2005–13. März 2006: Historisches Museum Basel (Hrsg.), Basel 2005.

Langguth, Heide/Loeber-Pautsch, Uta unter Mitarbeit von Wagner-Hilgendorff, Gis: Arbeiterinnen und Landfrauen. Weiterbildung auf dem Lande. Ein Projektbericht. Bibliotheks- und Informationssystem der Universität Oldenburg, Oldenburg 1983.

Laur, Ernst: Die schweizerische Bauernpolitik im Lichte einer höheren Lebensauffassung. 3 Auflage, Brugg 1918.

Lüthy, Kurt: 160 Jahre Basellandschaftlicher Armenerziehungsverein (AEV) 1848–2008. Zur Geschichte des AEV und seiner Birmann –Stiftung, 2. Auflage, Liestal 2008.

Loo, J.-M. Reinhart, M. (Hrsg): Kinder. Ethnologische Forschungen in fünf Kontinenten, München 1993.

Leuenberger, Marco/Seglias; Loretta: Geprägt fürs Leben. Lebenswelten fremdplatzierter Kinder in der Schweiz im 20. Jahrhundert, Zürich 2015.

Mangold, Fritz: Die Bevölkerung von Basel in Stadt und Land, Basel 1937.

Meier, Martin: Die Industrialisierung im Kanton Basel-Landschaft. Eine Untersuchung zum demographischen und wirtschaftlichen Wandel 1820–1940, Liestal 1997.

Mesmer, Beatrix: Ausgeklammert – Eingeklammert. Frauen und Frauenorganisationen in der Schweiz des 19. Jahrhunderts, Basel/Frankfurt am Main 1988.

Mitterauer, Michael: Ledige Mütter: zur Geschichte illegitimer Geburten in Europa, München 1983.

Mooser, Josef: Die „Geistige Landesverteidigung“ in den 1930er- Jahren. Schweizerische Zeitschrift für Geschichte. Vol. 47. 1997, S. 691–701.

Mooser, Peter: Der Stand der Bauern, Frauenfeld 1994.

Moser, Peter/Gosteli, Marthe: Une paysanne entre ferme, marché et associations. Textes d`Augusta Gilbert-Randin 1918–1940. Studien und Quellen zur Agrargeschichte 1, Baden 2005.

Nah dran, weit Weg. Geschichte des Kantons Basel-Landschaft. Band 5. Armut und Reichtum. 19. und 20. Jahrhundert, Liestal 2001.

Ott, Lukas/ Schnyder, Arlette: Die Geschichte des Waisenhauses „Mariahilf“ im Laufen und seine Entwicklung zum modernen Kinder – und Jugendheim (1908–2008), Liestal *2008*.

Piel, Manuela: Frauen in der Geschichte–Möglichkeiten und Schwierigkeiten für den Geschichtsunterricht, München 2007.

Redolfi, Silke Frauen bauen Staat. 100 Jahre Bund Schweizerischer Frauenorganisationen; 1900–2000, Zürich 2000.

Renfer, Marie: Die Organisation der Landfrauen. Eine vergleichende Studie über die Organisation des Belgischen Bäuerinnenbundes, des ehemaligen Rechtsverbandes Landwirtschaftlicher Hausfrauenvereine und der Schweizerischen Landfrauenvereinigung, Bern: (c.n.) 1936.

Reusser, Ruth: Ehescheidung. Historisches Lexikon der Schweiz. URL: http://www.hls-dhs-dss.ch/textes/d/D7993.php (Datum des Zugriffs: 18. Mai 2013).

Renner, Erich: Kulturtheoretische und kulturvergleichende Ansätze. In: Krüger, Heinz-Hermann; Grunert, Cathleen (Hrsg.): Handbuch Kindheits- und Jugendforschung, Opladen 2002; S. 165–186 .

Ritzmann, Iris: Sorgenkinder. Kranke und behinderte Mädchen und Jungen im 18. Jahrhundert, Köln/Weimar [u.a.] 2008.

Ritzmann, Iris: Kinderkrankheiten und Kindersterblichkeit. Unterschiedliche Blickwinkel früher und heute. In: Paul Hugger (Hg): Kind sein in der Schweiz. Eine Kulturgeschichte der frühen Jahre, Basel 1998, S. 301–317.

Rossier, Ruth: Schweizerische Bäuerinnen. Ihre Arbeit im Betrieb. Eidgenössische Forschungsanstalt für Betriebswirtschaft und Landtechnik, Tänikon 1992.

Rud, Gion: Die Vaterschaftsklage des schweizerischen Zivilgesetzbuches und ihre historische Grundlage, Bern 1912.

Ruppert, Wolfgang (Hrsg): Die Arbeiter. Lebensformen, Alltag und Kultur von der Frühindustrialisierung bis zum „Wirtschaftswunder", München 1986.

Ryter, Annamarie: Als Weibsbild bevogtet. Zum Alltag von Frauen im 19. Jahrhundert. Geschlechtsvormundschaft und Ehebeschränkungen im Kanton Basel-Landschaft, Liestal 1994.

Ryter, Annamarie: Die Geschlechtsvormundschaft in der Schweiz: Das Beispiel der Kantone Basel-Landschaft und Basel-Stadt. In: Ute Gerhard (Hrsg): Frauen in der Geschichte des Rechts: Von der Frühen Neuzeit bis zur Gegenwart, München 1997, S. 495–520.

Schaffner, Martin: Geschichte des politischen Systems von 1833 bis 1905. In: Das politische System Basel-Stadt. Geschichte, Strukturen, Institutionen, Politikbereiche. Burckhardt, Lukas/Frey, René/ Kreis, Georg/ Schmid, Gerhard (Hrsg.), Frankfurt am Main 2004.

Schaffner, Martin: Die Basler Arbeiterbevölkerung im 19. Jahrhundert, Basel/Stuttgart 1972.

Schedewie, Franziska: Selbstverwaltung und sozialer Wandel in der russischen Provinz. Bauern und Zemstvo in Voronez, 1864–1914, Heidelberg 2006.

Schnegg, Kordula: Geschlechtervorstellungen und soziale Differenzierung bei Appian aus Alexandrien. (Philippika. Marburger altertumskundliche Abhandlungen 33), Wiesbaden 2010.

Schneewind, K. A.: Elterliche Erziehungsstile: einige Anmerkungen zum Forschungsgegenstand. In: Herrmann/Schneewind (Hrsg.), Erziehungstilforschung. Theorien, Methoden und Anwendungen der Psychologie elterlichen Erziehungsverhaltens. T. Herrmann & K.-A. Schneewind (Hrsg.), Bern/Stuttgart [u.a.] 1980.

Schnyder, Bernhard: Zivilgesetzbuch (ZGB). Historisches Lexikon der Schweiz. URL: http://www.hls-dhs-dss.ch/textes/d/D30734.php. (Datum des Zugriffs: 1. Februar 2012).

Schoch, Jörg/ Tuggener, Heinrich/ Wehrli, Daniel (Hrsg): Verdingkinder Heimkinder Pflegekinder Windenkinder. Aufwachsen ohne Eltern. Zur ausserfamiliären Erziehung in der deutschsprachigen Schweiz, Zürich 1989.

Scott, Joan W.: Gender: A Useful Category of Historical Analysis. In: The American Historical Review. Vol. 91. No. 5. (Dec. 1986), S. 1053–1075.

Senn, Johann: Zur Berufswahl und Berufsberatung der ländlichen Jugend, Bern 1923.

Simon-Muscheid, Katharina: Das Kind in der Handwerkfamilie. In: Kind sein in der Schweiz. Eine Kulturgeschichte der frühen Jahr, Paul Hugger (Hrsg.), Basel 1998.

Stadler, Anne-Marie: Die Erziehung zur Häuslichkeit: über den Beitrag des hauswirtschaftlichen Unterrichts zur Disziplinierung der Unterschichten im 19. Jahrhundert in der Schweiz. In: Regina **Wecker, Brigitte Schnegg (Hrsg.):** Frauen. Zur Geschichte weiblicher Arbeits- und Lebensbedingungen in der Schweiz. Sonderausgabe der Schweizerischen Zeitschrift für Geschichte. Heft 34, Basel 1984, S. 370–384.

Stern, Bernhard: Geschichte der öffentlichen Sittlichkeit in Russland. Zweite Auflage, Berlin 1908.

Strübin, Eduard: Kinderleben im alten Baselbiet. Quellen und Forschungen zur Geschichte und Landeskunde des Kantons Basel-Landschaft. Band 67, Liestal 1998.

Stucki, Brigitte: Die Rolle der Frauen in der Landwirtschaft Forschungsprojekt im Auftrag des Bundesamtes für Landwirtschaft, Steg Oktober 2002.

Sutter, Gaby: Mütter in der Familienwirtschaft. Historisches Lexikon der Schweiz. URL: http://www.hls-dhs-dss.ch/textes/d/D16101.php (Datum des Zugriffs: 18. Juni 2013).

Sutter Eva: «Ein Act des Leichtsinns und der Sünde». Illegitimität im Kanton Zürich: Recht, Moral und Lebensrealität (1800–1860), Zürich 1995.

Sutter, Eva: Illegitimität und Armut im 19. Jahrhundert: ledige Mütter zwischen Not und Norm. In: Schweizerische Gesellschaft für Wirtschafts- und Sozialgeschichte. Band 7 1989.

Tanner, Albert/ Head-König, Anne Lise (Hrsg.): Die Bauern in der Geschichte der Schweiz (vormals Schweizerische Gesellschaft für Wirtschafts- und Sozialgeschichte). Band 10, Zürich 1992.

Trevisan, Luca. Das Wohnungselend der Basler Arbeitsbevölkerung in der zweiten Hälfte des 19. Jahrhunderts. In: Neujahrsblatt der Gesellschaft für das Gute und Gemeinnützige, GGG (NjBl) 168, Basel 1990.

Trevisan, Luca: Das Wohnungselend der Basler Arbeitsbevölkerung in der zweiten Hälfte des 19. Jahrhunderts, Basel 1989.

Vivelo, Frank Robert: Handbuch der Kulturanthropologie: eine grundlegende Einführung, Stuttgart 1995.

Van Gennep, Arnold: Übergangsriten (Les rites de passage). Frankfurt/Main [u.a.] 2005.

Wecker Regina. Zwischen Ökonomie und Ideologie. Arbeit im Lebenszusammenhang von Frauen im Kanton Basel-Stadt 1870–1910, Zürich 1997.

Wecker Regina: Geschlechtsvormundschaft im Kanton Basel-Stadt. Zum Rechtsalltag von Frauen – nicht nur im 19. Jahrhundert. In: Jaun, Rudolf/ Studer, Brigitte (Hrsg.), Weiblich – männlich. Geschlechterverhältnisse in der Schweiz: Rechtsprechung, Diskurs, Praktiken, Zürich 1995, S. 87–110.

Wecker Regina: Geschlechtsvormundschaft: Zum Rechtsalltag von Frauen – nicht nur im 19. Jahrhundert. In: Basler Zeitung (Magazin) 22. Oktober 1994.

Wecker, Regina: Frauengeschichte – Geschlechtergeschichte. In: Schweizerische Zeitschrift für Geschichte. Vol. 41, Basel 1991, S. 308–319.

Wecker, Regina: Frauenerwerbstätigkeit 1880–1980 oder von der Langlebigkeit der „Sonderkategorie Frau“ auf dem Arbeitsmarkt. In: Barben, Marie-Louise/Ryter, Elisabeth (Hrsg.), Verflixt und zugenäht, Zürich 1988, S. 45–54.

Wecker, Regina: Frauen in der Schweiz. Von den Problemen einer Mehrheit. 2 Bände, Zug 1983.

Wecker, Regina/ Schnegg, Brigitte (Hrsg.): Frauen. Zur Geschichte weiblicher Arbeits- und Lebensbedingungen in der Schweiz, Basel 1884.

Weihaupt, Matthias: Bauern: „Bauern & Bürger“ und Bauernsoldaten. Die ideologische Vereinbahmung der mittelalterlichen Bauer in der nationalen Geschichtsschreibung der Schweiz. In: Albert Tanner, Anne-Lise Head-König (Hrsg.). Die Bauern in der Geschichte der Schweiz . Reihe: Schweizerisches Jahrbuch für Wirtschafts- und Sozialgeschichte (vormals Schweizerische Gesellschaft für Wirtschafts- und Sozialgeschichte). Band 10, Zürich 1992, S. 22–41.

Wirthlin Karadeniz, Claudia: Frauen und dörfliche Öffentlichkeit. Liestal 1993. Manuskript.

Witzig, Heidi: Bäuerlich-ländliche Kindheit. In: Paul Hugger (Hrsg.) Kind sein in der Schweiz. Eine Kulturgeschichte der früheren Jahre. Schweizerische Gesellschaft für Volkskunde, Basel 1998, S. 37–47.

Witzig, Heidi: Kindheit in Arbeiterfamilien. In: Paul Hugger (Hrsg.) Kind sein in der Schweiz. Eine Kulturgeschichte der früheren Jahre. Schweizerische Gesellschaft für Volkskunde, Basel 1998, S. 55–65.

Woodtli, Susanna: Gleichberechtigung: der Kampf um die politischen Rechte der Frau in der Schweiz, Frauenfeld 1983.

Wyser, Otto: Die Einführung der obligatorischen Haushaltungsschule, Olten 1893.

Ziegler, Madeleine: Entwicklung des Irrenwesens in Basel, Solothurn 1933.

Zink, Andrea: Wie aus Bauern Russen wurden. Die Konstruktion des Volkes in der Literatur des russischen Realismus 1860–1880, Zürich, 2009.

Russische Literatur

Афиногенов А. О.: Жизнь женского населения Рязанского уезда в период детородной деятельности женщины и положению дела акушерской помощи этому населению, СПб. 1903.

Богданов Л.: Санитарные очерки Пошехонского уезда, Ярославль 1881.

Веретенников И. В.: Брачность, рождаемость и смертность среди крестьянского населения. (По данным для Землянского и Задонского уездов Воронежской губернии), Тифлис 1898.

Веселовский Г. М.: Воронеж в историческом и современно – статистическом отношении, Воронеж 1866.

Вишневский А. Г.: Ранние этапы становления нового типа рождаемости в России. In: Брачность, рождаемость, смертность в России и СССР. Под ред. А.Г. Вишневского, М. 1977.

Вишневский А. Г.. Эволюция российской семьи. In: «Экология и жизнь» №7, 2008.

Ворошилова С. В.: Правовое положение женщин в России в XIX- начале XX вв.: диссертация доктора юридических наук: 12.00.01 / Ворошилова Светлана Вячеславовна [Место защиты: ГОУВПО «Саратовская государственная академия права»], Саратов 2011.

Воронежская губерния. Крестьянское самоуправление. Волость и сельское общество. Воронеж, S. 10–20.

Гречишникова Л. В./Никончик О. К.: Охрана здоровья женщин и детей. In: Сорок лет советского здравоохранения, М. 1957.

Глебовский С. А./ Гребенщиков В.И.: Детская смертность в России, СПб. 1907.

Георгиевский П.: Смертность младенцев в возрасте от рождения до одного года в 1909, 1910 и 1911 годах в Европейской России, СПб. 1914.

Для крестьянина. Сборник сведений полезных в деревенском обиходе. В память 50-летия освобождения от крепостной зависимости, Воронеж 1911.

Ефименко А. Я.: Народные юридические воззрения на брак. In: Знание, 1874. № 1. S. 2–45.

Ефименко П. С. К истории семейных разделов. In: Киевская старина, 1883. Т.14. № 3, S. 593–598.

Железнов Ф.: Воронежская Деревня. Больше – Верейская волость. Вып. II, Воронеж 1926.

Захаров С. В.: Меняющиеся параметры матримониального поведения. In: Демографическая модернизация России 1900–2000. Под ред. А.Г. Вишневского, М. 2006. S. 109.

Заленский Э. Я.: Из записок земского врача, Псков 1908.

История нашего края.Под ред. В.П. Загоровского/Ф.С. Олейника, Е.Г. Шуляковского, Воронеж 1969.

Крестьянство как свободное сословие, М. 1905, S. 48.

Кулишер М. И.: Развод и положение женщины, СПб. 1896.

Кузнецов Я. О.: Положение членов крестьянской семьи по народным пословицам и поговоркам, СПб. 1909.

Куркин П. И.: Детская смертность в Московской губернии и ее уездах в 1883–1897 гг. С приложением очерка о детской смертности в волостных районах в 1896–1900 гг., М. 1902.

Кузьмин В. Ю.: Власть, общество и земская медицина. 1864–1917 гг., 2003.

Кизеветтер А. А.: Исторические очерки, М. 1912.

Лазовский В. С.: Личные отношения супругов по русскому обычному праву. In: Юридический вестник, 1993, № 6–7, S. 358–414.

Лудмер Я. А. Бабьи стопы (из заметок мирового су-дьи). In: Юридический вестник, 1884. № 11. S. 446–467; № 12. S. 658–679.

Мескина, О. А.: История сельского населения Воронежской губернии 1861–1913 гг.:Санитарно-демографический аспект: автореферат дис. Кандидата исторических наук : 07.00.02 / Воронеж. гос. пед. ун-т, Воронеж 2006.

Мескина О. А. Некоторые аспекты влияния российской революционности на швейцарский консерватизм. In: Материалы XXIII Всероссийской научной конференции Санкт- Петербург. 13–14 Май 2008, Санкт – Петербург 2008, S. 195–198.

Мескина О. А.: История сельского населения Воронежской губернии 1861–1913гг: Санитарно-демографический аспект. Воронеж, 2012.

Мартынов С. В.: с. Малышево, Саратов 1903.

Миронов Б. Н.: Традиционное демографическое поведение крестьян в XIX– начале XX вв. In: Брачность, рождаемость, смертность в России и СССР. Под ред. А.Г. Вишневского, М. 1977.

Николаевский И.: Описание Воронежской губернии, Воронеж 1909.

Олихов С. Г. К вопросу о плодовитости крестьянок Кинешемского уезд. In: Земский врач, 1890. № 52.

Покровский Ф.: О семейном положении крестьянской женщины в Костромской губернии по данным волостного суда. In: Живая старина. Год шестой, отд. I, СПб. 1896.

Привалова Т. В.: Быт российской деревни в 60-е годы XIX – 20-е гг. XX вв. Медико – санитарное состояния Европейской России, Москва 2000.

Пушкарева Н.: Русская женщина: история и современность, М. 2002.

Пушкарева Н: Женская история в России: приоритеты, направления, методы. In: Женщины в российском обществе, 1996. № 4. S. 11–24.

Пушкарева Н.: Женщина в русской семье (X начало XX вв.). In: Русские: народная культура (история и современность), М. 2000, S. 41–54.

Россия и Базель. К 700-летию истории швейцарского государства. Архимандрит Августин (Никитин). http://ricolor.org/europe/szveizaria/mp/avg/. (Datum des Zugriffs: 8. Märzt 2013).

Россия. Полное географическое описание нашего Отечества. Настольная и дорожная книга для русских людей. Под ред. В.П. Семенова, Изд. А.Ф. Девриена, т. 2. Среднерусская черноземная область, СПб. 1902.

Сборник сведений для изучения крестьянского быта сельского населения России. Вып. I. М., 1889.

Смертность детей в возрасте 0–15 лет в Санкт – Петербурге за 1881–1890 гг. На статью доктора медицины Д.М. Филиппова, S. 270–273.

Семенова–Тянь – Шанская О.П.: Жизнь «Ивана». Очерки из быта крестьян одной из черноземных губерний, СПб. 1914.

Тезяков Н. И.: Заболеваемость населения Воронежской губернии в 1898 году, Воронеж 1899.

Тезяков Н. И.: Старый больничный вопрос г. Воронежа. In: Медицинская беседа. № 22., Воронеж 1898.

Тарадин И.: «Золотое дно». Экономика, культура, история, культура и быт волости Центрально – черноземной области, Воронеж 1928.

Тарадин И.: Слобода Ровеньки. Монографический очерк, Воронеж 1926.

Тур К. И.: Голос жизни о крестьянском неустройстве (По поводу работы, учрежденной при МВД комиссии по пересмотру крестьянского законодательства), СПБ. 1898.

Ткачев Т. Я.: Воронежская деревня в социально – гигиеническом отношении. Очерк, Воронеж 1928.

Тяжелов П. П.: Экономическое и политическое положение крестьян Воронежской губернии накануне революции 1905–1907 гг. In: Известия ВГПИ. Т.XII. Вып.1, Воронеж 1950.

Успенский В. П.: Общий обзор деятельности яслей – приютов в Воронежской губернии летом 1900 г. Труды совещания при Воронежской губернской управе земских врачей, Воронеж 1901, S. 3–27.

Никитенко В. П.: Детская смертность в Европейской России 1893–1896 гг., СПб. 1901.

Фурсов В. Н.: Крестьянское движение в Воронежской губернии в 60–70-е годы XIX века (социально – психологические аспекты), Воронеж 1984.

Фурменко И. П.: Очерки истории здравоохранения Воронежского края. Часть I, Воронеж 1968.

Харламов И: Женщины в русской семье. In: Русское богатство 1880. № 3, S. 59–107; № 4, S. 57–111.

Шингарев А. И.: Вымирающая деревня, СПб. 1907.

Шингарев А. И.: г. Воронеж. Санитарное положение, Воронеж 1901.

Шингарев А. И.: Положение женщины в крестьянской среде. In: Медицинская беседа, № 10 1889.

Шевченко М. М.: Помещичьи крестьяне Воронежской губернии накануне и в период падения крепостного права: Автореферат диссертации на степень канд. ист. Наук, Воронеж 1956.

Шепетов Н. И.: Из жизни крепостных крестьян России XVIII–XIX вв., М. 1963.

Шершеневич Г. Ф.: Учебник русского гражданского права, М. 1915.

Щапов И. А.: Значение народной женщины в антропологическом и социальном развитии русской народности. In: Щапов А. П.: Сочинения, Т. 2, СПб. 1906, S. 31–55.

Эндерлайн Э.: Русские женщины в Швейцарии в XIX веке. In: Российские женщины и европейская культура: материалы V конференции, посвящённой теории и истории женского движения. Сост. и отв.ред. Г.А. Тишкин, СПб. 2001.

Эйхвальд Э. Э.: К вопросу об уменьшении смертности в России, СПб. 1887. S. 24–35.

Anhang 1

Bild 1: Kinderarbeit.[724]

№ 3. Zürich, März 1906 XII. Jahrgang.

Der Neue Postillon

Humoristisch-satirisches Monatsblatt der schweizerischen Arbeiterschaft.

Abonnement: Schweiz jährlich Fr. 2.40, halbjährlich Fr. 1.20; Ausland jährlich Fr. 3.—, halbjährlich Fr. 1.50. Bei der Post bestellt 10 Cts. Zuschlag.

O schöne Zeit, o goldne Zeit.

Die Proletarierjugend in der kapitalistischen Tretmühle.

724 Schweizerisches Landesmuseum. NEG 136584 LM-72487 Zeitschrift, Der Neue Postillion, 3, 1906. Vorderseite: Kinderarbeit.

Bild 2: Kinderporträt.[725]

725 Die Schweizerischen Landesmuseen. Fotografie. Kinderporträt. 2–4-jähriges Kind. H. Wember, Basel. UM 1890–1900. NEG 144284 LM-100610.

Bild 3: Kinderporträt.[726]

726 Die Schweizerischen Landesmuseen. Fotografie. Doppelrahmen mit Porträts je zweier Mädchen. J. Jungmann, Basel. UM 1890. NEG 143911 LM-80541.

Bild 4: Porträt.[727]

727 Die Schweizerischen Landesmuseen. Porträt. Knabe mit Spielpferd. Fotograf: J.C. Javelle, Basel. Um 1860 Fotoalbom. NEG 141300 LM-101205.15.

Anhang 2

a. Karte der Schweiz mit Angaben der Kantons- und der Bezirksgrenzen. Die Mehreinwanderung oder Mehrauswanderung jeden Bezirkes zwischen den beiden Volkszählungen vom 1. Dez. 1880 und vom 1. Dez. 1888.[728]
b. Karte der Schweiz mit Angaben der Kantons- und der Bezirksgrenzen. Die Häufigkeit der Verehelichung für die einzelnen Bezirke dargestellt nach der Ergebnissen der Volkszählung vom 1. Dez. 1888.[729]
c. Karte Die Kindersterblichkeit in der Schweiz 1876–1880.[730]
d. Karte. Die Sterblichkeit während des ersten Lebensjahres 1876–1885.[731]
e. Karte. Die Dichtigkeit der Bevölkerung im Jahr 1880.[732]
f. Karte der Schweiz mit Angaben der Kantons- und der Bezirksgrenzen. Die Verteilung der Bevölkerung jeden Bezirks auf die Confesionen nach der Ergebnissen der Volkszählung vom 1. Dez. 1888.[733]
g. Karte. Das Gouvernement Woronesch. 1822.[734]

728 Die Schweizerischen Landesmuseen. Fotografie. Kinderporträt. 2–4 järiges Kind. H. Wember, Basel. UM 1890–1900. NEG 144284 LM-100610.
729 Die Schweizerischen Landesmuseen. Fotografie. Doppelrahmen mit Porträts je zweier Mädchen. J. Jungmann, Basel. UM 1890. NEG 143911 LM-80541.
730 Die Schweizerischen Landesmuseen. Porträt. Knabe mit Spielpferd. Fotograf: J.C. Javelle, Basel. Um 1860 Fotoalbom. NEG 141300 LM-101205.15.
731 Schweizerische Statistik. 88. 90–92. 94–96 Lieferung. 1888–1892, Bern, 1888–1892, S. 216.
732 Schweizerische Statistik. 88. 90–92. 94–96 Lieferung. 1888–1892, Bern, 1888–1892, S. 217.
733 Schweizerische Statistik 55. Lieferung. Bewegung der Bevölkerung in der Schweiz im Jahre 1881, Bern 1883, S. 129.
734 Voronezhskij Kraj- Heimatkundliche Info. URL: http://vedge.ru/maps/ (Datum des Zugriffs: 20. Juni 2013).

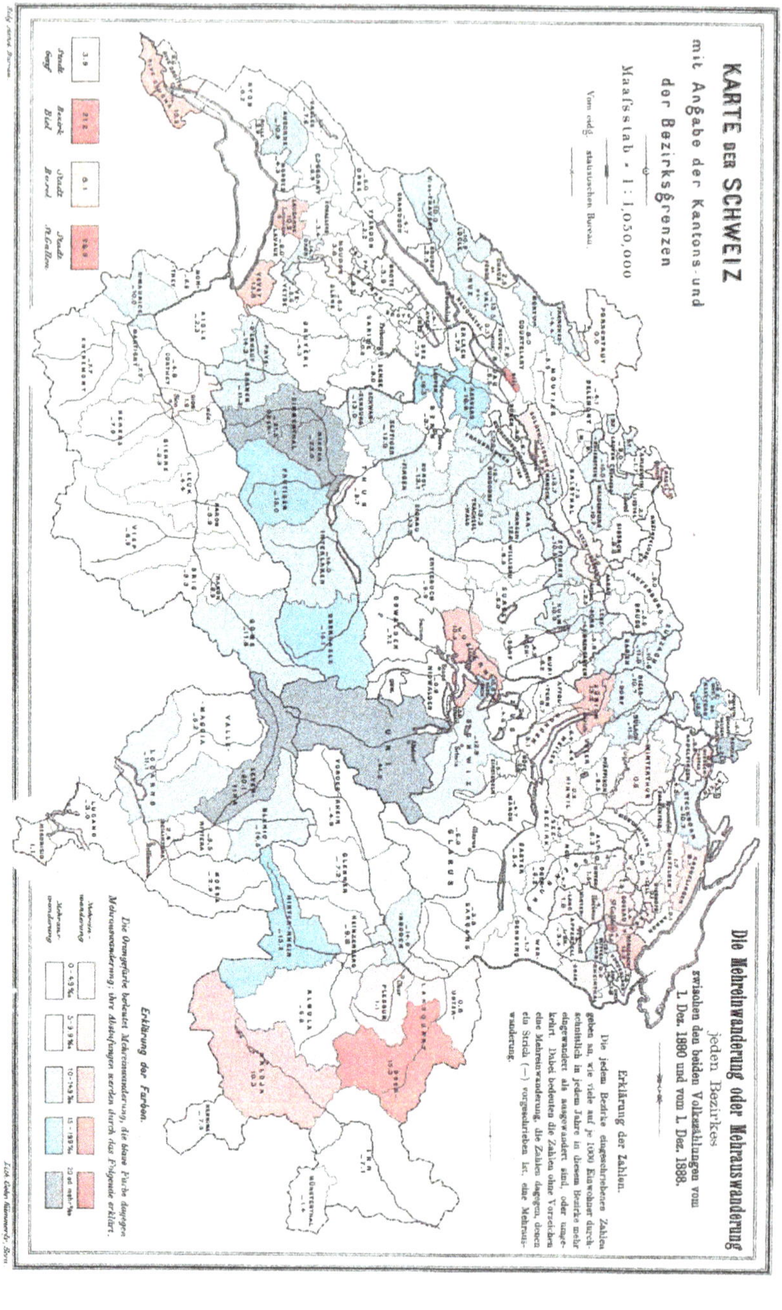
KARTE DER SCHWEIZ
mit Angabe der Kantons- und
der Bezirksgrenzen
Maafsstab - 1 : 1,050,000
Vom eidg. statistischen Bureau.
Die Mehreinwanderung oder Mehrauswanderung
jeden Bezirkes
zwischen den beiden Volkszählungen vom
1. Dez. 1880 und vom 1. Dez. 1888.
Erklärung der Zahlen.
Die jedem Bezirke eingeschriebenen Zahlen geben an, wie viele auf je 1000 Einwohner durchschnittlich in jedem Jahre in diesem Bezirke mehr eingewandert als ausgewandert sind, oder umgekehrt. Dabei bedeuten die Zahlen ohne Vorzeichen eine Mehreinwanderung, die Zahlen dagegen, denen ein Strich (—) vorgeschrieben ist, eine Mehrauswanderung.
Erklärung der Farben.
Die Orangefärbe bedeutet Mehreinwanderung, die blaue Farbe dagegen Mehrauswanderung; ihre Abstufungen werden durch das Folgende erklärt.
Mehrein-wanderung
Mehraus-wanderung
0 - 4.9 ‰
5 - 9.9 ‰
10 - 14.9 ‰
15 - 19.9 ‰
20 od. mehr ‰
3.9
Stadt Genf
21.2
Bezirk Biel
6.1
Stadt Basel
26.9
Stadt St. Gallen
Lith. Gebr. Kümmerly, Bern

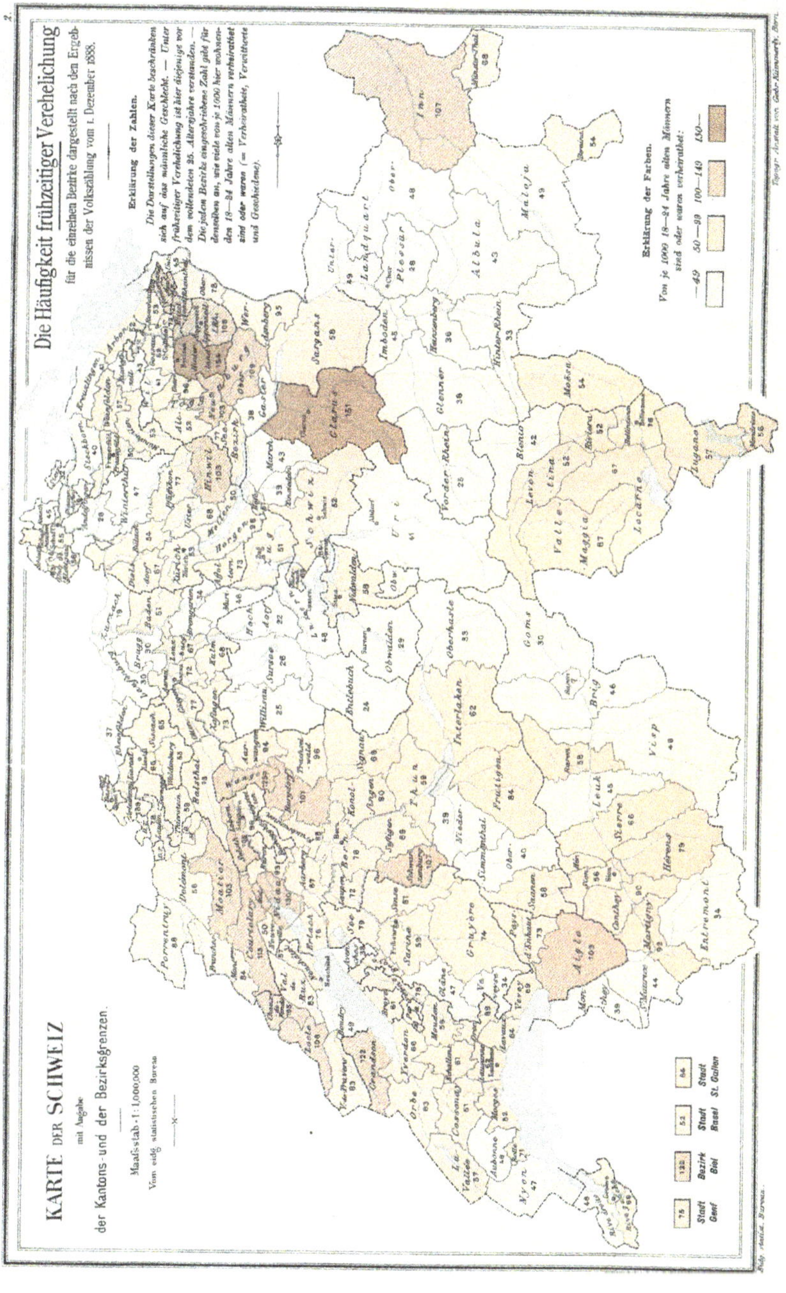
Die Häufigkeit frühzeitiger Verehelichung
für die einzelnen Bezirke dargestellt nach den Ergebnissen der Volkszählung vom 1. Dezember 1888.
Erklärung der Zahlen.
Die Darstellungen dieser Karte beschränken sich auf das männliche Geschlecht. — Unter frühzeitiger Verehelichung ist hier diejenige vor dem vollendeten 25. Altersjahre verstanden. — Die jedem Bezirk eingeschriebene Zahl gibt für denselben an, wie viele von je 1000 hier wohnenden 18—24 Jahre alten Männern verheirathet sind oder waren (= Verheirathete, Verwittwete und Geschiedene).
Erklärung der Farben.
Von je 1000 18—24 Jahre alten Männern sind oder waren verheirathet:
—49
50—99
100—149
150—
KARTE DER SCHWEIZ
mit Angabe
der Kantons- und der Bezirksgrenzen.
Maafsstab 1:1,000,000
Vom eidg. statistischen Bureau

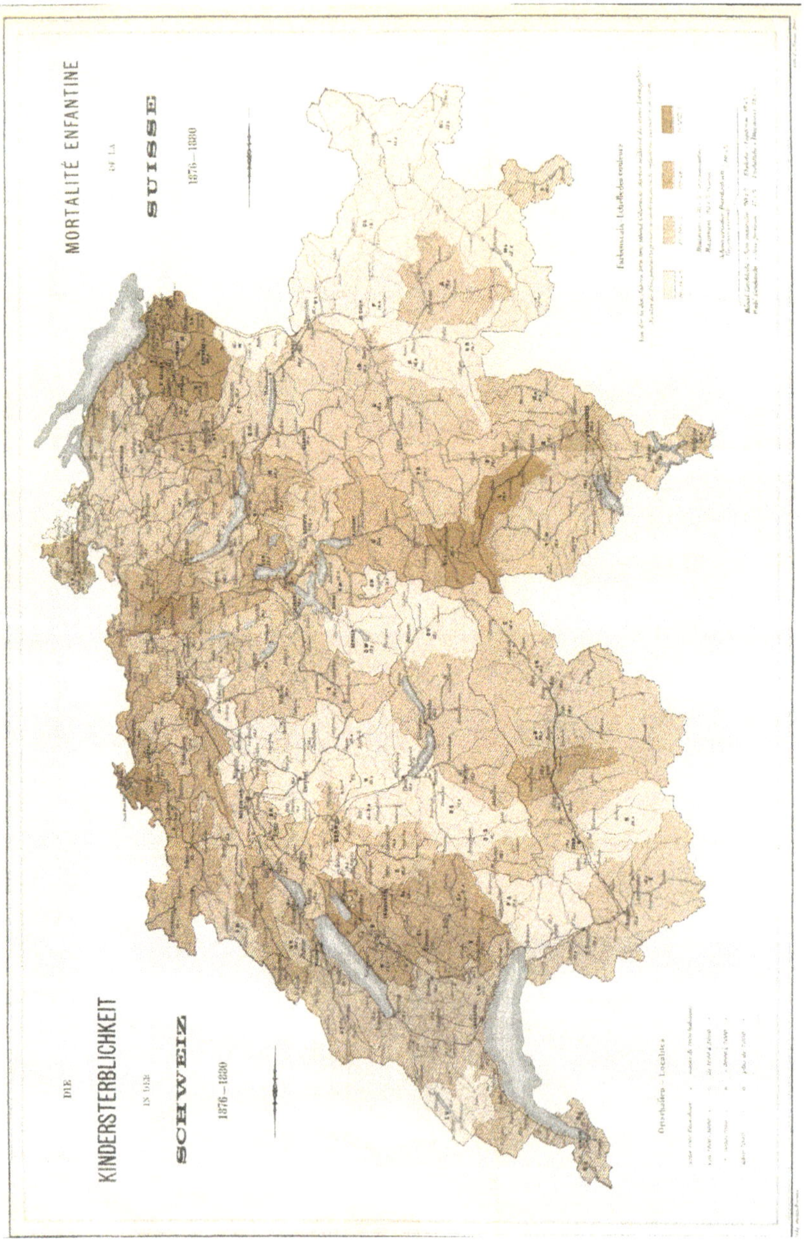
MORTALITÉ ENFANTINE
DE LA
SUISSE
1876–1880
DIE
KINDERSTERBLICHKEIT
IN DER
SCHWEIZ
1876–1880

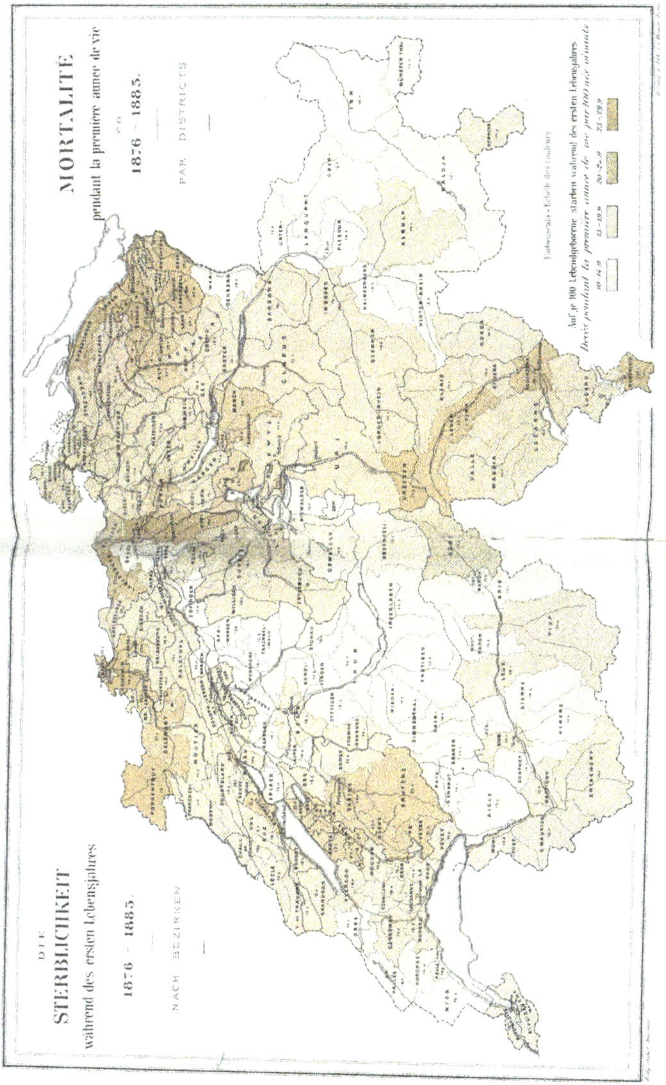
DIE
STERBLICHKEIT
während des ersten Lebensjahres
1876 - 1885.
NACH BEZIRKEN
MORTALITÉ
pendant la première année de vie
en
1876 - 1885.
PAR DISTRICTS
Farbenscala - Echelle des Couleurs
Auf je 100 Lebendgeborene starben während des ersten Lebensjahres
Décès pendant la première année de vie par 100 nés vivants
10-14.9
15-19.9
20-24.9
25-29.9

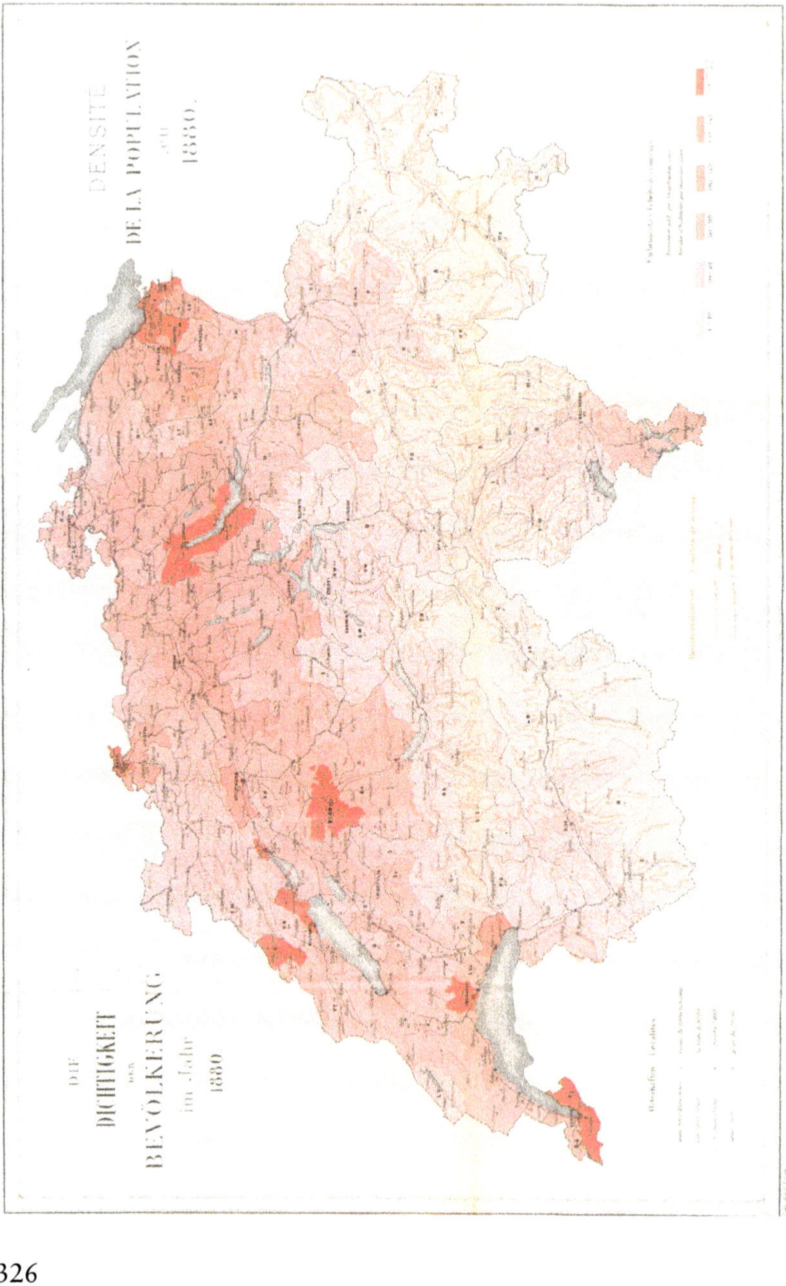
DIE
DICHTIGKEIT
DER
BEVÖLKERUNG
im Jahr
1880
DENSITÉ
DE LA POPULATION
en
1880.

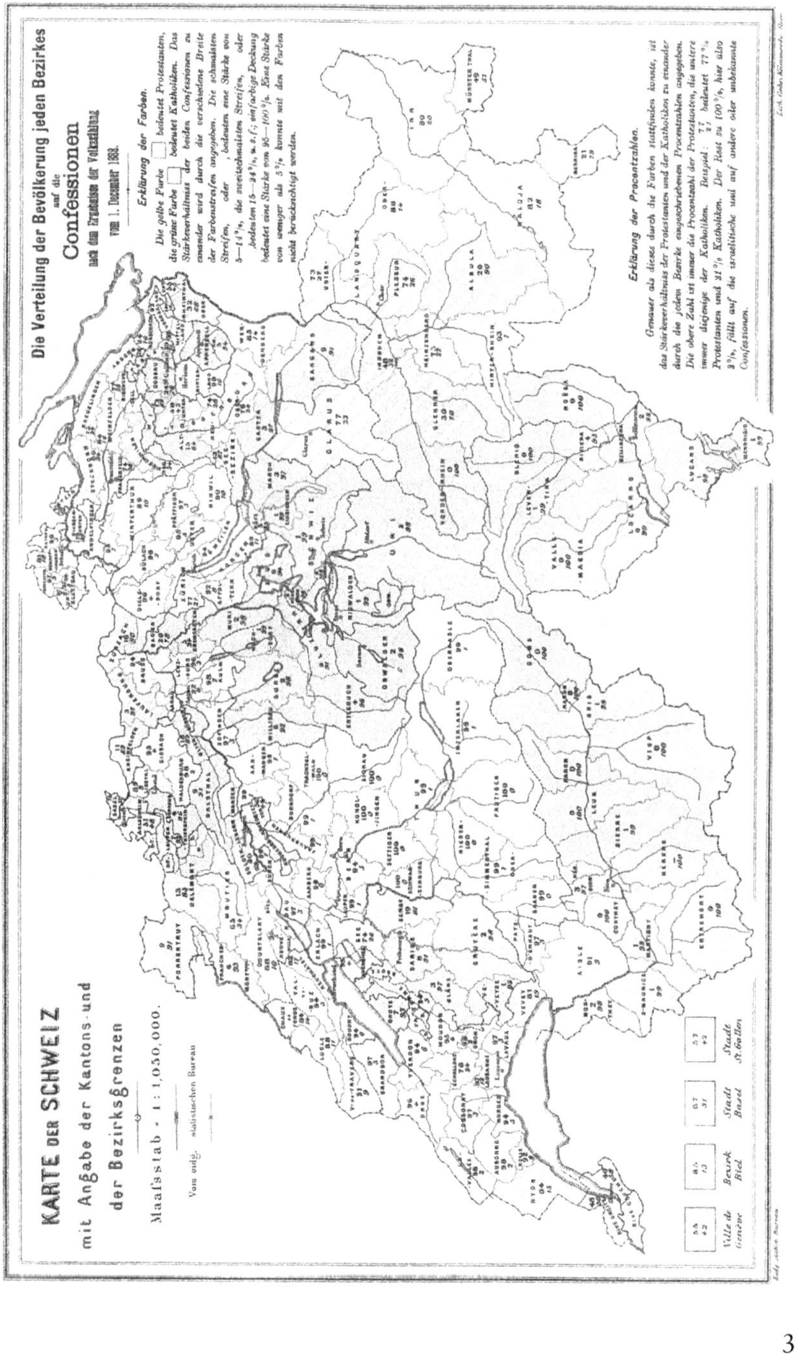
KARTE DER SCHWEIZ
mit Angabe der Kantons- und der Bezirksgrenzen
Maafsstab - 1 : 1,050,000.
Vom eidg. statistischen Bureau
Die Verteilung der Bevölkerung jeden Bezirkes auf die Confessionen
nach dem Ergebnisse der Volkszählung vom 1. December 1888.
Erklärung der Farben.
Die gelbe Farbe bedeutet Protestanten, die grüne Farbe bedeutet Katholiken. Das Stärkeverhältniss der beiden Confessionen zu einander wird durch die verschiedene Breite der Farbenstreifen angegeben. Die schmalsten Streifen, oder , bedeuten eine Stärke von 5—14 %, die zweitschmalsten Streifen, oder bedeuten 15—24 %, u. s. f.; einfarbige Deckung bedeutet eine Stärke von 95—100 %. Eine Stärke von weniger als 5 % konnte mit den Farben nicht berücksichtigt werden.
Erklärung der Procentzahlen.
Genauer als dieses durch die Farben stattfinden konnte, ist das Stärkeverhältniss der Protestanten und der Katholiken zu einander durch die jedem Bezirke eingeschriebenen Procentzahlen angegeben. Die obere Zahl ist immer die Procentzahl der Protestanten, die untere immer diejenige der Katholiken. Beispiel: 77/21 bedeutet 77 % Protestanten und 21 % Katholiken. Der Rest zu 100 %, hier also 2 %, fällt auf die israelitische und auf andere oder unbekannte Confessionen.
Ville de Genève 55 42
Bezirk Biel 85 13
Stadt Basel 67 31
Stadt St. Gallen 57 42

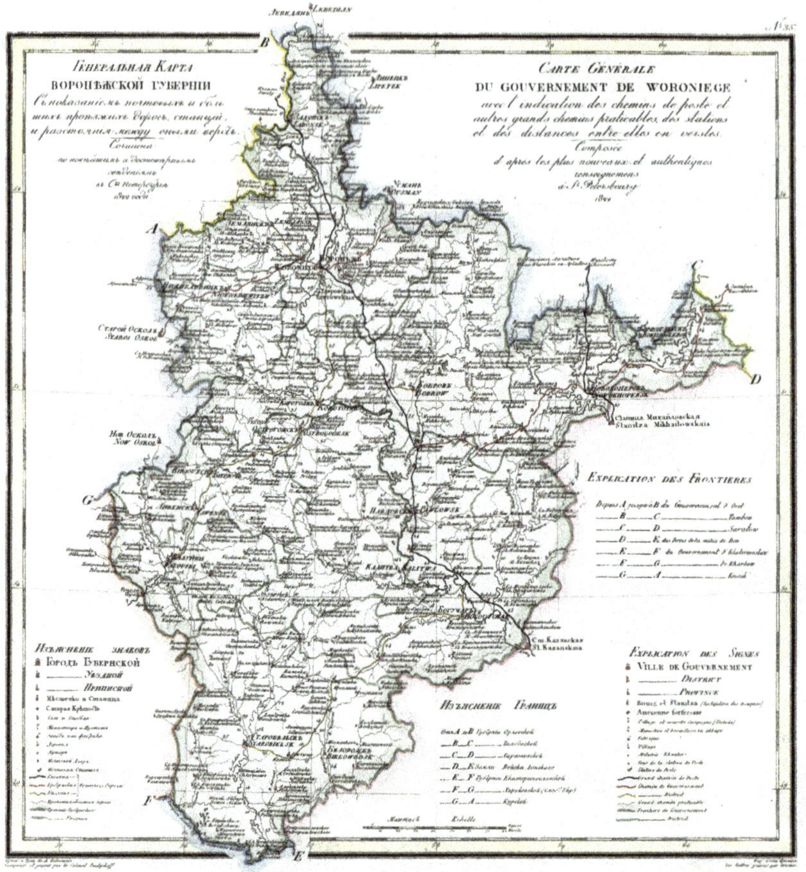

Генеральная Карта
Воронежской Губернии
Съ показаніемъ почтовыхъ и большихъ проѣзжихъ дорогъ, станцій, и разстоянія между оными верстъ.
Carte Générale
du Gouvernement de Woroniege
avec l'indication des chemins de poste et autres grands chemins praticables, des stations et des distances entre elles en verstes.
Composée d'apres les plus nouveaux et authentiques renseignemens à St. Petersbourg
1844
Explication des Frontieres
Изъясненіе знаковъ
Изъясненіе Границъ
Explication des Signes

MENSCHEN UND STRUKTUREN

Historisch-sozialwissenschaftliche Studien
Herausgeber: Heiko Haumann

Band 1 Hartmut Zoche: Die Gemeinde – ein kleiner Staat? Motive und Folgen der großherzoglich-badischen Gemeindegesetzgebung 1819-1914. 1986.

Band 2 Dieter Schonebohm: Ostjuden in London. Der Jewish Chronicle und die Arbeiterbewegung der jüdischen Immigranten im Londoner East End, 1881-1900. 1987.

Band 3 Karl-Friedrich Müller: Das Jahr 1945 in Südbaden. 1987.

Band 4 Eva Kimminich: Religiöse Volksbräuche im Räderwerk der Obrigkeiten. Ein Beitrag zur Auswirkung aufklärerischer Reformprogramme am Oberrhein und in Vorarlberg. 1989.

Band 5 Beate Welter: Die Judenpolitik der rumänischen Regierung (1866-1888). 1989.

Band 6 Heiko Haumann/Stefan Plaggenborg (Hrsg.): Aufbruch der Gesellschaft im verordneten Staat. Rußland in der Spätphase des Zarenreiches. 1994.

Band 7 Peter Fäßler: Badisch, Christlich und Sozial. Zur Geschichte der BCSV/CDU im französisch besetzten Land Baden (1945-1952). 1995.

Band 8 Petra Hieber: Auf der Suche nach dem Glück. Juliane von Krüdener-Vietinghoff (1764-1824): Selbstwahrnehmung im Spannungsfeld gesellschaftlichen Wandels. 1995.

Band 9 Karl Kobelt: Anton Makarenko – Ein stalinistischer Pädagoge. Interpretationen auf dem Hintergrund der russisch-sowjetischen Bildungspolitik. 1996.

Band 10 Kyoo-Sik Lee: Das Volk von Moskau und seine bedrohte Gesundheit. Öffentliche Gesundheitspflege in Moskau, 1850-1914. 1996.

Band 11 Teresa Andlauer: Die jüdische Bevölkerung im Modernisierungsprozess Galiziens (1867-1914). 2001.

Band 12 Silke Sobieraj: Die nationale Politik des Bundes der Landwirte in der Ersten Tschechoslowakischen Republik. Möglichkeiten und Grenzen der Verständigung zwischen Tschechen und Deutschen (1918-1929). 2002.

Band 13 Karin Neidhart: Nationalsozialistisches Gedankengut in der Schweiz. Eine vergleichende Studie schweizerischer und deutscher Schulbücher zwischen 1900 und 1945. 2004.

Band 14 Silvano Luca Gerosa / Karoline Thürkauf (Hrsg.): Jazz Life. Essays zum Alltag von Jazzmusikern anhand ihrer Autobiografien. 2005.

Band 15 Désirée Corinne Hagmann: Kinder der Landstraße – *In gesundes Erdreich verpflanzt...* Schicksal der Familie Waser-Schwarz. 2007.

Band 16 Antoni Cetnarowicz: Die Nationalbewegung in Dalmatien im 19. Jahrhundert. Vom „Slawentum“ zur modernen kroatischen und serbischen Nationalidee. 2008.

Band 17 Heiko Haumann (Hrsg.): Erinnerung an Gewaltherrschaft. Selbstzeugnisse – Analysen – Methoden. 2009.

Band 18 Lukas Allemann: Die Samen der Kola-Halbinsel. Über das Leben einer ethnischen Minderheit in der Sowjetunion. Neue Perspektiven und Selbstzeugnisse. 2010.

Band 19 Caroline Heitz / Eveline Schüep: Annäherung an die soziale Wirklichkeit der SS-Ärzte. Sprachanalysen und sozialpsychologische Untersuchungen anhand von Hans Münchs Erinnerungserzählungen. 2011.

Band 20 Carla Cordin: Ettore Cordin: Das Tagebuch eines k. u. k. Soldaten im Ersten Weltkrieg. Edition und Analyse. 2012.

Band 21 Jürgen von Ungern-Sternberg / Wolfgang von Ungern-Sternberg: Der Aufruf ‚An die Kulturwelt!'. Das Manifest der 93 und die Anfänge der Kriegspropaganda im Ersten Weltkrieg. 2013.

Band 22 Annina Cavelti Kee: Kultureller Nationalismus und Religion. Nationsbildung am Fallbeispiel Irland mit Vergleichen zu Preussisch-Polen. 2014.

Band 23 Olesya Meskina: Lebensbedingungen von Frauen und Kindern um die Wende zum 20. Jahrhundert. Untersucht am Beispiel der Schweiz (Kantone Basel) und Russlands (Region Woronesch). 2016.

www.ingramcontent.com/pod-product-compliance
Ingram Content Group UK Ltd.
Pitfield, Milton Keynes, MK11 3LW, UK
UKHW021317071026
8980IPUK00046B/205

9 783631 676417